▼監修・解題▲
前坊　洋

『旅』

附　全国汽車汽船発着表

第一巻

第一号

明治三五（一九〇二）年一二月

ゆまに書房

凡例

・本書は、『旅』（明治三五年一二月〜同三七年二月）全十五号を第1巻から第6巻に分けて復刻刊行するものである。

・原本の寸法は二五〇ミリ×一五一ミリである。製作の都合上、本巻の判型（B5判）に収まるよう適宜縮小を行った。

・原本の状態により、欠字、判読不可の箇所などが見られる場合もある。復刻するにあたってはこの点に留意したが、十分な改善が見られなかった箇所もある。この点はご了解願いたい。なお、乱丁等については原本のとおり、そのまま掲載した。

・本書全六巻の巻構成は、左記のとおりである。

第1巻	『旅』附 全国汽車汽船発着表	第一号	明治三五（一九〇二）年一二月
第2巻	『旅』附 全国汽車汽船発着表	第二号〜第四号	明治三六（一九〇三）年一月〜三月
第3巻	『旅』附 全国汽車汽船発着表	第五号〜第七号	明治三六（一九〇三）年四月〜六月
第4巻	『旅』附 全国汽車汽船発着表	第八号〜第十号	明治三六（一九〇三）年七月〜九月
第5巻	『旅』附 全国汽車汽船発着表	第十一号〜第十三号	明治三六（一九〇三）年一〇月〜一二月
第6巻	『旅』附 全国汽車汽船発着表	第十四号〜第十五号	明治三七（一九〇四）年一月〜二月／解題

・最終巻には監修者による解題を付す。

・原本の本文中に今日では使用することが好ましくないとされる用語や表現が見られるが、歴史的文献であることに鑑み、原本のまま掲載した。

目次

第一号

明治三五（一九〇二）年一二月

旅

第壹號

明治卅五年十二月發行

明治三十五年十二月一日第三種郵便物認可

東京三十間堀報知社發行

山鳥印

甲斐生（赤白）葡萄酒

市内小賣定價
大瓶一本ニ付
金貳拾錢

市内小賣定價
大瓶一本ニ付
金貳拾錢

此葡萄酒は

公共的感念を以て發賣するものなり
本邦葡萄酒中の純良無[illegible]るものなり
過醉後も不快を感ずる事なし
上等清酒より數層廉價なり
ビールよりも更に又廉價なり
衛生經濟兼備の良酒なり
日夕食膳の好伴侶なり

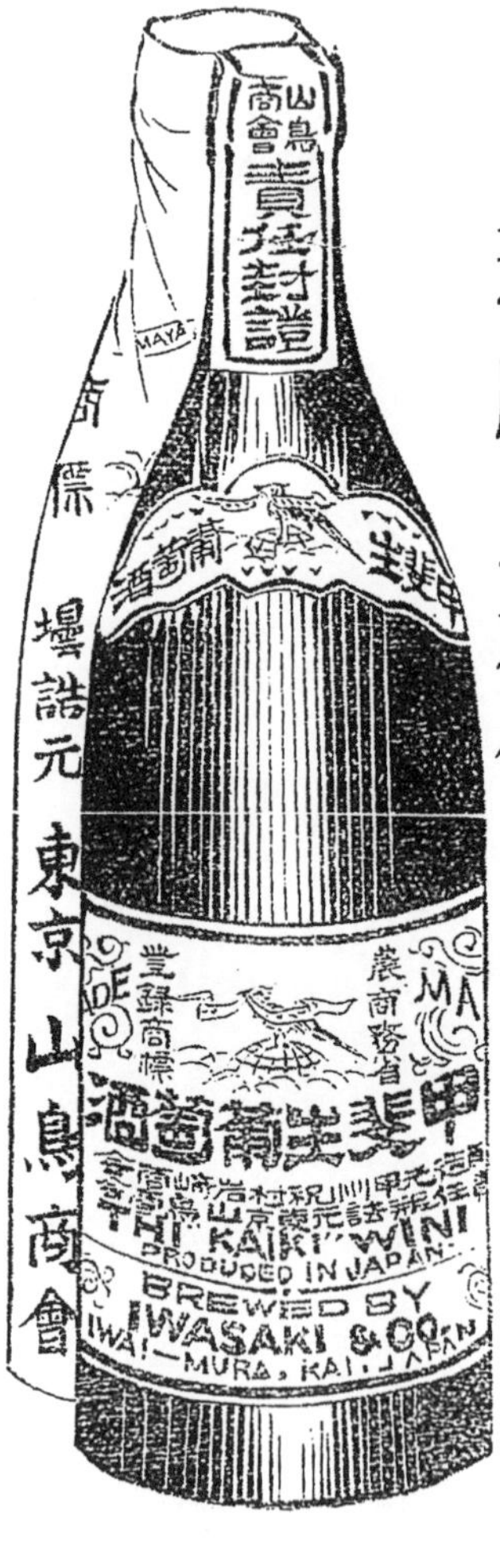

釀造元 山梨縣祝村 岩崎商會

責任壜詰元 東京市 山鳥商會

發賣元（イロハ順）

電話浪花（二一五番） 東京市日本橋區大傳馬町一丁目 逸見山陽堂

電話浪花（二一一一番） 東京市日本橋區小傳馬町三丁目 龜田商店

電話本局（一九七二番） 東京市日本橋區通三丁目 三澤屋商店

大瓶壹本 貳拾錢

☞目次

▲時間表目次

	驛名	下り	上り
(四十一)	早岐、佐世保間	三七	三七
(四十二)	宇土、三角間	三七	三七
(四十三)	若松、大隈、直方、伊田、小竹、幸袋及長尾間	三七	三七
(四十四)	筋原、妙見間	三八	三八
(四十五)	國分、鹿兒島間	三八	三八
(四十六)	高松、琴平間	三八	三九
(四十七)	德島、船戶間	三九	三九
(四十八)	橫河原、松山、森松間	四〇	四〇
(四十九)	松山、郡中間	四〇	四〇
(五十)	一番町、道後、古町間	四一	四一
(五十一)	上野(東京)青森間附仙臺鹽竈間及尻內、湊間	四二	四四
(五十二)	新橋、赤羽間	四六	四七
(五十三)	青森、秋田間	四七	四七
(五十四)	上野、仙臺間附小山水戶間	四八	五〇
(五十五)	水戶、太田間	五一	五二
(五十六)	佐貫、龍ヶ崎間	五二	五二
(五十七)	宇都宮、日光間	五二	五二
(五十八)	郡山、若松間	五二	五三
(五十九)	福島、舟形間	五三	五四
(六十)	小山、前橋間	五四	五四
(六十一)	越名、葛生間	五四	五四
(六十二)	上野、高崎、前橋間	五五	五五
(六十三)	高崎、直江津間附長野松本間	五六	五六
(六十四)	直江津、沼垂間	五七	五七
(六十五)	熊谷、寄居間	五八	五八
(六十六)	高崎、下仁田間	五八	五八
(六十七)	本所、銚子間	五八	五九
(六十八)	我孫子、成田及佐倉、佐原間	六〇	六〇
(六十九)	千葉、大原間	六〇	六〇
(七十)	飯田町、八王子間	六一	六二
(七十一)	國分寺、川越間	六三	六三
(七十二)	立川、日向和田間	六四	六四
(七十三)	八王子、大月間	六四	六四
(七十四)	吾妻橋、加須間	六四	六五
(七十五)	室蘭、手宮間	六五	六五
(七十六)	追分、夕張間	六六	六六
(七十七)	岩見澤、歌志內間	六六	六六
(七十八)	岩見澤、幾春別間	六七	六七
(七十九)	砂川(旭川落合)士別間	六七	六七
(八十)	釧路、白糠間	六七	六七

▲東海道線辨當名物

新橋(停車場階上ビーヤホール西洋料理▲場外にはてんぷら屋露ぜん▲鷄屋今朝▲其他飲食物は澤山あり)
川崎(名物梨▲麥藁細工)
大船(辨當▲サンドイッチ)
國府津(辨當▲蜜柑▲小田原梅干▲鹽辛)
山北(鮎のすし)
御殿場(辨當)
沼津(辨當)
靜岡(辨當▲サンドイッチ▲箱入饅頭)
金谷(夜泣あめ)
豐橋(辨當)
岡崎(納豆)
名古屋(辨當▲親子どんぶり▲細根大根)
岐阜(辨當▲柿)
大垣(柿羊甘)
米原(辨當)
草津(姥がもち)
大津(辨當▲ふなずし)
京都(辨當▲かぶ)
舞子(小松)
明石(辨當)
姬路(辨當▲名物草細工)
龍野(あい)
岡山(辨當▲キビ團子)
尾の道(辨當▲鞆の保命酒)
廣島(辨當▲干柿)

▲上野青森間線辨當

上野(構內ビーヤホール、生ぶどう酒西洋料理中央亭なんでもあり▲上野廣小路雁なべ▲松田▲松源其他澤山
大宮(辨當)
小山(辨當)
水戶(辨當)
宇都宮(辨當)
黑磯(辨當)
白川(辨當)
郡山(辨當)
福島(辨當)
岩沼(辨當▲飴)
一ノ關(辨當)
盛岡(辨當▲林檎▲豆銀糖)
尻內(辨當)
野邊地(辨當)
大舘(辨當)
弘前(辨當)

東海道行

蒔畫付漆塗看板製造

看板と商品　人に姓名ある如く商品に看板なかるべからず精良なる商品に精巧なる看板は錦上花を添るものなり漆塗蒔畫付看板は確に其花を添るもの丶一なり

看板の比較　板紙（ボール）看板布看板は云ふに足らず彫看板は立派なれど眞面目に過ぐペンキ看板は意氣なれど輕薄なりと云ふを憚らず漆塗蒔畫付看板は立派にして穩健意氣にして眞面目なり

看板の品格　看板の品格は商品の品位を聯想せしむ漆塗蒔畫付看板は日本の髹漆（漆塗）と描金（蒔畫）を應用したるものなれば一種崇高なる品格を有す

蒔畫付塗看板の模樣及配色　漆塗蒔畫共に配色は金銀は素より紫青黄紅自由自在にして摸樣は蒔畫なれば文字は素より天體より人倫鳥獸草木昆虫魚介に至る迄宇宙何物か描き得ざるものなし

蒔畫塗看板の壽命　漆塗なれば壽命の永久なるは云ふ迄もなし殊に拂拭する毎に新に研けるか如き光彩の躍々たるは特色中の特色なり

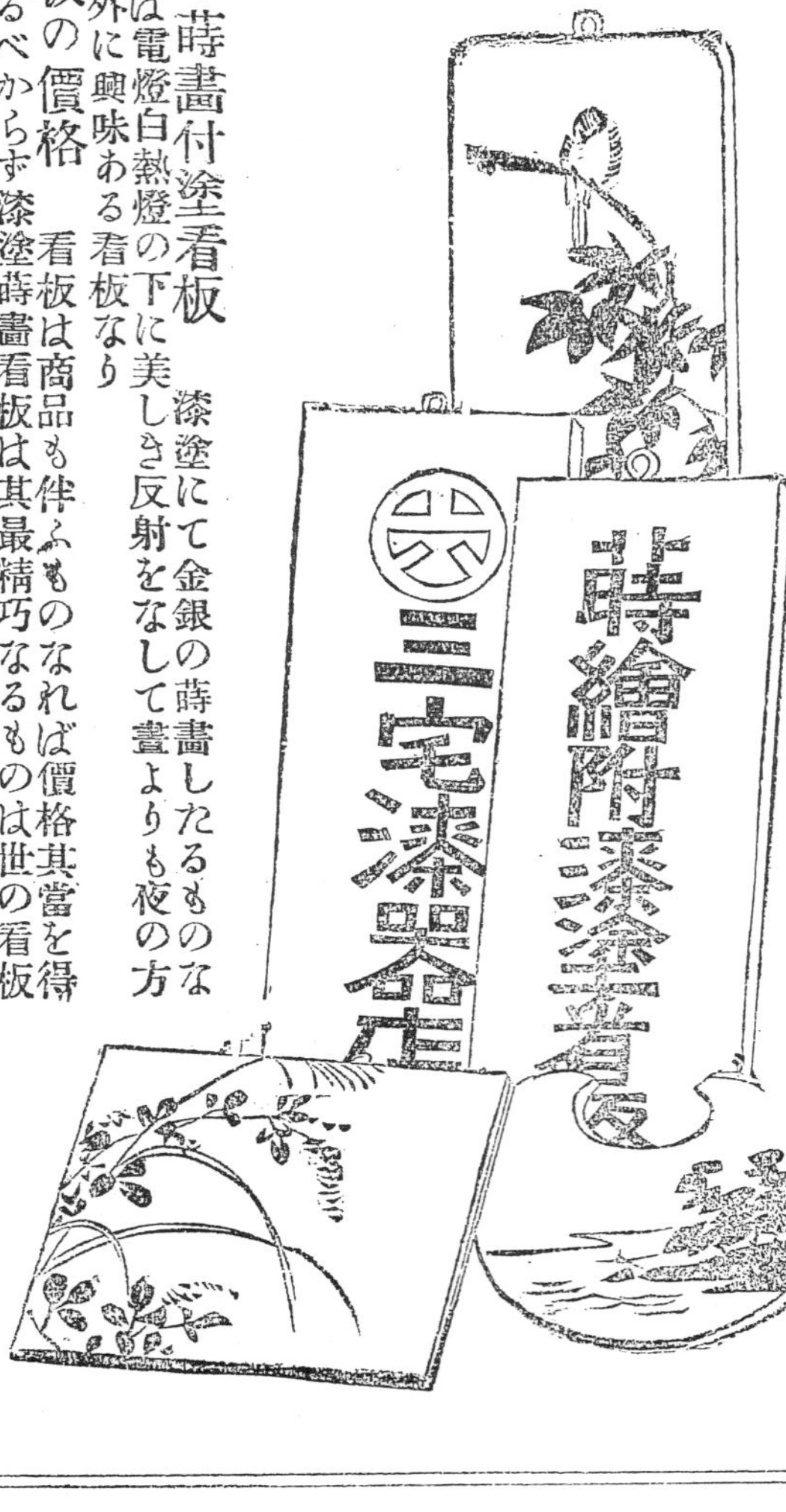

夜の蒔畫付塗看板　漆塗にて金銀の蒔畫したるものなれば電燈白熱燈の下に美しき反射をなして晝よりも夜の方意外に興味ある看板なり

看板の價格　看板は商品も伴ふものなれば價格其當を得ざるべからず漆塗蒔畫看板は其最精巧なるものは世の看板中の最高價格を有すれど其手輕なる蒔畫のものに至りては板紙看板よりも安直なり然り信ずる能わざる程の安直なり

三宅漆器店　は漆器問屋にて漆工部を有し唯一の漆塗蒔畫付看板の製造者なり

三宅漆工部　には塗方と蒔畫方とあり殊に蒔畫方には新智識に富める青年圖案家を招しあれば蒔畫付着板の意匠の高雅にして奇拔あるは既に定評ありアールヌーボー式を蒔畫に應用し得るは當部の外にあるべからず

三宅漆器店の希望　徳川氏の太平三百年間何故に此漆塗蒔畫が看板に應用されざりしか不思議の事なり現時靜岡と大坂に一二の同業者あれど東京には當店のみなれば尚多數同業者の起りて地球の上の商家の店頭は悉漆塗蒔畫付看板にて飾らん事を望むものなり

看板業の盛況　當店は三十年來の老舖なれど看板製造は本年二月の創業なるに不拘大方の御引立にて望外の盛況を呈し居れり隨て製造高も既に一萬を超へたれば東京市中の各商家の店頭に他看板に一頭地を拔て異彩を放つ漆塗蒔畫付看板は大概當店の製品なり

◎廣告世界 三行十九字詰 一回三拾錢 但雜誌一部進呈

千客萬來

旅館

（電話浪花一二五八番）

弊館は多年旅館相營候間御便利相計り清廉に御宿仕候

新座敷等も出來候間御多人數のお泊りも差支無之候也

日本橋區浪花町二十二番地 **浪花館** 柴田屋トモ事

専賣はうた掛 据風呂 五德竈

日本橋大門通油町 **石川商店** 電浪一四六一

大好評で有升 **意匠造花**

總見物おさらひ其他お揃ひかんざし廉價迅速唯一調進

東京本郷湯島切通阪上不二屋

易學人相

大講義 從五位高島派教授

東京市淺草十二階西新谷町八 **荒井白巖**

日本帝國陰陽聖義會至誠館主

本部東京淺草區新谷町四番地

出張事務所仝公園辨天山直グ下

易學師 **長岡秀明**

高等旅人宿 兼下宿 新座敷出來す

牛込大久保余丁町五五 **大久保館** 電話番町一三三五

高等旅人宿 下宿屋 閑靜清廉

麴町區山王下溜池川岸 **星岡館**

乳母車製造所

淺草藏前南元町四 **林盛堂**

明治風俗史上に特記すべき**信玄袋**

斯程迄流行の長く續く品はあらじ

元祖

弊店信玄袋を發賣せしより已に十八ヶ年餘を經其製作の巧致形体の優雅使用の便利なるとは我國内のみならず全世界の好評を博し年々海外に輸出するに至り今や益々此流行著しく此長年月間一日も製作を絶ちたることなし以て如何に世上に歡迎せらるゝかを知られよ

東京市新橋南金六町一番地 電話新橋千卅一番 **佐竹袋物店**

芝公園東京勸工會社内 袋物煙管金銀彫刻商 **佐竹支店**

支店電話新橋千四百五十三番

牛 鳥

改良大勉強

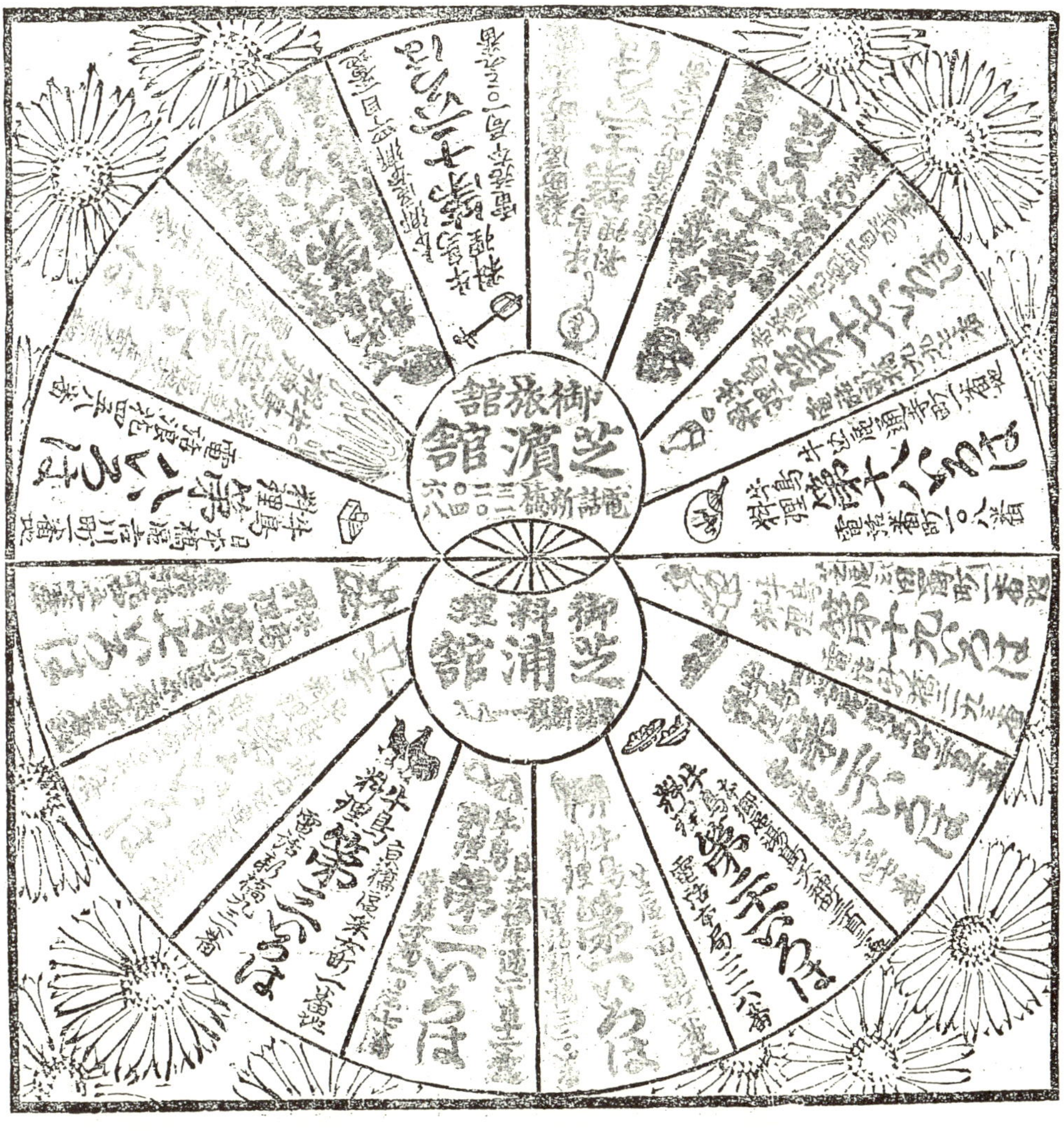

いろは各店

金銀瓶
金銀盃
煙草入　女持
煙管　男持
指環

弊店は金銀物各種の製作に付ては己に諸君の御好評を蒙り日に増し繁榮の段奉深謝候然るに猶又今度形模樣の意匠考案は美術の大家に

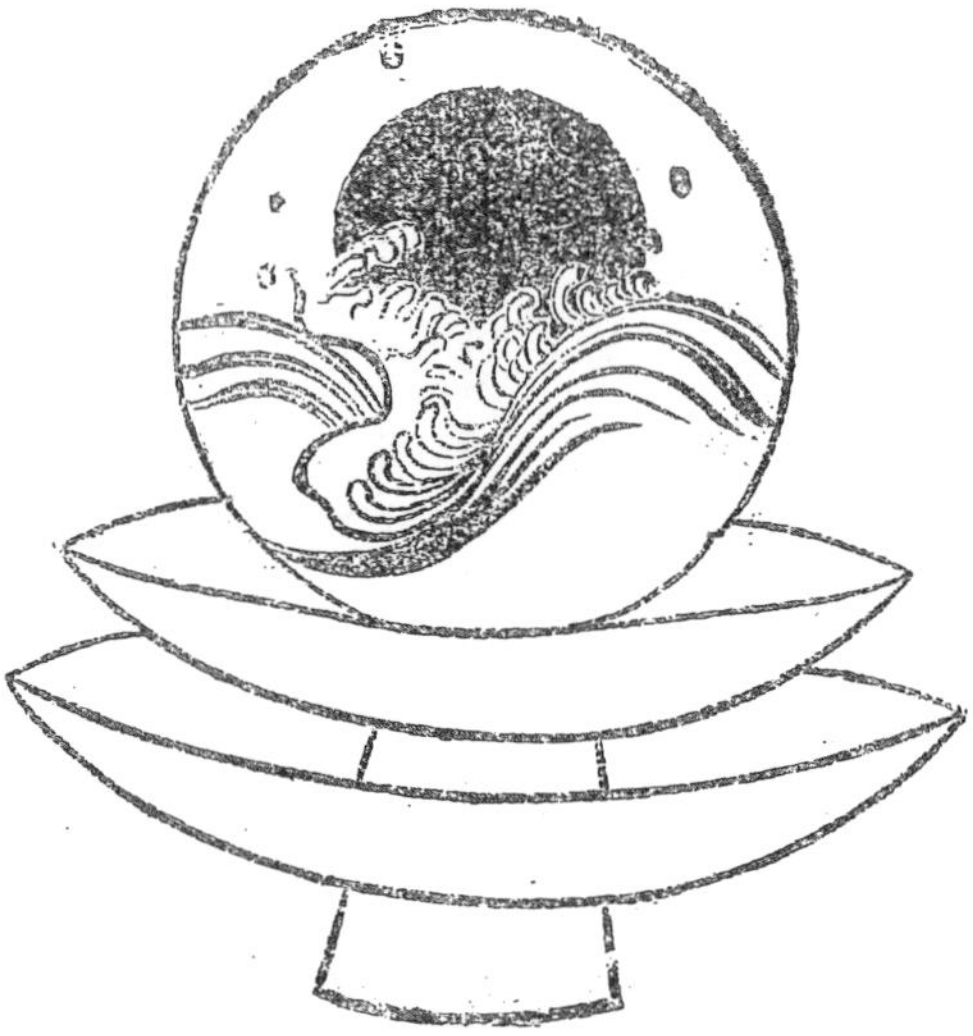

彫刻は府下銘家に特約を致し愛顧諸君の御好みに從ひ廉價にして且迅速に美術の製作に應じ可申候間陸續御注文の程奉冀上候　敬白

此他精美なる美術品色々調製有之候

貴金屬及美術袋物商
東京市下谷池の端仲町
玉寶堂
電話（本局九百六十五番）
電話（本局一千二百四十四番）

季節向き新柄流行の
品澤山取揃申候
御誂物は最も念入に御調製
又は御地方よりの御注文も
迅速御便利に取扱申候
電話本局四百五十六番
三河屋呉服店
東京京橋區南傳馬町三丁目

呉服太物商
袋物の元祖
芝區琴平町弐番地
伏見屋八十吉
電話新橋三百九十一番
美術呉服陳列場
伏見屋

岡村病院長
加藤皮膚病院長
婦人科専門

醫學博士岡村龍彦先生
獨國醫學士加藤時次郎先生
ドクトル渡邊準哉先生

實驗有効證明

高等トイレート用
顔面皮膚美白洗劑

チエリー

香料正純雲南麝香
ヴワイオレット入

定價
大角瓶金三拾錢
定價
小角瓶金拾貳錢

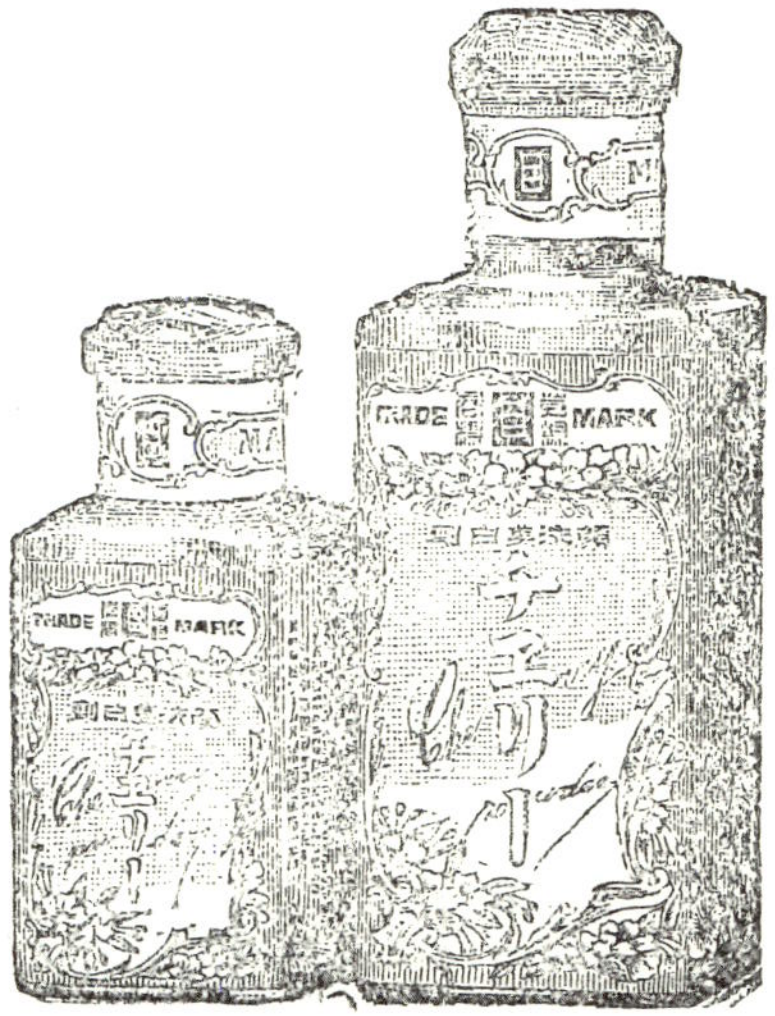

今回弊店より發賣するチエリーと云ふ高等洗粉は牛乳鶏卵其他化學的の有効なる原料にして芳香は純良ヴワイオレット及び麝香を加味し精製したる者なれば世に有觸れたる洗粉とは全く別物にて顔面肌を白くし艶麗になす特効顯著なるは各大醫方の御試驗濟にして特に證明せらるゝ所也一度御試用ありて本邦唯一の高等洗滌用たる特効を御賞讃あらんことを祈る

登錄商標
發賣元本舖
チエリー
東京新橋竹川町十二番地
ゑり治 園田商店
電話新橋二千二十七番

注意 全國到る處小間物化粧品店賣藥店勸工場等に有

登錄商標

御半ゑり帶揚類

嶄新意匠類數多く調製
すゞめ形
えり治形
まげ入
友禪形
繡摸樣
絞り形
各無地

新橋竹川町十二本店
際博品館内支店
ゑり治商店
電話新橋二千二十七番

改築落成業務改良御手輕品ヨリ最上等品迄
取揃店内ニ陳列致シ諸品正札付キ縱覽御勝手

貴婦人向

東草履各種

市内ハ電話又ハ御一報次第直チニ店員伺申上候
市外ハ御注文之節御年齢御記シ被下候ヘバ小包ニテ送候

登録

淺草區茅町貳丁目

香

商標

美術履物商 香取屋本店

（電話浪花一、一九二）

旅　第壹號　（禁轉載）

旅行の心得書　昔と今

（昔）初て旅立の日は足を別て靜に踏立草鞋の加減を能試み其二三日が間は所々にて度々休み足の痛ぬ樣すべし出立の當座には人々心はやりて思はず休もせず荒く踏立る者なり足を痛れば始終の難義になる事なり兎角始は足を大切にするを肝要とす（此昔は旅行用心集也 今は記者の蛇足也）

（今）當今の旅は滊車旅行とて大きな荷物も鞄も行李も手荷物に出せばチッキと代りて懷中物に忍ばせて事足る世の中なれど尚足は大事に心懸る必要がある、新橋より京都迄なら陣取た列車の腰掛に蹲居をかくが一番ソレ富士山だヤレ琵琶湖だと窓へ馳附き眺め廻すは疲勞の基で京の手前彦根邊から腰掛た足を踏馴すが肝督ですお試しなされ

（昔）道中所持すべき物懷中物の外成丈事少にすべし品數多ければ失念物等有て却て煩はしきものなり

（今）是は今も昔も變らぬ用心鞄の外は一切持込まぬがよい、信玄袋よ合財袋よ、何よ彼よと持たば列車なり宿屋なりへ忘物して思はぬ暇を取り旅中不愉快の種となる

（昔）驛舎へ到着して第一に其地の東西南北の方角を閒定め

次に家作り、雪隱、裏表の口々等を見覺え置く事古き教なり近火或は盜賊又は相宿と喧嘩等ある時の爲也

（今）今時の若い方にはチト不向の注文だがこれは必ず聞いて損はない夕饗の御給事に女中の口裏をそれとなく取て置くもよい便所と二階なれば楷子段の數（出口）は是非共慥め置かねばなりません女子供を連れた旅なら猶更也

（昔）道中初てする輩馬駕籠人足の用あらば宵の中に亭主に逢ひて賴むべし相互にては途中にて困る事あり帳面ある人は着したる時宿の者へ渡し賴むべし扨明朝何時出立と宵より宿へ申付其刻限に應じ其間に逢ふ程に自ら起きもし宿屋起ざる時は宿を起し膳の用意する迄に支度をいたし草鞋をはく斗にして膳に向ふべしさなければ人馬の用意も自然と等閑になつて手間取都合あしき也旅にては貴賤ともに此法を守らざれば手廻り惡しと知るべし

（今）昔なら右の通り今は寸分を爭ふ滊車の旅ゆゑにこの用意なほざりにしては不可ませんよく宿の帳場の女中へ賴み置くがよし近來は信用を尊ぶ旅宿も皆な注意しますす土地々々の見物案内等賴むにも宵に帳場へ談じたがよし　この際値段をよく聞き定め置かねばならぬ　遠慮と油斷は旅行中の大敵と思ひ給へ

（昔）朝はせわしさ故持たるもの取落ものなれば宵によく取調べ用不用の心組をして風呂敷に包み取散さぬやう心懸べし足袋は床の中にて穿くほどに手廻しせざれば朝遲くなり朝の遲さは一日の遲れとなる也

（今）風呂敷時代はトク去りて鞄といふ調寶あれば大きによい樣なれど旅中旅立つ宵に夫々の用心を要し升足袋は床の中に穿くに及ばねど雜誌「旅」は枕元を放し給ふな

（昔）旅宿は定宿は勿論其道筋初てにて不案内なれば成丈家作のよき賑なる宿屋へ泊るべし少々價高直にても夫丈の益あるべし

（今）この心得も今に通用します不案内の土地では迂濶の宿に泊らず高いと知りつゝも知名の旅館へお泊りあれ家族達全道の節は猶更知つた宿がよいです

（昔）旅行は兎角暑寒をよく凌ぐべきなり就中夏を心付べし夫暑中は人々の脾胃ゆるみて食物を消化し難し因てしらぬ魚鳥貝類筍菌瓜西瓜餅強飯の類多く喰ふべからず夏は食傷より霍亂等發し難義に及ぶとあり春秋冬は夏に準じ知るべし

（今）旅行中の飲食物は最も注意するが結構ことに夏は空腹を凌ぐ丈にて他に多食亂飲を愼しまねばなりません宿屋にても椀か茶碗に他一品位を佳とす名物珍物を貪つては思はぬ下痢を催します

（昔）空腹なるとて道中にて飽食すべからず尤も取急ぎ喰ふべからず靜に喰ふべし至極空腹になれば必疲れて居る故飽食すれば忽に氣を塞ぎ又は急病等を發する事あり心得べし

（今）滊車の旅は空腹を催すものなれど腹八分に喫し居れば安心、酒、ラムネよりは梨とか夏蜜柑等の汁にて渴を癒すがようでさんす

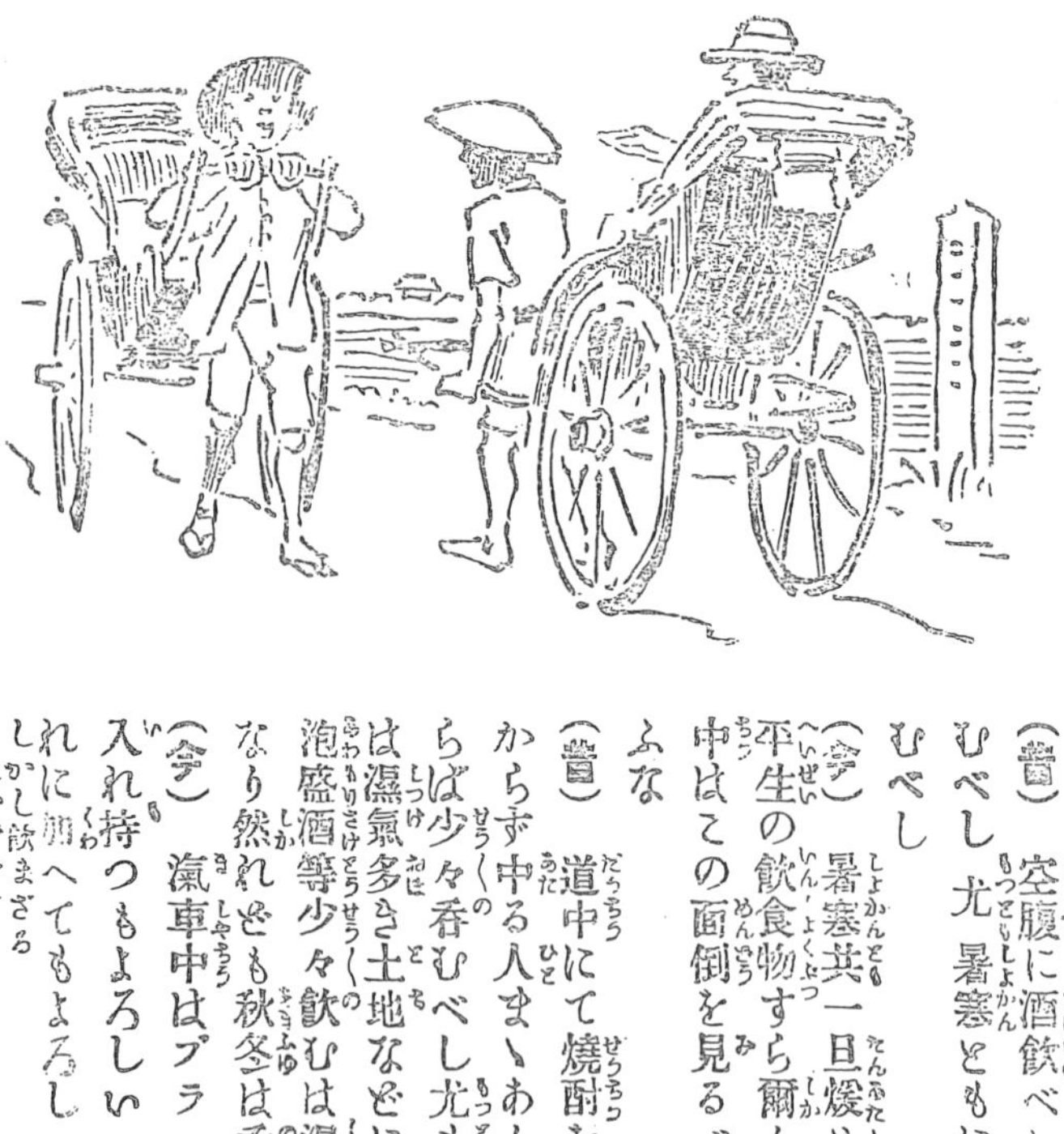

（昔）空腹に酒飮べからず食後に呑むべし 尤 暑寒ともにあたゝめて飲むべし

（今）暑寒共一旦煖めて飮むときは平生の飮食物すら爾りです況して旅中はこの面倒を見るべしです忘れ給ふな

（昔）道中にて燒酎を漫りに飮むべからず中る人まゝあり上製のものあらば少々呑むべし尤も夏の內霖雨又は濕氣多き土地などにては燒酎幷に泡盛酒等少々飮むは濕毒を拂ふものなり然れども秋冬は呑むべからず

（今）滊車中はブランデーを小罎に入れ持つもよろしい上戸の方々は咖啡をこれに加へてもよろしい葡萄酒も同然しかし飮まざるにしかずです

（昔）空腹に風呂へ入るべからず食後にても暫く腹氣を和して入べし去りながら多勢にて跡の差支になり空腹にても入らねばならぬ時は先足を屢々湯にてぬらし其後風呂に入べし長湯すべからず空腹には別して湯氣にあがるものなり心得有る

べし

(令) この心得は今日も用ゐてよろしく長湯はいづこにても悪しく風呂に入る用意この外にあるべからずです

(昔) 相宿にて風呂へ入るには宿の案内次第其上にて入る事なれど宿屋取込客人の前後を取違等ある時はむづかし出來るものなれば相客の様子を見受もし其内に貴人等あらば夫を先へいるべし是等も前後の爭ひより物いひ出來るものなり旅は物事を扣勝にすれば身の益あるべし

(令) 謙遜は旅の守本尊とすべくことに湯風呂にては謙遜を要するもので裸體といふ無禮の姿ゆゑ猶更ですこの心得も悉く呑込みて損のある事でない

(昔) 殊の外草臥たる時至極熱き据風呂へ常よりも久しく入れば草臥直る也其節は顔を度々洗ふべからず顔を度々あらへば逆上するものなり

(令) これも經驗の言葉でせうから御注意あるこそ專一、顔を度々洗ふとあつくなる事は全くですよい注意でせう

旅はたゞ行きくれ竹のむら雀　とまりてはたちとまりてはたつ　讀人しらず

旅行の準備

◎旅中なくてならぬもの（多くの經驗者の注意よりあつめたもの也御注意を乞ふ）

▲衣服二三枚（外に寢卷）▲シャツ三四枚▲腹巻二個（寢冷の恐れあれば夜は巻く事）▲ハンケチ一ダース（小さいのを用意されよ）▲手拭二三本（西洋手拭一つ二つ）▲風呂敷一二枚▲シート（布團へ敷く布これは持ち往くに限る物の包にもなる）▲化粧道具入（櫛、鏡、耳搔、トクサ、鋏、小刀、毛筋、毛拔其他一切入）▲鑵詰切一挺◎▲ナイフ一挺中形▲蝙蝠傘▲萬年筆▲紙鉛筆（さもなくば矢立）▲ソロバン小形▲齒磨類▲コップ一個こなかへは手拭をつめられよ▲体温器▲磁石▲双眼鏡▲日記帳▲扇子▲シャポン箱入の事▲麝香と香水▲新舊暦一冊▲おとし紙とさくら紙▲福神漬と梅干乃至佃煮▲箸と小楊枝▲油紙二三枚中形▲ビスケット▲ブランデ（又は葡萄酒の分）上等▲寶丹とハッカ並に胃散即効紙▲西洋マッチ▲髪剃一挺▲はがきと切手これは大概の所にあれど途中で出すに困る也

◎婦人連の旅には右の外に左記の品々

▲帶（餘所行と平生のを一本づゝ）▲髷一個▲白粉支那白粉便利です▲婦人用シャツ▲白足袋二三足▲木綿一反（これは何にでもなるのみか斷て夜具の襟を卷き寢るがよいとす肺病其他傳染病の防ぎになる）▲毛布一枚▲清婦湯持藥持參の事

◎小供衆を連れた旅には尚々左の品々

▲お伽草紙ポンチ繪（但しこれは退屈の時出してやる一冊位づつ一度に見せてはいけません）▲鐵道唱歌東海道の汽車にのる時は決して忘るべからず▲菓子類▲懷中葛湯▲ミルクフード匙▲梨、林檎、夏密柑▲おもちや▲智惠の木▲小草履▲お湯の内のおもちやうきあがりするもの▲まゝごとの道具（以上は滊車中と雨の日の用意です）

滊車の遊戯

●マッチの投入競　これは滊車中にある唾壺ろものへ遠くからマッチを折つて投入をする、無聊の折柄チヨツト面白い

●眼力くらべ　これは又た遠方の廣告をば早く讀つこするので双眼鏡をば審判官とする眼力の强弱をはかるのです

●裏表あてつこ　これは小供だましいですが物符を後で握つて「サア裏か表か」と問ひ考へを待つ　あたればおせんへ一枚さかビスケツト一個あたへるのです

●チツキ角力　これは荷物のチツキを二人が指二本で摘み引張つこをするのです　枕引みたいに　但油ツ手は最初から兜を拔く事

●滊車のたこ　これは折鶴や蛙や其他をこしらへ糸をつけ窓の所へ結へて置くと滊車の進行につれ飛ぶ　子供衆連の永たびにはよいまぎらしです

恐い東京

東京を解剖すると贅澤な東京――面白い東京――賑な東京――暢氣な東京――悲しい東京――臭い東京――混雜の東京――哀れな東京――異な東京――苦しい東京――狹い東京――穢い東京、いろ〳〵あれど「恐い東京」が旅行者の一大用心となれば第一に記さねばならぬ

「東京程恐い所はない、生馬の目を拔くだよ」とは地方人士間の言傳へで明白に東京の罪惡の恐怖すべきを意味してゐる、けれどもこの罪惡が辯口と手段と別に最も人を醉はす慾の力とを巧みに用ゐて網を張る故、ポツト出の人ならずとも心の締り緩むときにはウカと其口車に乘るを例とす其罪惡はなに〳〵ぞ曰くポン引、曰くお天氣師、曰く南京博奕、曰く誘拐師、大體に於て地方の旅行者を待網するものだ、サレばこそ新橋と上野の兩停車場が恰も東京の入口なるを幸ひ滊車の到着時間を見計ひて網を張る、新橋にて時々行ふ手段はステーションに二人のポン引出張し居り滊車がつきて初めての東京見物者と見るやソレとなく話し懸るのであるが其話懸けキツカケが罷とならず馴れてゐるから旨いものだ、しかしソレと悟つてポン引だなと思ふと馬鹿らしくなる例せば後から通りすがりに「通し滊車は辛いものだ」と獨語を言つて通る、ツイこつちも實際辛かつたもので「本統に辛うござんした」と言へばモーポン引に釣られたのでポン引先生足を止め「どうですお疲でせう、何所へ被入います、どうせ歸りですから、御案内しませうか、どうも腰が痛くなりましたよ」と立留り腰を延したり叩いたりして此先の容子を窺ひますがこつちもツイ地方から東京へ出て爾して別に知つた家もなくこれから宿へ往くと言はゞ心細き身なのと田舍の單純な生活に馴れて複雜なカラクリのある魂膽の街へは初めての地方旅行者は忽ちこの巧言甘語に引懸り一所に歩く樣になる、其間にポン引はポン引く大舞臺へ引込んと心懸るから「どうですコヽから近いし、まだ日は高いから皇城を御覽になつては、私も大し

た廻りぢやアなし、御案内してあげませう、なんでも楠公の銅像が出來たとか言ひますが、私も久しく宮城を拜みません、反て燈臺下暗しとやら……かういふ時に拜んで置きたいのです」といふからツイ案内者を頼[illegible]かうした連のあるのが仕合拜んで置うといふ考へから「では願ひやせう」を連立つとモーポン引の網に充分引懸つてしまつたものと言つてよい（但しこの手段は臨機應變であつていろ〳〵の喰へ様がある、其引かるゝ人に依つて方法を變へ、巧みをつくさねばならぬといふ事だ）かうして一方で旅行者――即ち東京見物の地方人をば引懸けて新橋へ向ふ時には既に新橋の向ふ河岸に見張つてゐたポン引仲間の二三名は全時に動き初めてソロ〳〵と一二町位先になる様なつて歩き出すのである、されば ポン引は四五人の大懸りである、先へ往くポン引仲間は銀座通まで容子を窺つてゐるので後を振返り〳〵往くコレはお客様が果してシックリ引懸つてゐるかソレとも途中でケ（田舎人）がオドッテ引懸けそこないはしまいかを氣支ひつゝあるんです、で後のポン引が銀座から横へ旅行者と共に外れたと見ればモー大丈夫と想つて他の路からセッセと宮城二重橋の邊へ先を越して往つてゐると、丁度ソコへ喰込んでやつ

ポン引「コレは二人で分けやせう」
地方人ニコリさなる

て來るからソレ先のポン引と後のポン引が「イヨこれは」「オヤ〳〵〳〵君はどうしてこんな所へ」などと旨く拍子を合せて知合の様になりいろ〳〵話を爲始めるがソコで先のポン引が「實は前晩百圓取り損なつて殘念で耐らない」と南京博奕の口を切り儲かる手段から金が五六拾圓でなくとも二三拾圓あれば倍にして返せるとかなんとか田舎者の胸を躍らす話をしてモシお客様が聞惚れて金でも出し相だと「貸して下さるまいか」と持懸ける（この手段さ口車決して一様でない）これから親切に案内してポン引宿へ引込めばモハヤ鞄の底を叩ざればやまない、「お天氣師となると一所に歩く内他の仲間が一つの包を落し往くを拾ひ開けると内に玩弄紙幣百圓程あるをチラと田舎の先生に見せ「コレは二人で分けやせう。ナニ拾つたものは天から授かつたも全樣でさア」と慾を持たせるからポット出の地方人士（誰でも慾はあるところから）自然腹の中に半分にして五拾圓貰へる、ソウなると今度の東京見物はロハになるぞと思つから大變（また點はせゐやす）うに出來てゐる直ぐ引懸る、お天氣師は途中いろ〳〵買物をするからとて「この半分は宿へ往てから呈げますから。チヨット買物をする拾圓拜借」といはれ其氣になり濟すと共同便所の所で「チヨット失禮、この百圓包は慥かにお預けしますよ」と言はれて少しも

怪しまぬ、ズルトお天氣師は便所の裏手から烟となつてしもう待てど暮せど出て來ない覗くとゐない、愕いて包を開くとおもちやの札だ、サア青くなつても仕方がない、但しこの策略は好天氣でないと不可ないからお天氣師といひますこのポン引やお天氣師は新橋の橋の近傍が溜り所ゆゑ彼の近傍で話懸けるものがあつたら知らん顔をするが一番、睨みつけてやれば縮込つてしもう、扮裝は旅から歸へる樣な風をしてゐるも眼ツキがキヨロ〳〵してゐる、何故なれば刑事が時々ブイと現はれ出るからでいづれもポン引連は前科數犯ゆゑ刑事に顏が通つてゐて發見るとコツかれ撲られ逐拂はれる、實に圖々しい奴等です御用心々々々

西洋人の眼に映ずる 日本旅客

△一種の奇觀　御國へ來たてには實に不思議の感に撲れました、今は大分眼馴れましたが見るもの聞くもの、一種の奇觀、吾々筒袖から見ますと袂といふもの、船の帆の樣でモシヤ日本人はおゝして體へ帆を張つて風力を利用し歩くといふ新發明でもしてゐはせぬかと思ひました、ところが物を入れる袋――買喰のお芋を忍ばせるポッケットと聞いて大笑ひを催しました

△田舍爺さん　あゝした風では旅行をするには極く不便であるのは知れた話でありませう、滊車へ乘るにしても吾々西洋人から見ますと危ない。此程も函根へ往く時見ましたが二の宮の停車場から列車へ入つた田舍の御爺さん、壹等室へ間違ひて入り出る時には扉のカチへ袂を引懸けて天然自然に引張り倒されました、間違て吾々異人がゐたので狼狽て逃出す前進力を引懸つた袂でグットあとへ引かれたから耐らん、圖顛動！、肩肌は拔ける、頭を打つ、吾が衣は「怪我しませんか、あぶない〳〵」と片語の日本語を囀つた、どうしてもアノ袂は變へねば不可ません――婦人連のは何所か優美でありますが男性のは不活潑です、蝙蝠の翼を御覽じろ、アマリよい風ではありますまい

書生「衣は肝に至り袖腕に至るッ」
女房「ヤレいそがしい」

△乘車の場合　毎度新橋や上野の停車場で旅行する日本人を見懸けて研究してゐますが旅行をしつけないから女性は喘々してござる、なんだか御可愛相だ、落付といふものがない

貴顕紳士の令夫人令嬢でもキヨロ〳〵なさる、彼の時の眼はどうしても御先祖傳來の大和民族の昔へ返り、二千年來養はれた優美な――目千兩といふ價値を失つてしまはれる、いゝ擧動もまだ見たとはないがスリといふものに似てでざる（コレは言過ぎましたが）、愈々滊車の場合にはアノ困雜、吾勝ちの有態は强食弱肉の餘風を現して女であろうが子供であろうが突除け逐除けて改札口を出るや否や、プラツトホームを下駄が破れるばかりに駆る、アレは脳に大層毒だそうです

△野蠻の遺風　サア列車へ入てからの容子を毎度視察しましたが三等の追込――大した騒ぎで動物性、獸的性情を現してゐました女が立つてゐても小供が泣いてゐても大の男が腰掛を占領して平氣の平左、米國では夢にも見られません、女は天性弱いものと公認していたはつてやります、米國人だとてさう〳〵女に一から十まで奴僕視されはしません、トいつて日本人の様に女を度外視はせぬのであります、男が腕力を賴んで頑張るといふ事は野蠻の遺風でありますといふ事をどうして彼いふ時に思ひ出さんのでせうか

△男ひろがりの女ちゞまり（滊車の中）

△窓頭へ鼻糞　近來御國で公德問題が起りましたが旅行をすると一番に御國の人が公德を重ぜず「旅の恥は掻き捨て」といつて好きな眞似をするのが了解に苦しみますチヨツト話が下等滊車でしきりに鼻糞をホヂつて列車の窓へコスリつけてゐた男がありましたが國家の滊車といふ考へを持てば列車を綺麗にしない――汚なくするといふ觀念を起してゐんな事はしないもんなんですが公德心に乏しい一例、新聞に依ると土瓶へ尿をしてツツト置いて人は香ませるとか云のもソレです

△旅行と苦行　肌を拔く女にお髻を向ける、イヤらしい話をワザと女の前でする、遊廓へ遊びにいつた話をする、ソレが吾々の觀察では中等生計の人らしい、強ち下等の人物らしくない方がソレなのであります、文明の空氣はソレゆゑ濁りますよ、二等へ乘つた時であつた、ソレは東海道行で横濱へ着くと二等室へ乘らうとした夫婦がありましたがソレと見て一人の紳士入口の扉の前に立塞り窓より顏を出し「一杯でござんす」と言つてゐたが其實まだ〱四五人は入れる、其紳士は驛々で扉の窓の所へ立ちました、吾々は『扉紳士』と名乘てやりました、日本人の旅行をするのはサゾ氣忙しくユツタリした氣にならず遊覽の旅をしてアトで歸宅の上ガツカリして動けず二三日休息するとの話ですが、ソレでは旅行ではない苦行でありませう　（完）

實地逗留　旅行雜談

讀者諸君の實地逗留又は跋渉された旅行の投書を歡迎す屢々投書を乞ふ奇談は勿論注意や小言や風俗や奇習や祭禮や俚諺やなんでもよいのです

△宇都宮から沼田

老人が宇都宮から沼田へ峠三里を超したお話は實に恐しかつたので忘れません此峠は山が三つあつて一日で越すのは無理でしたが一番やつて見ろと左樣冬の初めで雪でも喰つては大變と言はれたにも拘らず超て經くと中禪寺の横道を權現の方へ往かず右の方へ往きまして其前湖水迄出るのにも恐しかつたのは谷へ落ちた事で其時は中禪寺の坊さんに救はれたが今日は無難に沼田へ出たいと峠へ懸ると雪があつて山はウヅを卷いて吹き荒んでゐます人一人通るおやアない所へ向ふから定九郎見たいな男が博奕打らしい來て行違つたのに暫くするとオーイ〱と呼ぶ親父殿と來たら溜らんと思ふと「何處へ往きなさる、ナニ沼田だ、氣をつけねヱ年寄の事だ、己の足跡があるソレを辿りやア行ける、足跡を外すと谷へ嵌るよ、コレから宇都宮へは餘程あるかイ」との問に親切に敎へて別れ二里程往てトある町へ出たが山中の事とて曖昧料理が一軒と外に百姓と荒物屋がある位、其手前で一人の商人と連になり地理を聞いたが腹が減た故其料理屋で飯を喰ふと奥に破落戸が三人騷てゐたが軈て出て來て「老人さんお前は金を持てゐるだらう」と無作法の問ひ「どう致して……沼田に賣掛があつて取に往く道です」、「イヽヤ日光へ角なりを買ひに來る商人だらう」といふ始末前の商人は老人の袖を引てくれたからソロ〱に同所を去つたが昔はこんな奴が旅にゐて人を困らしたものです昔と申しても明治十八年でしたソレから沼田へヤツト着き安心しましたよ（旅行老人）

△旅屋の美人

當今はどうなつたろうか昔奥州街道を旅した方は御存知でせう下野喜連川江戸より三十六里山國で稲一本も出來んで無高

の殿様でしたコノ城下に釜屋といふ宿屋があつてソコにソレはゝゝ美しい娘があつたんです東京の煙草屋の看板娘とは違つて囮でもなんでもない只モー美しい品のよい美形誰一人これを褒めぬものはなく此娘見る爲め泊らぬものもありませんでした女連ですらワザゝゝ見る爲めに泊つたものです慶應三年に妙齢十七歳位でしたが今はどうなりましたろう、胸が濟くといふ美人であつた今もゐれば五十年輩——同家の跡取娘の事ゆゑ現時もゐるかも知れぬ（秋田縣人）

△祭禮の灯燈

栃木の藥師寺村といふに八幡があります同所は隨分な賑かな祭禮があるが此地は晝間になると地口行燈灯燈も仕舞て一切ないから不審を起して聞いたら「晝間灯燈も行燈も要りませんぢやアありませんか」との御挨拶には成程と感心されてしまつた事があつたつけ（一泊生）

新しい趣向の東京見物

地方より東京見物に來る時は判で捺した樣な案内者の案内で先づ第一が宮城二重橋、ソレから東が上野淺草、南は芝增上寺愛宕、北へ廻れば九段の招魂社といふ風設折角の見物も昔から大した變化のない所ばかりを覗いて歸郷の花と咲しても肝腎の東京の進歩といふもの見てござらぬ、で東京見物も新しい趣向を添へねばなるまいこの考へからかうした新趣向の

櫻田門外の裁判所

見物仕方を記します、案內者も從來の案內方法を變へて「手前は新奇の案內者でござい、變つた東京見物をおさせ申します」と名乘たなら必ず喝采を博すであろう又た案內の說明も多少地方人士の利益になるやうせねばならぬ（これから順々に記しませう）

▲裁判所（一）　櫻田門外の赤煉瓦ゝの裁判所は御役所といひ條公開の裁判公廷故何人にも傍聽を許さるゝ例なればこれを傍聽すると同時に所內の構造を一覽さするのは實に話の種で且又裁判の模樣といひ惡人の調べられる有態眼の藥となろうし國への土產話この上がないサテどうしたらば傍聽が出來やうかと被仰るならチョット御案內しやう（草鞋掛や股引脚絆では困りますよ）裁判所の門を構はず入つて右手に廻つて裏の方へ出るとソコが人民控所で而して休息の茶屋がありますからソコで草履を借りる（茶を出すから五六錢もやればよい）ソコで傍聽の仕方を聞くもよい、この茶屋を出て左手に入口があつてスグ段々故ソレを登り切ると廊下へ出る、其右の廊下を右手へ進むと降る段があつて今度は廣い表面玄關を入つた所へ出ます、コレが表門から入つた突當でこゝには東京地方裁判所、控訴院、大審院の受付があります、表面には石の大階段があつて實に宏々としたものです、此段に向つて右手の廊下は民事の公廷左手は刑事の公廷です何れも東京地方裁判所で左の角の一室は辨護士寄會所です此邊階下の一廓をば東京地方裁判所とするのでソレから表面の大階段を登ると前と左右へ登る三叉の段となる、其左を登りスグ左へ折れた所が控訴院で右の廣い廊下が控訴院第六號法廷とて一番廣い法廷で彼の有名なお茶の水事件松平紀義や醍醐家騷動の格太郎取調べはこゝであつたのです裁判が始つて

ゐたならソット扉を開けて入つて構ひません決して叱られるやうな事はないのです靜かにしさへすれば……中々神々しいもので表面高い臺の上の中央に居られるのが裁判長で左右は倍席判事、左手の方に一人控へるのは檢事で右手に居るのは書記です、被告は右手の檻（胸に入る箱）に控へる、裁判長の眼下に判事と似た服裝の人がゐたならソレは辨護士です、辨護士の後の方が傍聽人の傍聽席ですから默つて控えて聞いてゐればよい、小便が出さうになつたら遠慮は要りませんソッと足音や戸の音を忍ばせ廷外に出ても差支はないのですこれが裁判所の見物、マダ〳〵變つた見物案内は次號に記しませう

婦人の旅行噺

「女は何彼に就て損ですよ、マア旅行をしますにも、一人ぢやア心細いし、後護く、物騒でもありますれば大膽だといはれませう、滊車や警察の方で氣樂に旅の出來るとは申すものゝ、西洋の婦人方の樣に、思切つた事が出來ません、ツイ夫れですから男のお世話になるんですが、妾悔しいから一人で往つたとがあるんです。スルト宿屋が第一變に思ひますの、人々もジロ〳〵なんだか疑ひの眼で見るんですもの、面白い旅は出來やしません、といつて娘時代には兩親が許さず、良人を持ては良人が許さず子供が出來ますと、トウ〳〵面白い旅は出來ずじまひ、子供を連れる旅ほど心の置けるものはありませんワ、で妾一人で參つた時は、東京から舞子まで往つたんですが、舞子ぢやア小雨が降りまして心細くなつたんです

濱へ出て綺麗な石を拾ひ而して海の水で洗つて居ると鯛網の歸りでもあるか多くの男女の蜑がこれも變な眼をしてジロジロ見ながら囁き合つて往きましてす、ソレから本願寺の別莊や舞子の公園を遊んで——一月ですから人の影一つもありやアしません、只白砂の綺麗なと天女になつた樣な心持でした、なんだか物悲しい樣な氣がして來ましたからソコ〳〵に明石の方から來る滊車へ乘つて神戸へ引揚げましたが、日本の婦人は天性からして一人旅には相應くないのでせうか、ソレ共妾が意久地のないのでござんせうか、自分には分りませんワ、其次に良人や家族の者と函根へ參り三周間も居りましたが、婦人方同士で何か催をするとかいふ工夫も出來ませんの、只默つて御湯へ入ります位「お早うございます」とか「いかゞでございます」位でし各自部屋へ籠つたなり少し話でもして居ると旦那が呼んでしまはれる、婦人の旅の慰みは男に依るより外はありません、詰りませんね、旅をします前にも體の工合もありませう（月やくなんぞが）、忌になるぢやありませんか』

あてもの（お子供衆へ）

（一）あなたの姉さんは御嫁入の時どんな髮を結てお出になりました
（右東海道五十三驛の一つ時間表御覽あれ）

（二）按摩さんタズグつたいツコは歷ぢやアありません
（右東海道五十三驛の一つ時間表御覽あれ）

（三）旅は道づれ世は○○
（右は野菜一、魚一つ）

（四）旅へ持て行く荷（但しかばんにあらず）
（右は木の名一、獸の名二つ）

（五）人間の体の上の方と下の方との部分を名乘つてゐるもの、なアに
（但し人間の肩から上のもの二）

▲次號に右の解を記します

全國遊覽汽車（一）

鎌倉遊覽

古跡と海水浴並に避寒の地として別莊三百からある、新橋より時間は午前八時四十五分國府津行汽車に乘じて大船着乘換え十時三十八分鎌倉驛着（乘換なしなれば新橋發午前九時二十九分橫須賀行へ乘車すれば十一時十六分着）此賃金は三等五拾一錢 往復參圓あれば晝の御飯を喰べて歸京が出來ます（別項時間表參照あれ）

江の島めぐり

全所一日遊びは男なれば午前五時二十分新橋發國府津行に乘り全七時三一分藤澤驛着汽車賃五十一錢（女性なれば全八時四十五分國府津行汽車にて全十時三十六分着よろし）ソレより藤澤電車に乘り江の島入口迄一時間江の島に晝飯を濟し島めぐり、岩や辨天詣を濟し海岸の貝拾ひ等をなし五時全所を發して藤澤發午後七時四十一分新橋行の汽車に乘れば九時二十三分新橋へ着きます但し大船で辨當を喰あがれ（御婦人連なら午後三時三十五分藤澤發に乘られよ、さすれば全五時二十八分に東京へ着きます）

箱根遊覽

これは一夜泊りを要す

矢張り新橋午前八時四十五分發國府津行に乘りて全十一時二十四分國府津着此汽車賃七拾八錢、全所で晝飯をさるゝともズツト直ぐ電氣鐵道で函根へ向ふもよろし此電車代貳拾八錢一時間で湯本温泉即ち函根温泉遊びの入口へ着き舛

熱海温泉

コレモ午前八時四十五分に乘り十一時二十四分國府津着の上電氣鐵道に乘りて小田原に至り（電鐵賃十五錢）全所より豆相人車鐵道に乘りて五時間で熱

海へ着きます此賃は六十六錢

修善寺溫泉

是伊豆國君澤郡修善寺村の一仙境病を養ひ身を保つに快適の地です朝新橋發七時二十分の滊車にて出發すれば仝十二時十二分東海道三島驛へ着し(此滊車賃一圓二十七錢也)仝所より豆相鐵道に乘換え仝十二時十七分發の列車にて午後一時二分大仁に着く(此滊車賃二十錢)仝所より馬車(十五錢)又は人力車(二拾錢)にて修善寺迄往くことを得あります但し此間二拾町程也

日光遊覽

日本三景の一なる日光の遊覽は時々日本鐵道にて遊覽列車を出す夏季は避暑春時は觀光によろし紅葉の頃の眺めまた捨られぬものです一日泊りで上野をば午前六時三十五分藤島行の滊車に乘れば宇都宮へ仝十時十四分着仝驛乘換にて宇都宮發十時四十分日光行の滊車に乘れば十二時三十分に着くソレから小口の見物をなさるもよい

旅と天候

古人の日和見樣と古歌、諺の注意書異に面白く旅する人の研究するも一興ならむなほ氣象學上よりの「天候と旅」とは次號に記さん

一、夜の九ッ時晝の五ッ時七ッ時より降出したるは長雨なり又晝の四ッ時六ッ時の降り出しは少しの間にて日和になるなり又夜の五ッ時七ッ時晝の九ッ時の降り出しははら〳〵雨にて早速止り又晝の八ッ時六ッ時夜の四ッ時のふり出しは僅か半日斗りにてあるなり

一、東風は雨になるべきものなれども入梅と土用にはふりつゞきたる雨もあがるなり

○東風急なれば天晴をつかさどるなり○春夏に西北の方より吹く風は雨の印なり○秋西風吹はかならず雨なり○冬の日南風吹は三日に霜をつかさどるなり○西風○北西風は日和○東風南風は雨風なり○日の沒赤か青は風なり○夕雲赤は晴○雲亂飛は大風○風雲跡なきはやむ○雲の色紅白なれは又大風なり○夜霧ふれば翌日大風なり○流星東へ飛ば風なり○南へ飛ば晴○西へ飛ば雨なり○月の出色白は雨なり○月のかさに星あれば雨なり○笠かさなれば大風なり○月の入に光つよきは雨なり○色白は風○朝虹西にあれば三日のうちに雨なり○夕虹東に有は日和○電四方にあるは風雨なり

一、雨ふらんとしては礎うるほふるものなり山あざやかに

見ゆる時は陽風なり又山かくれて見へざれば陰風なり○鳥水をあびるはかならず雨の印なり○鳩鳴てかへす聲あらば晴なりかへすこゑなきは雨の印なり○朝に鳶鳴ば雨なり夕に鳴ば晴れなり○竈の煙りもやく\/として下へさがらば雨としるべし直に立のぼりて滞らざるは晴なり

一、出雲入雲にて日和を見ること國々によりて替りあり大阪にては雲のあし丑寅の方へゆくを入雲といふ雨になるなり又未申の方に行を出雲といふこれも雨になれども風つよく吹時は日和に成事あり

一、天一太郎、八專次郎、土用三郎、寒四郎といふことは天一天上が朔日にあたるを天一太郎といふ○八專次郎といふは八專が入て二日めをいふ○土用三郎といふは土用が入て三日めをいふ○寒四郎とは寒が入て四日めをいふいづれもこれにあたる日に雨ふれば天氣あしくなるものなり

一、天氣時候は國所によりてかわることある故に一概にもいひがたし大凡關東は西風にて晴東風にて雨ふる關西は西風て雨降東風にて晴るなり因て土地所に應して臨合考しるべし

古歌并諺

筑波はれ淺間くもりて鵙鳴ば雨はふるとも旅もよひせよ

五月西春は南に秋は北いつも東風にて雨ふるとしれ

春北風に冬南いつも東は定降の暴雨

ふつきり(降霧)はてつきり(照霧)△たつきり(立霧)はふつきり(降霧)

右の雨旬日和を知の妙語なり霧ふれば天氣なり霧立のぼれば雨になるなり余これをためし見るに違ふことなし又心やすく覺易き語なり前の古歌も關東にて日和をためし考へたる歌なるべし都而日和の見やうは譬は關東にてはふじ山筑波山の雲たちによつて風雨をしるやうに其國々所々にて目當ありて知ことなり因て道中にては其所々にて聞合考へみるべし旅は日和の善惡に因て損益あることなり川越船わたし等のある前後は別て了簡あるべき事なり

旅中學問（一名智惠袋）

これは退屈まぎれに流車の内、旅館の燈下、湯治場の徒然に讀覺ね見覺え置きなば何かの足になるべし、名けて旅中學問としたり一名智惠袋とやいはむ

(1) 全國道鐵の哩數　四千百八十哩七四鎖也

(2) 東海道　昔は五十三驛今は七十六驛京都まで

(3) 京濱鐵道の創立　明治五年二月なりとす

(4) 鳥の飛行哩　鳩は一時間十哩九乃至　鴉は同廿七哩

(5) 東京神戸間の哩數　三百七十七哩十三鎖

(6) 私立鐵道哩數　二千八百六哩なりといふ

(7) キャベツ　酒後此菜を喰へば酔を醒す由

(8) 世界の美人國　米國バーマタス島に依る

(9) 日本の地圖　寛政中伊能忠敬實測圖成る

(10) 無飲水の動物　蛇とかげ蛙野兎の類なり

(11) 氣象學　には入梅なく天文學に七夕なし

(12) 牛は發育四年　馬は同五年人間は二十年

(13) 西洋人との結婚　明治六年二月許可さる

(14) 日丸の旗　安政三年全國船舶の旗と定む

(15) 鐵道馬車の開始　明治十三年十一月中也

(16) ガラス張の街　白耳義のヒユベル街も雨の日も平氣

(17) 地震の害　廿二年以來被害死亡男女四万餘人同家屋廿萬戸損害金一億萬圓

(18) 江戸より京都迄　昔は百廿四里十五町とす

(19) 東京のドン　明治四年九月九日より始る

(20) 富士山　海面を拔く事壹萬二千四百尺也

(21) 箱根芦の湯　海面を拔く二千七百六十尺

(22) 朝食の廢止　米國にて昨今流行中也とす

(23) 美人の車掌　米國オハヨウ州電鐵なり好結果

(24) 旅の誠歌　武士の矢ばせのわたしちかくともいそがばまはれせたの長橋

(25) 動物園の猩々　明治卅一年十一月死亡す

(26) 悪事災難免れの歌百遍唱へろ事　よひの間や都の空にすみもせで心つくしの有明の月

(27) 各國婦人髪の重さ　佛國婦人平均四十二匁獨逸婦人六十七匁半伊國婦人四十五匁

(28) 日本鐵道會社創立　明治十六年八月なり

(29) 入場切符値上　三錢を五錢になす明治卅五年六月一日

(30) 日清媾和紀念日　明治廿八年四月十七日

温泉と病氣　附 遊山

東京よりは差詰め箱根温泉を指に屈すべく山明水紫の靈地にして外國人の如きは最も愛す貴賤共に遊覽療養に好く其案内書に乏からずといへども茲には温泉の効能とザツトした景況を記さん

鐵道は東海道國府津驛（東京より三時間）に下車し仝所より電氣鐵道に乘り一時間（小田原を經て）にて到着、茲湯本温泉にて早川の流の西岸に温泉宿あり福住は上等宿なし（茶代を〔は〕）小川二軒、温泉は湯ぬるく度々入り出れば段々あつくなる、長雨の湯句は特にぬるし此邊名所玉だれの瀧（一人前十錢）早雲寺（寶物見物）湯の効能は左して多からぬもノンキに遊ぶによし△塔の澤温泉湯本より五丁早川を挾み兩岸に玉泉樓、新玉の湯、一の湯、環翠樓事鈴木、藤尾、福住樓等あり藝妓屋あり射的あり名所は勝驪山、湯は湯本より熱く婦人病に宜△堂ヶ島温泉は塔の澤より登る事數町しのぶ塚の碑のある所より谷に下り擂鉢の底に入る所夢窓國師の開始也りといふ宿は大和屋、近江屋、江戸屋三軒湯は夢窓湯と名けあり効能は下の病氣によし△宮の下温泉こゝは外國人の避暑地と稱すべく一市街をなす嶮嶽いよ〳〵聳て雲霧の來往繁しき裡に村役場、郵便電信局、派出所、商戸軒を比ぶるに至つては一驚を喫す富士屋奈良屋いづれも西洋人の占領といふも不可なし湯は三日月の湯、熊野湯、吉田の湯、瀧の湯、明治の湯等ありてゆさん湯に適す△底倉温泉は硫鹽の二質より成りて宮の下と同じ梅屋、仙石屋、蔦屋あり豊太閤この温泉の奇効を稱せりと傷等によろし△木賀温泉は底倉より八町宿に龜屋、◎いせやあり

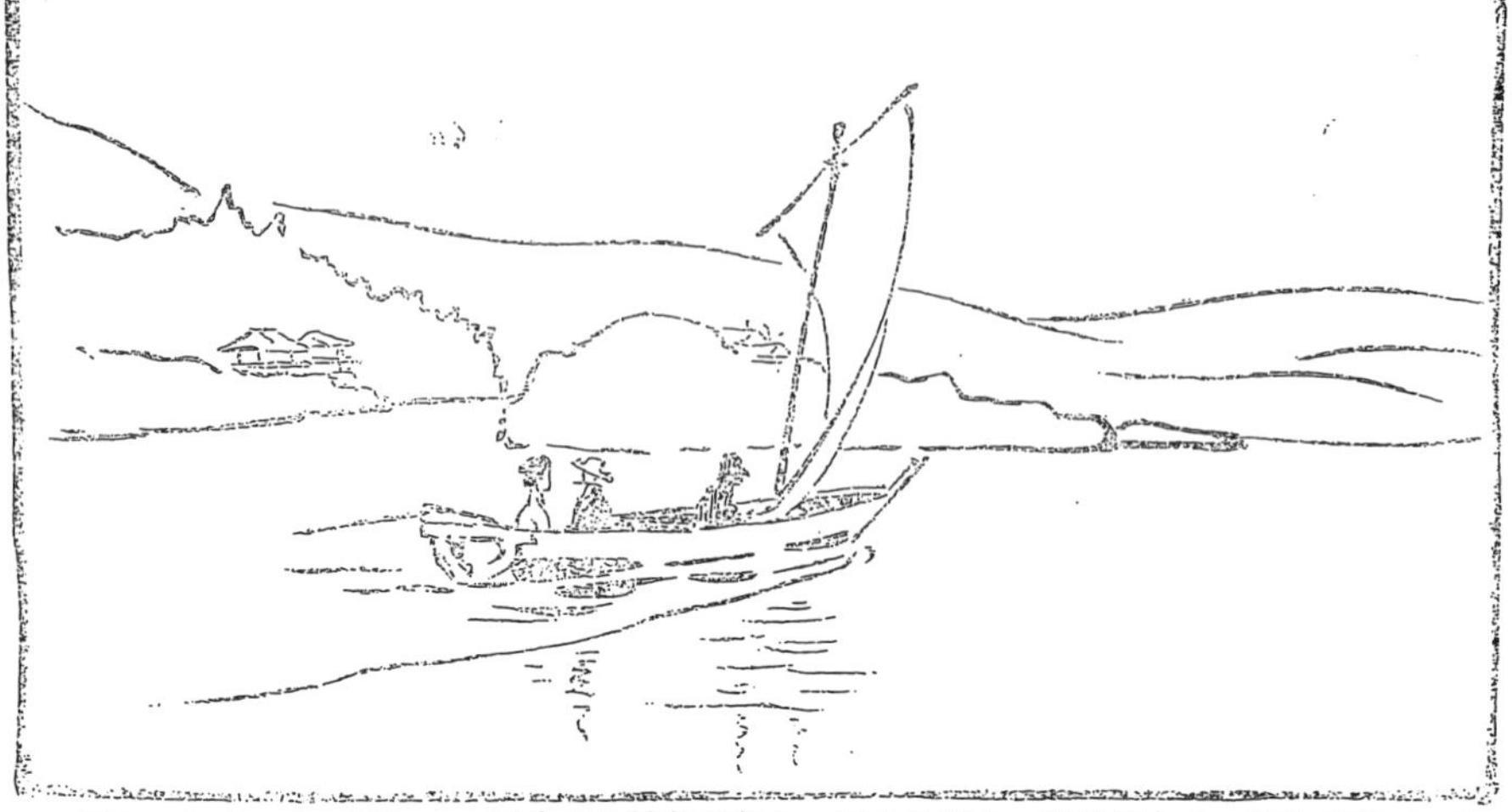

て温質底倉に同し△芦の湯温泉これぞ箱根の病院湯しかも山の絶頂にて駒ケ嶽の麓二子山の腋に在り湯熱くいかにも温泉らしく思はる皮膚、梅毒、リウマチス、子宮等によく地獄めぐりと稱してイヤな名はあれど曾我兄弟并に遊女虎の碑あり多田滿仲の墓あり宿料も安く病者に好適の湯塲なりとす△小涌谷温泉は宮の下より十五町貧血症によろしく湯は熱く硫氣多し宿は開化亭三河屋△姥子温泉は冠ケ嶽の西北大地獄の西にありて木賀より仙石原を經て趣く眼病によき湯也△仙石湯は大地獄にありて梅毒等に宜し△大涌谷小涌谷は道險なれど瘴氣にはよく効能ある湯なりとすこの温泉は硫氣燃え恐しく湯氣立ち昇り居る焦熱地獄に似たりき△此等の温泉に入浴する人々は時々元箱根の湖水に赴けば一眸快濶、釣すべく網すべく遊覽すべく涼風陳々吹いて止まず一大仙境なりとすこの湖水を見落しなば好風景を談ずる能はざらむ

旅中料理

△サンドイチ　パンを薄く切りバタを塗つけ、ハム乃至コールピーフを是又薄く切り二枚のパンの間にはさむ而してチヨット火に燒くべし

△豆腐料理　湯豆腐の加減は先づ骰の目又は拍子木（一寸二三分五六分さ）に切り葛湯を沸したるなかへ一人分よい程に入れて見てゐて豆腐正に浮きあがらんとする頃を器へ取り豫め用意の生醤油へ花がツオを打込みつけて喰ふべし（葱、チソ、大根おろしの藥味）

△しは釜燒　鯛の名所に往かれなば肉をよい加減に切り（小鯛は其儘で）水氣を去り美濃紙に包み鍋大鍋に鹽二寸程しき其上へ一ト並べのせ又た鹽一寸程しき一ト並二三遍りして一番上へも鹽二寸程懸けサテ火を強くして待ち上の鹽燒け來るを相圖に火を引き鯛を出して紙を剝けば香味なり外魚にてもよろし

△卽席オムレツ◎玉子を割り普通玉子燒を半熟にするなかへ燒肉を細かに切りて入るべし（燒肉は罐詰にあり玉子は四五個を割りよく混て牛酪十五匁入るゝもよし）燒く時間五分

△鮹やはらか煮　たてを柔かに煑るには小豆を少しばかり

入れて湯煮にすれば小豆の煮えぬ内にてはやわらかなる也かくして好々に煮るべし

▲いせ蝦田樂　いせゑびを茹でカラを取り二つに割り横に串二本さしよく燒きて胡麻油を塗り又火にかけて少し焦し山椒醤等にて喰べる結搆

鐵道便覽

東京の部

鐵道局（新橋所在）
日本鐵道　設立明治十四年十一月、資本金六千六百万圓　下谷區山下町　事務所
甲武鐵道　設立明治廿一年三月、資本金三百万圓　麹町區飯田町四丁目　事務所
總武鐵道　設立明治二十二年三月、資本金參百六十万圓　本所區柳原町一丁目　事務所
房總鐵道　設立明治二十六年九月、資本金參百二十四万五千圓　千葉銚子町　事務所
東武鐵道　設立明治三十年十一月、資本金貳百六十五万圓　麹町區八重洲町一丁目　事務所
常野鐵道　設立明治三十一年六月、資本金五十五万圓　麹町區飯田町四丁目　事務所
岩越鐵道　設立明治三十年五月、資本金六百万圓　下谷區上車坂町　事務所
豆相鐵道　設立明治二十九年五月、資本金四十万圓　日本橋區蠣殻町二丁目　事務所
川越鐵道　設立明治二十五年六月、資本金參拾六万圓　麹町區飯田町四丁目　事務所
青梅鐵道　設立明治二十五年六月、資本金二十万圓　府下西多摩郡青梅町　事務所
成田鐵道　設立明治二十六年十二月、資本金參百八十五万圓　千葉印幡郡根町村　事務所
北越鐵道　設立明治二十八年十二月、資本金參百七拾万圓　赤阪表町　事務所

京都の部

京都鐵道　設立明治二十八年十二月、資本金五百拾万圓　葛野郡朱雀野村　事務所

大阪の部

南海鐵道　設立明治二十九年五月、資本金五百万圓　大阪南區難波新地六番町　事務所
大阪鐵道　設立明治二十一年三月、資本金參百四十五圓　大阪南區今宮村　事務所
西成鐵道　設立明治二十九年二月、資本金一百六十五万圓　大阪西區川北大字南　事務所
高野鐵道　設立明治二十九年四月、資本金百五十万圓　大阪府泉北郡向井村　事務所

兵庫の部

山陽鐵道　設立明治二十一年一月、資本金二千四百万圓　神戸市兵庫港湊道四丁目　事務所
阪鶴鐵道　設立明治二十九年四月、資本金六百万圓　兵庫川邊郡伊丹町　事務所
播但鐵道　設立明治二十六年六月、資本金參百拾万圓　兵庫縣飾磨郡國衙村　事務所

三重の部

關西鐵道　設立明治二十一年三月、資本金一千四百六十万圓　三重縣四日市濱田町　事務所
參宮鐵道　設立明治二十三年、資本金百六十五万圓　三重縣度會郡宇治山田町　事務所

奈良の部

奈良鐵道　設立明治二十六年四月、資本金二百參十五万圓　奈良市上三條町　事務所

福岡の部

九州鐵道　設立明治二十一年六月、資本金四千七拾五万圓　門司市　事務所
豊州鐵道　設立明治二十三年十一月、資本金七百八十万圓　事務所

北海道の部

北海道炭鑛鐵道　設立明治二十二年十一月、資本金一千二百万圓　札幌區北五條西三丁目　事務所

旅の發行

雜誌『旅(たび)』は旅行に於けるあらゆる趣味を解釋し說明し研究しはた改良注意の陣をも張らんとす、旅行の趣味や雜誌『旅(たび)』の紙上に燦然光りを放つものといふべし

獨り旅行のみにては物足らぬ心持す、即ち日本の大都會『東京』を捉へて、茲に都會の面目とあらゆる秘密と裏面とを、是又た解釋し說明しはた案內と便利との兩天秤を擔ひ、忠實なる『東京』の判斷者たらんと欲す、されば旅行の爲めには、全國の汽車時間表を、一種明細に調製なして添附し、加ふるに大日本鐵道線路圖を以てす、東京の爲めには『名所名物鏡』を調製し『遺失物月報』をも加へたり、尚ほ每號種々の番附と每月の遺失物月報をも添へんとす、特に鐵道局、各鐵道會社、日本郵船會社等の事々物々、乘客船客に對する取扱方法及び新奇改良其他は細大網羅せずんばやまず、冊々相積めば一の『東京案內』と『日本旅行案內』となり、子々孫々に殘るの一大快書たるべし且一々挿繪を以つて調和をなすは是又本紙の特色にして讀者の興味を眼にも供ふものとす、聊か發行に就て望み、願ひ、忠實等を述ぶ

次號豫告

名士旅行談　名士の旅行に關する談話一口咄等也

新趣向の東京見物　いよ〳〵詳細面白き方面へ御案內申さん

賑かな東京　恐い東京のアトへは持つて來いの題目ならむ

大急行列車　鐵道局の新案東京の西洋料理が馬關でゲップに出るといふ位の大仕掛診明

商人と旅　船と言はず汽車といはず旅行が與へる利益方便なり

避寒旅行　新年旅行の避寒地案內は最も便利に仕組み申さん

右の外漸次掲載の材料は頗る豐富にて既に成稿且依囑の者を記せば

東京名人集△獨逸婦人の日本旅行談△東京の罪惡△機關士直話△鐵道奇話△遠洋航海談△旅行落語△子供と旅行△病氣と旅行△旅行衞生等、等。

番附…………新案奇出

月報…………遺失物十一月より十二月まで

全國滊車發着時刻哩數賃金表

○滊車乘客心得

▲乘車券通用期限及途中下車驛

五十哩以上の乘車切符所持者は左記の各驛に限り途中下車し再び他の列車に乘繼くことを得但乘車券通用期限は總て發行當日より起算し五十哩以上百哩未滿は二日百哩以上は百哩未滿毎に一日を加ふ

東海道線

品川　平沼　横濱　大船　藤澤
大磯　國府津　御殿場　三島　沼津
興津　靜岡　濱松　豊橋　岡崎
大府　熱田　名古屋　一ノ宮　岐阜
大垣　米原　彦根　草津　馬場
大谷　京都　大阪　神崎　三ノ宮
神戸

北陸線

敦賀　武生　福井　大聖寺　小松
金澤　津幡　高岡

信越線

高崎　磯部　横川　輕井澤　小諸
上田　篠ノ井　長野　高田　直江津

日本鐵道線

大宮　熊谷　高崎　小山　宇都宮
西那須野　黒磯　黒田原　白河　須賀川
郡山　福島　長岡　白石　岩沼
仙臺　岩切　鹽竈　松島　小牛田
一ノ關　平泉　盛岡　尻内　青森
我孫子　土浦　笠間　友部　水戸
下孫　助川　高萩　勿來　關本
湯本　平　原ノ町　中村　栃木
足利　桐生　前橋　新宿

關西線

愛知　彌富　桑名　四日市　龜山
一身田　津　柘植　上野　笠置
新木津　四條畷　加茂　大佛　奈良
法隆寺　王寺　高田　畝傍　櫻井
柏原　天王寺

山陽線

姫路　岡山　笠岡　福山　尾ノ道
糸崎　廣島　己斐　宮島　岩國
柳井津　徳山　三田尻　小郡

京坂線

池田　中山　寶塚　生瀬　三田
古市　篠山　柏原

▲五分間以上停車驛

大概五分間以上停車す此驛々には飲用水、顔洗場等を設けたる所あり

新橋神戸間

山北　沼津　靜岡　濱松　名古屋
大垣　米原　馬場　京都　大阪
敦賀　今庄　福井　金澤

關西及參宮線

龜山　津　柘植　加茂　奈良
王寺　天王寺

日本鐵道線

大宮　熊谷　高崎　小山　宇都宮
黒磯　白河　郡山　福島　白石
仙臺　小牛田　一ノ關　黒澤尻　盛岡
沼宮內　一ノ戸　尻內　野邊地　取手
土浦　友部　水戸　高萩　平
富岡　原ノ町　吉田　前橋　桐生

信越線

横川　輕井澤　長野

▲辨當名物販賣驛

（別項目次の欄にあり御覧あれ）

▲公衆電報取扱驛

電報を取扱ふ停車場には見易き場所に掲示札あり

▲急行列車（東海道線）

午前六時廿分｝
午後六時五分｝新橋發
午前六時｝
午後六時｝神戸發

右列車には四十哩以上に達する驛の外乘客及小荷物の取扱をなさす

但し左記各驛相互間（除中間驛）は此限にあらす

新橋、横須賀間　品川、横須賀間　國府津、沼津間　沼津、靜岡間
馬場、大阪間　京都、大阪間　大阪、三ノ宮間　大阪、神戸間

午後六時五分新橋發　午後六時神戸發

右列車は當分の內三等旅客に限り百哩以上に達する驛の外取扱を爲さす

但し左記各驛相互間は此限にあらす

名古屋、京都間　京都、大阪間　京都、三ノ宮又ハ神戸間　馬場、大阪間（午後六時神戸發に限る）　大阪、三ノ宮又は神戸間（午後六時五分新橋發に限る）　馬場三ノ宮又は神戸間（右に仝し）右列車は當分の內旅客附隨の小荷物及新聞紙を除くの外小荷物の取扱をなさず

▲食堂車

新橋、國府津間、沼津馬場間、京都神戸間に限り左記急行列車に食堂車を連結し西洋料理の注文に應す

午前六時廿分｝
午後六時五分｝新橋發、神戸行
午前六時｝
午後六時｝神戸發、新橋行

▲寢臺車

使用料は一等賃金の外時間の長短に拘はらす左の料金を支拂ふものとす

晝間　金二圓　夜間　金三圓

晝夜に渉るときは　金四圓

六歳未滿の小兒は別に寢臺を要せさるものに限りて無料なり

晝間又ハ夜間ノ區別

一晝間　三月一日より十月末日迄（午前七時より午後六時迄）
　　　　十一月一日より二月末日迄（午前八時より午後五時迄）
一夜間　三月一日より十月末日迄（午後六時より午前七時迄）
　　　　十一月一日より二月末日迄（午後五時より午前八時迄）

●晝間又は夜間の寢臺使用者にして乘車後更に引續き使用を望まば右の使用料金を各別に支拂ふを

●寢臺の準備は午後十時に始まり午前八時に取片付をなすに付若其以外の時間に使用せんとする場合は同室者の同意を要す

●寢臺券は自己の都合に依り途中下車したるときは前途無効となる

●寢臺の申込をなしたる後中止する場合は其列車の出發一時間前に申込みの停車場へ其旨申出らるべし若し遲れて列車出發一時間以內となれば既に支拂したる料金の受戻は半額となる

●假令寢臺使用の申込をなすも列車出發時刻一時間前迄に寢臺券を買求めざるときは其申込は無効となる也

(一)新橋横濱國府津間附大船横須賀間

（一等賃金ハ三等ノ三倍）△印ハ日曜祭日祝日ニ限(日)印ニ變更ス

官有鐵道

大船横須賀間乘換ノ下リハ横欄ヲ見ヨ

(下リ)

驛名	新橋發	品川發	大森發	川崎發	鶴見發	神奈川發	平沼發	横濱着	横濱發	程ケ谷發	戸塚發	大船發	藤澤發	茅ケ崎發	平塚發	大磯發	二ノ宮發	國府津着
午前 國府津行	五、二〇	五、二九	五、三七	五、四八	五、五五	六、〇六	｜	六、一一	六、一五	六、二三	六、四〇	六、五三	七、〇三	七、一四	七、二三	七、三一	七、四〇	七、四八
	｜	｜	｜	｜	｜	｜	｜	｜	六、二五	六、三五		｜	｜	｜	｜	｜	｜	｜
	五、五〇	六、〇〇	六、〇九	六、二一	六、二八	六、四〇	｜	六、四五		｜	｜	｜	｜	｜	｜	｜	｜	｜
神戸行急行	六、二〇	六、二九	｜	｜	｜	｜	七、〇一	｜	｜	七、〇四	｜	七、二七	｜	｜	｜	七、五八	｜	八、一三
	｜	｜	｜	｜	｜	｜	｜	｜	七、一七	七、二五		｜	｜	｜	｜	｜	｜	｜
	六、四五	六、五五	七、〇四	七、一六	七、二三	七、三五	｜	七、四〇		｜	｜	｜	｜	｜	｜	｜	｜	｜
大垣行	七、二〇	七、三一	七、四〇	七、五二	八、〇〇	八、一一	八、一六	｜	｜	八、二一	八、三九	八、五二	九、〇三	九、一五	九、二五	九、三四	九、四三	九、五一
	｜	｜	｜	｜	｜	八、二〇	｜	八、二五		｜	｜	｜	｜	｜	｜	｜	｜	｜
横須賀へ直行	七、五五	八、〇五	八、一四	八、二六	八、三三	八、四五	｜	八、五〇	九、〇〇	九、〇九	九、二七	九、三八		｜	｜	｜	｜	｜
△	八、三〇	｜	｜	｜	｜	｜	｜	九、〇八		｜	｜	｜	｜	｜	｜	｜	｜	｜
(日)	八、三〇	八、三九	八、四七	八、五八	｜	九、一五	｜	九、二〇		｜	｜	｜	｜	｜	｜	｜	｜	｜
	｜	｜	｜	｜	｜	九、一五	｜	九、二〇		｜	｜	｜	｜	｜	｜	｜	｜	｜
國府津行	八、四五	八、五五	九、〇四	九、一六	九、二三	九、三五	｜	九、四〇	九、四五	九、五四	一〇、一二	一〇、二五	一〇、三六	一〇、四八	一〇、五八	一一、〇七	一一、一六	一一、二四
横須賀へ直行	九、二五	九、三五	九、四四	九、五六	一〇、〇三	一〇、一五	｜	一〇、二〇	一〇、二六	一〇、三五	一〇、五三	一一、〇四		｜	｜	｜	｜	｜
濱松行	一〇、一〇	一〇、二〇	一〇、二九	一〇、四一	｜	一〇、五八	｜	一一、〇三	一一、一〇	一一、一九	一一、三七	一一、五〇	一二、〇一	一二、一三	一二、二三	一二、三二	一二、四一	一二、四九
	一〇、四五	一〇、五五	一一、〇四	一一、一六	一一、二三	一一、三五	｜	一一、四〇		｜	｜	｜	｜	｜	｜	｜	｜	｜
	一一、二五	一一、三五	一一、四四	一一、五六	一二、〇三	一二、一五	｜	一二、二〇		｜	｜	｜	｜	｜	｜	｜	｜	｜
	一一、五〇	一二、〇〇	一二、〇九	一二、二一	一二、二八	一二、四〇	｜	一二、四五		｜	｜	｜	｜	｜	｜	｜	｜	｜
午後 神戸行	一二、二〇	一二、三〇	一二、四〇	一二、五二	一、〇〇	一、一一	一、一八	｜	｜	一、二三	一、四〇	一、五二	二、〇一	二、一三	二、二三	二、三一	二、四〇	二、四七
	｜	｜	｜	｜	｜	一、二〇	｜	一、二六		｜	｜	｜	｜	｜	｜	｜	｜	｜
	一、〇〇	一、一〇	一、一九	一、三一	一、三八	一、五〇	｜	一、五五		｜	｜	｜	｜	｜	｜	｜	｜	｜
靜岡行	一、四〇	一、五〇	一、五九	二、一一	二、一八	二、三〇	｜	二、三五	二、四〇	二、四九	三、〇七	三、二二	三、三四	三、四七	三、五七	四、〇六	四、一五	四、二三
	｜	｜	｜	｜	｜	｜	｜	｜	三、〇〇	三、一〇		｜	｜	｜	｜	｜	｜	｜
横須賀行	二、二五	二、三五	二、四四	二、五六	三、〇三	三、一五	｜	三、二〇	三、二六	三、三八	三、五六	四、〇七		｜	｜	｜	｜	｜

新橋ヨリ

大船横須賀間乘換ノ下リハ横欄ヲ見ヨ

(下リ)

驛名	新橋發	品川發	大森發	川崎發	鶴見發	神奈川發	平沼發	横濱着	横濱發	程ケ谷發	戸塚發	大船發	藤澤發	茅ケ崎發	平塚發	大磯發	二ノ宮發	國府津着
午後	二、五〇	三、〇二	三、一三	三、二七	三、三五	三、四八	｜	三、五四		｜	｜	｜	｜	｜	｜	｜	｜	｜
沼津行	三、二五	三、三五	三、四四	三、五六	四、〇三	四、一五	｜	四、二〇	四、二七	四、三六	四、五四	五、〇七	五、一八	五、三〇	五、四〇	五、四九	五、五八	六、〇六
	四、〇〇	四、一〇	四、一九	四、三一	四、三八	四、五〇	｜	四、五五		｜	｜	｜	｜	｜	｜	｜	｜	｜
	｜	｜	｜	｜	｜	｜	｜	｜	五、一〇	五、二〇		｜	｜	｜	｜	｜	｜	｜
國府津行	四、三五	四、四五	四、五四	五、〇六	五、一三	五、二五	｜	五、三〇	五、三五	五、四四	六、〇二	六、一五	六、二六	六、三八	六、四八	六、五七	七、〇六	七、一四
△	五、一〇	｜	｜	｜	｜	｜	｜	五、四八		｜	｜	｜	｜	｜	｜	｜	｜	｜
(日)	五、一〇	五、一九	五、二七	五、三八	｜	五、五五	｜	六、〇〇		｜	｜	｜	｜	｜	｜	｜	｜	｜
	五、二五	五、三五	五、四四	五、五六	六、〇三	六、一五	｜	六、二〇		｜	｜	｜	｜	｜	｜	｜	｜	｜
	｜	｜	｜	｜	｜	六、三〇	｜	六、三六		｜	｜	｜	｜	｜	｜	｜	｜	｜
神戸行急行	六、〇五	六、一五	｜	｜	｜	｜	六、五一	｜	｜	｜	｜	七、一九	｜	｜	｜	｜	｜	八、〇二
	｜	｜	｜	｜	｜	｜	｜	｜	七、〇〇	七、〇八		｜	｜	｜	｜	｜	｜	｜
	六、二〇	六、三〇	六、三九	六、五一	六、五八	七、一〇	｜	七、一五		｜	｜	｜	｜	｜	｜	｜	｜	｜
國府津行	七、〇〇	七、一〇	七、一九	七、三一	七、三八	七、五〇	｜	七、五五	八、〇二	八、一三	八、三二	八、四六	八、五七	九、〇九	九、一九	九、二八	九、三七	九、四五
	七、三五	七、四五	七、五四	八、〇六	八、一三	八、二五	｜	八、三〇		｜	｜	｜	｜	｜	｜	｜	｜	｜
	八、二〇	八、三〇	八、三九	八、五一	八、五八	九、一〇	｜	九、一五		｜	｜	｜	｜	｜	｜	｜	｜	｜
	｜	｜	｜	｜	｜	九、三〇	｜	九、三六		｜	｜	｜	｜	｜	｜	｜	｜	｜
	｜	｜	｜	｜	｜	｜	｜	｜	九、四五	九、五五		｜	｜	｜	｜	｜	｜	｜
	九、二〇	九、三〇	九、三九	九、五一	九、五八	一〇、一〇	｜	一〇、一五		｜	｜	｜	｜	｜	｜	｜	｜	｜
神戸行	一〇、〇〇	一〇、〇九	｜	｜	｜	一〇、四〇	一〇、四五	｜	｜	一〇、五〇	一一、〇七	一一、二〇	一一、三一	一一、四三	一一、五二	一二、〇一	｜	一二、一八
	一〇、三五	一〇、四五	一〇、五四	一一、〇六	一一、一三	一一、二五	｜	一一、三〇		｜	｜	｜	｜	｜	｜	｜	｜	｜
	一一、二〇	一一、三〇	一一、三九	｜	｜	一二、〇七	｜	一二、一三		｜	｜	｜	｜	｜	｜	｜	｜	｜
新橋ヨリ 哩程	〇	三・一	六・〇	一〇・一	一三・三	一六・三	一七・一	一八・〇	｜	二〇・五	二六・一	二九・六	三二・四	三七・一	四〇・四	四二・八	四六・一	四九・〇
二等賃金	圓拾錢	一一	一八	三〇	三七	四八	五三	五三	｜	五五	七〇	八一	九〇	一・〇二	一・一二	一・一九	一・二八	一・三七
三等賃金	錢	六	一〇	一七	二一	二七	三〇	三〇	｜	三一	四〇	四六	五一	五八	六四	六八	七三	七八

(下リ)

大船横須賀間

	大船發	鎌倉發	逗子發	横須賀着
前	六、五三	七、〇三	七、一二	七、二六
前	七、三〇	七、四〇	七、四九	八、〇三
前	八、五五	九、〇五	九、一四	九、二八
前	九、四〇	九、五〇	九、五九	一〇、一三
前	一〇、二八	一〇、三八	一〇、四七	一一、〇一
前	一一、〇六	一一、一六	一一、二五	一一、三九
後	一二、一五	一二、二五	一二、三四	一二、四八
後	二、〇五	二、一五	二、二四	二、三八
後	三、二五	三、三五	三、四四	三、五八
後	四、一二	四、二三	四、三一	四、四五
後	五、〇八	五、一八	五、二七	五、四一
後	六、一五	六、二五	六、三四	六、四八
後	八、一〇	八、二〇	八、二九	八、四八
後	九、二〇	九、三〇	九、三九	九、五三
新橋ヨリ 哩程		三二・六	三五・〇	三九・六
新橋ヨリ 二等賃金	錢	九〇	九七	一・一一
新橋ヨリ 三等賃金	錢	五一	五五	六三
大船ヨリ 哩程		三・〇	五・四	一〇・〇
大船ヨリ 三等賃金	錢	五	九	一七

下リ ◎新橋横濱國府津間附大船横須賀間

上リ◎國府津新橋間附横須賀大船間◎新橋（東京）神戸間

大船横須賀間乘換下ノ欄ヲ見ヨ

備考	國府津發	二ノ宮發	大磯發	平塚發	茅ケ崎發	藤澤發	大船發	戸塚發	程ケ谷發	横濱着	横濱發	平沼發	神奈川發	鶴見發	川崎發	大森發	品川發	新橋着
午前	|	|	|	|	|	|	|	|	|	|	五、三〇	|	五、三六	五、四八	五、五五	六、〇七	六、一六	六、二五
	|	|	|	|	|	|	|	|	|	|	六、一〇	|	六、一六	六、二八	六、三五	六、四七	六、五六	七、〇五
	|	|	|	|	|	|	|	|	|	|	六、四五	|	六、五一	七、〇三	七、一〇	七、二二	七、三一	七、四〇
	|	|	|	|	|	|	|	|	六、四五	六、五三	‖	|	|	|	|	|	|	|
	|	|	|	|	|	|	|	|	|	|	七、一九	|	七、二五	七、三七	七、四四	七、五六	八、〇五	八、一四
	|	|	|	|	|	|	|	|	七、三五	七、四三	七、四八	|	七、五二	‖	|	|	|	|
神戸ヨリ	六、二〇	六、二九	六、三八	六、四七	六、五七	七、〇八	七、二一	七、三四	七、五二	|	|	七、五九	八、〇二	|	八、一九	八、三一	八、三九	八、五〇
	|	|	|	|	|	|	|	|	|	|	八、三〇	|	|	|	|	|	|	九、〇九
	|	|	|	|	|	|	|	|	|	|	八、三〇	|	八、三六	|	八、五三	九、〇五	九、一四	九、二三
	|	|	|	|	|	|	|	|	|	|	八、三五	|	八、四一	‖	|	|	|	|
横須賀ヨリ直行	|	|	|	|	|	|	八、一二	八、二四	八、四三	八、五一	八、五五	|	九、〇一	九、一三	九、二〇	九、三二	九、四一	九、五〇
沼津ヨリ	七、四一	七、五〇	八、〇〇	八、〇九	八、一九	八、三二	八、五〇	九、〇二	九、二〇	九、二八	九、三五	|	九、四一	九、五三	一〇、〇〇	一〇、一二	一〇、二一	一〇、三〇
神戸ヨリ直行	八、五二	|	|	|	|	|	九、三八	|	|	|	|	一〇、〇六	|	|	|	|	一〇、四〇	一〇、四八
	|	|	|	|	|	|	|	|	|	|	一〇、一五	|	一〇、二一	一〇、三三	一〇、四〇	一〇、五二	一一、〇一	一一、一〇
	|	|	|	|	|	|	|	|	|	|	一〇、五〇	|	一〇、五六	一一、〇八	一一、一五	一一、二七	一一、三六	一一、四五
國府津ヨリ	九、五〇	九、五九	一〇、〇八	一〇、一七	一〇、二七	一〇、三九	一〇、五二	一一、〇四	一一、二二	一一、三〇	一一、三五	|	一一、四一	一一、五三	一二、〇〇	後一二、一三	一二、二一	一二、三〇
午後	|	|	|	|	|	|	|	|	|	|	一二、一五	|	一二、二三	一二、三五	一二、四四	一二、五八	一、〇九	一、一九
	|	|	|	|	|	|	|	|	|	|	一二、三〇	|	一二、三六	‖	|	|	|	|
靜岡ヨリ	前一一、一一	一一、二〇	一一、二九	一一、三八	一一、四八	一二、〇〇	後一二、一三	一二、二五	一二、四三	一二、五一	一二、五七	|	一、〇三	一、一五	一、二二	一、三四	一、四三	一、五二
	|	|	|	|	|	|	|	|	|	|	一、三〇	|	一、三六	一、四八	一、五五	二、〇七	二、一六	二、二五
	|	|	|	|	|	|	|	|	|	|	二、〇〇	|	二、〇六	二、一八	二、二五	二、三七	二、四六	二、五五
濱松ヨリ	一二、五三	一、〇二	一、一一	一、一九	一、二九	一、四〇	一、五三	二、〇五	二、二三	二、三一	二、三六	|	二、四二	|	二、五九	三、一一	三、二一	三、三〇
	|	|	|	|	|	|	|	|	|	|	三、一〇	|	三、一六	三、二八	三、三五	三、四七	三、五六	四、〇五

（二）新橋（東京）神戸間

（一等賃金ハ三等ノ三倍）

大船横須賀間乘換下ノ欄ヲ見ヨ

備考	國府津發	二ノ宮發	大磯發	平塚發	茅ケ崎發	藤澤發	大船發	戸塚發	程ケ谷發	横濱着	横濱發	平沼發	神奈川發	鶴見發	川崎發	大森發	品川發	新橋着
午後	|	|	|	|	|	|	|	|	三、三九	三、四九	‖	|	|	|	|	|	|	|
	|	|	|	|	|	|	|	|	|	|	三、五五	|	四、〇一	四、一三	四、二〇	四、三二	四、四一	四、五〇
國府津ヨリ	二、四五	二、五四	三、〇三	三、一二	三、二二	三、三五	三、四九	四、〇一	四、一九	四、二七	四、三三	|	四、三九	四、五一	四、五八	五、一〇	五、一九	五、二八
	|	|	|	|	|	|	|	|	|	ハ	五、一五	|	|	|	|	|	|	五、五五
	|	|	|	|	|	|	|	|	|	（日）	五、一五	|	五、二一	|	五、三八	五、四九	五、五七	六、〇五
横須賀ヨリ直行	|	|	|	|	|	|	四、五〇	五、〇二	五、二〇	五、二八	五、三三	|	五、三九	五、五一	五、五八	六、一〇	六、一九	六、二八
	|	|	|	|	|	|	|	|	五、四三	五、五一	五、五六	|	六、〇一	‖	|	|	|	|
神戸ヨリ	四、二六	四、三五	四、四五	四、五四	五、〇四	五、一七	五、二九	五、四一	五、五八	|	|	六、〇五	六、〇八	|	|	|	六、四四	六、五三
	|	|	|	|	|	|	|	|	|	|	六、二〇	|	六、二六	六、三八	六、四五	六、五八	七、〇七	七、一六
國府津ヨリ	五、三七	五、四六	五、五五	六、〇四	六、一四	六、二六	六、三八	六、五〇	七、〇八	七、一六	七、二一	|	七、二七	七、三九	七、四六	七、五八	八、〇七	八、一六
	|	|	|	|	|	|	|	|	七、四〇	七、五〇	‖	|	|	|	|	|	|	|
	|	|	|	|	|	|	|	|	|	|	八、〇〇	|	八、〇六	八、一八	八、二五	八、三七	八、四六	八、五五
大垣ヨリ	六、五二	七、〇一	七、一〇	七、一九	七、二九	七、四〇	七、五四	八、〇六	八、二三	|	|	八、三一	八、三四	|	八、五一	九、〇三	九、一四	九、二三
	|	|	|	|	|	|	|	|	|	|	八、三五	|	八、四一	‖	|	|	|	|
横須賀ヨリ直行	|	|	|	|	|	|	八、三一	八、四三	九、〇一	九、〇九	九、一三	|	、一九	九、三一	九、三八	九、五〇	九、五九	一〇、〇八
神戸ヨリ	八、三七	|	|	|	|	|	九、二〇	|	|	|	|	九、四八	|	|	|	|	一〇、二三	一〇、三一
	|	|	|	|	|	|	|	|	|	|	一〇、〇〇	|	一〇、〇六	一〇、一八	一〇、二五	一〇、三七	一〇、四六	一〇、五五
	|	|	|	|	|	|	|	|	一〇、一〇	一〇、二〇	|	|	|	|	|	|	|	|
	|	|	|	|	|	|	|	|	|	|	一〇、五〇	|	一〇、五六	一一、〇八	一一、一五	一一、二七	一一、三六	一一、四五
國府津ヨリ	八、五五	九、〇五	九、一五	九、二七	九、四一	九、五九	一〇、一八	一〇、三一	一〇、五〇	一一、〇〇	一一、一五	|	一一、二三	一一、三六	一一、四四	一一、五七	一二、一〇	一二、二〇

國府津ヨリ

	二ノ宮	大磯	平塚	茅ケ崎	藤澤	大船	戸塚	程ケ谷	横濱	平沼	神奈川	鶴見	川崎	大森	品川	新橋
哩程	二.九	六.二	八.六	一一.九	一六.六	一九.四	二三.九	二八.五	三一.〇	二九.九	三二.七	三六.七	三八.九	四三.〇	四五.九	四九.〇
二等賃金（圓拾錢）	九	二〇	二七	三五	四九	五六	六七	八三	八八	八八	九〇	一.〇二	一.〇七	一.一九	一.二八	一.三七
三等賃金（錢）	五	一一	一五	二〇	二八	三二	三八	四七	五〇	五〇	五一	五八	六一	六八	七三	七八

横須賀大船間

	横須賀發	逗子發	鎌倉發	大船着
前	五、五五	六、一〇	六、一九	六、一八
前	六、三八	六、五三	六、〇二	六、一一
前	七、三五	七、五〇	七、五五	八、一八
前	八、一二	八、一七	八、三六	八、四七
前	九、四三	九、五八	一〇、〇七	一〇、一六
前	一一、一一	一一、二六	一一、三五	一一、四四
後	一、一一	一、一七	一、三六	一、四五
後	二、一〇	二、二五	二、三四	二、四三
後	四、一五	四、三〇	四、三九	四、四八
後	三、一〇	三、二五	三、三四	三、四三
後	六、〇〇	六、一五	六、二四	六、三三
後	七、一二	七、一七	七、三六	七、四七
後	七、五七	八、一二	八、二一	八、三〇
後	九、二五	九、四〇	九、四九	九、五八

		横須賀	逗子	鎌倉
新橋マテ	哩程	三九.六	三五.〇	三二.六
新橋マテ	二等賃金	一.一一圓	九七	九〇
新橋マテ	三等賃金	六三錢	五五	五一

		逗子	鎌倉	大船
横須賀ヨリ	哩程	四.六	七.〇	一〇.〇
横須賀ヨリ	三等賃金	八錢	一二	一七

官有鐵道

三島大仁間乗替ハ七頁ヲ見ヨ

大船横須賀間乗替ハ一頁ヲ見ヨ

（下リ）

驛名：新橋發　品川發　大森發　川崎發　鶴見發　神奈川發　平沼發　横濱着　横濱發　程ケ谷發　戸塚發　大船着　大船發　藤澤發　茅ケ崎發　平塚發　大磯發　二ノ宮發　國府津着　國府津發　松田發　山北發　小山發　御殿場發　佐野發　三島着　三島發　沼津着　沼津發　原發　鈴川發　岩淵發　蒲原發　興津發　江尻發　靜岡着　靜岡發　燒津發　藤枝發　島田發　金谷發　堀之内發　掛川發　袋井發　中泉發　天龍川發　濱松着　濱松發　舞坂發

須賀行（後）	二、二〇　二、三五　二、四四　二、五六　三、〇三　三、一五 ｜ 三、二〇　三、二六　三、三八　三、五六　四、[illegible]
（前）	五、一〇　五、二六
	（全驛 ｜）
國府津行（前）	五、一〇　五、二九　五、三七　五、四八　五、五五　六、〇六 ｜ 六、一一　六、一五　六、三三　六、四〇　六、五〇　六、五三　七、〇三　七、一四　七、二五　七、三一　七、四〇　七、四八
（前）	六、四〇　七、〇四　七、一八　七、三五　七、四七　八、〇八　八、二三　八、三七　八、五一　九、〇四　九、一一　九、二〇　九、三六
大垣行（前）	六、〇〇　六、一三　六、三三　七、〇〇　七、一七　七、四二　七、五五　八、一七　八、三五　八、五八　九、一一　九、二五　九、三八　一〇、〇〇　一〇、一四　一〇、二[illegible]　一〇、四三　一〇、五[illegible]　一一、〇三　一一、二六　一一、四二
濱松行（前）	五、〇〇　五、二三　五、四四　六、一〇　六、五〇　七、三五　七、四八　七、五〇　七、五九　八、二〇　八、三三　八、五[illegible]　九、一三　九、二五　九、四五　九、五七　一〇、一八　一〇、三〇　一〇、五八　一一、一四　一一、二八　一一、四〇　一二、〇一　一二、一五　一二、三〇　一二、四六　一、〇二　一、一三
急行神戸行（前）	六、二〇　六、二九　七、〇一　七、二四　七、二七　七、五八　八、一三　八、一六　八、四八　九、三〇　一〇、一七　一〇、二六　一一、四〇　一一、五三　一二、五五　一、四一　一、四六
	（全驛 ｜）
米原行（後）	二、二五　二、五〇
大垣行（前）	七、二〇　七、三一　七、四〇　七、五二　八、〇〇　八、一一　八、一六 ｜ ｜ 八、三一　八、三九　八、五〇　八、五二　九、〇三　九、一五　九、二五　九、三四　九、四三　九、五一　九、五四　一〇、一五　一〇、三二　一〇、五四　一一、二五　一二、〇一　一二、一二　一二、一三　一二、二三　一二、二七　一二、三八　一二、五二　（後）一、〇八　一、一九　一、三七　一、四八　二、〇六　二、一二　二、三五　二、四八　三、〇二　三、一四　三、三四　三、五〇　四、〇七　四、二一　四、[illegible]四　四、四一　四、四八　五、〇四
須賀行（前）	七、五五　八、〇五　八、一四　八、二六　八、三三　八、四五 ｜ 八、五〇　九、〇〇　九、〇九　九、二七　九、三八
國府津行（前）・名古屋行（後）	八、四五　八、五五　九、〇四　九、一六　九、二[illegible]　九、三五 ｜ 九、四〇　九、四五　九、五四　一〇、一三　一〇、[illegible]　一〇、二五　一〇、三六　一〇、四八　一〇、五[illegible]　一一、〇七　一一、一六　一一、二四 ｜ …… 名古屋行（後）三、二三　三、五一　四、〇六　四、二三　四、三六　五、〇一　五、一七　五、三七　五、[illegible]五　六、一一　六、二〇　六、五〇　七、〇九
須賀行（前）	九、二五　九、三五　九、四四　九、五六　一〇、〇三　一〇、一五 ｜ 一〇、二〇　一〇、二六　一〇、三五　一〇、五三　一一、〇四
濱松行（前）	一〇、一〇　一〇、二〇　一〇、二九　一〇、四一 ｜ 一〇、五八 ｜ [illegible]
神戸行（後）	[illegible] ｜ ｜ [illegible]
靜岡行（後）	一、四〇　一、五〇　一、五九　二、一一　二、一八　二、三〇 ｜ 二、三[illegible]　二、四〇　二、四九　三、〇七　三、一八　三、二二　三、三四　三、四七　三、五七　四、〇六　四、一五　四、二三　四、二八　四、四七　五、一〇　五、三三　六、〇三　六、三九　六、五二　六、五[illegible]　七、〇一　七、三〇　七、四三　八、〇〇　八、二六　八、三八　九、〇〇　九、一五　九、四〇
沼津行（後）	三、二五　三、三五　三、四四　三、五六　四、〇三　四、一五 ｜ 四、二〇　四、二七　四、三六　四、五四　五、〇五　五、〇七　五、一八　五、三〇　五、四〇　五、四九　五、五八　六、〇六　六、一一　六、三〇　七、〇〇　七、二六　八、〇五　八、四八　九、〇三　九、〇四　九、一三
國府津行（後）	四、三五　四、四五　四、五四　五、〇六　五、一三　五、二五 ｜ 五、三〇　五、三五　五、四四　六、〇二　六、一三　六、一五　六、二六　六、三八　六、四八　六、五七　七、〇六　七、一四
急行神戸行（後）	六、〇五　六、一五　六、五一　七、一七　七、一九　八、〇二　八、〇四　八、三六　九、二三　一〇、〇九　一〇、一五　一〇、四七　一一、一六　一一、三二　一一、四〇　（前）一二、四三　一二、五五　一、三三　一、四三
國府津行（後）	七、〇〇　七、一〇　七、一九　七、三一　七、三八　七、五〇 ｜ 七、五五　八、〇二　八、一三　八、三三　八、四四　八、四六　八、五七　九、〇九　九、一九　九、二八　九、三七　九、四五
神戸行（後）	一〇、〇〇　一〇、〇九　一〇、四〇　一〇、四五　（前）一〇、五〇　一一、〇七　一一、一八　一一、二〇　一一、三一　一一、四三　一一、五二　一二、〇一　一二、一八　一二、二一　一二、四〇　一二、五八　一、二〇　一、五一　二、四五　二、五五　三、一八　三、三五　四、一一　四、二九　四、四〇　五、〇四　五、一七　五、三一　五、四三　六、〇四　六、一八　六、三三　六、四七　七、〇〇　七、〇七　七、一三　七、二八

新橋ヨリ

哩程	三・二　六・〇　一〇・二　一二・三　一六・三　一七・一　一八・〇 ｜ 二〇・五　二六・一　二九・六 ｜ 三三・四　三七・一　四〇・四　四二・八　四六・一　四九・〇 ｜ 五五・三　五八・九　六四・四　七一・一　八〇・五　八三・五 ｜ 八六・四 ｜ 九〇・五　九五・八　一〇一・〇　一〇四・三　一一〇・一　一一三・三　一二〇・〇 ｜ 一二八・三　一三二・四　一三七・一　一四〇・一　一四六・一　一五〇・五　一五六・〇　一六〇・八　一六五・〇　一六七・七 ｜ 一七四・二
二等賃金（圓拾錢）	一二　一八　三〇　三七　四八　五三　五三 ｜ 五五　七〇　八一 ｜ 九〇　一〇二　一〇九　一一二　一一八　一二七 ｜ 一三四　一五三　一六三　一七五　一九一　二一六　二二三 ｜ 二三〇 ｜ 二四〇　二五二　二六六　二七二　二八四　二八九　三〇三 ｜ 三一九　三二六　三三六　三四二　三五二　三六一　三七一　三八二　三八九　三九四 ｜ 四〇六
三等賃金（圓拾錢）	六　一二　一七　二二　二七　三〇　三〇 ｜ 三一　四〇　四六 ｜ 五一　五八　六四　六八　七三　七八 ｜ 八三　九〇　一〇〇　一〇三　一一三　一二七 ｜ 一三一 ｜ 一三七　一四四　一五二　一五五　一六二　一六五　一七三 ｜ 一八二　一八六　一九二　一九五　二〇一　二〇六　二一二　二一八　二二三　二二五 ｜ 二三一

奈良行乘替ヘ十五頁園部行乘替ヘ十四頁ヲ見ヨ

米原富山線ハ乘替九頁ヲ見ヨ彦根貴生川乘替一〇頁ヲ見ヨ

多治見線ハ乘替八頁ヲ見ヨ〇関西鐵道線ハ乘替十七頁ヲ見ヨ

大府武豊間ハ乘替ヘ八頁ヲ見ヨ

豊川線行乘替七頁ヲ見ヨ

（下リ）

驛	神戸行		姫路行				神戸行		京都行								糸崎行	神戸行	明石行		神戸行				
鷲津發	｜	5.43	｜	｜	9.53	11.58	｜	｜	｜	3.06	5.20	｜	7.29	｜	｜	9.56	｜	｜	｜	｜	｜	7.44	179.9	4.19	2.39
二川發	｜	5.59	｜	｜	10.09	12.15	｜	2.16	｜	3.23	5.37	｜	7.48	｜	｜	10.13	｜	｜	｜	｜	｜	8.01	186.1	4.32	2.46
豊橋着	｜	6.13	｜	｜	10.23	12.28	｜	2.36	｜	3.36	5.50	｜	8.03	｜	｜	10.25	｜	｜	｜	2.29	｜	8.14	190.5	4.36	2.50
豊橋發	｜	6.17	｜	｜	10.27	12.33	｜	2.38	｜	3.43	5.53	｜	8.08	｜	｜	10.28	｜	｜	｜	2.33	｜	8.16			
御油發	｜	6.32	｜	｜	10.42	12.47	｜	｜	｜	3.59	6.08	｜	8.29	｜	｜	10.42	｜	｜	｜	｜	｜	8.31	195.7	4.48	2.56
蒲郡發	｜	6.49	｜	｜	10.59	1.04	｜	｜	｜	4.19	6.24	｜	8.53	｜	｜	10.58	｜	｜	｜	｜	｜	8.47	201.1	4.59	2.63
岡崎發	｜	7.17	｜	｜	11.28	1.31	｜	3.25	｜	4.50	6.51	｜	9.29	｜	｜	11.23	｜	｜	｜	3.18	｜	9.13	220.4	4.73	2.70
安城發	｜	7.32	｜	｜	11.43	1.46	｜	3.38	｜	5.06	7.06	｜	9.47	｜	｜	11.36	｜	｜	｜	｜	｜	9.28	225.3	4.82	2.75
刈谷發	｜	7.46	｜	｜	11.57	2.00	｜	｜	｜	5.28	7.20	｜	10.05	｜	｜	11.49	｜	｜	｜	｜	｜	9.41	230.3	4.89	2.79
大府着	｜	7.56	｜	｜	12.09	2.10	｜	3.56	｜	5.38	7.30	｜	10.17	｜	｜	｜	｜	｜	｜	｜	｜	9.51	233.3	4.94	2.82
大府發	｜	8.06	10.18	｜	12.08	2.11	｜	3.58	｜	5.39	7.33	8.51	10.18	｜	｜	｜	｜	｜	｜	｜	｜	9.52			
大高發	｜	8.20	10.33	｜	12.23	2.26	｜	｜	｜	5.53	7.46	9.07	10.37	｜	｜	｜	｜	｜	｜	｜	｜	10.05	237.7	5.01	2.86
熱田發	｜	8.34	10.48	｜	12.37	2.41	｜	｜	｜	6.08	8.01	9.24	10.53	｜	｜	12.20	｜	｜	｜	｜	｜	10.20	[illegible]	5.08	2.90
名古屋着	｜	8.43	10.57	｜	12.47	2.50	｜	4.26	｜	6.17	8.10	9.37	11.05	｜	｜	12.29	｜	｜	｜	4.17	｜	10.29	235.4	5.13	2.93
名古屋發	6.20	8.50	｜	｜	1.05	3.05	｜	4.35	｜	6.30	8.25	｜	｜	｜	｜	12.3[illegible]	｜	｜	｜	4.26	｜	10.37			
清洲發	6.36	9.04	｜	｜	1.19	3.21	｜	｜	｜	6.46	8.42	｜	｜	｜	｜	｜	｜	｜	｜	｜	｜	10.52	239.9	5.20	2.97
一ノ宮發	6.58	9.19	｜	｜	1.35	3.40	｜	4.58	｜	7.04	9.01	｜	｜	｜	｜	1.01	｜	｜	｜	4.49	｜	11.08	245.9	5.31	3.03
木曽川發	7.10	9.30	｜	｜	1.48	3.55	｜	｜	｜	7.18	9.18	｜	｜	｜	｜	｜	｜	｜	｜	4.58	｜	11.19	249.5	5.36	3.06
岐阜發	7.33	9.45	｜	｜	2.04	4.16	｜	5.18	｜	7.36	9.36	｜	｜	｜	｜	1.33	｜	｜	｜	5.11	｜	11.36	254.2	5.43	3.10
大垣着	8.00	10.07	｜	｜	2.26	4.43	｜	5.37	｜	8.07	10.07	｜	｜	｜	｜	1.44	｜	｜	｜	5.30	｜	11.57	261.9	5.57	3.18
大垣發	8.05	10.11	｜	｜	2.40		｜	5.42	6.35	8.39	｜	｜	｜	｜	｜	1.48	｜	｜	｜	5.35	｜	12.05			
垂井發	8.20	10.26	｜	｜	2.56	｜	｜	｜	6.53	8.58	｜	｜	｜	｜	｜	2.03	｜	｜	｜	｜	｜	12.20	268.0	5.64	3.23
關ヶ原發	8.34	10.40	｜	｜	3.10	｜	｜	6.07	7.09	9.14	｜	｜	｜	｜	｜	2.18	｜	｜	｜	｜	｜	12.35	271.5	5.71	3.26
柏原發	8.50	10.56	｜	｜	3.26	｜	｜	｜	7.27	9.33	｜	｜	｜	｜	｜	｜	｜	｜	｜	｜	｜	12.51	275.9	5.78	3.30
長岡發	9.00	11.06	｜	｜	3.36	｜	｜	｜	7.38	9.44	｜	｜	｜	｜	｜	｜	｜	｜	｜	｜	｜	1.01	278.6	5.81	3.32
醒ヶ井發	9.11	11.16	｜	｜	3.45	｜	｜	｜	7.51	9.57	｜	｜	｜	｜	｜	｜	｜	｜	｜	｜	｜	1.11	281.4	5.85	3.34
米原着	9.23	11.27	｜	｜	3.56	｜	｜	6.43	8.04	10.10	｜	｜	｜	｜	｜	2.56	｜	｜	｜	6.38	｜	1.33	285.2	5.92	3.38
米原發	9.35	11.47	｜	2.40	4.03	5.15	｜	6.48	8.30	｜	｜	｜	｜	｜	｜	3.05	｜	5.28	｜	6.43	8.10	1.37			
彦根着	9.46	11.58	｜	2.51	4.14	5.26	｜	6.57	8.42	｜	｜	｜	｜	｜	｜	3.14	｜	5.39	｜	6.52	8.2[illegible]	1.48	288.9	5.97	3.41
彦根發	9.49	11.59	｜	2.52	4.13	5.27	｜	6.58	8.46	｜	｜	｜	｜	｜	｜	3.16	｜	5.40	｜	6.53	8.23	1.49			
河瀬發	10.01	12.10	｜	3.03	4.26	5.38	｜	｜	8.59	｜	｜	｜	｜	｜	｜	｜	｜	5.51	｜	｜	8.41	1.59	292.9	6.04	3.45
能登川發	10.17	12.24	｜	3.20	4.42	5.53	｜	7.18	9.17	｜	｜	｜	｜	｜	｜	3.41	｜	6.08	｜	7.15	8.56	2.12	297.5	6.11	3.49
八幡發	10.40	12.39	｜	3.38	4.57	6.08	｜	7.30	9.37	｜	｜	｜	｜	｜	｜	3.55	｜	6.25	｜	7.28	9.20	2.26	302.9	6.20	3.54
野洲發	10.58	12.59	｜	4.03	5.15	6.27	｜	｜	9.57	｜	｜	｜	｜	｜	｜	｜	｜	6.45	｜	｜	9.40	2.43	308.8	6.27	3.58
草津着	11.10	1.09	｜	4.15	5.27	6.39	｜	7.54	10.11	｜	｜	｜	｜	｜	｜	4.23	｜	6.57	｜	7.53	9.56	2.55	313.5	6.34	3.62
草津發	11.14	1.11	｜	4.18	5.33	6.41	｜	7.56	10.12	｜	｜	｜	｜	｜	｜	4.24	｜	7.02	｜	7.56	10.08	2.57			
馬場着	11.33	1.29	｜	4.36	5.51	6.59	｜	8.11	10.34	｜	｜	｜	｜	｜	｜	4.41	｜	7.20	｜	8.21	10.29	3.15	320.0	6.43	3.67
馬場發	11.37	1.34	2.23	4.45	6.03	7.04	8.47	8.17	10.48	｜	｜	｜	｜	｜	｜	4.47	6.10	7.30	9.10	8.33	10.45	3.23			
大津發	11.48	1.45	2.34	4.56	6.14	7.15	8.58	｜	11.00	｜	｜	｜	｜	｜	｜	｜	6.21	7.41	9.21	｜	10.56	3.35	321.9	6.46	3.69
山科發	12.04	2.01	2.53	5.12	6.30	7.31	9.14	｜	11.19	｜	｜	｜	｜	｜	｜	｜	6.37	7.57	9.37	｜	11.12	3.49	325.3	6.51	3.72
稲荷發	12.18	2.15	3.10	5.26	6.44	7.46	9.28	｜	11.35	｜	｜	｜	｜	｜	｜	5.21	6.51	8.11	9.51	｜	11.26	4.05	328.3	6.55	3.74
京都着	12.24	2.21	3.17	5.33	6.50	7.51	9.34	8.52	11.42	｜	｜	｜	｜	｜	｜	5.27	6.57	8.17	9.57	9.10	11.33	4.09	330.1	6.57	3.75
京都發	12.36	2.30	3.27	5.39	6.56	8.03	9.40	8.56	｜	｜	｜	｜	｜	｜	｜	5.35	7.02	8.24	10.05	9.32	11.37	4.17			
向日町發	12.48	2.43	3.39	5.51	7.08	8.15	9.52	｜	｜	｜	｜	｜	｜	｜	｜	｜	7.14	8.36	10.17	｜	11.49	｜	334.1	6.64	3.79
山崎發	1.03	2.56	3.53	6.05	7.23	8.29	10.06	｜	｜	｜	｜	｜	｜	｜	｜	｜	7.28	8.50	10.31	｜	12.03	｜	338.8	6.71	3.83
高槻發	1.17	3.11	4.08	6.20	7.37	8.41	10.23	｜	｜	｜	｜	｜	｜	｜	｜	6.07	7.42	9.0[illegible]	10.46	｜	12.18	4.53	343.5	6.76	3.86
茨木發	1.30	3.24	4.21	6.33	7.50	8.57	10.35	｜	｜	｜	｜	｜	｜	｜	｜	｜	7.55	9.18	10.59	｜	12.31	5.06	347.6	6.81	3.89
吹田發	1.43	3.36	4.33	6.45	8.02	9.09	10.47	｜	｜	｜	｜	｜	｜	｜	｜	6.30	8.07	9.30	11.11	｜	12.43	5.18	352.0	6.88	3.93
大阪着	1.54	3.48	4.45	6.57	8.14	9.21	10.59	9.55	｜	｜	｜	｜	｜	｜	｜	6.45	8.19	9.42	11.2[illegible]	10.20	12.55	5.30	356.8	6.95	3.97
大阪發	1.58	3.53	4.56	7.01	8.20	9.26	11.04	10.00	｜	｜	｜	｜	｜	｜	｜	6.5[illegible]	8.25	9.50	11.38	10.3[illegible]	1.00	5.37			
神崎發	2.11	4.06	5.09	7.14	8.33	9.39	11.17	｜	｜	｜	｜	｜	｜	｜	｜	7.06	8.38	10.04	11.41	10.42	1.13	5.50	361.4	7.02	4.01

神戸新橋間

（上リ）

名古屋 多治見線乘替 八頁ヲ見ヨ

彥根 生川乘替 〇頁ヲ見ヨ

米原 富山間乘替 九頁ヲ見ヨ

奈良行 乘替 五頁 部十行 替四頁 見ヨ

驛名	神戸發	三ノ宮發	住吉發	西ノ宮發	神崎發	大阪着	大阪發	吹田發	茨木發	高槻發	山崎發	向日町發	京都着	京都發	稻荷發	山科發	大谷發	馬場着	馬場發	草津着	草津發	野洲發	八幡發	能登川發	河瀨發	彥根着	彥根發	米原着	米原發	醒ケ井發	長岡發	柏原發	關ケ原發	垂井發	大垣着	大垣發	岐阜發	木曾川發	一ノ宮發	淸洲發	名古屋着	名古屋發	熱田發
（空欄の列車）	|	|	|	|	|	|	|	|	|	|	|	|	|	|	|	|	|	|	|	|	|	|	|	|	|	|	|	|	|	|	|	|	|	|	|	|	|	|	|	|	|	|	|	|	|
名古屋行（前）	|	|	|	|	|	|	|	|	|	|	|	|	|	|	|	|	|	|	四、四五	五、〇六	五、〇八	五、二三	五、四三	[illegible]	[illegible]	[illegible]	[illegible]	[illegible]	[illegible]	[illegible]	[illegible]	[illegible]	[illegible]	[illegible]	[illegible]	[illegible]	[illegible]	一〇、〇八	一〇、二八	一〇、五〇	一一、〇五	|	|
武豐行	|	|	|	|	|	|	|	|	|	|	|	|	|	|	|	|	|	|	|	|	|	|	|	|	|	|	|	|	|	|	|	|	|	|	|	|	|	|	|	|	|	五、二五	五、三七
新橋行（前）國府津迄一等寢臺	|	|	|	|	|	|	|	|	|	|	|	|	|	|	|	|	|	|	|	|	|	|	|	|	|	|	|	|	|	|	|	|	|	五、五〇	六、二五	六、四三	七、〇二	七、二〇	七、三六	七、五四	八、一四
武豐行	|	|	|	|	|	|	|	|	|	|	|	|	|	|	|	|	|	|	|	|	|	|	|	|	|	|	|	|	|	|	|	|	|	|	|	|	|	|	|	|	|	九、三三	九、四六
富山行（前）	|	|	|	|	|	|	|	|	|	|	|	|	|	|	|	|	五、三〇	五、四三	五、五八	六、〇八	[illegible]	[illegible]	[illegible]	[illegible]	[illegible]	[illegible]	[illegible]	[illegible]	[illegible]	九、二七	|	|	|	|	|	|	|	|	|	|	|	|	|	一〇、〇八	一〇、一九
新橋行（急行・前）	六、〇〇	六、〇七	|	|	|	六、四七	六、五二	|	|	|	|	|	七、五二	七、五五	八、〇一	|	|	八、三一	[illegible]	[illegible]	[illegible]	[illegible]	|	九、一七	九、三二	|	九、四九	九、五〇	九、五九	一〇、〇四	|	|	|	|	一一、〇五	一一、一四	一一、三四	|	|	一二、一四	一二、二六	一二、三五
（空欄の列車）	|	|	|	|	|	|	|	|	|	|	|	|	|	|	|	|	|	|	|	|	|	|	|	|	|	|	|	|	|	|	|	|	|	|	|	|	|	|	|	|	|	|	|
沼津行	|	|	|	|	|	|	|	|	|	|	|	|	|	|	|	|	|	|	|	|	|	|	|	|	|	|	|	|	|	|	|	|	|	|	|	|	|	|	|	|	|	一一、〇八	一一、一八
濱松行（前・後）	六、二五	六、三三	六、四六	[illegible]	[illegible]	[illegible]	[illegible]	[illegible]	[illegible]	[illegible]	[illegible]	[illegible]	[illegible]	[illegible]	[illegible]	[illegible]	[illegible]	[illegible]	[illegible]	[illegible]	[illegible]	[illegible]	[illegible]	[illegible]	[illegible]	[illegible]	[illegible]	[illegible]	[illegible]	[illegible]	[illegible]	[illegible]	[illegible]	[illegible]	[illegible]	[illegible]	[illegible]	[illegible]	二、一五	二、二八	|	二、三三	二、四二
富山行（前・後）	七、三〇	七、三七	七、五一	[illegible]	[illegible]	[illegible]	[illegible]	[illegible]	[illegible]	[illegible]	[illegible]	[illegible]	[illegible]	[illegible]	[illegible]	[illegible]	[illegible]	[illegible]	[illegible]	[illegible]	[illegible]	[illegible]	[illegible]	[illegible]	[illegible]	[illegible]	[illegible]	三、五七	|	|	|	|	|	|	|	|	|	|	|	|	|	|	|
新橋行（前・後）	八、四〇	八、四七	[illegible]	[illegible]	[illegible]	[illegible]	[illegible]	[illegible]	[illegible]	[illegible]	[illegible]	[illegible]	[illegible]	[illegible]	[illegible]	[illegible]	[illegible]	[illegible]	[illegible]	[illegible]	[illegible]	[illegible]	[illegible]	[illegible]	[illegible]	[illegible]	[illegible]	[illegible]	[illegible]	[illegible]	[illegible]	[illegible]	[illegible]	[illegible]	[illegible]	[illegible]	[illegible]	四、〇六	四、二〇	四、三三	|	四、三八	四、四八
姬路ヨリ直通（前・後）	九、五〇	九、五七	[illegible]	[illegible]	[illegible]	[illegible]	[illegible]	[illegible]	[illegible]	[illegible]	[illegible]	[illegible]	[illegible]	[illegible]	[illegible]	[illegible]	[illegible]	[illegible]	[illegible]	[illegible]	[illegible]	[illegible]	[illegible]	[illegible]	[illegible]	一、一〇	一、二三	|	|	|	|	|	|	|	|	|	|	|	|	|	|	五、五五	六、〇七
名古屋行（前・後）	[illegible]	[illegible]	[illegible]	[illegible]	[illegible]	[illegible]	[illegible]	[illegible]	[illegible]	[illegible]	[illegible]	[illegible]	[illegible]	[illegible]	[illegible]	[illegible]	[illegible]	[illegible]	[illegible]	[illegible]	[illegible]	[illegible]	[illegible]	[illegible]	[illegible]	[illegible]	[illegible]	[illegible]	[illegible]	[illegible]	[illegible]	[illegible]	[illegible]	[illegible]	[illegible]	[illegible]	[illegible]	[illegible]	[illegible]	[illegible]	六、五八	|	|
新橋行（後）	[illegible]	[illegible]	[illegible]	[illegible]	[illegible]	[illegible]	[illegible]	[illegible]	[illegible]	[illegible]	[illegible]	[illegible]	[illegible]	[illegible]	[illegible]	[illegible]	[illegible]	[illegible]	[illegible]	[illegible]	[illegible]	[illegible]	[illegible]	[illegible]	[illegible]	[illegible]	[illegible]	[illegible]	[illegible]	[illegible]	[illegible]	[illegible]	[illegible]	[illegible]	[illegible]	[illegible]	[illegible]	[illegible]	[illegible]	[illegible]	[illegible]	八、一〇	八、二〇
名古屋行（後）	[illegible]	[illegible]	[illegible]	[illegible]	[illegible]	[illegible]	[illegible]	[illegible]	[illegible]	[illegible]	[illegible]	[illegible]	[illegible]	[illegible]	[illegible]	[illegible]	[illegible]	[illegible]	[illegible]	[illegible]	[illegible]	[illegible]	[illegible]	[illegible]	[illegible]	[illegible]	[illegible]	[illegible]	[illegible]	[illegible]	[illegible]	[illegible]	[illegible]	[illegible]	[illegible]	[illegible]	[illegible]	[illegible]	[illegible]	[illegible]	[illegible]	|	|
岡山ヨリ直通（後）	[illegible]	[illegible]	[illegible]	[illegible]	[illegible]	[illegible]	[illegible]	[illegible]	[illegible]	[illegible]	[illegible]	[illegible]	[illegible]	[illegible]	[illegible]	[illegible]	[illegible]	[illegible]	[illegible]	[illegible]	[illegible]	[illegible]	[illegible]	[illegible]	[illegible]	|	|	|	|	|	|	|	|	|	|	|	|	|	|	|	|	|	|
米原行（後）	[illegible]	[illegible]	[illegible]	[illegible]	[illegible]	[illegible]	[illegible]	[illegible]	[illegible]	[illegible]	[illegible]	[illegible]	[illegible]	[illegible]	[illegible]	[illegible]	[illegible]	[illegible]	[illegible]	[illegible]	[illegible]	[illegible]	[illegible]	[illegible]	[illegible]	[illegible]	[illegible]	[illegible]	|	|	|	|	|	|	|	|	|	|	|	|	|	|	|
明石ヨリ直通（後）	[illegible]	[illegible]	[illegible]	[illegible]	[illegible]	[illegible]	[illegible]	[illegible]	[illegible]	[illegible]	[illegible]	[illegible]	[illegible]	[illegible]	[illegible]	[illegible]	[illegible]	[illegible]	[illegible]	[illegible]	|	|	|	|	|	|	|	|	|	|	|	|	|	|	|	|	|	|	|	|	|	|	|
新橋行（急行・後）	六、〇〇	六、〇七	|	|	|	六、四七	六、五二	|	|	|	|	|	[illegible]	[illegible]	|	|	|	[illegible]	[illegible]	[illegible]	[illegible]	[illegible]	|	[illegible]	[illegible]	|	[illegible]	[illegible]	[illegible]	[illegible]	|	|	|	|	[illegible]	[illegible]	[illegible]	|	|	[illegible]	[illegible]	[illegible]
馬場行（後）	|	|	|	|	|	|	|	|	|	|	|	|	|	|	|	|	|	[illegible]	|	|	|	|	|	|	|	|	|	|	|	|	|	|	|	|	|	|	|	|	|	|	|	|	|
新橋行（後・前）	一〇、〇〇	一〇、〇七	|	|	一〇、四五	一〇、五七	一一、〇二	|	|	一一、三七	|	|	一二、一三	一二、二三	|	|	|	[illegible]	[illegible]	[illegible]	[illegible]	|	[illegible]	[illegible]	|	[illegible]	[illegible]	[illegible]	|	[illegible]	[illegible]	[illegible]	[illegible]	[illegible]	[illegible]	[illegible]	[illegible]	[illegible]	[illegible]	[illegible]	|	五、四八	五、五八

神戸ヨリ

	三ノ宮	住吉	西ノ宮	神崎	大阪	大阪	吹田	茨木	高槻	山崎	向日町	京都	…	名古屋	熱田
哩程	一、〇	五、八	一二、一	一五、七	二〇、三	|	二五、一	二九、五	三三、六	三八、三	四三、〇	四七、一	[illegible]	一四二、〇	一四五、〇
二等賃金（圓拾錢）	六	一八	三四	四六	六〇	|	七四	八六	九八	一、〇二	一、一六	一、二七	[illegible]	三、四九	三、五六
三等賃金（圓拾錢）	三	一〇	一九	二六	三四	|	四二	四九	五六	六四	七二	七八	[illegible]	一、九九	二、〇三

驛名	西ノ宮發	住吉發	三ノ宮發	神戸着
	二、二四	二、三九	二、四四	二、五九
	四、一九	四、三四	四、四九	四、五四
	五、二三	五、三七	五、五二	五、五七
	七、二七	七、四二	七、五七	八、〇二
	八、四六	九、〇一	九、一六	九、二二
	九、五三	一〇、〇七	一〇、二三	一〇、二七
	後 一二、三〇	一二、四五	一三、〇〇	一三、〇五
	|	|	一〇、四三	一〇、四七
	|	|	|	|
	|	|	|	|
	|	|	|	|
	|	|	|	|
	|	|	|	|
	七、一六	七、三二	七、四七	七、五〇
	八、五一	九、〇六	九、二〇	九、二五
	一〇、一七	一〇、三三	一〇、五二	一〇、五七
	一一、五〇	一二、〇五	一二、一九	一二、二五
	一二、〇一	一二、一六	一二、四一	一二、二六
	|	|	六、三二	六、三六
哩程	三六、〇	三七、一	三七、六	三七、七
二等賃金	七〇	七四	七二	七三
三等賃金	四〇	四〇	四二	四三

（上リ）

横須賀大船間乗替一頁ヲ見ヨ　　三島大仁間乗替七頁ヲ見ヨ　　豊川線乗替七頁ヲ見ヨ　　大府武豊間乗替八頁ヲ見ヨ

横濱着	程ケ谷發	戸塚發	大船發	大船着	藤澤發	茅ケ崎發	平塚發	大礒發	二ノ宮發	國府津發	松田發	山北發	小山發	御殿場發	佐野發	三島發	三島着	沼津發	沼津着	原發	鈴川發	岩淵發	蒲原發	興津發	江尻發	靜岡發	靜岡着	燒津發	藤枝發	島田發	金谷發	堀之内發	掛川發	袋井發	中泉發	天龍川發	濱松發	濱松着	舞坂發	鷲津發	二川發	豊橋發	豊橋着	御油發	蒲郡發	岡崎發	安城發	苅谷發	大府發	大府着	大高發
二、三一	二、二三	二、〇五	一、五三	一、五一	一、四一	一、二九	一、一九	一、一一	一、〇二	一二、五三	一二、三三	一二、一八	一一、五〇	一一、二三	一〇、四二	一〇、二八	一〇、二七	一〇、一九	一〇、一三	一〇、〇四	九、五一	九、三六	九、二三	九、〇五	八、五四	八、三五	八、二五	八、〇三	七、五〇	七、三六	七、二四	七、〇五	六、四九	六、三四	六、二〇	六、〇七	前 五、五八	｜	｜	｜	｜	｜	｜	｜	｜	｜	｜	｜	｜	｜	｜
四、二七	四、一九	四、〇一	三、四九	三、四五	三、三五	三、二三	三、一三	三、〇三	二、五四	後 二、四五 新橋行	｜	｜	｜	｜	｜	｜	｜	｜	｜	｜	｜	｜	｜	｜	｜	｜	｜	｜	｜	｜	｜	｜	｜	｜	｜	｜	｜	｜	｜	｜	｜	｜	｜	｜	｜	｜	｜	｜	｜	｜	｜
五、二八	五、二〇	五、〇三	四、五〇	｜	｜	｜	｜	｜	｜	｜	｜	｜	｜	｜	｜	｜	｜	｜	一二、四三	一二、二九	一二、一〇	一一、五三	一一、三七	一一、一七	一一、〇三	一〇、四〇	一〇、二六	九、五七	九、四〇	九、二四	九、〇五	八、四一	八、三三	八、〇三	七、四四	七、二九	七、二〇	七、〇四	六、四六	六、二七	五、五八	沼津行 五、四〇	｜	｜	｜	｜	｜	｜	‖	六、一一	五、[illegible]
｜	八、二三	八、〇六	七、五四	七、五一	七、四一	七、二九	七、一九	七、一〇	七、〇一	六、五二	六、二九	六、一五	五、四七	五、二〇	四、三九	四、三六	四、二五	四、一七	四、一二	四、〇二	三、四八	三、三〇	三、一四	二、五六	二、四五	二、二五	二、一二	一、五二	一、四〇	一、二七	一、一六	一二、五八	一二、四三	一二、二九	一二、一五	一二、〇二	一一、五四	一一、二七	一一、一〇	一〇、五四	一〇、三六	一〇、二三	一〇、一三	九、五九	九、四三	九、一八	八、五九	八、四五	八、三四	八、三三	八、一九
七、一六	七、〇八	六、五〇	六、三八	六、三六	六、二六	六、一四	六、〇四	五、五五	五、四六	後 五、三七 新橋行	｜	｜	｜	｜	｜	｜	｜	｜	｜	｜	｜	｜	｜	｜	｜	｜	｜	｜	｜	｜	｜	｜	｜	｜	｜	｜	｜	｜	｜	｜	｜	｜	｜	｜	｜	｜	｜	｜	‖	一〇、一七	一〇、〇[illegible]
九、〇九	九、〇一	八、四三	八、三二	｜	｜	｜	｜	｜	｜	｜	｜	｜	｜	｜	｜	｜	｜	｜	｜	｜	｜	｜	｜	｜	｜	‖	四、一四	三、五二	三、三九	三、二六	三、一三	二、五一	二、三一	二、二六	二、〇〇	一、五六	一、四五	一、三五	一、二〇	一、〇四	一二、四七	一二、三七	一二、二七	一二、一三	一一、五六	一一、三一	一一、一四	一一、〇〇	一〇、四九	一〇、四七	一〇、三四
｜	｜	｜	九、二〇	九、一九	｜	｜	｜	｜	｜	八、三七	｜	八、〇七	｜	七、二〇	｜	｜	｜	六、三二	六、二五	｜	｜	五、五五	｜	｜	｜	五、一三	五、〇三	｜	｜	四、二四	｜	四、〇〇	三、四七	｜	｜	｜	三、〇八	三、〇三	｜	｜	二、二七	二、一六	二、一三	｜	｜	一、二八	｜	｜	一二、五七	一二、五六	｜
｜	｜	｜	｜	｜	｜	｜	｜	｜	‖	一〇、三七	一〇、一六	一〇、〇〇	九、二七	八、五五	八、〇六	七、五〇	七、四九	七、四〇	七、三三	七、二〇	七、〇三	六、四五	六、一七	六、〇三	五、四七	後 五、二五 國府津行	｜	｜	｜	｜	｜	｜	｜	｜	｜	｜	｜	｜	｜	｜	｜	｜	｜	｜	｜	｜	｜	｜	｜	｜	｜
一一、〇〇	一〇、五〇	一〇、三二	一〇、一八	一〇、一三	九、五九	九、四一	九、二七	九、一五	九、〇五	後 八、五五 新橋行	｜	｜	｜	｜	｜	｜	｜	｜	九、四八	九、三六	九、一九	八、五八	八、四四	八、二四	八、一二	七、五〇	七、四四	七、一七	七、〇一	六、四五	六、三一	六、〇九	五、五二	五、三四	五、一五	四、五六	四、四五	四、三九	四、二四	四、〇八	三、五一	三、三七	三、三三	三、一八	三、〇二	二、三五	二、一五	一、五九	一、四八	一、四六	一、三三
｜	｜	｜	｜	｜	｜	｜	｜	｜	｜	｜	｜	｜	｜	｜	｜	｜	｜	｜	｜	｜	｜	｜	｜	｜	｜	｜	｜	｜	｜	｜	｜	｜	｜	｜	｜	｜	‖	五、五二	五、三七	五、二一	五、〇四	四、五〇	四、四八	四、三四	四、一八	三、五三	三、三七	三、二三	三、一二	三、一〇	二、[illegible]七
｜	｜	｜	｜	｜	｜	｜	｜	｜	｜	｜	｜	｜	｜	｜	｜	｜	｜	｜	｜	｜	｜	｜	｜	｜	｜	｜	｜	｜	｜	｜	｜	｜	｜	｜	｜	｜	｜	｜	｜	｜	｜	｜	｜	｜	｜	｜	｜	｜	｜	｜	｜
｜	｜	｜	｜	｜	｜	｜	｜	｜	｜	｜	｜	｜	｜	｜	｜	｜	｜	｜	｜	｜	｜	｜	｜	｜	｜	‖	一〇、四三	一〇、二一	一〇、〇八	九、五四	九、三九	九、二〇	九、〇二	八、四六	八、三三	八、一九	八、一一	八、〇二	七、四七	七、三〇	七、一[illegible]	六、五八	六、五五	六、四一	六、二五	六、〇〇	五、四三	五、二九	五、一八	五、一六	五、〇三
｜	｜	｜	｜	｜	｜	｜	｜	｜	｜	｜	｜	｜	｜	｜	｜	｜	｜	｜	｜	｜	｜	｜	｜	｜	｜	｜	｜	｜	｜	｜	｜	｜	｜	｜	｜	｜	‖	一〇、三四	一〇、一六	九、五五	九、二三	九、〇七	八、四二	八、二五	七、五九	七、三〇	七、〇七	六、五一	六、三九	六、三八	六、二三
｜	｜	｜	｜	｜	｜	｜	｜	｜	｜	｜	｜	｜	｜	｜	｜	｜	｜	｜	｜	｜	｜	｜	｜	｜	｜	｜	｜	｜	｜	｜	｜	｜	｜	｜	｜	｜	｜	｜	｜	｜	｜	｜	｜	｜	｜	｜	｜	｜	｜	｜	｜
｜	七、五二	七、三四	七、二二	七、一八	七、〇八	六、五七	六、四七	六、三八	六、二九	六、二〇	五、五九	五、四五	五、一五	四、四八	｜	三、五五	三、五四	三、四六	三、三九	｜	三、一七	三、〇二	｜	｜	二、二四	二、〇五	一、五六	一、三四	｜	｜	｜	一二、四二	一二、二六	｜	一一、五九	｜	一一、四〇	一一、三一	一一、一六	一一、〇〇	一〇、四三	一〇、二九	一〇、二七	一〇、一三	九、五七	九、三三	九、一五	九、〇一	八、五〇	八、四八	八、三五
八、五一	八、四三	八、二四	八、一三	｜	｜	｜	｜	｜	｜	｜	｜	｜	｜	｜	｜	｜	｜	｜	｜	｜	｜	｜	｜	｜	｜	｜	｜	｜	｜	｜	｜	｜	｜	｜	｜	｜	｜	｜	｜	｜	｜	｜	｜	｜	｜	｜	｜	｜	｜	｜	｜
九、二八	九、二〇	九、〇三	八、五〇	八、四三	八、三三	八、一九	八、〇九	八、〇〇	七、五〇	七、四一	七、一七	七、〇三	六、三四	六、〇四	五、二〇	五、〇五	五、〇四	前 四、五五 新橋行	｜	｜	｜	｜	｜	｜	｜	｜	｜	｜	｜	｜	｜	｜	｜	｜	｜	｜	｜	｜	｜	｜	｜	｜	｜	｜	｜	｜	｜	｜	｜	｜	｜
一一、三〇	一一、二三	一一、〇四	一〇、五二	一〇、四九	一〇、三九	一〇、二七	一〇、一七	一〇、〇八	九、五九	前 九、五〇 新橋行	｜	｜	｜	｜	｜	｜	｜	｜	｜	｜	｜	｜	｜	｜	｜	｜	｜	｜	｜	｜	｜	｜	｜	｜	｜	｜	｜	｜	｜	｜	｜	｜	｜	｜	｜	｜	｜	｜	｜	｜	｜
｜	｜	｜	｜	｜	｜	｜	｜	｜	｜	｜	｜	｜	｜	｜	｜	｜	｜	｜	｜	｜	｜	｜	｜	｜	｜	｜	｜	｜	｜	｜	｜	｜	｜	｜	｜	｜	｜	｜	｜	｜	｜	｜	｜	｜	｜	｜	｜	｜	｜	｜	｜
｜	｜	｜	九、三八	九、三六	｜	｜	｜	｜	｜	八、五三	｜	八、三三	｜	七、三八	｜	｜	｜	六、四九	六、四四	｜	六、二五	六、一三	｜	｜	五、四四	五、二九	五、二四	五、〇五	四、五五	四、四四	｜	四、二〇	四、〇七	｜	｜	｜	三、三〇	三、二四	｜	｜	｜	二、三五	二、三三	｜	｜	前 一、四八	｜	｜	｜	｜	｜
一二、五一	一二、四三	一二、三五	一二、一三	一二、一〇	一二、〇〇	一一、四八	一一、三八	一一、二九	一一、二〇	一一、一一	一〇、四五	一〇、三一	一〇、〇四	九、三七	八、五七	八、四三	八、四二	八、三四	八、二〇	八、一〇	七、五三	七、三八	七、二三	七、〇五	六、五四	前 六、三五 新橋行	｜	｜	｜	｜	｜	｜	｜	｜	｜	｜	｜	｜	｜	｜	｜	｜	｜	｜	｜	｜	｜	｜	｜	｜	｜
[illegible]	五、五八	五、四一	五、二九	五、二七	五、一七	五、〇四	四、五四	四、四五	四、三五	四、二六	四、〇一	三、四七	三、一九	二、五二	二、一三	一、五九	一、五八	一、五〇	一、四五	一、三五	一、二一	一、〇六	一二、五[illegible]	一二、三五	一二、二四	一二、〇五	一一、四八	一一、二六	一一、一二	一〇、五九	一〇、四七	一〇、二八	一〇、一三	九、五八	九、四四	九、三一	九、二三	九、一八	九、〇三	八、四七	八、三〇	八、一五	八、〇八	七、五四	七、三八	七、一三	六、五五	六、四一	六、三〇	六、二六	六、一三
三五九・一	三五六・七	三五一・一	｜	三四七・六	三四四・八	三四〇・一	三三六・八	三三四・四	三三一・一	三二八・二	三二一・九	三一八・三	三一二・八	三〇六・一	二九六・七	｜	二九三・七	｜	二九〇・八	二八六・七	二八一・四	二七六・二	二七二・九	二六七・一	二六三・九	｜	二五七・二	二四八・九	二四四・八	二四〇・一	二三六・九	二三一・一	二二六・七	二二一・二	二一六・四	二一二・三	｜	二〇九・五	二〇三・〇	一九七・三	一九一・一	｜	一八六・七	一八一・五	一七六・二	一六六・八	一六一・九	一五六・九	｜	一五三・九	一四九・六
六・九九	六・九七	六・九〇	｜	六・八五	六・八一	六・七四	六・六九	六・六七	六・六二	六・五八	六・五〇	六・四四	六・三六	六・二七	六・一三	｜	六・〇八	｜	六・〇四	五・九七	五・八八	五・八一	五・七六	五・六六	五・六二	｜	五・五〇	五・三八	五・三一	五・二四	五・一八	五・一〇	五・〇三	四・九四	四・八七	四・八〇	｜	四・七五	四・六六	四・五五	四・四三	｜	四・三四	四・二六	四・一六	三・九六	三・八七	三・七八	｜	三・七一	三・六三
三・九九	三・九八	三・九四	｜	三・九一	三・八九	三・八五	三・八二	三・八[illegible]	三・七八	三・七六	三・七一	三・六八	三・六一	三・五八	三・五〇	｜	三・四七	｜	三・四五	三・四一	三・三六	三・三三	三・二九	三・二三	三・二一	｜	三・一四	三・〇七	三・〇三	二・九九	二・九六	二・九一	二・八七	二・八二	二・七八	二・七四	｜	二・七一	二・六六	二・六〇	二・五三	｜	二・四八	二・四三	二・三[illegible]	二・二六	二・二一	二・一六	｜	二・一三	二・〇七

新橋神戸間下リ四頁

新橋神戸間下リ三頁上リ六頁ヲ見ヨ

(上リ)

横濱發	平沼發	神奈川發	鶴見發	川崎發	大森發	品川發	新橋着
二、三六	|	二、四三	|	二、五九	三、一二	三、二二	三、三〇
四、三三	|	四、三九	四、五一	四、五八	五、一〇	五、一九	五、二八
五、三三	|	五、三九	五、五一	五、五八	六、一〇	六、一九	六、二八
|	八、三一	八、三四	|	八、五一	九、〇三	九、一四	九、二三
七、二一	|	七、二七	七、三九	七、四六	七、五八	八、〇七	八、一六
九、一三	|	九、一九	九、三二	九、三八	九、五〇	九、五九	一〇、〇八
|	九、四八	|	|	|	|	一〇、二三	一〇、三一
|	|	|	|	|	|	|	|
一一、一五	|	一一、二三	一一、三六	一一、四四	一一、五七	一二、一〇	一二、二〇
|	|	|	|	|	|	|	|
|	|	|	|	|	|	|	|
|	|	|	|	|	|	|	|
|	|	|	|	|	|	|	|
|	|	|	|	|	|	|	|
|	七、五九	八、〇二	|	八、一九	八、三二	八、四二	八、五〇
八、五五	|	九、〇一	九、一三	九、二〇	九、三〇	九、四一	九、五〇
九、三五	|	九、四一	九、五三	一〇、〇〇	一〇、一二	一〇、二一	一〇、三〇
一一、三五	|	一一、四一	一一、五三	一二、〇〇	一二、一二	一二、二一	一二、三〇
|	|	|	|	|	|	|	|
|	一〇、〇六	|	|	|	|	一〇、四〇	一〇、四八
一〇、五七	|	一一、〇三	一一、一五	一一、二三	一一、三四	一一、四三	一一、五二
|	六、〇五	六、〇八	|	|	|	六、四四	六、五三
|	三五八・二	三六〇・七	三六四・七	三六六・九	三七一・〇	三七三・九	三七七・一
|	六・九九	七・〇〇	七・〇六	七・〇九	七・一四	七・二〇	七・二三
|	三・九九	四・〇〇	四・〇三	四・〇五	四・〇八	四・一一	四・一三

(三) 三島、大仁間

修善寺温泉行

豆相鐵道

下リ

	三島發	三島町發	大塲發	原木發	北條發	南條發	田京發	大仁着
前	|	六、〇〇	六、〇九	六、一七	六、二二	六、二七	六、三四	六、四〇
	|	|	|	|	|	|	|	|
前	八、〇〇	八、一三	八、二四	八、三四	八、三九	八、四六	八、五三	八、五九
前	一〇、三三	一〇、四〇	一〇、四八	一〇、五五	一一、〇〇	一一、〇五	一一、一二	一一、一七
	|	|	|	|	|	|	|	|
	|	|	|	|	|	|	|	|
	|	|	|	|	|	|	|	|
	|	|	|	|	|	|	|	|
	|	|	|	|	|	|	|	|
後	一二、一七	一二、二五	一二、三三	一二、四〇	一二、四五	一二、五〇	一二、五七	一、〇三
	|	|	|	|	|	|	|	|
後	二、一〇	二、二三	二、三四	二、四四	二、四九	二、五六	三、〇三	三、〇九
	|	|	|	|	|	|	|	|
後	四、三五	四、四八	四、五九	五、〇九	五、一四	五、二一	五、二八	五、三四
	|	|	|	|	|	|	|	|
後	六、五七	七、〇八	七、一八	七、二七	七、三三	七、三八	七、四五	七、五一
	|	|	|	|	|	|	|	|
	|	|	|	|	|	|	|	|
	|	|	|	|	|	|	|	|
新橋ヨリ 哩程		八五・一	八七・二	八九・二	九〇・〇	九〇・九	九二・六	九四・一
新橋ヨリ 二等賃金 圓 錢		二・二九	二・三七	二・四三	二・四七	二・五一	二・五七	二・六三
新橋ヨリ 三等賃金 圓 錢		一・三〇	一・三四	一・三七	一・三九	一・四一	一・四四	一・四七
三島ヨリ 哩程		一・六	三・七	五・六	六・五	七・三	九・一	一〇・六
三島ヨリ 三等賃金 錢		三	七	一〇	一二	一四	一七	二〇

上リ

	大仁發	田京發	南條發	北條發	原木發	大塲發	三島町發	三島着
前	六、五〇	六、五七	七、〇六	七、一一	七、一八	七、二八	七、三九	七、四六
	|	|	|	|	|	|	|	|
前	九、二〇	九、二七	九、三六	九、四一	九、四八	九、五八	一〇、〇九	一〇、一六
前	一一、二五	一一、三一	一一、三八	一一、四三	一一、四八	一一、五五	一二、〇三	一二、〇九
	|	|	|	|	|	|	|	|
	|	|	|	|	|	|	|	|
	|	|	|	|	|	|	|	|
	|	|	|	|	|	|	|	|
	|	|	|	|	|	|	|	|
後	一、一一	一、一七	一、二四	一、二九	一、三四	一、四一	一、四九	一、五五
	|	|	|	|	|	|	|	|
後	三、二五	三、三一	三、四一	三、四六	三、五三	四、〇三	四、一四	四、二一
	|	|	|	|	|	|	|	|
後	五、五二	五、五九	六、〇七	六、一二	六、一八	六、二七	六、三八	六、四五
	|	|	|	|	|	|	|	|
後	八、〇〇	八、〇七	八、一四	八、一九	八、二四	八、三三	八、四〇	|
	|	|	|	|	|	|	|	|
	|	|	|	|	|	|	|	|
	|	|	|	|	|	|	|	|
神戸ヨリ 哩程		三〇四・三	三〇二・八	三〇一・一	三〇〇・二	二九九・三	二九七・四	二九五・三
神戸ヨリ 二等賃金 圓 錢		六・四八	六・四三	六・三六	六・三三	六・二八	六・二三	六・一四
神戸ヨリ 三等賃金 圓 錢		三・六七	三・六四	三・六一	三・五九	三・五七	三・五四	三・五〇
大仁ヨリ 哩程		一・五	三・二	四・一	五・〇	六・九	九・〇	一〇・六
大仁ヨリ 賃金 錢		三	六	八	一〇	一三	一七	二〇

(四) 吉田(豊橋)大海間

豊川稲荷行

豊川鐵道

下リ

	吉田(豊橋)發	小坂井發	牛久保發	豊川發	一ノ宮發	長山發	東上發	新城發	川路發	大海着
前	五、四〇	五、五一	五、五七	六、〇五	六、一三	|	六、二五	六、三五	|	|
	|	|	|	|	|	|	|	|	|	|
前	七、〇〇	七、一〇	七、一六	七、二三	七、三〇	七、三六	七、四三	七、五五	八、〇四	八、一〇
	|	|	|	|	|	|	|	|	|	|
前	八、四〇	八、五一	八、五七	九、〇六	九、一三	九、一九	九、二七	九、四一	九、五〇	九、五七
	|	|	|	|	|	|	|	|	|	|
前	一〇、〇〇	一〇、一〇	一〇、一六	一〇、二〇	|	|	|	|	|	|
	|	|	|	|	|	|	|	|	|	|
前	一一、〇〇	一一、一一	一一、一七	一一、二六	一一、三三	一一、三九	一一、四七	一二、〇一	一二、一〇	一二、一七
後	一、〇〇	一、一一	一、一七	一、二六	一、三三	|	一、四五	一、五五	|	|
	|	|	|	|	|	|	|	|	|	|
後	二、五〇	二、五九	三、〇五	三、一四	三、二一	三、二七	三、三五	三、四九	三、五八	四、〇五
	|	|	|	|	|	|	|	|	|	|
後	五、〇五	五、一五	五、二一	五、三〇	五、三七	五、四三	五、五一	六、〇四	六、一三	六、二〇
	|	|	|	|	|	|	|	|	|	|
後	|	|	|	七、三三	七、四〇	|	七、五三	八、〇二	|	|
	|	|	|	|	|	|	|	|	|	|
	|	|	|	|	|	|	|	|	|	|
	|	|	|	|	|	|	|	|	|	|
新橋ヨリ 哩程		一九三・二	一九四・六	一九五・九	一九七・九	一九九・四	二〇一・一	二〇四・〇	二〇六・一	二〇七・九
新橋ヨリ 二等賃金 圓 錢		四・四八	四・五〇	四・五五	四・五九	四・六四	四・六八	四・七七	四・八三	四・八八
新橋ヨリ 三等賃金 圓 錢		二・五六	二・五八	二・六一	二・六四	二・六七	二・七〇	二・七六	二・八〇	二・八三
吉田ヨリ 哩程		二・七	四・一	五・四	七・四	八・九	一〇・六	一三・五	一五・六	一七・四
吉田ヨリ 三等賃金 錢		六	八	一一	一四	一七	二〇	二六	三〇	三三

上リ六頁ヲ見ヨ

上リ

大海發	川路發	新城發	東上發	長山發	一ノ宮發	豊川發	牛久保發	小坂井發	吉田(豊橋)着
前 |	|	六、四五	六、五六	七、〇三	七、〇九	七、二〇	七、二五	七、三一	七、四〇
|	|	|	|	|	|	|	|	|	|
前 八、二〇	八、二七	八、三六	八、四七	八、五四	九、〇〇	九、一〇	九、一五	九、二一	九、三〇
|	|	|	|	|	|	|	|	|	|
|	|	|	|	|	|	前 一〇、三〇	一〇、三五	一〇、四一	一〇、五〇
|	|	|	|	|	|	|	|	|	|
前 一〇、四〇	一〇、四七	一〇、五六	一一、〇七	一一、一四	一一、二〇	一一、三一	一一、三七	一一、四四	一一、五三
|	|	|	|	|	|	|	|	|	|
|	|	|	|	|	|	|	|	|	|
後 一二、四〇	一二、四七	一二、五六	一、〇七	一、一四	一、二〇	一、三一	一、三七	一、四四	一、五三
|	|	|	|	|	|	|	|	|	|
後 |	|	二、三五	二、四六	|	二、五八	三、〇九	三、一四	三、二〇	三、二八
|	|	|	|	|	|	|	|	|	|
後 四、三三	四、四〇	四、五〇	五、〇一	五、〇八	五、一四	五、二五	五、三〇	五、三六	五、四四
|	|	|	|	|	|	|	|	|	|
後 六、四〇	六、四七	六、五六	七、〇七	七、一四	七、二〇	七、三〇	七、三五	七、四一	七、五〇
|	|	|	|	|	|	|	|	|	|
後 |	|	八、一〇	八、二〇	|	八、三一	八、四一	八、四六	八、五一	九、〇〇
|	|	|	|	|	|	|	|	|	|

神戸ヨリ 哩程	二〇四.一	二〇二.三	二〇〇.二	一九七.三	一九五.六	一九四.一	一九二.一	一九〇.八	一八九.四	
神戸ヨリ 二等賃金 (圓錢)	四.八四	四.七九	四.七三	四.六四	四.六〇	四.五五	四.五一	四.四六	四.四三	
神戸ヨリ 三等賃金 (圓錢)	二.八一	二.七八	二.七四	二.六八	二.六五	二.六二	二.五九	二.五六	二.五四	
大海ヨリ 哩程	一.八	三.九	六.八	八.五	一〇.〇	一二.〇	一三.三	一四.七	一七.四	
大海ヨリ 三等賃金 (錢)	四	八	一三	一七	一九	二三	二六	二八	三三	

(五) 大府、武豊間

新橋神戸間下リ四頁上リ六頁ヲ見ヨ

下リ

大府發	緒川發	亀崎發	半田發	武豊着
|	|	|	|	|
前 六、一五	六、二三	六、三五	六、四五	六、五六
前 八、三五	八、四三	八、五五	九、[illegible]	九、〇六
前 一〇、二五	一〇、三三	一〇、四五	一〇、[illegible]	一一、[illegible]
|	|	|	|	|
|	|	|	|	|
後 一二、一五	一二、二三	一二、三五	一二、四五	一二、五六
後 二、一五	二、二三	二、三五	二、四五	二、五六
|	|	|	|	|
後 四、〇〇	四、〇七	四、二〇	四、三〇	四、四一
|	|	|	|	|
後 六、四〇	六、四七	七、〇〇	七、一〇	七、二一
|	|	|	|	|
|	|	|	|	|
|	|	|	|	|
|	|	|	|	|
|	|	|	|	|
|	|	|	|	|
|	|	|	|	|

上リ

武豊發	半田發	亀崎發	緒川發	大府着
|	|	|	|	|
|	|	|	|	|
前 七、二〇	七、三三	七、四三	七、五[illegible]	八、〇三
|	|	|	|	|
前 九、三〇	九、四三	九、五三	一〇、〇五	一〇、一一
前 一一、二〇	一一、三三	一一、四[illegible]	一一、五五	一二、〇一
|	|	|	|	|
後 一、〇四	一、一六	一、二六	一、三九	一、四五
|	|	|	|	|
後 三、一〇	三、二三	三、三三	三、四五	三、五一
|	|	|	|	|
|	|	|	|	|
後 四、五五	五、〇七	五、一七	五、三〇	五、三六
後 八、〇〇	八、一三	八、二四	八、三七	八、四三
|	|	|	|	|
|	|	|	|	|
|	|	|	|	|
|	|	|	|	|
|	|	|	|	|

新橋ヨリ 哩程	二三五.二	二三九.七	二三[illegible].四	二三五.三
新橋ヨリ 二等賃金 (圓錢)	|	五.一四	五.二一	五.二九
新橋ヨリ 三等賃金 (圓錢)	|	二.九五	二.九七	三.〇二
大府ヨリ 哩程	一.九	六.四	九.一	一三.〇
大府ヨリ 三等賃金 (錢)	四	一一	一五	二〇

神戸ヨリ 哩程	一六[illegible]	一六二.[illegible]	一六〇.三	一五五.八
神戸ヨリ 二等賃金 (圓錢)	四.〇六	三.九八	三.九一	|
神戸ヨリ 三等賃金 (圓錢)	二.三三	二.[illegible]	二.二二	|
武豊ヨリ 哩程	三.九	五.六	一〇.一	一三.〇
武豊ヨリ 三等賃金 (錢)	五	一〇	一七	二〇

官有鐵道

(六) 多治見、名古屋間

新橋神戸間下リ四頁上リ五頁ヲ見ヨ

下リ

多治見發	高藏寺發	勝川發	千種發	名古屋着
|	|	|	|	|
|	|	|	|	|
|	|	|	|	|
|	|	|	|	|
前 一一、五五	一二、三三	一二、五五	一、一六	一、三〇
|	|	|	|	|
|	|	|	|	|
|	|	|	|	|
後 三、二五	四、〇三	四、二五	四、四七	五、〇〇
後 六、二五	七、〇三	七、二三	七、四一	七、五五
|	|	|	|	|
|	|	|	|	|
|	|	|	|	|
|	|	|	|	|
|	|	|	|	|
|	|	|	|	|
|	|	|	|	|
|	|	|	|	|
前 八、一〇	八、四八	九、一〇	九、三一	九、四五

上リ

名古屋發	千種發	勝川發	高藏寺發	多治見着
|	|	|	|	|
|	|	|	|	|
前 九、一五	九、二三	九、三三	一〇、一六	一〇、五〇
|	|	|	|	|
|	|	|	|	|
後 一、〇〇	一、一七	一、三八	二、〇一	二、三五
|	|	|	|	|
|	|	|	|	|
|	|	|	|	|
後 四、三五	四、五〇	五、〇八	五、二七	五、五五
|	|	|	|	|
|	|	|	|	|
|	|	|	|	|
|	|	|	|	|
|	|	|	|	|
|	|	|	|	|
|	|	|	|	|
|	|	|	|	|
前 六、〇〇	六、一七	六、二八	七、〇一	七、三五

新橋ヨリ 哩程	二五七.九	二五〇.四	二四四.八	二三九.八
新橋ヨリ 二等賃金 (圓錢)	五.八〇	五.六七	五.四一	五.二七
新橋ヨリ 三等賃金 (圓錢)	三.三二	三.一八	三.〇九	三.〇七
多治見ヨリ 哩程	七.五	一三.一	一八.一	二二.[illegible]
多治見ヨリ 三等賃金 (錢)	一三	二三	三〇	三八

神戸ヨリ 哩程	一四六.二	一五一.二	一五六.八	一六四.三
神戸ヨリ 二等賃金 (圓錢)	三.六五	三.七七	三.九三	四.一六
神戸ヨリ 三等賃金 (圓錢)	二.〇七	二.一五	二.二四	二.三七
名古屋ヨリ 哩程	四.四	九.四	一五.〇	二二.[illegible]
名古屋ヨリ 三等賃金 (錢)	八	一六	二五	三八

官有鐵道

(七) 米原、富山間

官有鐵道

七尾線行ハ下ノ欄ヲ見ヨ　城端伏木行ハ乘替十頁ヲ見ヨ

◎米原富山間◎津幡七尾間

下リ（米原ヨリ）

驛名	前	前	前	前	前（大阪ヨリ直通）	後（神戸ヨリ直通）	後	後
米原發	|	|	四、〇三	六、五五	[illegible]	一、三〇	四、一七	七、一五
長濱發	|	|	四、一六	七、〇九	[illegible]	一、四四	四、三三	七、一八
虎姫發	|	|	四、二六	七、一九	[illegible]	二、三三	四、四二	七、二七
高月發	|	|	四、三五	七、二六	[illegible]	二、四三	四、五二	七、四六
木ノ本發	|	|	四、四四	七、三七	[illegible]	二、五三	五、〇〇	七、五五
中ノ郷發	|	|	五、〇九	七、四八	[illegible]	三、一〇	五、一〇	八、〇四
柳ケ瀬發	|	|	五、一四	八、〇三	一〇、〇七	三、三〇	五、二五	八、一七
疋田發	|	|	五、三〇	八、二九	一〇、二二	三、四〇	五、三三	八、四六
敦賀着	|	|	五、五六	八、四三	一〇、四二	四、〇九	六、〇六	九、〇〇
敦賀發	|	|	六、〇〇	八、五二	一一、〇八	四、二五	六、一四	九、二八
杉津發	|	|	六、二〇	九、二八	一一、二三	四、三〇	六、四九	九、四八
今庄着	|	|	七、〇七	九、五三	一一、四〇	四、四〇	七、一四	一〇、〇三
今庄發	|	|	七、一二	一〇、〇五	一二、〇四	四、五三	七、二六	一〇、二五
鯖波發	|	|	七、一九	一〇、一八	一二、二四	五、〇一	七、三九	一〇、四〇
武生發	|	|	七、三二	一〇、三六	一二、四七	五、一二	七、五六	一一、〇〇
鯖江發	|	|	七、五〇	一〇、五〇	一、〇六	五、三五	八、〇七	一一、一三
大土呂發	|	|	八、〇五	一一、〇三	一、一九	五、四五	八、二〇	一一、二八
福井着	|	|	八、一五	一一、一三	一、二九	五、五八	八、三〇	一一、四〇
福井發	|	六、一〇	八、二〇	一一、二二	一、四四	六、一〇	八、四六	|
森田發	|	六、二三	八、三三	一一、三三	一、五六	六、二三	九、〇〇	|
丸岡發	|	六、三四	八、四四	一一、四五	二、〇八	六、三三	九、一五	|
金津發	|	六、四五	八、五五	一一、五六	二、二九	六、四二	九、二八	|
細呂木發	|	六、五五	九、〇四	一二、〇五	二、三八	七、〇一	九、三七	|
大聖寺發	|	七、一六	九、二三	一二、二四	二、五七	七、一七	九、五九	|
動橋發	|	七、三五	九、四二	一二、四一	三、一四	七、三八	一〇、一七	|
小松發	|	七、五七	一〇、〇四	一、〇三	三、三五	七、五八	一〇、四五	|
美川發	|	八、二六	一〇、二四	一、二一	三、五三	八、〇六	一一、〇七	|
松任發	|	八、三三	一〇、四〇	一、三七	四、〇九	八、二二	一一、二七	|
金澤着	|	八、四七	一〇、五五	一、五二	四、二四	八、二七	一一、四五	|
金澤發	五、四〇	九、〇〇	一一、〇〇	二、〇三	四、四〇	八、三七	|	|
津幡發	六、〇五	九、二三	一一、二三	二、二五	五、〇三	九、〇三	|	|
石動發	六、三九	九、五二	一一、五二	二、五四	五、三三	九、三八	|	|
福岡發	七、〇六	一〇、〇二	一二、一一	三、一三	五、五一	九、五七	|	|
高岡着	七、二八	一〇、一五	一二、二六	三、二八	六、〇六	一〇、〇五	|	|
高岡發	七、三〇	一〇、二六	一二、二八	三、三〇	六、〇八	一〇、一七	|	|
小杉發	七、五五	一〇、四一	一二、四四	三、四五	六、二五	一〇、三六	|	|
富山着	八、二〇	一一、〇〇	一、〇五	四、〇五	六、四五	一一、〇〇	|	|

米原ヨリ	哩程	三等賃金（錢）
長濱	四・六	八
虎姫	八・〇	一四
高月	一一・二	一九
木ノ本	一三・七	二三
中ノ郷	一六・六	二八
柳ケ瀬	一九・五	三六
疋田	二六・一	四二
敦賀	三〇・二	五一
杉津	三八・六	六四
今庄	四七・〇	七八
鯖波	五一・四	八五
武生	五七・〇	九三
鯖江	六〇・二	九七
大土呂	六五・一	一〇四
福井	六八・六	一〇九
森田	七二・四	一一五
丸岡	七六・一	一二〇
金津	八〇・〇	一二五
細呂木	八二・一	一二八
大聖寺	八七・五	一三六
動橋	九二・一	一四二
小松	九八・六	一五一
美川	一〇五・三	一五五
松任	一一〇・四	一六五
金澤	一一六・三	一七一
津幡	一二三・五	一七九
石動	一三一・六	一八八
福岡	一三六・二	一九三
高岡	一四一・六	一九九
小杉	一四六・三	二〇四
富山	一五三・一	二二一

上リ（富山ヨリ）

驛名	前	前	前（神戸行）	前（神戸行）	前	後	後	後
富山發	|	|	五、〇五	七、三五	一一、一三	一、四五	四、二〇	七、〇〇
小杉發	|	|	五、三〇	七、五三	一一、三四	二、〇六	四、四一	七、二五
高岡着	|	|	五、五三	八、一五	一一、四八	二、二〇	五、五五	七、四三
高岡發	|	|	五、五四	八、三五	一一、四九	二、三一	五、五六	七、四三
福岡發	|	|	六、一六	八、五二	一二、〇八	二、三九	六、一六	八、〇二
石動發	|	|	六、三八	九、二一	一二、二五	二、五六	六、三四	八、二〇
津幡發	|	|	七、一七	九、四一	一二、五四	三、一五	七、〇三	九、〇一
金澤着	|	|	七、四一	九、五三	一、〇四	三、二五	七、二三	九、二五
金澤發	|	四、五〇	七、四五	一〇、〇九	一、二〇	三、三二	七、三四	|
松任發	|	五、〇六	八、〇一	一〇、二六	一、三六	四、〇八	七、五三	|
美川發	|	五、二三	八、一八	一〇、四五	一、五二	四、二四	八、一四	|
小松發	|	五、四〇	八、三八	一一、〇〇	二、一一	四、四二	八、三五	|
動橋發	|	六、〇三	九、〇三	一一、一七	二、三六	五、〇五	九、〇二	|
大聖寺發	|	六、一九	九、二一	一一、二七	二、五五	五、二一	九、二三	|
細呂木發	|	六、三八	九、四〇	一一、四七	三、一四	五、四〇	九、四六	|
金津發	|	六、四八	九、四八	一一、五五	三、二三	五、四八	九、五六	|
丸岡發	|	七、〇〇	九、五九	一二、〇七	三、三三	五、五九	一〇、一三	|
森田發	|	七、一二	一〇、一一	一二、一九	三、四五	六、一一	一〇、二七	|
福井着	|	七、二三	一〇、一三	一二、三〇	三、五六	六、二三	一〇、四二	|
福井發	四、五五	七、二九	一〇、二七	一二、四〇	四、〇一	六、二七	一一、〇五	|
大土呂發	五、〇六	七、四〇	一〇、三八	一二、五一	四、一二	六、三七	一一、一八	|
鯖江發	五、一九	七、五五	一〇、五一	一、〇四	四、二五	六、四九	一一、五七	|
武生發	五、三〇	八、〇八	一一、〇三	一、一六	四、三七	六、五九	一一、五九	|
鯖波發	五、四八	八、二六	一一、二〇	一、三三	四、五四	七、一四	一二、一九	|
今庄着	六、〇〇	八、三八	一一、三三	一、四五	五、〇六	七、二六	一二、三五	|
今庄發	六、一〇	八、五三	一一、三八	一、五一	五、一一	七、三三	[illegible]	|
杉津發	六、三八	九、二三	一二、〇六	二、一九	五、四〇	八、〇〇	|	|
敦賀着	七、一〇	九、五五	一二、三八	二、五一	六、一三	八、二五	|	|
敦賀發	七、一八	一〇、〇〇	一二、四六	二、五六	六、二七	八、三〇	|	|
疋田發	七、三三	一〇、一五	一、〇一	三、一一	六、四二	八、四五	|	|
柳ケ瀬發	八、〇一	一〇、四三	一、三〇	三、四二	七、一三	九、一四	|	|
中ノ郷發	八、一五	一〇、五五	一、四三	三、五五	七、二八	九、二四	|	|
木ノ本發	八、二五	一一、〇四	一、五三	四、〇五	七、三八	九、三四	|	|
高月發	八、三四	一一、一三	二、〇二	四、一四	七、四八	九、四四	|	|
虎姫發	八、四三	一一、二一	二、一一	四、二三	七、五七	九、五三	|	|
長濱發	八、五四	一一、三〇	二、三一	四、三四	八、〇七	一〇、〇三	|	|
米原着	九、〇六	一二、四二	二、三四	四、四七	八、二〇	一〇、一五	|	|

富山ヨリ	哩程	三等賃金（錢）
小杉	六・七	一二
高岡	一〇・〇	一九
福岡	一六・四	二八
石動	二一・〇	三六
津幡	二九・一	四九
金澤	三六・三	六一
松任	四二・二	七一
美川	四七・三	七九
小松	五四・〇	八九
動橋	六〇・五	九八
大聖寺	六五・一	一〇四
細呂木	七〇・五	一一二
金津	七二・六	一一五
丸岡	七六・五	一二一
森田	八〇・二	一二六
福井	八四・〇	一三一
大土呂	八七・四	一三六
鯖江	九二・四	一四三
武生	九五・六	一四七
鯖波	一〇一・二	一五五
今庄	一〇五・六	一六〇
杉津	一一四・〇	一六七
敦賀	一二三・四	一七九
疋田	一二六・五	一八三
柳ケ瀬	一三三・一	一九〇
中ノ郷	一三六・〇	一九三
木ノ本	一三八・七	一九六
高月	一四一・四	一九九
虎姫	一四五・〇	二〇三
長濱	一四八・一	二〇六
米原	一五三・一	二二一

（八）津幡、七尾間　七尾鐵道

下リ

驛名	前	前	後	後	後
津幡發	六、一五	九、四〇	一二、二〇	三、三〇	六、一五
本津幡發	六、二五	九、四九	一二、三〇	三、三九	六、二四
宇野氣發	六、三九	一〇、〇二	一二、四四	三、五二	六、三七
横山發	六、四八	一〇、一〇	一二、五三	四、〇〇	六、四五

津幡ヨリ	哩程	二等賃金	三等賃金
本津幡	一・八	六錢	四錢
宇野氣	五・三	一七	一一
横山	七・二	二三	一五

上リ

驛名	前	前	後	後	後
七尾發	六、三〇	九、二〇	一二、四〇	三、〇〇	六、二五
徳田發	六、四三	九、三三	一二、五二	三、一三	六、三八
良川發	六、五五	九、四三	一、〇三	三、二五	六、五〇
能登部發	七、〇四	九、五一	一、一二	三、三四	六、五九

七尾ヨリ	哩程	二等賃金	三等賃金
徳田	三・一	一一錢	七錢
良川	六・二	二〇	一三
能登部	八・〇	二六	一七

下り

高松發	寶達發	敷浪發	羽咋發	千路發	金丸發	能登部發	良川發	徳田發	七尾着
六、五六	七、一四	七、二三	七、四〇	七、五一	八、〇一	八、一一	八、二〇	八、三二	八、四二
一〇、一七	一〇、四〇	一〇、四八	一一、〇三	一一、一三	一一、二二	一一、三二	一一、三九	一一、五〇	一二、〇〇
一、〇一	一、一九	一、二八	一、四三	一、五四	二、〇四	二、一四	二、二三	二、三五	二、四五
四、〇七	四、二七	四、三五	四、五〇	五、〇〇	五、〇九	五、一八	五、二六	五、三七	五、四七
六、五二	七、一〇	七、一八	七、三三	七、四四	七、五四	八、〇四	八、一三	八、二五	八、四五
八.七	一二.七	一四.七	一八.三	二一.〇	二三.二	二五.四	二七.二	三〇.二	三三.六
二七	三九	四五	五六	六三	七一	七七	八三	九二	一〇二
一八	二六	三〇	三七	四二	四七	五一	五五	六一	六八

上り

金丸發	千路發	羽咋發	敷浪發	寶達發	高松發	横山發	宇野氣發	本津幡發	津幡着
七、一四	七、二四	七、三七	七、五〇	八、〇一	八、一七	八、二五	八、三四	八、四八	八、五五
一〇、〇〇	一〇、〇九	一〇、二二	一〇、三四	一〇、四五	一一、〇一	一一、〇九	一一、一八	一一、三二	一一、三九
一、二〇	一、二九	一、四〇	一、五二	二、〇二	二、一七	二、二四	二、三二	二、四五	二、五二
三、四四	三、五四	四、〇七	四、二〇	四、三〇	四、四六	四、五四	五、〇三	五、一七	五、二四
七、〇九	七、一九	七、三二	七、四四	七、五五	八、一〇	八、一七	八、二五	八、三八	八、四五
一〇.二	一二.四	一五.〇	一八.四	二〇.四	二四.五	二六.一	二八.〇	三一.六	三三.六
三二	三九	四七	五七	六三	七五	八〇	八六	九六	一〇二
二一	二六	三一	三八	四二	五〇	五三	五七	六四	六八

(九) 高岡、城端、伏木間

下り

	高岡發	戸出發	油田發	出町發	高儀發	福野發	福光發	城端着
前	六、一〇	六、二八	六、三七	六、四六	六、五四	七、〇三	七、一六	七、二六
前	八、二〇	八、四八	八、五七	九、〇六	九、一四	九、二三	九、三六	九、四六
前	一〇、一〇	一〇、三一	一〇、四一	一〇、五一	一一、〇〇	一一、〇九	一一、二四	一一、三四
後	一二、四〇	一、〇一	一、一一	一、二一	一、三〇	一、三九	一、五四	二、〇四
後	二、四〇	三、〇一	三、一一	三、二一	三、三〇	三、三九	三、五四	四、〇四
後	四、四五	五、〇六	五、一六	五、二七	五、三六	五、四五	六、〇〇	六、一〇
後	七、一〇	七、二八	七、三七	七、四六	七、五四	八、〇三	八、一六	八、二六
	|	|	|	|	|	|	|	|
高岡ヨリ 哩程		四.五	六.五	八.二	一〇.四	一三.〇	一五.二	一八.五
高岡ヨリ 三等賃金	錢	一〇	一四	一七	二三	二四	三一	三七

	高岡發	能町發	伏木着
前	六、〇五	六、一七	六、二四
前	七、四〇	七、五二	七、五九
前	九、一〇	九、二二	九、二九
前	一〇、三五	一〇、四七	一〇、五四
後	一、〇〇	一、一二	一、一九
後	二、三〇	二、四〇	二、四七
後	四、一〇	四、二〇	四、二七
後	六、二〇	六、三二	六、三九
後	七、五五	八、〇六	八、一三
高岡ヨリ 哩程		二.五	四.六
高岡ヨリ 三等賃金	錢	五	一〇

上り

	城端發	福野發	福光發	高儀發	出町發	油田發	戸出發	高岡着
	|	|	|	|	|	|	|	|
前	六、〇〇	六、一三	六、二七	六、三三	六、四三	六、五一	七、〇〇	七、一六
前	八、二〇	八、三三	八、四七	八、五三	九、〇三	九、一一	九、二〇	九、三六
前	一〇、〇〇	一〇、一四	一〇、二九	一〇、三六	一〇、四七	一〇、五六	一一、〇七	一一、二四
後	一二、三〇	一二、四四	一二、五九	一、〇六	一、一七	一、二六	一、三七	一、五四
後	二、三〇	二、四四	二、五九	三、〇六	三、一七	三、二六	三、三七	三、五四
後	四、四〇	四、五二	五、〇六	五、一三	五、二四	五、三四	五、四四	六、〇〇
後	六、二〇	七、〇〇	七、一三	七、二七	七、三三	七、四三	七、五〇	八、一七
後	七、〇〇	七、一三	七、二七	七、三三	七、四二	七、五〇	八、〇一	八、一七
城端ヨリ 哩程		三.二	六.三	七.七	一〇.二	一一.六	一三.七	一八.五
城端ヨリ 三等賃金	錢	七	一三	一六	二二	二四	二八	三七

	伏木發	能町發	高岡着
前	六、五〇	七、〇〇	七、〇九
前	八、二五	八、三五	八、四四
前	九、四〇	九、四九	九、五八
前	一一、二〇	一一、三〇	一一、三九
後	一、三〇	一、四〇	一、四九
後	三、〇〇	三、一〇	三、一九
後	五、〇〇	五、一〇	五、一九
後	七、〇〇	七、一〇	七、一九
後	八、三〇	八、三八	八、四七
伏木ヨリ 哩程		二.一	四.六
伏木ヨリ 三等賃金	錢	五	一〇

中越鐵道

(十) 彦根、貫生川間

新橋神戸間乘替ハ下リ四頁上リ五頁ヲ見ヨ

下り

	彦根發	新町發	高宮發	豊郷發	愛知川發	小幡發	八日市發	隈川發	朝日野發	日野發	水口發	貴生川着
	|	|	|	|	|	|	|	|	|	|	|	|
	|	|	|	|	|	|	|	|	|	|	|	|
前	六、五四	七、〇二	七、〇八	七、一九	七、二六	七、三三	七、四六	七、五八	八、〇八	八、一五	八、二七	八、三四
	|	|	|	|	|	|	|	|	|	|	|	|
前	九、〇〇	九、〇七	九、一七	九、二八	九、三六	九、四三	九、五六	一〇、一一	一〇、二一	一〇、三一	一〇、四六	一〇、五三
	|	|	|	|	|	|	|	|	|	|	|	|
前	一〇、二〇	一〇、二七	一〇、三九	一〇、五〇	一一、〇〇	一一、〇七	一一、一五	‖	|	|	|	|
	|	|	|	|	|	|	|	|	|	|	|	|
	|	|	|	|	|	|	|	|	|	|	|	|
後	一二、〇五	一二、一三	一二、一九	一二、二九	一二、三五	一二、四一	一二、五四	一、〇六	一、一六	一、二三	一、三五	一、四二
後	一、一〇	一、一六	一、三〇	一、四一	一、五四	二、〇三	二、一〇	‖	|	|	|	|
後	三、〇〇	三、〇六	三、一三	三、二三	三、二八	三、三四	三、四六	三、五七	四、〇六	四、一三	四、二三	四、三〇
後	四、〇四	四、一一	四、一八	四、二九	四、三六	四、四三	四、五一	‖	|	|	|	|
後	五、二八	五、三四	五、四〇	五、四九	五、五三	六、〇一	六、一三	六、二五	六、三五	六、四二	六、五四	七、〇一
	|	|	|	|	|	|	|	|	|	|	|	|
後	七、二〇	七、二六	七、三七	七、四八	七、五三	八、〇五	八、二〇	八、三五	八、四五	八、五五	九、一〇	九、一七
	|	|	|	|	|	|	|	|	|	|	|	|
	|	|	|	|	|	|	|	|	|	|	|	|
新橋ヨリ 哩程		二九〇.二	二九一.四	二九四.七	二九六.四	二九八.一	三〇一.〇	三〇四.七	三〇七.二	三〇八.八	三一二.五	三一四.九
新橋ヨリ 二等賃金	圓	六.〇三	六.〇五	六.一五	六.二〇	六.二六	六.三五	六.四五	六.五三	六.五七	六.六九	六.七五
新橋ヨリ 三等賃金	圓	三.四三	三.四六	三.五三	三.五九	三.六〇	三.六六	三.七三	三.七八	三.八一	三.八九	三.九三
彦根ヨリ 哩程		一.二	二.四	五.六	七.四	九.一	一二.一	一五.六	一八.二	一九.七	二三.四	二六.〇
彦根ヨリ 三等賃金	錢	一	五	一三	一五	一九	二五	三三	三七	四〇	四八	五二

近江鐵道

富山行乘替ハ九頁ヲ見ヨ

奈良行ハ十五頁園部行ハ十四頁ヲ見ヨ

（十二）米原、馬場、大津、神戸間

下リ

前/後	米原發	彦根着	彦根發	河瀬發	能登川發	八幡發	野洲發	草津着	草津發	馬場着	摘要
	丨	丨	丨	丨	丨	丨	丨	丨	丨	丨	
	丨	丨	丨	丨	丨	丨	丨	丨	丨	丨	
午前	三、〇五	三、一四	三、一六	丨	三、四一	三、五五	丨	四、二三	四、二四	四、四一	新橋ヨリ
	丨	丨	丨	丨	丨	丨	丨	丨	丨	丨	長崎行
	丨	丨	丨	丨	丨	丨	丨	丨	丨	丨	
	丨	丨	丨	丨	丨	丨	丨	丨	丨	丨	
	五、二八	五、三九	五、四〇	五、五一	六、〇八	六、二五	六、四五	六、五七	七、〇二	七、二〇	神戸行
	六、四三	六、五二	六、五三	丨	七、一五	七、二八	丨	七、五三	七、五六	八、二一	新橋ヨリ急行
	丨	丨	丨	丨	丨	丨	丨	丨	丨	丨	明石マテ直通
	丨	丨	丨	丨	丨	丨	丨	丨	丨	丨	
	八、一〇	八、二三	八、二三	八、四一	八、五六	九、二〇	九、四〇	九、五六	一〇、〇八	一〇、二九	神戸行
	九、三五	九、四六	九、四九	一〇、〇一	一〇、一七	一〇、四〇	一〇、五八	一一、一〇	一一、二四	一一、三二	名古屋ヨリ
	丨	丨	丨	丨	丨	丨	丨	丨	丨	丨	
午前	一一、四七	一一、五八	一一、五九	一二、一〇	一二、二四	一二、三九	一二、五九	一、〇九	一、二一	一、二九	濱松ヨリ
	丨	丨	丨	丨	丨	丨	丨	丨	丨	丨	
	丨	丨	丨	丨	丨	丨	丨	丨	丨	丨	姫路マテ直通

前/後	馬場發	石場發	紺屋關發	大津着
前	五、三〇	五、三五	五、三八	五、四〇
前	七、五〇	七、五四	七、五七	七、五九
	丨	丨	丨	丨
前	九、五五	一〇、〇〇	一〇、〇三	一〇、〇五
前	一一、〇三	一一、〇八	一一、一一	一一、一三
	丨	丨	丨	丨
後	一二、二三	一二、二八	一二、三一	一二、三三
	丨	丨	丨	丨
後	一、二〇	一、二五	一、二八	一、三〇
後	二、一五	二、二〇	二、二三	二、二五
	丨	丨	丨	丨
後	三、三五	三、四〇	三、四三	三、四五
後	丨	丨	丨	丨
後	五、一八	五、二三	五、二六	五、二八
後	六、〇五	六、一〇	六、一三	六、一五

前/後	馬場發	大谷發	山科發	稻荷發	京都着	京都發	向日町發	山崎發	高槻發	茨木發
	丨	丨	丨	丨	丨	丨	丨	丨	丨	丨
前	丨	丨	丨	下ノ關マテ直通		六、〇〇	六、一二	六、二六	六、四一	六、五四
	四、四七	丨	丨	五、二一	五、二七	五、三五	丨	丨	六、〇七	丨
前	六、一〇	六、二一	六、三七	六、五一	六、五七	七、〇二	七、一四	七、二八	七、四二	七、五五
前	丨	丨	丨	福知山行		七、四五	七、五七	八、一一	八、二五	八、三八
	丨	丨	丨	丨	丨	丨	丨	丨	丨	丨
後	七、三〇	七、四一	七、五七	八、一一	八、一七	八、二四	八、三六	八、五〇	九、〇五	九、一八
	八、三三	丨	丨	丨	九、一〇	九、二一	丨	丨	丨	丨
前	九、一〇	九、二一	九、三七	九、五一	九、五七	一〇、〇五	一〇、一七	一〇、三一	一〇、四六	一〇、五九
前	丨	丨	丨	下ノ關マテ直通		一〇、三七	一〇、四九	一一、〇四	一一、二〇	一一、三五
	一〇、四五	一〇、五六	一一、一二	一一、二六	一一、三二	一一、三七	一一、四九	一二、〇三	一二、一八	一二、三一
	一一、三七	一一、四八	一二、〇四	一二、一八	一二、二四	一二、三六	一二、四八	一、〇二	一、一七	一、三〇
後	丨	丨	丨	岡山マテ直通		一、三〇	一、四二	一、五六	二、一〇	二、二三
	一、三四	一、四五	二、〇一	二、一五	二、二一	二、三〇	二、四二	二、五六	三、一一	三、二四
	丨	丨	丨	丨	丨	丨	丨	丨	丨	丨
後	二、二二	二、三四	二、五三	三、一〇	三、一七	三、二七	三、三九	三、五三	四、〇八	四、二一

上リ

前/後	貴生川發	水口發	日野發	朝日野發	櫻川發	八日市發	小幡發	愛知川發	豊郷發	高宮發	新町發	彦根着
	丨	丨	丨	丨	丨	丨	丨	丨	丨	丨	丨	丨
	丨	丨	丨	丨	丨	丨	丨	丨	丨	丨	丨	丨
前	六、五七	七、〇六	七、一八	七、二五	七、三四	七、五〇	八、〇〇	八、〇七	八、一四	八、二五	八、三一	八、三七
	丨	丨	丨	丨	丨	丨	丨	丨	丨	丨	丨	丨
前	八、五三	九、〇四	九、一九	九、二六	九、三九	九、五三	一〇、〇五	一〇、一五	一〇、三三	一〇、三八	一〇、四五	一〇、五〇
	丨	丨	丨	丨	丨	丨	丨	丨	丨	丨	丨	丨
前	丨	丨	丨	丨	丨	一一、四〇	一一、五〇	一二、〇〇	一二、〇七	一二、二四	一二、三一	一二、三六
	丨	丨	丨	丨	丨	丨	丨	丨	丨	丨	丨	丨
前	一一、三九	一一、五二	一二、〇九	一二、一七	一二、三一	一二、五〇	一二、五九	一、〇五	一、一一	一、二三	一、二九	一、三四
	丨	丨	丨	丨	丨	丨	丨	丨	丨	丨	丨	丨
後	丨	丨	丨	丨	丨	二、三四	二、四四	二、五四	三、〇一	三、一八	三、二五	三、三〇
	丨	丨	丨	丨	丨	丨	丨	丨	丨	丨	丨	丨
後	二、四〇	二、五二	三、〇七	三、一四	三、二七	三、四四	三、五四	四、〇一	四、〇八	四、一九	四、二六	四、三一
	丨	丨	丨	丨	丨	丨	丨	丨	丨	丨	丨	丨
後	丨	丨	丨	丨	丨	五、〇六	五、一六	五、二三	五、三〇	五、四二	五、四九	五、五四
	丨	丨	丨	丨	丨	丨	丨	丨	丨	丨	丨	丨
後	五、一六	五、二九	五、三七	五、四四	五、五四	六、〇九	六、一七	六、二三	六、二九	六、三八	六、四四	六、四九
	丨	丨	丨	丨	丨	丨	丨	丨	丨	丨	丨	丨
後	七、二〇	七、三三	七、四七	七、五三	八、〇四	八、二一	八、三一	八、四一	八、四八	九、〇三	九、〇九	九、一四

		貴生川	水口	日野	朝日野	櫻川	八日市	小幡	愛知川	豊郷	高宮	新町	彦根
神戸ヨリ	哩程		一二四・三	一一一・九	一〇八・二	一〇六・六	一〇四・一	一〇〇・四	九七・五	九六・八	九四・一	九〇・八	八九・五
神戸ヨリ	二等賃金	錢	三・一八	三・一三	三・〇〇	二・九六	二・八八	二・七八	二・六九	二・六三	二・五八	二・四八	二・四五
神戸ヨリ	三等賃金	錢	一・八八	一・八五	一・七七	一・七四	一・六九	一・六二	一・五六	一・五三	一・四九	一・四二	一・三九
貴生川ヨリ	哩程		二・四	六・一	七・五	一〇・二	一三・七	一六・六	一八・三	二〇・一	二三・三	二四・六	二六・〇
貴生川ヨリ	三等賃金	錢	五	一三	一六	二一	二八	三四	三七	四一	四七	五〇	五二

官有鐵道

神崎福知山間乘替五十頁ヲ見ヨ

◉米原、馬場、大津、神戸間

下リ

	吹田發	大坂着	大坂發	神崎發	西ノ宮發	住吉發	三ノ宮發	神戸着
午	姫路マテ直通 前		六、〇五	六、一八	六、三一	六、四六	七、〇一	七、〇六
	七、〇六	七、一八	七、二四	七、三七	七、五〇	八、〇五	八、二〇	八、二五
	六、三〇	六、四二	六、五〇	七、〇三	七、一六	七、三一	七、四五	七、五〇
	八、〇七	八、一九	八、二五	八、三八	八、五一	九、〇六	九、二〇	九、二五
	八、五〇	九、〇二	九、〇八	九、三〇		|	九、〇二	九、〇七
	姫路マテ直通 前		九、二〇	九、三三	九、四六	一〇、〇一	一〇、一六	一〇、二一
	九、三〇	九、四二	九、五〇	一〇、〇四	一〇、一七	一〇、三二	一〇、四七	一〇、五二
	|	一〇、二〇	一〇、三〇	一〇、四一	|	|	一一、一四	一一、一九
後	一一、一一	一一、二三	一一、二八	一一、四一	一一、五四	一二、〇九	一二、二五	一二、三〇
	一一、四九	一二、〇一	一二、一一	一二、二四	一二、三七	一二、五二	一、〇七	一、一二
	一二、四三	一二、五五	一、〇〇	一、一三	一、二六	一、四一	一、五六	二、〇一
米原ヨリ	一、四二	一、五四	一、五八	二、一一	二、二四	二、三九	二、五四	二、五九
	二、三五	二、四七	二、五二	三、〇五	三、一八	三、三三	三、五〇	三、五五
	三、三六	三、四八	三、五三	四、〇六	四、一九	四、三四	四、四九	四、五四
	神戸行 後		四、三〇	四、四一	四、五二	五、〇五	五、一七	五、二三
	四、三三	四、四五	四、五六	五、〇九	五、二二	五、三七	五、五二	五、五七

驛名	米原發	彦根着	彦根發	河瀨發	能登川發	八幡發	野洲發	草津着	草津發	馬場着
新橋ヨリ	一、三七	一、四八	一、四九	一、五九	二、一二	二、二六	二、四三	二、五五	二、五七	三、一五
	|	|	|	|	|	|	|	|	|	|
富山ヨリ	二、四〇	二、五一	二、五二	三、〇三	三、二〇	三、三八	四、〇三	四、一五	四、一八	四、三六
	|	|	|	|	|	|	|	|	|	|
靜岡ヨリ	四、〇三	四、一四	四、一五	四、二六	四、四二	四、五七	五、一五	五、二七	五、三三	五、五一
富山ヨリ	五、一五	五、二六	五、二七	五、三八	五、五三	六、〇八	六、二七	六、三九	六、四一	六、五九
新橋ヨリ急行	六、四八	六、五七	六、五八	|	七、一八	七、三〇	|	七、五四	七、五六	八、一一
	|	|	|	|	|	|	|	|	|	|
神戸行	|	|	|	|	|	|	|	|	|	|
大垣ヨリ	八、三〇	八、四二	八、四六	八、五九	九、一五	九、三一	九、五七	一〇、一一	一〇、一二	一〇、三四
	|	|	|	|	|	|	|	|	|	|
米原ヨリ 哩程		三・七	|	七・五	一二・二	一七・五	二三・四	二八・二	|	三四・六
一等賃金		二一錢	|	三九	六三	九〇	一・一七	一・四一	|	一・七四
二等賃金		一三錢	|	二三	三七	五三	六九	八三	|	一・〇二
三等賃金		七錢	|	一三	二一	三〇	三九	四七	|	五八

	馬場發	石場發	紺屋關發	大津着
後	七、〇七	七、一二	七、一五	七、一七
	|	|	|	|
	|	|	|	|
後	九、〇〇	九、〇五	九、〇八	九、一〇
	|	|	|	|
	|	|	|	|
	|	|	|	|
	|	|	|	|
	|	|	|	|
	|	|	|	|
	|	|	|	|
	|	|	|	|
	|	|	|	|
馬場ヨリ 哩程		五	一・〇	一・三
三等賃金		二錢	三	三

	馬場發	大谷發	山科發	稻荷發	京都着	京都發	向日町發	山崎發	高槻發	茨木發	吹田發	大坂着	大坂發	神崎發	西ノ宮發	住吉發	三ノ宮發	神戸着
	三、二三	三、三三	三、四九	四、〇三	四、〇九	四、一七	|	|	四、五三	五、〇六	五、一八	五、三〇	五、三七	五、五〇	|	|	六、三一	六、三六
	|	|	|	|	|	|	|	|	|	|	下ノ関マテ直通 後		六、二四	六、三七	六、五〇	七、〇五	七、二〇	七、二五
	四、四五	四、五六	五、一二	五、二六	五、三二	五、三九	五、五一	六、〇五	六、二〇	六、三三	六、四五	六、五七	七、〇一	七、一四	七、二七	七、四二	七、五七	八、〇二
	|	|	|	|	|	|	|	|	|	|	姫路マテ直通 後		七、四五	七、五八	八、一一	八、二六	八、四一	八、四六
	六、〇三	六、一四	六、三〇	六、四四	六、五〇	六、五六	七、〇八	七、二三	七、三七	七、五〇	八、〇二	八、一四	八、二〇	八、三三	八、四六	九、〇一	九、一六	九、二一
	七、〇四	七、一五	七、三一	七、四五	七、五一	八、〇三	八、一五	八、二九	八、四四	八、五七	九、〇九	九、二一	九、二六	九、三九	九、五二	一〇、〇七	一〇、二二	一〇、二七
	八、一七	|	|	|	八、五二	八、五六	|	|	|	|	|	九、五五	一〇、〇〇	|	|	|	一〇、四二	一〇、四七
	|	|	|	|	|	|	|	|	|	|	下ノ関マテ直通 後		一〇、二〇	一〇、三三	一〇、四六	一一、〇二	一一、一六	一一、二一
	八、四七	八、五八	九、一四	九、二八	九、三四	九、四〇	九、五二	一〇、〇六	一〇、二二	一〇、三五	一〇、四七	一〇、五九	一一、〇四	一一、一七	一一、三〇	一一、四五	一二、〇〇	一二、〇五
	一〇、四八	一一、〇〇	一一、一九	一一、三五	一一、四二		|	|	|	|	|	|	|	|	|	|	|	|
	一〇、五五	一一、〇八	一一、二四	一一、四〇	一一、五五	一二、〇八	一二、二三		|	|	|	|	|	|	|	|	|	|
哩程	〇	三六・五	四〇・〇	四三・〇	四四・六	|	四八・七	五三・五	五八・三	六二・三	六六・六	七一・五	|	七六・二	八〇・七	八六・一	九〇・七	九二・〇
一等賃金	|	一・八三	二・〇一	二・一六	二・二三	|	二・四三	二・六四	二・八五	三・〇〇	三・二一	三・三九	|	三・六〇	三・七八	四・〇二	四・二六	四・二六
二等賃金	|	一・〇七	一・一八	一・二六	一・三〇	|	一・四二	一・五四	一・六七	一・七五	一・八八	一・九八	|	二・一〇	二・二一	二・三五	二・四九	二・四九
三等賃金	|	六一	六七	七二	七四	|	八一	八八	九五	一・〇〇	一・〇七	一・一三	|	一・二〇	一・二六	一・三四	一・四二	一・四二

驛名	神戸發	三ノ宮發
下ノ関ヨリ直通	五、一〇	五、一七
	八、四九	八、五四
新橋急行	六、〇〇	六、〇七
濱松行	六、二五	六、三二
富山行	七、三〇	七、三七
大坂行	八、〇〇	八、〇六
靜岡行	八、四〇	八、四七
姫路ヨリ直通	九、一一	九、一七
姫路ヨリ直通	九、五〇	九、五七
名古屋行	一〇、三五	一〇、四二
下ノ関ヨリ直通	一一、三〇	一一、三七
新橋行	一二、〇五	一二、一二
京都行	一二、五五	一、〇二
名古屋行	一、四五	一、五二
岡山ヨリ直通	二、四〇	二、四七

午前

米原、馬場、大津、神戸間

神崎福知山間乗替十五頁ヲ見ヨ

奈良行ハ十五頁園部行ハ四十頁ヲ見ヨ

富山行乗替ハ九頁ヲ見ヨ

上リ

住吉發	西ノ宮發	神崎發	大坂着	大坂發	吹田發	茨木發	高槻發	山崎發	向日町發	京都着	京都發	稲荷發	山科發	大谷發	馬場着
五、三一	五、四六	五、五九	六、一一	‖	｜	｜	｜	｜	｜	｜	｜	｜	｜	｜	｜
｜	｜	前 富山行		五、三〇	五、四三	五、五五	六、〇八	六、二二	六、三六	六、四七	六、五二	六、五九	七、一三	七、二九	七、三九
｜	｜	｜	六、四七	六、五二	｜	｜	｜	｜	｜	七、五一	七、五五	八、〇一	｜	｜	八、三一
六、四六	七、〇一	七、一四	七、二六	七、三一	七、四三	七、五六	八、一一	八、二五	八、三九	八、五〇	八、五八	九、〇五	九、一九	九、三五	九、四五
七、五一	八、〇六	八、一九	八、三一	八、三八	八、五一	九、〇三	九、一七	九、三一	九、四五	九、五六	一〇、〇六	一〇、一三	一〇、二七	一〇、四三	一〇、五三
八、一八	八、三一	八、四二	八、五二	‖	｜	｜	｜	｜	｜	｜	｜	｜	｜	｜	｜
九、〇一	九、一六	九、二九	九、四[illegible]	九、四六	九、五九	一〇、一一	一〇、二六	一〇、四一	一〇、五五	一一、〇六	一一、一二	一一、一九	一一、三三	一一、四九	一一、五九
九、三二	九、四六	九、五九	一〇、一一	‖	｜	｜	｜	｜	｜	｜	｜	｜	｜	｜	｜
一〇、一一	一〇、二六	一〇、三九	一〇、五一	一〇、五五	一一、〇八	一一、二〇	一一、三四	一一、四八	一二、〇二	一二、一三	一二、一八	一二、二六	一二、四二	一、〇一	一、一二
一〇、五六	一一、一一	一一、二四	一一、三六	一一、四二	一一、五五	一二、〇七	一二、二一	一二、三五	一二、四九	一、〇〇	一、一五	一、二二	一、三六	一、五二	二、〇二
一一、五一	一二、〇六	一二、一九	一二、三一	‖	｜	｜	｜	｜	｜	｜	｜	｜	｜	｜	｜
一二、二六	一二、四一	一二、五四	一、〇六	一、一二	一、二五	一、三七	一、五一	二、〇五	二、一九	二、三〇	二、三八	二、四五	二、五九	三、一五	三、二五
一、一六	一、三一	一、四四	一、五六	二、〇〇	二、一三	二、二五	二、四一	二、五五	三、〇九	三、二〇	‖	｜	｜	｜	｜
二、〇六	二、二一	二、三四	二、四六	二、五二	三、〇五	三、一七	三、三二	三、四六	四、〇〇	四、一一	四、一八	四、二五	四、三九	四、五五	五、〇五
三、〇二	三、一六	三、二九	三、四一	三、四八	四、〇一	四、一三	四、二七	四、四一	四、五五	五、〇六	五、一一	五、一八	五、三三	五、四八	五、五八

大津發	紺屋關發	石場發	馬場着
｜	｜	｜	｜
前 五、五〇	五、五三	五、五七	六、〇〇
｜	｜	｜	｜
｜	｜	｜	｜
｜	｜	｜	｜
｜	｜	｜	｜
｜	｜	｜	｜
前 八、五五	八、五八	九、〇一	九、〇四
前 一〇、二四	一〇、二七	一〇、三一	一〇、三四
前 一一、二〇	一一、二三	一一、二七	一一、三〇
｜	｜	｜	｜
後 一二、五〇	一二、五三	一二、五七	一、〇〇
｜	｜	｜	｜
後 一、四〇	一、四三	一、四七	一、五〇
後 三、〇〇	三、〇三	三、〇七	三、一〇
｜	｜	｜	｜

馬場發	草津着	草津發	野洲發	八幡發	能登川發	河瀬發	彦根着	彦根發	米原着	
四、四五	五、〇六	五、〇八	五、二三	五、四三	六、〇三	六、一八	六、三〇	六、三一	六、四三	前 名古屋行
七、四四	八、〇二	八、〇四	八、一七	八、三五	八、五二	九、〇五	九、一五	九、一六	九、二七	
八、三六	八、五一	八、五三	｜	九、一七	九、三一	｜	九、四九	九、五〇	九、五九	
九、五〇	一〇、〇八	一〇、一〇	一〇、二三	一〇、四一	一〇、五七	一一、一〇	一一、二〇	一一、二一	一一、三二	
一〇、五八	一一、一九	一一、二一	一一、三六	一一、五六	一二、二二	一二、三五	一二、四五	一二、四六	一二、五七	
｜	｜	｜	｜	｜	｜	｜	｜	｜	｜	
一二、二〇	一二、三八	一二、四一	一二、五六	一、一三	一、二八	一、四〇	一、四九	一、五〇	二、〇〇	
｜	｜	｜	｜	｜	｜	｜	｜	｜	｜	
｜	｜	｜	｜	｜	｜	｜	｜	｜	｜	
二、一〇	二、二八	二、三一	二、四四	三、〇三	三、二一	三、三四	三、四四	三、四六	三、五七	
｜	｜	｜	｜	｜	｜	｜	｜	｜	｜	
三、三〇	三、四八	三、五一	四、〇四	四、二二	四、三八	四、五一	五、〇一	五、〇二	五、一三	
｜	｜	｜	｜	｜	｜	｜	｜	｜	｜	
五、一五	五、三三	五、三六	五、五一	六、一〇	六、二八	六、四三	六、五三	六、五七	七、〇八	
｜	｜	｜	｜	｜	｜	｜	｜	｜	｜	

驛名	神戸發	三ノ宮發	住吉發	西ノ宮發	神崎發	大坂着	大坂發	吹田發	茨木發	高槻發	山崎發	向日町發	京都着	京都發
米原行	三、四〇	三、四七	四、〇一	四、一六	四、二九	四、四一	四、四五	四、五八	五、一〇	五、二四	五、三八	五、五二	六、〇三	六、〇八
下ノ關ヨリ直通	四、二五	四、三二	四、四六	五、〇一	五、一四	五、二六	五、三二	五、四五	五、五七	六、一一	六、二五	六、三九	六、五〇	‖
明石ヨリ直通	五、〇五	五、一二	五、二六	五、四一	五、五四	六、〇六	六、一〇	六、二三	六、三五	六、四九	七、〇三	七、一七	七、二八	七、三五
急 新橋行	六、〇〇	六、〇七	｜	｜	｜	六、四七	六、五七	｜	｜	｜	｜	｜	七、五七	八、〇七
	六、二五	六、三二	六、四六	七、〇一	七、一四	七、二六	‖	｜	｜	｜	｜	｜	｜	｜
糸崎ヨリ直通	七、〇五	七、一二	七、二六	七、四一	七、五四	八、〇六	八、一四	八、二七	八、三九	八、五五	九、〇九	九、二三	九、三四	‖
姫路ヨリ直通	八、〇三	八、一〇	八、二四	八、三九	八、五二	九、〇四	‖	｜	｜	｜	｜	馬場行		後 一〇、〇〇
福知山ヨリ直通	｜	｜	｜	｜	後 九、〇四	九、一八	九、二三	九、三八	九、五一	一〇、〇七	一〇、二三	一〇、三九	一〇、五一	‖
下ノ關ヨリ直通	九、〇〇	九、〇七	九、二一	九、三六	九、四九	一〇、〇一	一〇、一〇	一〇、二三	一〇、三五	一〇、四九	一一、〇三	一一、一七	一一、二八	‖
新橋行	一〇、〇〇	一〇、〇七	｜	｜	一〇、四五	一〇、五七	一一、〇二	｜	｜	一一、三七	｜	｜	一二、一三	一二、二三
姫路ヨリ直通	一一、〇〇	一一、〇七	一一、二一	一一、三六	一一、四九	一二、〇一	‖	｜	｜	｜	｜	｜	｜	｜
神戸ヨリ 哩程	〇	一・〇	五・六	一一・〇	一五・五	二〇・二	｜	二一・五	二九・四	三三・四	三八・二	四三・〇	四七・一	｜
一等賃金	錢	九	三〇	五七	七八	一・〇二	｜	一・二六	一・四七	一・六八	一・九二	二・一六	二・三四	｜
二等賃金	錢	六	一八	三四	四六	六〇	｜	七四	八六	九八	一・一二	一・二六	一・三七	｜
三等賃金	錢	三	一〇	一九	二六	三四	｜	四二	四九	五六	六四	七二	七八	｜

（三一）

上り

	稻荷發	山科發	大谷發	馬場着
	六、一五	六、二九	六、四六	六、五五
	|	|	|	|
	七、四三	七、五八	八、一五	八、二五
	|	|	|	八、四四
	|	|	|	|
	|	|	|	|
	一〇、〇八	一〇、二四	一〇、四三	一〇、五四
	|	|	|	|
	|	|	|	|
	|	|	|	一、〇五
	|	|	|	|
	四八・七	五一・七	五五・二	五七・一
	二・四三	二・五八	二・七〇	二・七九
	一・四二	一・五一	一・五八	一・六三
	八一	八六	九〇	九三

	大津發	紺屋關發	石場發	馬場着
後	四、二三	四、二五	四、二九	四、三二
	|	|	|	|
後	五、三六	五、三九	五、四三	五、四六
後	六、三二	六、三五	六、三九	六、四二
後	八、〇〇	八、〇三	八、〇七	八、一〇
	|	|	|	|
	|	|	|	|
	|	|	|	|
後	九、二六	九、二九	九、三三	九、三六
	|	|	|	|
	|	|	|	|
大津ヨリ 哩程	[illegible]	二五	六四	一・二六
大津ヨリ 三等賃金		二錢	二	三

	馬場發	草津着	草津發	野洲發	八幡發	能登川發	河瀬發	彦根着	彦根發	米原着
	七、〇五	七、二三	七、二六	七、四三	八、〇一	八、一八	八、三一	八、四一	八、四二	八、五三
	|	|	|	|	|	|	|	|	|	|
	|	|	|	|	|	|	|	|	|	|
	八、五五	九、一〇	九、一二	|	九、三六	九、五〇	|	一〇、〇八	一〇、〇九	一〇、一八
	|	|	|	|	|	|	|	|	|	|
	|	|	|	|	|	|	|	|	|	|
	|	|	|	|	|	|	|	|	|	|
	|	|	|	|	|	|	|	|	|	|
	|	|	|	|	|	|	|	|	|	|
	一、一四	一、三二	一、三三	|	|	二、一八	|	二、四一	二、四二	二、五三
	|	|	|	|	|	|	|	|	|	|
	|	六三・五	|	六八・三	七四・二	七九・五	八四・二	八八・二	|	九二・〇
	|	三・〇六	|	三・二七	三・五一	三・七五	三・九三	四・一一	|	四・二六
	|	一・七九	|	一・九一	二・〇五	二・一九	二・三〇	二・四〇	|	二・四九
	|	一・〇二	|	一・〇九	一・一七	一・二五	一・三一	一・三七	|	一・四二

(十二) 京都(七條)園部間

京都鐵道

下り

	京都發	丹波口發	二條發	花園發	嵯峨着	嵯峨發	龜岡發	八木發	園部着
前	七、一〇	七、一八	七、三三	七、四一	七、四八	七、五三	八、二四	八、四一	八、五四
前	|	|	七、五〇	七、五八	八、〇三	八、〇八	八、三四	‖	|
前	八、四〇	八、四八	九、〇六	九、一四	九、二一	九、二六	九、五八	一〇、一七	一〇、三〇
前	一〇、〇八	一〇、一五	一〇、二九	一〇、三七	一〇、四四	‖	|	|	|
前	|	|	一一、二〇	一一、二八	一一、三五	‖	|	|	|
前	一一、四〇	一一、四八	一二、〇五	一二、一三	一二、二〇	一二、二五	一二、五六	一、一五	一、二八
後	一二、三〇	一二、三七	一二、五三	一、〇一	一、〇八	‖	|	|	|
後	一、一五	一、二三	一、三九	一、四七	一、五五	二、〇〇	二、三一	二、四九	三、〇二
後	二、一〇	二、一七	二、三二	二、四〇	二、四七	‖	|	|	|
後	|	|	三、二六	三、三四	三、四一	‖	|	|	|
後	三、五五	四、〇二	四、一八	四、二六	四、三三	四、三八	五、〇四	‖	|
後	四、三八	四、四六	五、〇二	五、一〇	五、一七	五、二三	五、五三	六、一二	六、二五
後	五、二〇	五、二七	五、四三	五、五一	五、五八	‖	|	|	|
後	|	|	六、五八	七、〇六	七、一三	‖	|	|	|
後	七、二〇	七、二八	七、四五	七、五三	八、〇〇	八、〇五	八、三六	八、五四	九、〇七
後	八、一二	八、一九	八、三五	八、四三	八、五〇	‖	|	|	|
後	九、〇〇	九、〇七	九、一三	‖	|	|	|	|	|
京都ヨリ 哩程	〇	一・二	二・四	四・一	六・二	|	一三・三	一八・三	二二・二
一等賃金		九錢	一五	二四	三六	|	七八	一・〇五圓	一・二九
二等賃金		六錢	一〇	一六	二四	|	五二	七〇	八六
三等賃金		三錢	五	八	一二	|	二六	三五	四三

上り

	園部發	八木發	龜岡發	嵯峨着	嵯峨發	花園發	二條發	丹波口發	京都着
前	|	|	|	|	|	|	六、四〇	六、四六	六、五一
前	六、二五	六、四二	七、〇一	七、二七	七、三二	七、四二	七、五四	八、〇二	八、〇七
前	|	|	八、四八	九、一六	九、二一	九、三一	九、四二	九、五〇	九、五五
前	九、二〇	九、三七	九、五七	一〇、二五	一〇、三〇	一〇、四〇	一〇、五二	一一、〇〇	一一、〇五
前	|	|	|	|	一〇、五一	一一、〇一	一一、〇八	‖	|
前	|	|	|	|	一一、四一	一一、五一	一二、〇三	一二、〇九	一二、一四
前	一一、一五	一一、三三	一一、五二	一二、一八	一二、二三	一二、三一	一二、四四	一二、五二	一二、五七
後	|	|	|	|	一、一六	一、二六	一、三八	一、四六	一、五一
後	|	|	|	|	二、五四	三、〇四	三、一一	‖	|
後	一、五八	二、一六	二、三七	三、〇五	三、一〇	三、一八	三、三〇	三、三八	三、四三
前	|	|	|	|	三、四九	三、五九	四、一〇	四、一七	四、二三
後	三、二七	三、四三	四、〇二	四、二八	四、三三	四、四一	四、五三	五、〇〇	五、〇五
後	|	|	|	|	六、〇八	六、一八	六、三一	六、三八	六、四三
後	|	|	五、五五	六、二四	六、二九	六、三九	六、四六	‖	|
後	|	|	|	|	七、二〇	七、三〇	七、四二	七、四九	七、五九
後	七、〇〇	七、一八	七、三七	八、〇三	八、〇八	八、一六	八、二八	八、三六	八、四一
後	|	|	|	|	八、五七	九、〇七	九、一四	‖	|
園部ヨリ 哩程	〇	三・七	八・六	一五・六	|	一七・七	一九・五	二一・〇	二三・二
一等賃金		二四錢	五一	九三	|	一・〇五圓	一・一四	一・二〇	一・二九
二等賃金		一六錢	三四	六二	|	七〇	七六	八〇	八六
三等賃金		八錢	一七	三一	|	三五	三八	四〇	四三

(十三) 七條(京都)奈良及櫻井間

奈良鐵道

下リ

	七條發	伏見發	桃山發	木幡發	宇治發	新田發	長池發	玉水發	棚倉發	上狛發	木津發	奈良着	奈良發	京終發	帯解發	櫟ノ本發	丹波市發	柳本發	三輪發	櫻井着
前	|	|	|	|	|	|	|	|	|	|	|	|	|	五、〇〇	五、〇七	五、一三	五、一九	五、二八	五、三六	五、四〇
前	|	|	|	|	|	|	|	|	|	|	|	|	|	六、二三	六、三〇	六、三八	六、四五	六、五四	七、〇二	七、〇六
前	五、四〇	五、五三	六、〇一	六、一一	六、二三	六、三二	六、四三	六、五六	七、〇六	|	七、一九	七、三一	七、三六	七、四七	七、五五	八、〇三	八、一〇	八、一九	八、二七	八、三一
前	七、〇〇	七、一三	七、二三	七、三三	七、四五	七、五四	八、〇六	八、二〇	八、三〇	|	八、四三	八、五五	九、〇〇	九、一一	九、一八	九、二六	九、三四	九、四三	九、五一	九、五五
前	八、二〇	八、三三	八、四三	八、五二	九、〇四	九、一二	九、二三	九、三八	九、四八	九、五六	一〇、〇五	一〇、一七	一〇、二三	一〇、三三	一〇、四二	一〇、四九	一〇、五七	一一、〇六	一一、一四	一一、一八
前	九、四〇	九、五三	一〇、〇二	一〇、一二	一〇、二三	一〇、三二	一〇、四四	一〇、五九	一一、〇八	|	一一、二一	一一、三三	一一、三八	一一、四九	一一、五六	一二、〇四	一二、一二	一二、二一	一二、二九	一二、三三
前	一一、〇〇	一一、一三	一一、二三	一一、三一	一一、四三	一一、五一	一二、〇二	一二、一七	一二、二六	一二、[illegible]四	一二、四三	一二、五五	一、〇〇	一、一〇	一、一七	一、二五	一、三二	一、四一	一、四九	一、五三
後	一二、二〇	一二、三三	一二、四四	一二、五三	一、〇四	一、一二	一、二四	一、三九	一、四九	|	二、〇五	二、一七	二、二一	二、三一	二、三八	二、四六	二、五四	三、〇三	三、一一	三、一五
後	一、四〇	一、五三	二、〇二	二、一二	二、二四	二、三三	二、四四	二、五九	三、〇八	三、一六	三、二五	三、三七	三、四七	三、五八	四、〇七	四、一三	四、二〇	四、二九	四、三七	四、四一
後	三、〇〇	三、一三	三、二三	三、三三	三、四四	三、五五	四、〇七	四、二三	四、三二	|	四、四七	四、五九	五、〇四	五、一五	五、二二	五、三〇	五、三八	五、四七	五、五五	五、五九
後	四、二〇	四、三三	四、四三	四、五三	五、〇五	五、一五	五、二七	五、四二	五、五二	六、〇〇	六、〇九	六、二一	六、二六	六、三七	六、四四	六、五二	六、五九	七、〇八	七、一六	七、二〇
後	五、四〇	五、五二	六、〇四	六、一四	六、二六	六、三六	六、四九	七、〇五	七、一五	七、二三	七、三〇	七、四二	七、四六	七、五六	八、〇五	八、一一	八、一八	八、二七	八、三五	八、三九
後	七、〇〇	七、一三	七、二三	七、三三	七、四五	七、五四	八、〇五	八、二一	八、三〇	|	八、四五	八、五七	|	|	|	|	|	|	|	|
後	八、二〇	八、三三	八、四二	八、五二	九、〇四	九、一三	九、二三	九、三八	九、四七	九、五三	九、五九	一〇、一一	一〇、一六	一〇、二一	|	|	|	|	|	|
後	九、四〇	九、五二	九、五八	|	|	|	|	|	|	|	|	|	|	|	|	|	|	|	|	|

七條ヨリ

	七條	伏見	桃山	木幡	宇治	新田	長池	玉水	棚倉	上狛	木津	奈良着	奈良發	京終	帯解	櫟ノ本	丹波市	柳本	三輪	櫻井
哩程		三・三	四・三	六・四	九・一	一一・二	一三・五	一六・七	一八・六	二〇・四	二一・四	二六・〇	|	二七・〇	二八・七	三〇・三	三二・〇	三四・六	三七・〇	三八・二
一等		一四錢	一八	二八	三八	四六	五六	六八	七六	八二	八八	一・〇四	|	一・一〇	一・一六	一・二三	一・三〇	一・四〇	一・五〇	一・五四
二等		一一錢	一四	二一	二九	三五	四二	五一	六二	五七	六六	七八	|	八三	八七	九二	九八	一・〇五	一・一三	一・一六
三等		七錢	九	一四	一九	二三	二八	三四	三八	四一	四四	五二	|	五五	五八	六一	六五	七〇	七五	七七

上リ

	櫻井發	三輪發	柳本發	丹波市發	櫟ノ本發	帯解發	京終發	奈良着	奈良發	木津發	上狛發	棚倉發	玉水發	長池發	新田發	宇治發	木幡發	桃山發	伏見發	七條着
前	|	|	|	|	|	|	|	|	|	|	|	|	|	|	|	|	|	六、二四	六、三二	六、四二
前	|	|	|	|	|	|	五、三二	五、三七	五、五二	六、〇七	|	六、二〇	六、三一	六、四四	六、五三	七、〇三	七、一四	七、二五	七、三四	七、四四
前	六、〇九	六、一四	六、二三	六、三二	六、三九	六、四五	六、五七	七、〇二	七、〇七	七、二三	七、二八	七、三六	七、四八	八、〇二	八、一三	八、二三	八、三五	八、四六	八、五五	九、〇五
前	七、二八	七、三三	七、四二	七、五三	八、〇〇	八、〇六	八、二一	八、二六	八、三一	八、四六	|	八、五七	九、〇九	九、二三	九、三二	九、四二	九、五二	一〇、〇四	一〇、一三	一〇、二三
前	八、四九	八、五五	九、〇四	九、一五	九、二三	九、二九	九、四一	九、四六	九、五三	一〇、〇八	一〇、一四	一〇、二一	一〇、三三	一〇、四六	一〇、五五	一一、〇四	一一、一四	一一、二五	一一、三四	一一、四四
前	一〇、〇八	一〇、一三	一〇、二一	一〇、三一	一〇、三七	一〇、四五	一〇、五七	一一、〇二	一一、〇九	一一、二四	|	一一、三五	一一、四七	一二、〇〇	一二、一〇	一二、二〇	一二、三一	一二、四一	一二、五〇	一、〇〇
前	一一、二九	一一、三四	一一、四二	一一、五三	一二、〇一	一二、〇七	一二、一九	一二、二四	一二、三一	一二、四六	一二、五〇	一二、五七	一、〇九	一、二二	一、三二	一、四二	一、五三	二、〇四	二、一三	二、二三
後	一二、四九	一二、五五	一、〇三	一、一四	一、二二	一、二八	一、三八	一、四三	一、五三	二、〇八	|	二、一八	二、三〇	二、四三	二、五三	三、〇三	三、一三	三、二四	三、三三	三、四三
後	二、一〇	二、一五	二、二四	二、三五	二、四三	二、四九	三、〇一	五、〇六	三、一三	三、二八	三、三三	三、四一	三、五二	四、〇五	四、一四	四、二四	四、三四	四、四五	四、五四	五、〇四
後	三、三〇	三、三五	三、四二	三、五三	四、〇〇	四、〇八	四、二〇	四、二五	四、三五	四、五〇	|	五、〇〇	五、一二	五、二五	五、三四	五、四四	五、五四	六、〇五	六、一四	六、二四
後	四、五五	五、〇〇	五、〇八	五、一九	五、二七	五、三四	五、四八	五、五三	五、五七	六、一二	六、一八	六、二五	六、三七	六、五〇	六、五九	七、〇六	七、一五	七、二六	七、三五	七、四五
後	六、一八	六、二三	六、三一	六、四一	六、四九	六、五五	七、〇六	七、一一	七、一八	七、三三	|	七、四三	七、五五	八、〇八	八、一七	八、二六	八、三五	八、四五	八、五四	九、〇四
後	七、三〇	七、三五	七、四三	七、五三	七、五九	八、〇七	八、一九	八、二四	八、三三	八、四八	八、五二	八、五八	九、一〇	九、二四	九、三三	九、四二	九、五四	一〇、〇三	一〇、一〇	一〇、二〇
後	八、五四	八、五九	九、〇七	九、一七	九、二五	九、三一	九、三七	|	|	|	|	|	|	|	|	|	|	|	|	|
	|	|	|	|	|	|	|	|	|	|	|	|	|	|	|	|	|	|	|	|

櫻井ヨリ

	櫻井	三輪	柳本	丹波市	櫟ノ本	帯解	京終	奈良着	奈良發	木津	上狛	棚倉	玉水	長池	新田	宇治	木幡	桃山	伏見	七條
哩程		一・一	三・三	六・一	七・五	九・二	一一・一	一二・一	|	一六・五	一七・五	一九・三	二一・二	二四・四	二六・七	二八・七	三一・五	三三・六	三四・七	三八・二
一等		六錢	一四	二六	三二	三八	四六	五〇	|	六八	七二	七八	八六	九八	一・〇八	一・一六	一・二八	一・三六	一・四〇	一・五四
二等		五錢	一一	二〇	二四	二九	三七	三八	|	五一	五四	五九	六五	七四	八一	八七	九六	一・〇二	一・〇五	一・一六
三等		五錢	七	一三	一六	一九	二三	二五	|	三四	三六	三九	四三	四九	五四	五八	六四	六八	七〇	七七

(十四) 京都、大坂、神崎、福知山間

坂鶴鐵道

下リ

	京都發	大坂發	神崎着
前	|	五、四〇	五、五四
	|	|	|
	|	八、〇〇	八、一四
前	七、四五	九、〇八	九、二〇
	|	|	|
前	|	一一、〇五	一一、一九
後	|	一、一五	一、二七
	|	|	|
後	|	三、二五	三、三九
	|	|	|
後	|	六、一〇	六、二四
	|	|	|
	|	|	|
	|	|	|
哩程		二六・八〇	三一・四
一等賃金		一・三五	一・五六
二等賃金		七九錢	九一
三等賃金		四五錢	五二

下り

驛名		前			前			後		後		後	後		哩程	一等賃金	二等賃金	三等賃金
神崎發	六、〇一	七、一五	八、二〇	九、三〇	一〇、一五	一一、二五	一、三〇	二、四〇	三、四一	五、一八	六、二五	八、〇五	一〇、三五	|	|	|	|	|
塚口發	六、〇六	七、二二	八、二五	|	一〇、二一	一一、三一	一、三四	二、五一	三、四七	五、二四	六、三〇	八、一一	一〇、四一	|	三二・七	一・六三	九五	五五
伊丹發	六、一二	七、二八	八、三一	九、三八	一〇、二八	一一、五一	一、三八	二、五八	三、五四	五、三一	六、三六	八、一九	一〇、四八	|	三四・七	一・七四	一・〇二	五九
池田發	六、二五	七、三八	八、四五	九、四九	一〇、三九	一二、〇三	一、四七	三、〇八	四、〇八	五、四一	六、五〇	八、四〇	一〇、五七	|	三七・六	一・九八	一・一〇	六五
中山發	六、三三	七、四六	八、五二	九、五七	一〇、四七	一二、一一	一、五五	三、一六	四、一六	五、四九	六、五八	八、四八	|	|	四〇・三	二・〇一	一・一八	七〇
寶塚發	六、四〇	七、五三	八、五九	一〇、〇四	一〇、五五	一二、一八	二、〇二	三、二三	四、二三	五、五六	七、〇五	八、五五	|	|	四二・四	二・一一	一・二四	七四
生瀬發	六、五五	七、五八	九、〇四	一〇、一五	一一、〇〇	一二、二八	二、一七	三、二八	四、三七	六、〇二	七、二〇	九、〇〇	|	|	四三・四	二・一七	一・二八	七六
武田尾發	七、一〇	|	|	一〇、三〇	|	一二、四四	二、三二	|	四、五二	|	七、三五	|	|	|	四七・四	二・三七	一・四〇	八四
道場發	七、二二	|	|	|	|	一二、五七	二、四四	|	五、〇四	|	七、四八	|	|	|	五一・一	二・五五	一・五〇	九二
三田發	七、二九	|	|	一〇、四六	|	|	二、五一	|	五、一〇	|	七、五五	|	|	|	五三・三	二・六六	一・五七	九六
廣野發	七、三九	|	|	一〇、五五	|	|	三、〇一	|	|	|	八、〇五	|	|	|	五七・一	二・八五	一・六八	一・〇四
相野發	七、四七	|	|	一一、〇一	|	|	三、〇九	|	|	|	八、一三	|	|	|	五九・六	二・九八	一・七六	一・〇九
藍本發	七、五五	|	|	一一、〇八	|	|	|	|	|	|	八、二一	|	|	|	六二・三	三・一一	一・八四	一・一四
古市發	八、〇七	|	|	一一、一八	|	|	三、二六	|	|	|	八、三三	|	|	|	六五・六	三・二八	一・九四	一・二一
篠山發	八、二〇	|	|	一一、三〇	|	|	三、四〇	|	|	|	八、四五	|	|	|	六八・六	三・四三	二・〇三	一・二七
大山發	八、二五	|	|	一一、三四	|	|	|	|	|	|	八、五〇	|	|	|	七〇・一	三・五〇	二・〇七	一・三〇
下瀧發	八、三九	|	|	一一、四六	|	|	三、五六	|	|	|	九、〇四	|	|	|	七五・一	三・七五	二・二二	一・四〇
谷川發	八、四七	|	|	一一、五四	|	|	四、〇四	|	|	|	九、一二	|	|	|	七七・六	三・八七	二・三〇	一・四五
柏原發	九、〇二	|	|	一二、〇九	|	|	四、一九	|	|	|	九、二七	|	|	|	八二・一	四・一〇	二・四四	一・五四
石生發	九、〇九	|	|	一二、一六	|	|	四、二六	|	|	|	九、三四	|	|	|	八四・一	四・二〇	二・四九	一・五八
黒井發	九、一七	|	|	一二、二四	|	|	四、三四	|	|	|	九、四二	|	|	|	八六・六	四・三三	二・五七	一・六三
市島發	九、二八	|	|	一二、三五	|	|	四、四四	|	|	|	九、五三	|	|	|	九〇・七	四・五四	二・七〇	一・七一
竹田發	九、三六	|	|	一二、四二	|	|	|	|	|	|	一〇、〇一	|	|	|	九三・四	四・六七	二・七七	一・七六
福知山着	九、五〇	|	|	一二、五四	|	|	五、〇三	|	|	|	一〇、一五	|	|	|	九八・一	四・八九	二・九一	一・八五

尼ヶ崎・長洲間

	尼ヶ崎發	大物發	長洲着
前	七、一〇	七、一五	七、二〇
前	八、〇〇	八、〇五	八、一〇
前	八、四三	八、四八	八、五三
前	九、三〇	九、三五	九、四〇
前	一〇、二五	一〇、三〇	一〇、三五
前	一一、三五	一一、四〇	一一、四五
後	一二、三四	一二、三九	一二、四四
後	一、二〇	一、二五	一、三〇
後	二、二〇	二、二五	二、三〇
後	二、五五	三、〇〇	三、〇五
後	三、三五	三、四〇	三、四五
後	四、三〇	四、三五	四、四〇
後	五、一五	五、二〇	五、二五
後	六、二五	六、三〇	六、三五
後	七、四〇	七、四五	七、五〇
後	八、二五	八、三〇	八、三五
後	九、一三	九、一八	九、二三
尼ヶ崎ヨリ賃金		一、五	二、五

上り

驛名			前	前	前	前	後	後	後	後	後	後	後		哩程	一等賃金	二等賃金	三等賃金
福知山發	|	|	|	|	五、三〇	八、〇〇	|	|	|	一、三〇	|	五、一〇	|	|	〇			
竹田發	|	|	|	|	五、四六	八、一五	|	|	|	一、四五	|	五、二五	|	|	四・五	二三	一四	九
市島發	|	|	|	|	五、五五	八、二三	|	|	|	一、五三	|	五、三三	|	|	七・一	三六	二一	一四
黒井發	|	|	|	|	六、〇七	八、三四	|	|	|	二、〇四	|	五、四四	|	|	一一・一	五六	三四	二三
石生發	|	|	|	|	六、二〇	八、四二	|	|	|	二、一二	|	五、五二	|	|	一三・七	六九	四二	二八
柏原發	|	|	|	|	六、二八	九、〇一	|	|	|	二、一九	|	五、五九	|	|	一五・六	七九	四八	三二
谷川發	|	|	|	|	六、五〇	九、一六	|	|	|	二、三四	|	六、一四	|	|	二〇・二	一・〇一	六一	四一
下瀧發	|	|	|	|	七、〇〇	九、二五	|	|	|	二、四三	|	六、二三	|	|	二三・七	一・一五	六九	四六
大山發	|	|	|	|	七、一六	九、四一	|	|	|	二、五九	|	六、三九	|	|	二七・七	一・三九	八四	五六
篠山發	|	|	|	|	七、三〇	九、五〇	|	|	|	三、一三	|	六、五〇	|	|	二九・二	一・四六	八八	五九
古市發	|	|	|	|	七、四〇	九、五九	|	|	|	三、二五	|	六、五九	|	|	三二・二	一・六二	九七	六五
藍本發	|	|	|	|	七、五四	一〇、一一	|	|	|	三、三七	|	七、一一	|	|	三五・五	一・七八	一・〇七	七一
相野發	|	|	|	|	八、〇三	一〇、一九	|	|	|	三、四五	|	七、一九	|	|	三八・二	一・九一	一・一五	七七
廣野發	|	|	|	|	八、一二	一〇、二七	|	|	|	三、五三	|	七、二七	|	|	四〇・七	二・〇五	一・二三	八二
三田發	|	|	六、〇〇	|	八、二四	一〇、四五	|	|	|	四、〇五	|	七、四二	|	|	四四・五	二・二三	一・三四	八九
道場發	|	|	六、〇八	|	八、三二	一〇、五二	|	一、三三	|	四、一二	|	七、四九	|	|	四六・七	二・三五	一・四一	九四
武田尾發	|	|	六、二〇	|	八、四四	一一、〇四	|	一、四六	|	四、二四	|	八、〇一	|	|	五〇・三	二・五二	一・五一	一・〇一
生瀬發	|	|	六、四五	八、二〇	九、〇五	一一、二二	一二、五〇	二、一〇	三、四〇	四、五〇	六、二三	八、二〇	九、四〇	|	五四・四	二・七三	一・六四	一・〇九
寶塚發	|	|	六、五一	八、二六	九、一一	一一、二八	一二、五六	二、一六	三、四六	四、五六	六、二八	八、二六	九、四六	|	五五・五	二・七八	一・六七	一・一一
中山發	|	|	六、五八	八、三三	九、一五	一一、三五	一、〇四	二、二四	三、五三	五、〇三	六、三六	八、三三	九、五三	|	五七・五	二・八九	一・七三	一・一五

龜山津山田間乘替十九頁ヲ見ヨ

彌富新一ノ宮間乘替十九頁ヲ見ヨ

（十六）名古屋、湊町間　關西鐵道

下

驛名	名古屋發	愛知發	蟹江發	彌富着	彌富發	長島發	桑名發	富田發	四日市發	河原田發	高宮發	龜山着	龜山發	關發	加太發	柘植着
	|	|	|	|	|	|	|	|	|	|	|	|	|	|	|	|
	|	|	|	|	|	|	|	|	|	|	|	|	|	|	|	|
	|	|	|	|	|	|	|	|	|	|	|	|	|	|	|	|
	|	|	|	|	|	|	|	|	|	|	|	|	|	|	|	|
急行 湊町行	四、五〇	四、五六	五、〇九	五、一九	五、二一	五、二八	五、三六	五、四八	五、五九	六、〇九	六、二〇	六、三三	六、四一	六、五二	七、〇六	七、二六
	|	|	|	|	|	|	|	|	|	|	|	|	|	|	|	|
	|	|	|	|	|	|	|	|	|	|	|	|	|	|	|	|
前 湊町行	七、三〇	七、四〇	七、五五	八、〇七	八、一〇	八、一八	八、二八	八、四一	八、五七	九、〇九	九、二一	九、三六	九、四五	九、五七	一〇、一一	一〇、三三
前 龜山行	八、五〇	九、〇〇	九、一八	九、三一	九、三八	九、四八	一〇、〇三	一〇、一三	一〇、四七	一一、〇五	一一、二二	一一、三七	|	|	|	|
前 急行 湊町行	一一、〇五	一一、一〇	|	一一、三〇	一一、三三	|	一一、四三	|	一二、〇三	|	|	一二、三一	一二、三八	|	|	一、一七
	|	|	|	|	|	|	|	|	|	|	|	|	|	|	|	|
	|	|	|	|	|	|	|	|	|	|	|	|	|	|	|	|
後	|	|	|	|	|	|	|	|	|	|	|	奈良行	一二、五五	一、一〇	一、三〇	一、五三
後 湊町行	一、一五	一、二三	一、三八	一、五〇	一、五四	二、〇三	二、一三	二、二七	二、四三	二、五五	三、〇八	三、二四	三、三四	三、四六	四、〇一	四、二四
後 龜山行	三、〇〇	三、一〇	三、二八	三、四一	三、四七	三、五六	四、〇九	四、二三	四、五五	五、一一	五、二七	五、四三	|	|	|	|
後 湊町行	四、四五	四、五三	五、一二	五、二三	五、二五	|	五、四〇	五、五三	六、〇八	六、二一	六、三五	六、五一	七、〇二	七、一五	七、三一	七、五四
後 龜山行	六、四〇	六、五〇	七、一二	七、二五	七、三一	七、四一	七、五五	八、一四	八、三七	八、五三	九、〇九	九、二三	|	|	|	|
後 龜山行	八、四〇	八、五〇	九、一〇	九、二三	九、三〇	九、三九	九、五四	一〇、一二	一〇、三三	一〇、五一	一一、〇七	一一、二三	|	|	|	|
哩程	〇	四	五・六	一〇・一	|	一三・二	一四・七	一九・六	二三・一	二七・三	三一・五	三七・二	|	四〇・六	四四・一	四九・五
一等		六錢	二三	三八	|	四四	五四	七三	八四	一・〇〇	一・一四	一・三六	|	一・四八	一・六〇	一・八〇
二等		五錢	一七	二九	|	三三	四一	五四	六三	[illegible]	八六	一・〇二	|	一・一二	一・二〇	一・三五
三等		三錢	一二	一九	|	二二	二七	三六	[illegible]	[illegible]	[illegible]	六八		[illegible]	八〇	九〇

（十五）大坂、安治川口間　西成鐵道

下リ

大坂發	福島發	野田發	西九條發	安治川口着
前 五、四二	五、四六	五、五〇	五、五八	六、〇三
前 七、〇〇	七、〇四	七、〇八	七、一二	七、一七
前 八、〇〇	八、〇四	八、〇八	八、一二	八、一七
前 九、〇〇	九、〇四	九、〇八	九、一二	九、一七
前 一〇、〇〇	一〇、〇四	一〇、〇八	一〇、一二	一〇、一七
前 一一、〇〇	一一、〇四	一一、〇八	一一、一二	一一、一七
正午 一二、〇〇	一二、〇四	一二、〇八	一二、一二	一二、一七
後 一、〇〇	一、〇四	一、〇八	一、一二	一、一七
後 二、〇〇	二、〇四	二、〇八	二、一二	二、一七
後 三、〇〇	三、〇四	三、〇八	三、一二	三、一七
後 四、〇〇	四、〇四	四、〇八	四、一二	四、一七
後 五、〇〇	五、〇四	五、〇八	五、一二	五、一七
後 六、〇〇	六、〇四	六、〇八	六、一二	六、一七
後 七、〇〇	七、〇四	七、〇八	七、一二	七、一七
後 八、〇〇	八、〇四	八、〇八	八、一二	八、一七
後 九、〇〇	九、〇四	九、〇八	九、一二	九、一七
哩程 〇	五	一・三	二・一	三・七
賃金	二錢	四	五	七

上リ

安治川口發	×西九條發	野田發	×福島發	大坂發
前 五、一〇	五、一六	五、二〇	五、二四	五、二七
前 六、三〇	六、三六	六、四〇	六、四四	六、四七
前 七、三〇	六、三六	七、四〇	七、四七	七、五〇
前 八、三〇	八、三六	八、四〇	八、四七	八、五〇
前 九、三〇	九、三六	九、四〇	九、四七	九、五〇
前 一〇、三〇	一〇、三六	一〇、四〇	一〇、四七	一〇、五〇
前 一一、三〇	一一、三六	一一、四〇	一一、四七	一一、五〇
後 一二、三〇	一二、三六	一二、四二	一二、四七	一二、五〇
後 一、三〇	一、三六	一、四〇	一、四七	一、五〇
後 二、三〇	二、三六	二、四〇	二、四七	二、五〇
後 三、三〇	三、三六	三、四〇	三、四七	三、五〇
後 四、三〇	四、三六	四、四二	四、四七	四、五〇
後 五、三〇	五、三六	五、四〇	五、四七	五、五〇
後 六、三〇	六、三六	六、四〇	六、四七	六、五〇
後 七、三〇	七、三六	七、四〇	七、四七	七、五〇
後 八、三〇	八、三六	八、四〇	八、四七	八、五〇
哩程	一・六	二・一	三・一	三・七
賃金	四錢	五	六	七

西成鐵道

リ

池田發	伊丹發	塚口發	神崎着	神崎發	大坂着	京都着
前 四、四五	四、五五	五、〇二	五、〇七	五、一一	五、二五	|
前 六、三〇	六、四〇	六、四七	六、五二	|	|	|
前 七、〇五	七、一四	七、二〇	七、二五	七、二六	七、四〇	|
八、五〇	九、〇〇	九、〇七	九、一二	|	|	|
九、二八	九、四五	九、五四	一〇、〇〇	一〇、〇三	一〇、二五	|
一一、四二	一一、五一	一一、五七	一二、〇一	一二、〇六	一二、一八	|
一、二二	一、二三	一、三五	一、四〇	|	|	|
二、三五	二、四五	二、五一	二、五七	三、〇〇	三、一四	|
四、〇三	四、一三	四、二〇	四、二五	|	|	|
五、一〇	五、一九	五、二五	五、二九	五、三一	五、四五	|
六、四五	六、五五	七、〇二	七、〇七	|	|	|
八、四〇	八、四九	八、五五	八、五九	九、〇四	九、一八	一〇、五一
一〇、〇五	一〇、一五	一〇、二三	一〇、二七	|	|	|
|	|	|	|	|	|	|
六〇二	六三一	六五一	六六五	|	七一二	九八一
三〇一	三一六	三二六	三三三	|	三五七	四八九
一八一	一八九	一九六	二〇〇	|	二一四	二九一
一二一	一二六	一三〇	一三三	|	一四一	一八五

長洲發	大物發	尼ケ崎着
前 七、四四	七、五〇	七、五四
前 八、二五	八、三一	八、三五
前 九、一〇	九、一六	九、二〇
前 一〇、〇〇	一〇、〇六	一〇、一〇
前 一一、〇五	一一、一一	一一、一五
後 一二、一五	一二、二一	一二、二五
後 一、〇〇	一、〇六	一、一〇
後 二、〇〇	二、〇六	二、一〇
後 二、三五	二、四一	二、四五
後 三、一〇	三、一六	三、二〇
後 四、〇〇	四、〇六	四、一〇
後 五、〇〇	五、〇六	五、一〇
後 五、四六	五、五二	五、五六
後 七、二〇	七、二六	七、三〇
後 八、〇五	八、一一	八、一五
後 八、五三	八、五九	九、〇三
後 九、四五	九、五一	九、五五

長洲ヨリ　一五錢　二五

王寺櫻井間乘替廿二頁ヲ見ヨ　加茂櫻ノ宮間乘替二十頁ヲ見ヨ　柘植草津乘替二十頁ヲ見ヨ

柘植草津間乘替二十頁ヲ見ヨ　加茂櫻ノ宮間乘替二十一頁ヲ見ヨ

上

驛名	湊町發	今宮發	天王寺着	天王寺發	平野發	八尾發	柏原發	王寺着	王寺發	法隆寺發	郡山發	奈良着	奈良發	大佛發	加茂着	加茂發	笠置發	大河原發	島ヶ原發	上野發	佐那具發	柘植着	柘植發	加太發	関發	龜山着
	｜	｜	｜	｜	｜	｜	｜	｜	｜	｜	｜	｜	｜	｜	｜	｜	｜	｜	｜	｜	｜	｜	｜	｜	｜	｜
	｜	｜	｜	｜	｜	｜	｜	｜	｜	｜	｜	｜	｜	｜	｜	｜	｜	｜	｜	｜	｜	｜	｜	｜	｜	｜
	｜	｜	｜	｜	｜	｜	｜	｜	｜	｜	｜	｜	｜	｜	｜	｜	｜	｜	｜	｜	｜	｜	｜	｜	｜	｜
急 名古屋行 前	六、〇〇	六、〇五	六、〇九	六、一八	六、二六	六、三五	六、四四	六、五八	七、〇三	七、〇九	七、二〇	七、二八	七、三三	七、三八	七、五四	×八、〇〇	八、一二	八、二三	八、三九	八、五四	九、〇三	九、二一	九、二七	九、四五	九、五六	一〇、〇五
	｜	｜	｜	｜	｜	｜	｜	｜	｜	｜	｜	｜	｜	｜	｜	｜	｜	｜	｜	｜	｜	｜	｜	｜	｜	｜
名古屋行 前	八、〇〇	八、〇六	八、一一	八、一七	八、二六	八、三六	八、四六	九、〇二	九、〇八	九、一六	九、二九	九、三七	九、四一	九、四七	一〇、〇二	一〇、一〇	一〇、二三	一〇、三五	一〇、五二	一一、〇八	一一、一七	一一、三七	一一、四二	一二、〇二	一二、一三	一二、三三
	｜	｜	｜	｜	｜	｜	｜	｜	｜	｜	｜	｜	｜	｜	｜	｜	｜	｜	｜	｜	｜	｜	｜	｜	｜	｜
	｜	｜	｜	｜	｜	｜	｜	｜	｜	｜	｜	｜	｜	｜	｜	六、三一	六、四六	七、〇九	七、二六	七、五九	八、一一	八、三五	八、四五	九、〇八	九、二七	九、三八
名古屋行 前	一一、〇〇	一一、〇五	一一、一〇	一一、一七	一一、二七	一一、三七	一一、四七	一二、〇二	一二、〇七	一二、一五	一二、二七	一二、三五	一二、四〇	一二、四六	一、〇二	一、一二	一、二五	一、三七	一、五五	二、一二	二、二三	二、四三	二、四八	三、〇八	三、一九	三、二八
急 名古屋行	二、三〇	｜	二、三七	二、三九	二、四七	｜	三、〇一	三、一五	三、一七	｜	三、三三	三、四一	三、四四	｜	四、〇三	四、一〇	｜	｜	｜	四、五四	｜	五、一八	五、三三	｜	｜	五、五三
	｜	｜	｜	｜	｜	｜	｜	｜	｜	｜	｜	｜	｜	｜	｜	｜	｜	｜	｜	｜	｜	｜	｜	｜	｜	｜
	｜	｜	｜	｜	｜	｜	｜	｜	｜	｜	｜	｜	｜	｜	｜	｜	｜	｜	｜	｜	｜	｜	｜	｜	｜	｜
後 龜山行	｜	｜	｜	｜	｜	｜	｜	｜	｜	｜			五、一五	五、二三	五、四〇	六、〇〇	六、一六	六、三一	六、五四	七、一六	七、三一	七、五三	八、〇三	八、二八	八、四六	八、五七
名古屋行 後	六、〇〇	六、〇六	六、一一	六、一七	六、二六	六、三五	六、四五	七、〇〇	七、〇五	七、一三	七、二五	七、三三	七、三八	七、四四	八、〇〇	八、〇七	八、二〇	八、三三	八、四九	九、〇四	九、一三	九、三三	九、三七	九、五七	一〇、〇八	一〇、一七
	｜	｜	｜	｜	｜	｜	｜	｜	｜	｜	｜	｜	｜	｜	｜	｜	｜	｜	｜	｜	｜	｜	｜	｜	｜	｜
	｜	｜	｜	｜	｜	｜	｜	｜	｜	｜	｜	｜	｜	｜	｜	｜	｜	｜	｜	｜	｜	｜	｜	｜	｜	｜
	｜	｜	｜	｜	｜	｜	｜	｜	｜	｜	｜	｜	｜	｜	｜	｜	｜	｜	｜	｜	｜	｜	｜	｜	｜	｜
	｜	｜	｜	｜	｜	｜	｜	｜	｜	｜	｜	｜	｜	｜	｜	｜	｜	｜	｜	｜	｜	｜	｜	｜	｜	｜
哩程	〇	九	二・二	｜	四・五	七・三	一〇・〇	一六・〇	｜	一八・二	二三・四	二五・四	｜	二六・二	三一・五	｜	三五・六	三九・一	四三・四	四八・〇	五〇・四	五七・〇	五七・〇	六二・五	六六・〇	六九・四
一等賃金		六錢	一〇	｜	一八	二八	三八	五八	｜	六六	八二	八四	｜	九六	一・一四	｜	一・三〇	一・四二	一・五八	一・七四	一・八二	二・〇六	｜	二・二六	二・三八	二・五二
二等賃金		五錢	八	｜	一四	二一	二九	四四	｜	五〇	六二	六三	｜	七二	八六	｜	九八	一・〇七	一・一九	一・三一	一・三七	一・五五	｜	一・七〇	一・七九	一・八九
三等賃金		三錢	五	｜	九	一四	一九	二九	｜	三三	四一	四二	｜	四八	五七	｜	六五	七一	七九	八七	九〇	一・〇三	｜	一・一三	一・一九	一・二六

り

驛名	柘植發	佐那具發	上野發	島ヶ原發	大河原發	笠置發	加茂着	加茂發	大佛發	奈良着	奈良發	郡山發	法隆寺發	王寺着	王寺發	柏原發	八尾發	平野發	天王寺着	天王寺發	今宮發	湊町着
	｜	｜	｜	｜	｜	｜	｜	六、二〇	六、四一	六、四六	七、三〇	七、四〇	七、五三	八、〇〇	八、〇九	八、二七	八、三七	八、四七	八、五五	九、〇〇	九、〇七	九、二一
	｜	｜	｜	｜	｜	｜	｜	｜	｜	｜	｜	｜	｜	｜	｜	｜	｜	｜	｜	｜	｜	｜
	｜	｜	｜	｜	｜	｜	｜	｜	｜	｜	｜	｜	｜	｜	｜	｜	｜	｜	｜	｜	｜	｜
	｜	｜	｜	｜	｜	｜	｜	｜	｜	｜	｜	｜	｜	｜	｜	｜	｜	｜	｜	｜	｜	｜
	七、三三	七、四七	七、五五	八、〇八	八、二三	八、三五	八、四四	八、五三	九、一一	九、一五	九、二〇	九、三三	九、四五	九、五二	一〇、〇〇	一〇、一八	一〇、二六	一〇、三五	一〇、四二	一〇、四九	一〇、五四	一〇、五八
	｜	｜	｜	｜	｜	｜	｜	｜	｜	｜	｜	｜	｜	｜	｜	｜	｜	｜	｜	｜	｜	｜
	｜	｜	｜	｜	｜	｜	｜	｜	｜	｜	｜	｜	｜	｜	｜	｜	｜	｜	｜	｜	｜	｜
前	一〇、四〇	一〇、五六	一一、〇七	一一、二二	一一、三五	一一、四七	一一、五九	一二、一〇	一二、二九	一二、三三	一二、三八	一二、四七	一二、五九	一、〇六	一、一一	一、二九	一、三九	一、四九	一、五七	二、〇三	二、〇九	二、一三
	｜	｜	｜	｜	｜	｜	｜	｜	｜	｜	｜	｜	｜	｜	｜	｜	｜	｜	｜	｜	｜	｜
	一、二二	｜	一、四〇	一、五三	｜	｜	二、二三	二、二九	｜	二、四八	二、五一	｜	｜	三、一三	三、一五	三、三一	三、三九	三、四七	三、五四	三、五六	｜	四、〇三
	｜	｜	｜	｜	｜	｜	｜	｜	｜	｜	｜	｜	｜	｜	｜	｜	｜	｜	｜	｜	｜	｜
	｜	｜	｜	｜	｜	｜	｜	｜	｜	｜	｜	｜	｜	｜	｜	｜	｜	｜	｜	｜	｜	｜
	二、〇三	二、二七	二、四四	三、〇一	三、二〇	三、三五	三、四八	四、一五	四、三八	四、四二	五、三〇	五、四〇	五、五三	六、〇〇	六、〇九	六、二七	六、三七	六、四七	六、五五	七、〇〇	七、〇七	七、一一
	四、三〇	四、四六	四、五七	五、一二	五、二七	五、三九	五、五一	六、〇一	六、二〇	六、二四	六、三三	六、四三	六、五五	七、〇二	七、〇七	七、二六	七、三六	七、四六	七、五四	八、〇〇	八、〇七	八、二一
	｜	｜	｜	｜	｜	｜	｜	｜	｜	｜	｜	｜	｜	｜	｜	｜	｜	｜	｜	｜	｜	｜
	八、〇一	八、一九	八、三二	八、四八	九、〇二	九、一四	九、二六	九、三一	九、五〇	九、五四	一〇、〇一	一〇、一〇	一〇、二三	一〇、三〇	一〇、三九	一〇、五三	一一、〇二	一一、一一	一一、一九	一一、二三	一一、二九	一一、三三
	｜	｜	｜	｜	｜	｜	｜	｜	｜	｜	｜	｜	｜	｜	｜	｜	｜	｜	｜	｜	｜	｜
	｜	｜	｜	｜	｜	｜	｜	｜	｜	｜	｜	｜	｜	｜	｜	｜	｜	｜	｜	｜	｜	｜
哩程	｜	五六・二	五八・六	六三・二	六七・五	七一・〇	七五・一	｜	八〇・四	八一・二	｜	八四・二	八八・四	九〇・六	｜	九六・五	九九・三	一〇二・〇	一〇四・四	｜	一〇五・七	一〇六・八
一等賃金	｜	二・〇四	二・一二	二・二八	二・四四	二・五六	二・七二	｜	二・八六	二・八八	｜	二・九六	三・〇八	三・一六	｜	三・三二	三・四〇	三・四六	三・五四	｜	三・五四	三・五四
二等賃金	｜	一・五三	一・五九	一・七一	一・八三	一・九二	二・〇四	｜	二・一五	二・一六	｜	二・二三	二・三一	二・三七	｜	二・四九	二・五五	二・六〇	二・六六	｜	二・六六	二・六六
三等賃金	｜	一・〇三	一・〇六	一・一四	一・二三	一・二八	一・三六	｜	一・四三	一・四四	｜	一・四八	一・五四	一・五八	｜	一・六六	一・七〇	一・七三	一・七七	｜	一・七七	一・七七

龜山、津、山田間乘替十九頁ヲ見ヨ

彌富新一ノ宮間乘替十九頁ヲ見ヨ

關西線ハ十七頁ヲ見ヨ

り

龜山發	高宮發	河原田發	四日市發	富田發	桑名發	長島發	彌富着	彌富發	蟹江發	愛知發	名古屋着
四、三五	四、五四	五、一〇	五、三三	五、五三	六、一〇	六、二二	六、二九	六、三四	六、五〇	七、〇五	‖
六、五五	七、一四	七、三〇	七、五三	八、〇九	八、三二	八、四三	八、五二	八、五七	九、二六	九、三八	九、四一
｜	｜	｜	｜	｜	｜	｜	｜	｜	｜	｜	｜
一〇、一三	一〇、二五	一〇、三六	一〇、五〇	一〇、五九	一一、一三	一一、二一	一一、二七	一一、三〇	一一、四一	一一、五八	一二、〇〇
｜	｜	｜	｜	｜	｜	｜	｜	｜	｜	｜	｜
一二、三一	一二、四五	一二、五七	一、一三	一、二三	一、二六	｜	一、四八	一、五〇	二、〇三	二、一〇	二、二三
一、二〇	一、二九	一、四七	二、一〇	二、二八	二、四七	二、五八	三、〇六	三、一一	三、二七	三、四九	三、五二
｜	｜	｜	｜	｜	｜	｜	｜	｜	｜	｜	｜
三、二六	三、五〇	四、〇三	四、一八	四、二八	四、四二	四、五〇	四、五七	四、五九	五、一三	五、二二	五、三五
五、五九	｜	六、一九	六、三〇	｜	六、四八	｜	六、五九	七、一〇	七、二一	七、二六	七、三八
｜	｜	｜	｜	｜	｜	｜	｜	｜	｜	｜	｜
七、三五	七、五四	八、一〇	八、三三	八、四九	九、〇七	九、一七	九、二五	九、三一	九、四七	一〇、〇七	一〇、一〇
｜	｜	｜	｜	｜	｜	｜	｜	｜	｜	｜	｜
一〇、二四	一〇、三八	一〇、五〇	一一、〇五	一一、一五	一一、二九	｜	一一、四一	一一、四三	｜	一二、一三	一二、二五
｜	｜	｜	｜	｜	｜	｜	｜	｜	｜	｜	｜
｜	｜	｜	｜	｜	｜	｜	｜	｜	｜	｜	｜
｜	｜	｜	｜	｜	｜	｜	｜	｜	｜	｜	｜
｜	｜	｜	｜	｜	｜	｜	｜	｜	｜	｜	｜
｜	七五・一	七九・三	八三・五	八七・〇	九一・七	九四・四	九六・四	｜	一〇〇・七	一〇六・三	一〇六・八
｜	二・七二	二・八四	二・九六	三・〇四	三・一八	三・二六	三・三二	｜	三・四四	三・五四	三・五四
｜	二・〇四	二・一三	二・二三	二・二八	二・三九	二・四五	二・四九	｜	二・五八	二・六六	二・六六
｜	一・三六	一・四二	一・四八	一・五二	一・五九	一・六三	一・六六	｜	一・七二	一・七七	一・七七

（十七）彌富、新一宮間

下り

	彌富發	佐屋發	津島發	六輪發	森上發	萩原發	苅安賀發	新一宮着
前	｜	｜	六、一〇	六、一七	六、三〇	六、四〇	六、四七	六、五二
前	六、四〇	六、五一	六、五八	‖	｜	｜	｜	｜
	｜	｜	｜	｜	｜	｜	｜	｜
	｜	｜	｜	｜	｜	｜	｜	｜
前	八、一五	八、二四	八、三三	八、三九	八、四九	八、五六	九、〇二	九、〇七
前	九、四八	九、五九	一〇、一〇	一〇、一七	一〇、三〇	一〇、四三	一〇、五〇	一〇、五五
前	一一、四五	一一、五七	一二、一〇	一二、二八	一二、四二	一二、五五	一、〇三	一、〇七
	｜	｜	｜	｜	｜	｜	｜	｜
	｜	｜	｜	｜	｜	｜	｜	｜
後	二、一〇	二、二二	二、四五	二、五二	三、〇五	三、一五	三、二三	三、二七
後	三、五五	四、〇六	四、一三	‖	｜	｜	｜	｜
後	五、三五	五、四七	六、〇五	六、一三	六、二八	六、四〇	六、四八	六、五三
後	六、〇〇	六、一〇	六、一七	‖	｜	｜	｜	｜
後	七、四〇	七、五一	七、五八	‖	｜	｜	｜	｜
後	九、四〇	九、五一	九、五八	‖	｜	｜	｜	｜
名古屋ヨリ 哩程	〇	一三・一	一五・四	一七・一	二〇・三	二三・七	二四・二	二五・八
名古屋ヨリ 一等賃金	錢	五〇	五八	六四	七六	八四	九〇	九四
名古屋ヨリ 二等賃金	錢	三八	四四	四八	五七	六三	六八	七一
名古屋ヨリ 三等賃金	錢	二五	二九	三二	三八	四二	四五	四七
彌富ヨリ 哩程	〇	二・九	五・一	六・七	一〇・〇	一二・四	一三・七	一五・六
彌富ヨリ 三等賃金	錢	六	一〇	一三	一九	二三	二六	二八

上り

	新一宮發	苅安賀發	萩原發	森上發	六輪發	津島發	佐屋發	彌富着
前	｜	｜	｜	｜	｜	六、〇五	六、一三	六、二三
前	｜	｜	｜	｜	｜	八、三〇	八、三七	八、四五
前	七、一〇	七、一六	七、二三	七、二九	七、三九	七、四五	七、五二	八、〇〇
前	一〇、三〇	一〇、三六	一〇、四二	一〇、四九	一〇、五九	一一、〇五	一一、一三	一一、二〇
前	一一、二〇	一一、二八	一一、三八	一一、五〇	一二、〇三	一二、〇八	‖	｜
後	｜	｜	｜	｜	｜	一、一〇	一、三〇	一、三九
後	二、〇七	二、一三	二、二一	二、三〇	二、四〇	二、四九	二、五六	三、〇四
後	｜	｜	｜	｜	｜	四、三〇	四、三九	四、四八
後	四、一五	四、二一	四、二九	四、三八	四、四八	四、五八	五、〇七	五、一五
	｜	｜	｜	｜	｜	｜	｜	｜
後	｜	｜	｜	｜	｜	六、三〇	六、四〇	六、四九
後	七、五〇	七、五七	八、〇六	八、一七	八、二九	八、三四	‖	｜
	｜	｜	｜	｜	｜	八、五〇	九、〇〇	九、〇九
	｜	｜	｜	｜	｜	｜	｜	｜
	｜	｜	｜	｜	｜	｜	｜	｜
湊町ヨリ 哩程	〇	一一三・二	一一〇・六	一〇九・一	一〇六・七	一〇三・五	一〇一・八	九九・五
湊町ヨリ 一等賃金	圓 錢	三・八八	三・七八	三・七〇	三・六四	三・五二	三・四四	三・三八
湊町ヨリ 二等賃金	圓 錢	二・九一	二・八四	二・七八	二・七三	二・六四	二・五八	二・五四
湊町ヨリ 三等賃金	圓 錢	一・九四	一・八九	一・八五	一・八二	一・七六	一・七二	一・六九
新一宮ヨリ 哩程	〇	一・六	三・〇	五・四	八・五	一〇・三	一二・五	一五・六
新一宮ヨリ 三等賃金	錢	三	六	一〇	一六	一九	二三	二八

尾西鐵道

（十八）龜山、津、山田間

參宮鐵道

下り

	龜山發	下庄發	一身田發	津着	津發	阿漕發	高茶屋發
	｜	｜	｜	｜	五、四一	五、五一	六、〇一
前	四、五〇	五、〇六	五、二三	五、三一	七、三六	七、四六	七、五六
前	六、五〇	七、〇六	七、二三	七、三一	一一、一五	一一、二六	一一、三六
	｜	｜	｜	｜	一二、四一	一二、五一	一、〇一
	｜	｜	｜	｜	一、三八	一、四八	二、〇一
	一〇、三五	一〇、四二	一〇、五九	一一、〇七	三、〇五	三、一七	三、二四
前	一一、五〇	一二、〇五	一二、二三	一二、三一	｜	｜	｜
後	一二、五〇	一、〇六	一、二三	一、三一	四、四八	四、五八	五、〇八
	｜	｜	｜	｜	｜	｜	｜
	｜	｜	｜	｜	｜	｜	｜
	｜	｜	｜	｜	六、五七	七、〇六	七、一六
後	三、五五	四、一三	四、二九	四、三七	八、〇一	八、一〇	八、二〇
後	六、一〇	六、二七	六、四四	六、五二	｜	｜	｜
後	七、一〇	七、二五	七、四五	七、五三	｜	｜	｜
	｜	｜	｜	｜	哩程 〇	二・四	四・七
	｜	｜	｜	｜	一等賃金 錢	一三	二七
哩程	〇	三・五	七・四	九・七	二等賃金 錢	六	一四
三等賃金	錢	七	一四	一八	三等賃金 錢	四	九

關西線ハ十七頁ヲ見ヨ

リ

	六軒發	松坂發	徳和發	相可發	田丸發	宮川發	筋向橋發	山田着
	六、一三	六、二六	六、三三	六、四三	六、五八	七、一一	七、二〇	七、二五
	八、一〇	八、二三	八、三一	八、四六	八、五九	九、〇八	九、一五	九、二〇
	一一、四七	一二、〇〇	一二、〇八	一二、二三	一二、三七	一二、四八	一二、五五	一、〇〇
	一、一四	一、二九	|	一、四五	一、五九	二、〇八	二、一五	二、二〇
	二、一三	二、二五	二、三三	二、四四	二、五九	三、一一	三、二〇	三、二五
	三、四三	三、五八	四、〇七	四、二一	四、三九	四、五〇	五、〇〇	五、〇五
	|	|	|	|	|	|	|	|
	五、一三	五、二五	五、四三	五、五七	六、一二	六、二四	六、三一	六、三六
	|	|	|	|	|	|	|	|
	|	|	|	|	|	|	|	|
	七、二七	七、三九	|	七、五五	八、一〇	八、一八	八、二五	八、三〇
	八、三〇	八、四二	八、四九	九、〇〇	九、一四	九、二三	九、三〇	九、三五
	|	|	|	|	|	|	|	|
	|	|	|	|	|	|	|	|
哩程	八・三	一一・七	一三・六	一六・六	二〇・一	二三・五	二五・〇	二六・一
一等賃金	四五	六三	七二	九〇	一・一四	一・二六	一・三五	一・四一
二等賃金	二三	三三	三六	四五	五七	六三	六八	七一
三等賃金	一五	二一	二四	三〇	三八	四二	四五	四七

上リ

	山田發	筋向橋發	宮川發	田丸發	相可發	徳和發	松坂發	六軒發	高茶屋發	阿漕發	津着
	|	|	|	|	|	|	|	|	|	|	|
前	四、〇〇	四、〇七	四、一四	四、二四	四、四〇	|	四、五七	五、〇七	五、一七	五、二七	五、三六
前	五、一五	五、二五	五、三六	五、四八	六、〇七	六、一八	六、三二	六、四五	六、五八	七、一〇	七、一八
前	六、五五	七、〇三	七、一三	七、二三	七、三九	七、五〇	七、五九	八、一三	八、二四	八、三四	八、四三
前	八、〇〇	八、一〇	八、一九	八、三〇	八、四九	八、五九	九、一〇	九、二六	九、四〇	九、五三	一〇、〇〇
前	九、五〇	九、五八	一〇、〇七	一〇、一八	一〇、三四	一〇、四四	一〇、五四	一一、〇五	一一、一六	一一、二七	一一、三五
前	一一、二五	一一、三五	一一、四六	一一、五九	一二、二〇	|	一二、三九	一二、五二	一、〇五	一、一七	一、二五
	|	|	|	|	|	|	|	|	|	|	|
後	一二、三〇	一二、三七	一二、四六	一二、五六	一、一三	一、二三	一、三四	一、四七	二、〇三	二、一三	二、二二
	|	|	|	|	|	|	|	|	|	|	|
後	二、五五	三、〇三	三、一三	三、二三	三、三八	三、四八	三、五九	四、一〇	四、二一	四、三三	四、四〇
	|	|	|	|	|	|	|	|	|	|	|
後	四、一〇	四、一七	四、二五	四、三七	四、五三	五、〇三	五、一三	五、二五	五、三六	五、四七	五、五五
後	六、一〇	六、一七	六、二七	六、三七	六、五三	七、〇四	七、一四	七、二六	七、三七	七、四七	七、五五
哩程	〇	一・二	二・三	五・〇	九・二	一二・三	一四・二	一七・五	二〇・一	二三・六	二六・一
一等賃金（圓／錢）		六	一三	二七	五一	六九	七八	九六	一・一四	一・二九	一・四一
二等賃金（錢）		三	六	一四	二六	三五	三九	四八	五七	六五	七一
三等賃金（錢）		二	四	九	一七	二三	二六	三三	三八	四三	四七

	津發	一身田發	下庄發	龜山着
	|	|	|	|
前	五、四〇	五、五〇	六、〇七	六、二二
	|	|	|	|
前	八、五〇	八、五八	九、一三	九、二六
	|	|	|	|
前	一一、四一	一一、四八	一二、〇二	一二、一五
	|	|	|	|
後	二、三〇	二、四一	二、五八	三、一三
	|	|	|	|
後	四、三〇	五、〇一	五、一八	五、三三
	|	|	|	|
後	六、〇一	六、一一	六、二九	六、四三
	|	|	|	|
後	八、〇〇	八、一〇	八、二八	八、四三
	|	|	|	|
後	九、一五	九、二五	九、四三	九、五六
哩程	〇	三・二	六・一	九・七
三等賃金（錢）		四	一三	一八

（十九）柘植、草津間

關西鐵道

下リ

	柘植發	深川發	貴生川發	三雲發	石部發	草津着
	|	|	|	|	|	|
前	五、五五	六、二四	六、三五	六、五三	七、一〇	七、二七
前	八、一五	八、四三	八、五四	九、一〇	九、二六	九、四三
	|	|	|	|	|	|
	|	|	|	|	|	|
前	一〇、四三	一一、一三	一一、二三	一一、四一	一二、〇〇	一二、一七
	|	|	|	|	|	|
後	一、二七	一、五一	一、五八	二、一四	二、三〇	二、四七
後	四、二八	四、五三	五、〇四	五、一三	五、二九	五、三六
後	六、〇〇	六、二九	六、四〇	六、五八	七、一五	七、三三
後	八、二三	八、五三	九、〇四	九、一三	九、二九	九、三六
	|	|	|	|	|	|
	|	|	|	|	|	|

名古屋ヨリ

哩程	〇	五七・五	五九・二	六二・四	六六・八	七二・三
一等賃金（圓／錢）		二・〇八	二・一四	二・二六	二・四二	二・四四
二等賃金（圓／錢）		一・五六	一・六一	一・七〇	一・八二	一・八三
三等賃金（圓／錢）		一・〇四	一・〇七	一・一三	一・二二	一・二三

柘植ヨリ

哩程	〇	七・八	九・四	一三・五	一七・一	二二・六
三等賃金（錢）		一四	一八	二三	三一	四一

上リ

	草津發	石部發	三雲發	貴生川發	深川發	柘植着
	|	|	|	|	|	|
前	五、四〇	六、〇〇	六、二〇	六、三七	六、四八	七、一四
前	八、一五	八、三一	八、四三	八、五三	八、五九	九、三三
	|	|	|	|	|	|
前	一〇、二〇	一〇、三六	一〇、五〇	一一、〇三	一一、〇九	一一、三四
	|	|	|	|	|	|
後	一二、五五	一、一七	一、三九	一、五七	二、〇八	二、三四
	|	|	|	|	|	|
後	四、〇〇	四、一六	四、三〇	四、四三	四、四八	五、一三
	|	|	|	|	|	|
後	六、一五	六、三三	六、五三	七、一二	七、二三	七、四九
後	七、五〇	八、一〇	八、二九	八、四六	八、五七	九、三三
	|	|	|	|	|	|

湊町ヨリ

哩程	〇	七九・七	七四・二	六九・八	六六・六	六四・九
一等賃金（圓／錢）		二・八八	二・六八	二・五二	二・四〇	二・三四
二等賃金（圓／錢）		二・一三	二・〇一	一・八九	一・八〇	一・七六
三等賃金（圓／錢）		一・四三	一・三四	一・二六	一・二〇	一・一七

草津ヨリ

哩程	〇	五・五	九・七	一三・〇	一四・六	二二・六
三等賃金（錢）		一〇	一八	二四	二七	四一

（二十）加茂、櫻ノ宮間

關西鐵道

(二十二) 大坂、天王寺間

関西鐵道

下り（天王寺→大坂）

	天王寺發	桃山發	玉造發	京橋發	櫻ノ宮着	櫻ノ宮發	天満發	大坂着
午前	|	|	|	|	|	|	|	|
午前	五、一九	五、二五	五、三三	五、三九	五、四三	五、四六	五、五〇	五、五四
午前	五、四九	五、五五	六、〇二	六、〇九	六、一三	六、一五	六、一九	六、二三
午前	六、一九	六、二五	六、三三	六、三九	六、四三	六、四六	六、五〇	六、五四
午前	六、四九	六、五五	七、〇二	七、〇九	七、一三	七、一五	七、一九	七、二三
午前	七、一九	七、二五	七、三三	七、三九	七、四三	七、四六	七、五〇	七、五四
午前	七、四九	七、五五	八、〇二	八、〇九	八、一三	八、一五	八、一九	八、二三
午前	八、一九	八、二五	八、三三	八、三九	八、四三	八、四六	八、五〇	八、五四
午前	八、四九	八、五五	九、〇二	九、〇九	九、一三	九、一五	九、一九	九、二三
午前	九、一九	九、二五	九、三三	九、三九	九、四三	九、四六	九、五〇	九、五四
午前	九、四九	九、五五	一〇、〇二	一〇、〇九	一〇、一三	一〇、一五	一〇、一九	一〇、二三
午前	一〇、一九	一〇、二五	一〇、三三	一〇、三九	一〇、四三	一〇、四六	一〇、五〇	一〇、五四
午前	一〇、五〇	一〇、五六	一一、〇二	一一、〇九	一一、一三	一一、一五	一一、一九	一一、二三
午前	一一、一九	一一、二五	一一、三三	一一、三九	一一、四三	一一、四六	一一、五〇	一一、五四
午前	一一、四九	一一、五五	一二、〇二	一二、〇九	一二、一三	一二、一五	一二、一九	一二、二三
午後	一二、一八	一二、二四	一二、三三	一二、三九	一二、四三	一二、四六	一二、五〇	一二、五四
午後	一二、四九	一二、五五	一、〇二	一、〇九	一、一三	一、一五	一、一九	一、二三
午後	一、一九	一、二五	一、三三	一、三九	一、四三	一、四六	一、五〇	一、五四
午後	一、四九	一、五五	二、〇二	二、〇九	二、一三	二、一五	二、一九	二、二三
午後	二、一七	二、二三	二、三〇	二、三八	二、四三	二、四六	二、五〇	二、五四
午後	二、四九	二、五五	三、〇二	三、〇九	三、一三	三、一五	三、一九	三、二三
午後	三、一九	三、二五	三、三三	三、三九	三、四三	三、四六	三、五〇	三、五四
午後	三、四九	三、五五	四、〇二	四、〇九	四、一三	四、一五	四、一九	四、二三
午後	四、一九	四、二五	四、三三	四、三九	四、四三	四、四六	四、五〇	四、五四
午後	四、四九	四、五五	五、〇二	五、〇九	五、一三	五、一五	五、一九	五、二三
午後	五、一九	五、二五	五、三三	五、三九	五、四三	五、四六	五、五〇	五、五四
午後	五、四九	五、五五	六、〇二	六、〇七	六、一三	六、一五	六、一九	六、二三
午後	六、一九	六、二五	六、三三	六、三九	六、四三	六、四六	六、五〇	六、五四
午後	六、四九	六、五五	七、〇二	七、〇九	七、一三	七、一五	七、一九	七、二三
午後	七、一九	七、二五	七、三三	七、三九	七、四三	七、四六	七、五〇	七、五四
午後	七、四九	七、五五	八、〇二	八、〇九	八、一三	八、一五	八、一九	八、二三
午後	八、一八	八、二三	八、三三	八、三九	八、四三	八、四六	八、五〇	八、五四
午後	八、四九	八、五五	九、〇二	九、〇九	九、一三	九、一五	九、一九	九、二三
午後	九、一八	九、二四	九、三三	九、三九	九、四三	九、四六	九、五〇	九、五四
午後	|	|	|	|	|	|	|	|
午後	一〇、四八	一〇、五四	一一、〇〇	一一、〇七	一一、一一	‖	|	|
哩程	〇	一.〇	一.三	|	二.四	四.一	五.一	六.六
賃金	錢	三	三	|	五	八	一〇	一〇

下り（加茂→櫻ノ宮）

	加茂發	新木津發	祝園發	田邊發	長尾發	津田發	星田發	四條畷發	住道發	徳庵發	放出發	網島發	櫻ノ宮着
前	|	|	|	|	|	|	|	|	|	|	|	五、〇五	五、〇九
前	|	|	|	|	|	|	|	五、一五	五、二六	五、三七	五、四六	五、五八	六、〇二
前	五、一〇	五、二四	五、三六	五、五二	六、〇九	六、二一	六、三四	六、四七	六、五八	七、〇八	七、一九	七、三一	七、三五
前	|	|	|	|	|	八、三〇	八、四四	八、五六	九、〇七	九、一九	九、二八	九、三九	九、四三
前	九、〇〇	九、一四	九、二六	九、四二	九、五九	一〇、一一	一〇、二四	一〇、三七	一〇、四八	一〇、五八	一一、〇九	一一、二三	一一、二六
後	|	|	|	|	|	一二、五五	一、〇八	一、二〇	一、三〇	一、三九	一、四九	二、〇一	二、〇五
後	一、四〇	一、五五	二、〇七	二、二二	二、三九	二、五一	三、〇四	三、一六	三、二七	三、三七	三、四七	四、〇〇	四、〇四
後	|	|	|	|	|	五、二〇	五、三三	五、四五	五、五六	六、〇六	六、一六	六、二八	六、三二
後	六、一五	六、二九	六、四二	六、五九	七、一五	七、二五	七、三八	七、五〇	八、〇〇	八、一〇	八、二〇	八、三三	八、三七
後	|	|	|	|	|	八、三〇	八、四〇	八、五〇	九、〇〇	九、一〇	九、一八	九、三〇	九、三四
後	|	|	|	|	|	|	|	一〇、二五	一〇、三四	一〇、四三	一〇、五一	一一、〇〇	‖
哩程	〇	三.六	六.五	一一.一	一五.〇	一七.〇	二〇.二	二三.三	二五.四	二八.一	二九.三	三一.七	三三.六
三等賃金	錢	七	一二	二〇	二八	三一	三七	四二	四六	五一	五三	五八	五九

上り（櫻ノ宮→加茂）

	櫻ノ宮發	網島發	放出發	徳庵發	住道發	四條畷發	星田發	津田發	長尾發	田邊發	祝園發	新木津發	加茂着
前	|	五、一五	五、二七	五、三五	五、四五	五、五五	六、〇九	六、二四	六、三四	六、五一	七、〇七	七、一八	七、三二
前	六、五五	七、〇二	七、一五	七、二三	七、三三	七、四三	七、五七	八、〇八	‖	|	|	|	|
前	八、五五	九、〇二	九、一三	九、二二	九、三二	九、四三	九、五七	一〇、一三	一〇、二三	一〇、三九	一〇、五五	一一、〇七	一一、二〇
前	一〇、五〇	一〇、五八	一一、一〇	一一、一八	一一、二八	一一、三八	一一、五二	一二、〇三	‖	|	|	|	|
後	一、二五	一、三三	一、四六	一、五四	二、〇五	二、一六	二、三〇	二、四六	二、五六	三、一三	三、二八	三、四〇	三、五三
後	三、三〇	三、三七	三、四八	三、五六	四、〇六	四、一六	四、三〇	四、四一	‖	|	|	|	|
後	五、二〇	五、二七	五、三九	五、四七	五、五八	六、〇八	六、二一	六、三五	六、四四	七、〇一	七、一六	七、二八	七、四一
後	七、二〇	七、二七	七、三八	七、四六	七、五八	八、〇七	八、一七	八、二六	‖	|	|	|	|
後	九、二〇	九、二七	九、三七	九、四五	九、五五	一〇、〇三	‖	|	|	|	|	|	|
後	九、五〇	九、五四	‖	|	|	|	|	|	|	|	|	|	|
後	一一、一六	一一、二〇	‖	|	|	|	|	|	|	|	|	|	|
哩程	〇	一.七	三.四	四.五	七.二	九.四	一二.四	一五.六	一七.六	二一.六	二六.二	二九.〇	三二.六
三等賃金	錢	三	六	八	一三	一七	二三	二八	三二	三九	四七	五二	五九

上り

	大坂發	天滿發	櫻ノ宮着	櫻ノ宮發	京橋發	玉造發	桃山發	天王寺着
午前	五、三七	五、四二	五、四五	五、四七	五、五三	六、〇一	六、〇七	六、一二
	六、〇六	六、一一	六、一四	六、一七	六、二三	六、三〇	六、三五	六、四〇
	六、三七	六、四二	六、四五	六、四七	六、五三	七、〇一	七、〇七	七、一二
	七、〇六	七、一一	七、一四	七、一七	七、二三	七、三〇	七、三五	七、四〇
	七、三七	七、四二	七、四五	七、四七	七、五三	八、〇一	八、〇七	八、一二
	八、〇六	八、一一	八、一四	八、一七	八、二三	八、三〇	八、三五	八、四〇
	八、三七	八、四二	八、四五	八、四七	八、五三	九、〇一	九、〇七	九、一二
	九、〇六	九、一一	九、一四	九、一七	九、二三	九、三〇	九、三五	九、四〇
	九、三七	九、四二	九、四五	九、四七	九、五三	一〇、〇一	一〇、〇七	一〇、一二
	一〇、〇六	一〇、一一	一〇、一四	一〇、一七	一〇、二三	一〇、三〇	一〇、三五	一〇、四〇
	一〇、三七	一〇、四二	一〇、四五	一〇、四七	一〇、五三	一一、〇一	一一、〇七	一一、一二
	一一、〇六	一一、一一	一一、一四	一一、一七	一一、二三	一一、三〇	一一、三五	一一、四〇
	一一、三七	一一、四二	一一、四五	一一、四七	一一、五三	一二、〇一	一二、〇七	一二、一二
午後	一二、〇六	一二、一一	一二、一四	一二、一七	一二、二三	一二、三〇	一二、三五	一二、四〇
	一二、三七	一二、四二	一二、四五	一二、四七	一二、五三	一、〇一	一、〇七	一、一二
	一、〇六	一、一一	一、一四	一、一七	一、二三	一、三〇	一、三五	一、四〇
	一、三七	一、四二	一、四五	一、四七	一、五三	二、〇一	二、〇七	二、一二
	二、〇四	二、〇九	二、一二	二、一三	二、一八	二、二六	二、三一	二、三五
	二、三七	二、四二	二、四五	二、四七	二、五三	三、〇一	三、〇七	三、一二

	大坂發	天滿發	櫻ノ宮着	櫻ノ宮發	京橋發	玉造發	桃山發	天王寺着
午後	三、〇六	三、一一	三、一四	三、一七	三、二三	三、三〇	三、三五	三、四〇
	三、三七	三、四二	三、四五	三、四七	三、五三	四、〇一	四、〇七	四、一二
	四、〇六	四、一一	四、一四	四、一七	四、二三	四、三〇	四、三五	四、四〇
	四、三七	四、四二	四、四五	四、四七	四、五三	五、〇一	五、〇七	五、一二
	五、〇六	五、一一	五、一四	五、一七	五、二三	五、三〇	五、三五	五、四〇
	五、三七	五、四二	五、四五	五、四七	五、五三	六、〇一	六、〇七	六、一二
	六、〇六	六、一一	六、一四	六、一七	六、二三	六、三〇	六、三五	六、四〇
	六、三七	六、四二	六、四五	六、四七	六、五三	七、〇一	七、〇七	七、一二
	七、〇六	七、一一	七、一四	七、一七	七、二三	七、三〇	七、三五	七、四〇
	七、三七	七、四二	七、四五	七、四七	七、五三	八、〇一	八、〇七	八、一二
	八、〇六	八、一一	八、一四	八、一七	八、二三	八、三〇	八、三五	八、四〇
	八、三七	八、四二	八、四五	八、四七	八、五三	九、〇一	九、〇七	九、一二
	九、〇六	九、一一	九、一四	九、一七	九、二三	九、三〇	九、三五	九、四〇
	九、三七	九、四二	九、四五	九、四七	九、五三	一〇、〇一	一〇、〇七	一〇、一二
	一〇、〇六	一〇、一一	一〇、一四	一〇、一七	一〇、二三	一〇、三一	一〇、三七	一〇、四三
	｜	｜	｜	｜	｜	｜	｜	｜
	｜	｜	｜	｜	｜	｜	｜	｜
哩程	〇	一.四	二.三	四.〇	五.一	｜	五.四	六.六
賃金	錢	三	五	八	一〇	｜	一〇	一〇

(二十二)櫻井、王寺間

關西鐵道

下り

	櫻井發	畝傍發	高田發	下田發	王寺着
前	五、〇八	五、二〇	五、三五	五、四七	五、五九
前	六、〇八	六、二〇	六、三五	六、四五	六、五七
前	七、一〇	七、二〇	七、三五	七、四七	七、五九
前	八、一〇	八、二〇	八、三七	八、四七	八、五九
前	九、〇八	九、一八	九、三三	九、四三	九、五五
前	一〇、一〇	一〇、二〇	一〇、三七	一〇、四七	一〇、五九
前	一一、一〇	一一、二〇	一一、三五	一一、四七	一一、五九
後	一二、一〇	一二、二〇	一二、三七	一二、四七	一二、五九
後	一、一〇	一、二〇	一、三五	一、四七	一、五九
後	二、一〇	二、二〇	二、三七	二、四七	二、五九
後	三、一四	三、二六	三、四七	三、五一	四、〇三
後	四、一三	四、二三	四、三七	四、四七	四、五九
後	五、一〇	五、二〇	五、三五	五、四七	五、五九
後	六、一〇	六、二〇	六、三七	六、四七	六、五九
後	七、一〇	七、二〇	七、三五	七、四七	七、五九
後	八、一〇	八、二〇	八、三七	八、四七	八、五九
後	｜	｜	｜	｜	｜
哩程	〇	三.〇	六.〇	九.〇	一三.一
三等賃金	錢	六	一一	一七	二四

上り

	王寺發	下田發	高田發	畝傍發	櫻井着
前	｜	｜	｜	｜	｜
前	六、一〇	六、二三	六、四〇	六、五〇	六、五九
前	七、一三	七、二五	七、四〇	七、五三	八、〇一
前	八、一三	八、二五	八、四二	八、五三	九、〇一
前	九、一〇	九、二三	九、三八	九、五〇	九、五九
前	一〇、一〇	一〇、二五	一〇、四二	一〇、五三	一一、〇一
前	一一、一三	一一、二五	一一、四〇	一一、五三	一二、〇一
後	一二、一〇	一二、二五	一二、四二	一二、五三	一、〇一
後	一、一三	一、二五	一、四〇	一、五三	二、〇一
後	二、一三	二、二五	二、四二	二、五三	三、〇一
後	三、一九	三、三二	三、四六	三、五六	四、〇五
後	四、一三	四、二五	四、四二	四、五三	五、〇一
後	五、一三	五、二五	五、四〇	五、五三	六、〇一
後	六、一三	六、二五	六、四二	六、五三	七、〇一
後	七、一三	七、二五	七、四〇	七、五三	八、〇一
後	八、一三	八、二五	八、四二	八、五三	九、〇一
後	九、二〇	九、三五	九、五〇	一〇、〇三	一〇、一一
哩程	〇	四.一	七.〇	一〇.〇	一三.一
三等賃金	錢	八	一三	一九	二四

(二十三)松原、長野間

河南鐵道

高野鐵道

下り

	柏原發	道明寺發	古市發	貴志發	富田林發	瀧谷不動發	長野着
前	六、一七	六、二四	六、二九	六、三七	六、四三	六、五〇	七、〇〇
前	七、五四	八、〇一	八、〇六	八、一四	八、二〇	八、二七	八、三七
前	九、四五	九、五二	九、五七	一〇、〇五	一〇、一一	一〇、一八	一〇、二八
前	一一、二〇	一一、二七	一一、三二	一一、四〇	一一、四六	一一、五三	一二、〇三
後	一、〇五	一、一二	一、一七	一、二五	一、三一	一、三八	一、四八
後	二、四四	二、五一	二、五六	三、〇四	三、一〇	三、一七	三、二七
後	四、三〇	四、三七	四、四二	四、五〇	四、五六	五、〇三	五、一三
後	六、〇六	六、一三	六、一八	六、二六	六、三二	六、三九	六、四九
後	七、五一	七、五八	八、〇三	八、一一	八、一七	八、二四	八、三四
後	｜	｜	｜	｜	｜	｜	｜
哩程		一.四	二.五	四.五	六.〇	七.七	一〇.〇
三等賃金		四	六	一〇	一三	一六	二一

上り

	長野發	瀧谷不動發	富田林發	貴志發	古市發	道明寺發	柏原着
前	｜	｜	五、四五	五、五一	五、五八	六、〇三	六、〇九
前	七、〇五	七、一四	七、二一	七、二七	七、三四	七、三九	七、四五
前	八、四二	八、五二	八、五九	九、〇八	九、一二	九、一七	九、二三
前	一〇、三三	一〇、四二	一〇、四九	一〇、五五	一一、〇二	一一、〇七	一一、一三
後	一二、〇八	一二、一七	一二、二四	一二、三〇	一二、三七	一二、四二	一二、四八
後	一、五三	二、〇二	二、一一	二、一七	二、二四	二、二九	二、三五
後	三、三三	三、四一	三、五〇	三、五六	四、〇三	四、〇八	四、一三
後	五、一八	五、二七	五、三四	五、四〇	五、四七	五、五二	五、五八
後	六、五四	七、〇三	七、一二	七、一八	七、二五	七、三〇	七、三六
後	八、三九	八、四八	八、五四	｜	｜	｜	｜
哩程		二.一	四.〇	五.三	七.三	八.五	一〇.〇
三等賃金		五	八	一一	一五	一八	二一

(二十四) 高田、五條間

南和鐵道

下リ

		前	前	前	前	前	後	後	後	後	後	後	後			哩程	二等賃金	三等賃金
高田發	|	七、三八	八、三八	九、三八	一〇、三八	一一、三八	一二、三八	一、三八	二、三八	三、四四	四、三八	五、三八	六、三八	|	|			
新庄發	|	七、四五	八、四五	九、四五	一〇、四五	一一、四五	一二、四五	一、四五	二、四五	三、五〇	四、四五	五、四五	六、四五	|	|	二・一	八	五
御所發	|	七、五五	八、五五	九、五五	一〇、五五	一一、五五	一二、五五	一、五五	二、五五	三、五七	四、五五	五、五五	六、五五	|	|	三・六	一二	八
掖上發	|	八、〇五	九、〇五	一〇、〇五	一一、〇五	一二、〇五	一、〇五	二、〇五	三、〇五	四、〇七	五、〇五	六、〇五	七、〇五	|	|	五・六	一八	一二
葛發	|	八、一六	九、一六	一〇、一六	一一、一六	一二、一六	一、一六	二、一六	三、一六	四、一九	五、一六	六、一六	七、一六	|	|	八・二	二六	一七
北宇智發	|	八、三六	九、三六	一〇、三六	一一、三六	一二、三六	一、三六	二、三六	三、三六	四、三六	五、三六	六、三六	七、三六	|	|	一二・三	三八	二五
五條着	|	八、四七	九、四七	一〇、四七	一一、四七	一二、四七	一、四七	二、四七	三、四七	四、四七	五、四七	六、四七	七、四七	|	|	一四・九	四五	三〇

上リ

		前	前	前	前	前	前	後	後	後	後	後	後	後		哩程	二等賃金	三等賃金
五條發	|	六、一七	七、一七	八、一七	九、一七	一〇、一七	一一、一七	一二、一七	一、一七	二、一七	三、一七	四、一七	五、一七	|	|			
北宇智發	|	六、三四	七、三四	八、三四	九、三四	一〇、三四	一一、三四	一二、三四	一、三四	二、三四	三、三四	四、三四	五、三四	|	|	二・五	八	五
葛發	|	六、五四	七、五四	八、五四	九、五四	一〇、五四	一一、五四	一二、五四	一、五四	二、五四	三、五四	四、五四	五、五四	|	|	六・四	二〇	一三
掖上發	|	七、〇四	八、〇四	九、〇四	一〇、〇四	一一、〇四	一二、〇四	一、〇四	二、〇四	三、〇四	四、〇五	五、〇四	六、〇四	|	|	九・〇	二七	一八
御所發	|	七、一四	八、一四	九、一四	一〇、一四	一一、一四	一二、一四	一、一四	二、一四	三、一四	四、一三	五、一四	六、一四	|	|	一一・〇	三五	二三
新庄發	|	七、二〇	八、二〇	九、二〇	一〇、二〇	一一、二〇	一二、二〇	一、二〇	二、二〇	三、二〇	四、二〇	五、二〇	六、二〇	|	|	一二・六	三九	二六
高田着	|	七、二六	八、二六	九、二六	一〇、二六	一一、二六	一二、二六	一、二六	二、二六	三、二六	四、二六	五、二六	六、二六	|	|	一四・九	四五	三〇

(二十五) 五條、和歌山間

紀和鐵道

下リ

	前		前	前		前		後		後		後		後		哩程	二等賃金	三等賃金
五條發	|	|	七、五〇	九、一八	|	一一、一二	|	一、一〇	|	三、一〇	|	五、〇六	|	六、三五	|			
二見發	五、四五	|	七、五四	九、二三	|	一一、一六	|	一、一四	|	三、一五	|	五、一一	|	六、四〇	|	一・〇	三	二
隅田發	五、五七	|	八、〇四	九、三三	|	一一、二六	|	一、二四	|	三、二五	|	五、二一	|	六、五〇	|	三・四	一二	八
橋本發	六、一〇	|	八、一四	九、四三	|	一一、三七	|	一、三四	|	三、三六	|	五、三二	|	七、〇〇	|	六・〇	一八	一二
名倉發	六、二六	|	八、二九	九、五七	|	一一、五二	|	一、四九	|	三、五一	|	五、四八	|	七、一四	|	九・三	二九	一九
妙寺發	六、四〇	|	八、四三	一〇、一二	|	一二、〇八	|	二、〇四	|	四、〇六	|	六、〇三	|	七、二九	|	一一・七	三六	二四
笠田發	六、四九	|	八、五三	一〇、二二	|	一二、一九	|	二、一四	|	四、一六	|	六、一四	|	七、三八	|	一四・一	四四	二九
名手發	七、〇二	|	九、〇六	一〇、三五	|	一二、三三	|	二、二七	|	四、二九	|	六、二八	|	七、五一	|	一七・二	五三	三五
粉河發	七、一〇	|	九、一五	一〇、四四	|	一二、四三	|	二、三六	|	四、三九	|	六、三八	|	七、五九	|	一八・七	五七	三八
打田發	七、二〇	|	九、二六	一〇、五四	|	一二、五四	|	二、四六	|	四、五一	|	六、五〇	|	八、〇九	|	二一・二	六五	四三
岩出發	七、三一	|	九、三七	一一、〇七	|	一、〇七	|	二、五九	|	五、〇二	|	七、〇一	|	八、二〇	|	二四・〇	七四	四九
舟戸發	七、三六	|	九、四二	一一、一二	|	一、一二	|	三、〇四	|	五、〇七	|	七、〇六	|	八、二五	|	二四・六	七五	五〇
布施屋發	七、四五	|	九、五一	一一、二三	|	一、二三	|	三、一四	|	五、一一	|	七、一六	|	八、三四	|	二七・五	八四	五六
田井ノ瀨發	七、五二	|	九、五八	一一、二九	|	一、二九	|	三、二一	|	五、二九	|	七、二三	|	八、四一	|	二九・三	八九	五九
和歌山着	八、〇一	|	一〇、〇七	一一、三八	|	一、三八	|	三、三〇	|	五、三三	|	七、三三	|	八、五〇	|	三二・三	九八	六五

上リ

	前		前	前		前		後		後		後		後		哩程	二等賃金	三等賃金
和歌山發	五、二〇	|	六、三五	八、三五	|	一〇、三〇	|	一二、三〇	|	二、二五	|	四、〇〇	|	六、〇〇	|			
田井ノ瀨發	五、三〇	|	六、四五	八、四五	|	一〇、四〇	|	一二、四〇	|	二、三五	|	四、一〇	|	六、一〇	|	二・六	九	六
布施屋發	五、三七	|	六、五三	八、五三	|	一〇、四七	|	一二、四八	|	二、四三	|	四、一八	|	六、一八	|	四・四	一五	一〇
舟戸發	五、四六	|	七、〇三	九、〇四	|	一〇、五七	|	一二、五八	|	二、五三	|	四、二九	|	六、二八	|	七・三	二三	一五
岩出發	五、五一	|	七、〇八	九、一一	|	一一、〇四	|	一、〇五	|	三、〇〇	|	四、三五	|	七、三四	|	八・一	二六	一七
打田發	六、〇一	|	七、二三	九、二四	|	一一、一五	|	一、一七	|	三、一二	|	四、四八	|	六、四七	|	一〇・七	三三	二二
粉河發	六、一一	|	七、三六	九、三五	|	一一、二七	|	一、二九	|	三、二四	|	四、五九	|	六、五八	|	一三・二	四一	二七
名手發	六、一九	|	七、四五	九、四三	|	一一、三五	|	一、三八	|	三、三三	|	五、〇七	|	七、〇七	|	一四・七	四五	三〇
笠田發	六、三一	|	八、〇〇	九、五六	|	一一、四八	|	一、五二	|	三、四七	|	五、二〇	|	七、二〇	|	一八・〇	五六	三七
妙寺發	六、四五	|	八、一五	一〇、一〇	|	一二、〇二	|	二、〇六	|	四、〇三	|	五、三三	|	七、三四	|	二〇・二	六二	四一
名倉發	六、五七	|	八、二八	一〇、二三	|	一二、一四	|	二、一八	|	四、一五	|	五、四五	|	七、四六	|	二三・六	六九	四六
橋本發	七、一二	|	八、四二	一〇、三七	|	一二、二九	|	二、三三	|	四、三〇	|	五、五九	|	八、〇一	|	二六・一	八〇	五三
隅田發	七、二三	|	八、五二	一〇、四七	|	一二、三九	|	二、四四	|	四、四〇	|	六、〇九	|	八、一二	|	二八・五	八七	五八
二見發	七、三四	|	九、〇三	一〇、五七	|	一二、五五	|	二、五五	|	四、五一	|	六、二〇	|	八、二二	|	三一・二	九五	六三
五條着	七、三七	|	九、〇六	一一、〇〇	|	一二、五九	|	二、五八	|	四、五四	|	六、二三	|	|	|	三二・三	九八	六五

◎難波和歌山(北口)間

(二十六) 難波、和歌山(北口)間

南海鐵道

下り

	難波發	天下茶屋發	住吉發	大和川發	堺着	堺發	湊發	濱寺發	大津發	岸和田發	貝塚發	佐野發	樽井發	尾崎發	箱作發	深日發	和歌山口北着
午前	五、三〇	五、三八	五、四五	|	五、五四	五、五八	六、〇四	六、一二	六、二二	六、三三	六、四五	六、五五	七、〇六	七、一三	七、二六	七、三九	七、五七
午前	六、二〇	六、二八	六、三五	六、四一	六、四五	|	|	|	|	|	|	|	|	|	|	|	|
午前	|	|	|	|	|	|	|	|	|	|	|	|	|	|	|	|	|
午前	七、〇〇	七、〇八	七、一五	|	七、二四	七、二八	七、三四	七、四二	七、五二	八、〇三	八、一五	八、二五	八、三六	八、四三	八、五六	九、〇九	九、二七
午前	七、三〇	七、三八	七、四五	七、五一	七、五五	|	|	|	|	|	|	|	|	|	|	|	|
午前	八、〇〇	八、〇八	八、一五	八、二一	八、二五	|	|	|	|	|	|	|	|	|	|	|	|
午前	八、三〇	八、三八	八、四五	|	八、五四	八、五八	九、〇四	九、一二	九、二二	九、三三	九、四五	九、五五	一〇、〇六	一〇、一三	一〇、二六	一〇、三九	一〇、五七
午前	九、〇〇	九、〇八	九、一五	九、二一	九、二五	|	|	|	|	|	|	|	|	|	|	|	|
午前	九、三〇	九、三八	九、四五	九、五一	九、五五	|	|	|	|	|	|	|	|	|	|	|	|
午前	一〇、〇〇	一〇、〇八	一〇、一五	|	一〇、二四	一〇、二八	一〇、三四	一〇、四二	一〇、五二	一一、〇三	一一、一五	一一、二五	一一、三六	一一、四三	一一、五六	一二、〇九	一二、二七
午前	一〇、三〇	一〇、三八	一〇、四五	一〇、五一	一〇、五五	|	|	|	|	|	|	|	|	|	|	|	|
午前	一一、〇〇	一一、〇八	一一、一五	一一、二一	一一、二五	|	|	|	|	|	|	|	|	|	|	|	|
午前	一一、三〇	一一、三八	一一、四五	|	一一、五四	一一、五八	一二、〇四	一二、一二	一二、二二	一二、三三	一二、四五	一二、五五	一、〇六	一、一三	一、二六	一、三九	一、五七
午後	一二、〇〇	一二、〇八	一二、一五	一二、二一	一二、二五	|	|	|	|	|	|	|	|	|	|	|	|
午後	一二、三〇	一二、三八	一二、四五	一二、五一	一二、五五	|	|	|	|	|	|	|	|	|	|	|	|
午後	一、〇〇	一、〇八	一、一五	|	一、二四	一、二八	一、三四	一、四二	一、五二	二、〇三	二、一五	二、二五	二、三六	二、四三	二、五六	三、〇九	三、二七
午後	一、三〇	一、三八	一、四五	一、五一	一、五五	|	|	|	|	|	|	|	|	|	|	|	|
午後	二、〇〇	二、〇八	二、一五	二、二一	二、二五	|	|	|	|	|	|	|	|	|	|	|	|
午後	二、三〇	二、三八	二、四五	|	二、五四	二、五八	三、〇四	三、一二	三、二二	三、三三	三、四五	三、五五	四、〇六	四、一三	四、二六	四、三九	四、五七
午後	三、〇〇	三、〇八	三、一五	三、二一	三、二五	|	|	|	|	|	|	|	|	|	|	|	|
午後	三、三〇	三、三八	三、四五	三、五一	三、五五	|	|	|	|	|	|	|	|	|	|	|	|
午後	四、〇〇	四、〇八	四、一五	|	四、二四	四、二八	四、三四	四、四二	四、五二	五、〇三	五、一五	五、二五	五、三六	五、四三	五、五六	六、〇九	六、二七
午後	四、三〇	四、三八	四、四五	四、五一	四、五五	|	|	|	|	|	|	|	|	|	|	|	|
午後	五、〇〇	五、〇八	五、一五	五、二一	五、二五	|	|	|	|	|	|	|	|	|	|	|	|
午後	五、三〇	五、三八	五、四五	|	五、五四	五、五八	六、〇四	六、一二	六、二二	六、三三	六、四五	六、五五	七、〇六	七、一三	七、二六	七、三九	七、五七
午後	六、一五	六、二三	六、三〇	六、三六	六、四〇	|	|	|	|	|	|	|	|	|	|	|	|
午後	|	|	|	|	|	|	|	|	|	|	|	|	|	|	|	|	|
午後	七、〇〇	七、〇八	七、一五	|	七、二四	七、二八	七、三四	七、四二	七、五二	八、〇三	八、一五	八、二五	八、三六	八、四三	八、五六	九、〇九	九、二七
午後	七、四五	七、五三	八、〇〇	八、〇六	八、一〇	|	|	|	|	|	|	|	|	|	|	|	|
午後	|	|	|	|	|	|	|	|	|	|	|	|	|	|	|	|	|
午後	八、三〇	八、三八	八、四五	|	八、五四	八、五八	九、〇四	九、一二	九、二二	九、三三	九、四五	九、五五	一〇、〇六	一〇、一三	一〇、二六	一〇、三九	一〇、五七
午後	九、二〇	九、二八	九、三五	九、四一	九、四五	|	|	|	|	|	|	|	|	|	|	|	|
午後	|	|	|	|	|	|	|	|	|	|	|	|	|	|	|	|	|
午後	一〇、三〇	一〇、三八	一〇、四五	一〇、五一	一〇、五五	|	|	|	|	|	|	|	|	|	|	|	|
哩程	〇	二.〇	三.四	五.〇	六.一	|	七.一	九.三	一二.七	一六.二	一七.七	二一.二	二五.三	二六.七	二九.一	三三.一	三九.〇
賃金	錢	四	七	九	一二	|	一三	一七	二四	三〇	三三	三九	四六	四九	五三	六〇	七一

上り

	和歌山北口發	深日發	箱作發	尾崎發	樽井發	佐野發
午前	|	|	|	|	|	|
午前	|	|	|	|	|	|
午前	|	|	|	|	|	|
午前	五、二二	五、四三	六、〇〇	六、〇九	六、一六	六、二七
午前	|	|	|	|	|	|
午前	|	|	|	|	|	|
午前	六、五二	七、一三	七、三〇	七、三九	七、四六	七、五七
午前	|	|	|	|	|	|
午前	|	|	|	|	|	|
午前	八、二二	八、四三	九、〇〇	九、〇九	九、一六	九、二七
午前	|	|	|	|	|	|
午前	|	|	|	|	|	|
午前	九、五二	一〇、一三	一〇、三〇	一〇、三九	一〇、四六	一〇、五七
午前	一一、二二	一一、四三	一二、〇〇	一二、〇九	一二、一六	一二、二七
午後	|	|	|	|	|	|
午後	|	|	|	|	|	|
午後	|	|	|	|	|	|

（上）リ

貝塚發	岸和田發	大津發	濱寺發	湊發	堺着	堺發	大和川發	住吉發	天下茶屋發	難波着
|	|	|	|	|	|	五、四五	五、五〇	五、五七	六、〇三	六、一〇
|	|	|	|	|	|	六、五〇	六、五五	七、〇二	七、〇八	七、一五
|	|	|	|	|	|	|	|	|	|	|
六、四二	六、五〇	七、〇〇	七、一〇	七、一八	七、二三	七、三〇	|	七、四二	七、四八	七、五五
|	|	|	|	|	|	八、〇五	八、一〇	八、一七	八、二三	八、三〇
|	|	|	|	|	|	八、三五	八、四〇	八、四七	八、五三	九、〇〇
八、一二	八、二〇	八、三〇	八、四〇	八、四八	八、五三	九、〇〇	九、〇四	九、一二	九、一八	九、二五
|	|	|	|	|	|	九、三五	九、四〇	九、四七	九、五三	一〇、〇〇
|	|	|	|	|	|	一〇、〇五	一〇、一〇	一〇、一七	一〇、二三	一〇、三〇
九、四二	九、五〇	一〇、〇〇	一〇、一〇	一〇、一八	一〇、二三	一〇、三〇	|	一〇、四二	一〇、四八	一〇、五五
|	|	|	|	|	|	一一、〇五	一一、一〇	一一、一七	一一、二三	一一、三〇
|	|	|	|	|	|	一一、三五	一一、四〇	一一、四七	一一、五三	一二、〇〇
一一、一二	一一、二〇	一一、三〇	一一、四〇	一一、四八	一一、五三	一二、〇〇	|	一二、一二	一二、一八	一二、二五
一二、四二	一二、五〇	一、〇〇	一、一〇	一、一八	一、二三	一、三〇	|	一、四二	一、四八	一、五五
|	|	|	|	|	|	一二、三五	一二、四〇	一二、四七	一二、五三	一、〇〇
|	|	|	|	|	|	一、〇五	一、一〇	一、一七	一、二三	一、三〇
|	|	|	|	|	|	二、〇五	二、一〇	二、一七	二、二三	二、三〇

リ

驛名	和歌山（市北口）發	深日發	箱作發	尾崎發	樽井發	佐野發	貝塚發	岸和田發	大津發	濱寺發	湊發	堺着	堺發	大和川發	住吉發	天下茶屋發	難波着
午後	|	|	|	|	|	|	|	|	|	|	|	|	二、三五	二、四〇	二、四七	二、五三	三、〇〇
	一二、五二	一、一三	一、三〇	一、三九	一、四六	一、五七	二、一二	二、二〇	二、三〇	二、四〇	二、四八	二、五三	三、〇〇	|	三、一二	三、一八	三、二五
	|	|	|	|	|	|	|	|	|	|	|	|	三、三五	三、四〇	三、四七	三、五三	四、〇〇
	|	|	|	|	|	|	|	|	|	|	|	|	四、〇五	四、一〇	四、一七	四、二三	四、三〇
	二、二二	二、四三	三、〇〇	三、〇九	三、一六	三、二七	三、四二	三、五〇	四、〇〇	四、一〇	四、一八	四、二三	四、三〇	|	四、四二	四、四八	四、五五
	|	|	|	|	|	|	|	|	|	|	|	|	五、〇五	五、一〇	五、一七	五、二三	五、三〇
	|	|	|	|	|	|	|	|	|	|	|	|	五、三五	五、四〇	五、四七	五、五三	六、〇〇
	三、五二	四、一三	四、三〇	四、三九	四、四六	四、五七	五、一二	五、二〇	五、三〇	五、四〇	五、四八	五、五三	六、〇〇	|	六、一二	六、一八	六、二五
	|	|	|	|	|	|	|	|	|	|	|	|	|	|	|	|	|
	|	|	|	|	|	|	|	|	|	|	|	|	六、五〇	六、五五	七、〇二	七、〇八	七、一五
	五、二二	五、四三	六、〇〇	六、〇九	六、一六	六、二七	六、四二	六、五〇	七、〇〇	七、一〇	七、一八	七、二三	七、三〇	|	七、四二	七、四八	七、五五
	|	|	|	|	|	|	|	|	|	|	|	|	|	|	|	|	|
	|	|	|	|	|	|	|	|	|	|	|	|	八、二〇	八、二五	八、三二	八、三八	八、四五
	六、五二	七、一三	七、三〇	七、三九	七、四六	七、五七	八、一二	八、二〇	八、三〇	八、四〇	八、四八	八、五三	九、〇〇	|	九、一二	九、一八	九、二五
	|	|	|	|	|	|	|	|	|	|	|	|	|	|	|	|	|
	|	|	|	|	|	|	|	|	|	|	|	|	九、五〇	九、五五	一〇、〇二	一〇、〇八	一〇、一五
	八、二二	八、四三	九、〇〇	九、〇九	九、一六	九、二七	九、四二	九、五〇	一〇、〇〇	一〇、一〇	一〇、一八	一〇、二三	一〇、三〇	|	一〇、四二	一〇、四八	一〇、五五
哩程		五、八	九、六	一一、七	一三、四	一七、五	二一、〇	二三、五	二六、〇	二九、四	三一、六	三二、五	|	三三、七	三五、三	三六、七	三九、〇
賃金	錢	一二	一八	二三	二五	三二	三八	四一	四七	五四	五八	五九	|	六二	六四	六七	七一

（二十七）住吉、天王寺間

南海鐵道

下リ

驛名	住吉發	天下茶屋發	天王寺着
午前	六、〇三	六、〇九	六、一四
	七、〇三	七、〇九	七、一四
	八、〇三	八、〇九	八、一四
	九、〇三	九、〇九	九、一四
	一〇、〇三	一〇、〇九	一〇、一四
	一一、〇三	一一、〇九	一一、一四
午後	一二、〇三	一二、〇九	一二、一四
	一、〇三	一、〇九	一、一四
	二、〇三	二、〇九	二、一四
	三、〇三	三、〇九	三、一四
	四、〇三	四、〇九	四、一四
	五、〇三	五、〇九	五、一四
	六、〇三	六、〇九	六、一四
	七、〇三	七、〇九	七、一四
	八、〇三	八、〇九	八、一四
	九、〇三	九、〇九	九、一四
哩程		一、五	三、〇
賃金	錢	四	六

上リ

驛名	天王寺發	天下茶屋發	住吉着
午前	六、四四	六、五〇	六、五五
	七、四四	七、五〇	七、五五
	八、四四	八、五〇	八、五五
	九、四四	九、五〇	九、五五
	一〇、四四	一〇、五〇	一〇、五五
	一一、四四	一一、五〇	一一、五五
午後	一二、四四	一二、五〇	一二、五五
	一、四四	一、五〇	一、五五
	二、四四	二、五〇	二、五五
	三、四四	三、五〇	三、五五
	四、四四	四、五〇	四、五五
	五、四四	五、五〇	五、五五
	六、四四	六、五〇	六、五五
	七、四四	七、五〇	七、五五
	八、四四	八、五〇	八、五五
	九、四四	九、五〇	九、五五
哩程		一、五	三、〇
賃金	錢	四	六

（二十八）汐見橋、長野間

高野鐵道

下リ

午前/後	汐見橋發	木津川發	勝間發	住吉東發	堺東發	西村發	狹山發	瀧谷發	長野着
午前	—	—	—	—	—	—	—	—	—
午前	五、四五	五、五〇	五、五六	六、〇二	六、一〇	‖	—	—	—
午前	六、二五	六、三〇	六、三六	六、四二	六、五〇	‖	—	—	—
午前	七、〇五	八、一〇	八、一六	八、二二	八、四〇	八、五一	八、〇〇	八、一〇	八、一七
午前	七、五〇	七、五五	八、〇一	八、〇七	八、一五	‖	—	—	—
午前	八、三五	八、四〇	八、四六	八、五二	九、〇〇	‖	—	—	—
午前	九、二〇	九、二五	九、三一	九、三七	九、五〇	一〇、〇一	一〇、一〇	一〇、二〇	一〇、二七
午前	一〇、〇五	一〇、一〇	一〇、一六	一〇、二二	一〇、三〇	‖	—	—	—
午前	一〇、五〇	一〇、五七	一一、〇一	一一、〇七	一一、一五	‖	—	—	—
午前	一一、三五	一一、四〇	一一、四六	一一、五二	一二、一〇	一二、二一	一二、三〇	一二、四〇	一二、四七
午後	一二、二〇	一二、二五	一二、三一	一二、三七	一二、四五	‖	—	—	—
午後	一、〇五	一、一〇	一、一六	一、二二	一、三〇	‖	—	—	—
午後	一、五〇	一、五五	二、〇一	二、〇七	二、二五	二、三六	二、四五	二、五五	三、〇二
午後	二、三五	二、四〇	二、四六	二、五二	三、〇〇	‖	—	—	—
午後	三、二〇	三、二五	三、三一	三、三七	三、四五	‖	—	—	—
午後	四、〇五	四、一〇	四、一六	四、二二	四、三五	四、四五	四、五四	五、〇三	五、一〇
午後	四、四五	四、五〇	四、五六	五、〇二	五、一〇	‖	—	—	—
午後	五、二五	五、三〇	五、三六	五、四二	六、〇一	六、一一	六、二〇	六、三〇	六、三七
午後	六、〇五	六、一〇	六、一六	六、二二	六、三〇	‖	—	—	—
午後	六、五五	七、〇〇	七、〇六	七、一二	七、二〇	‖	—	—	—
午後	七、四五	七、五〇	七、五六	八、〇二	八、一〇	‖	—	—	—
午後	八、二五	八、三〇	八、三六	八、四二	八、五〇	‖	—	—	—
哩程	〇	一・〇	三・〇	四・一	六・七	一〇・二	一二・四	一五・二	一七・四
賃金	錢	二	五	六	一〇	一五	一八	二三	二五

上リ

午前/後	長野發	瀧谷發	狹山發	西村發	堺東發	住吉東發	勝間發	木津川發	汐見橋着
午前	—	—	—	—	—	—	—	—	—
午前	—	—	—	—	—	—	—	—	—
午前	—	—	—	—	六、三〇	六、四〇	六、四五	六、五二	六、五五
午前	六、二五	六、三四	六、四三	六、五一	七、一〇	七、二〇	七、二五	七、三二	七、三五
午前	—	—	—	—	七、五五	八、〇五	八、一〇	八、一七	八、二〇
午前	—	—	—	—	八、四〇	八、五〇	八、五五	九、〇二	九、〇五
午前	八、四五	八、五四	九、〇三	九、一一	九、二五	九、三五	九、四〇	九、四七	九、五〇
午前	—	—	—	—	一〇、一〇	一〇、二〇	一〇、二五	一〇、三二	一〇、三五
午前	—	—	—	—	一〇、五五	一一、〇五	一一、一〇	一一、一七	一一、二〇
午前	一〇、五五	一一、〇四	一一、一三	一一、二一	一一、四〇	一一、五〇	一一、五五	一二、〇二	一二、〇五
午後	—	—	—	—	一二、二五	一二、三五	一二、四〇	一二、四七	一二、五〇
午後	—	—	—	—	一、一〇	一、二〇	一、二五	一、三二	一、三五
午後	一、一〇	一、一九	一、二八	一、三六	一、五五	二、〇五	二、一〇	二、一七	二、二〇
午後	—	—	—	—	二、四〇	二、五〇	二、五五	三、〇二	三、〇五
午後	—	—	—	—	三、二五	三、三五	三、四〇	三、四七	三、五〇
午後	三、三二	三、四一	三、五〇	三、五八	四、一〇	四、二〇	四、二五	四、三二	四、三五
午後	—	—	—	—	四、五〇	五、〇〇	五、〇五	五、一二	五、一五
午後	—	—	—	—	五、三〇	五、四〇	五、四五	五、五二	五、五五
午後	五、二五	五、三四	五、四三	五、五一	六、一〇	六、二〇	六、二五	六、三二	六、三五
午後	—	—	—	—	七、〇〇	七、一〇	七、一五	七、二三	七、二五
午後	七、一〇	七、一九	七、二八	七、三六	七、五五	八、〇〇	八、〇五	八、一二	八、一五
午後	—	—	—	—	—	—	—	—	—
哩程	〇	二・一	四・六	七・〇	一〇・四	一三・二	一四・三	一六・三	一七・四
賃金	錢	三	七	一〇	一五	一九	二一	二三	二五

(二十九) 神戸、下ノ關間

驛名	神戸發
	—
	—
	—
岡山行	前 四、四五
姫路行	前 六、〇五
姫路行	前 七、一五
急行 下關行	前 八、三五
姫路行	前 八、五〇
糸崎行	前 九、三一
姫路行	前 一〇、三〇
姫路行	前 一一、四〇
明石行	後 一二、三八
急行 下關行	後 一、二〇
姫路行	後 二、一〇
明石行	後 三、一〇
岡山行	後 四、〇五
姫路行	後 五、〇五
姫路行	後 六、〇五
明石行	後 六、五五
急行 下關行	後 七、三五
姫路行	後 八、五五
明石行	後 九、五〇
急行 下關行	後 一一、三〇
哩程	〇
二等賃金	錢 —
三等賃金	錢 —

山陽鐵道

姫路新井間乗替三十頁ヲ見ヨ

岡山市津山間乗替三十一頁ヲ見ヨ

神戸下ノ關間

下リ

兵庫發	鷹取發	須磨發	塩屋發	垂水發	舞子發	明石發	大久保發	土山發	加古川發	寶殿發	曾根發	御着發	姫路着	姫路發	網干發	龍野發	那波發	有年發	上郡發	三石發	吉永發	和氣發	万富發	瀬戸發	長岡發	岡山着	岡山發	庭瀬發	倉敷發	玉島發	金神發	鴨方發	笠岡發	大門發	福山發	松永發	尾道發	糸崎着	糸崎發	三原發	本郷發	河内發	白市發	西條發	八本松發	瀬野發	海田市發	廣島着	廣島發	横川發
｜	｜	｜	｜	｜	｜	｜	｜	｜	｜	｜	｜	｜	｜	｜	｜	｜	｜	｜	｜	｜	｜	｜	｜	｜	｜	｜	前四、四五	五、〇一	五、二四	五、四六	五、五九	六、一五	六、四二	六、五九	七、三〇	七、五三	八、一九	八、三六	九、〇五	九、一五	九、三九	一〇、二二	一〇、三三	一〇、五六	一一、一五	一一、四三	一二、〇三	一二、一六		｜
｜	｜	｜	｜	｜	｜	｜	｜	｜	｜	｜	｜	｜	｜	｜	｜	｜	｜	｜	｜	｜	｜	｜	｜	｜	｜	｜	前七、一〇	七、二七	七、五一	八、一四	八、二七	八、四一	九、〇四	九、二〇	九、四六	一〇、〇八	一〇、三五	一〇、五三	一一、一三	一一、三三	一一、四七	一二、二一	一二、四二	一、〇五	一、二三	二、〇四	二、三四	二、四七		｜
｜	｜	｜	｜	｜	｜	｜	｜	｜	｜	｜	｜	｜	｜	前四、四五	五、〇八	五、二五	五、三八	五、五六	六、一四	六、四八	七、〇四	七、二一	七、五〇	八、〇四	八、二〇	八、三九	八、五四	九、二一	九、三四	九、五六	一〇、〇九	一〇、三四	一〇、四六	一一、二三	一一、四四	一二、一〇	一二、二七	｜	｜	｜	｜	｜	｜	｜	｜	｜	｜	｜	｜	｜
四、五五	五、〇三	五、〇九	五、一六	五、二九	五、四二	五、五六	六、一一	六、二八	六、三六	六、四四	六、五三	七、〇二	七、一四	七、三八	七、五五	八、〇七	八、二五	八、四六	九、一八	九、三八	九、五五	一〇、一四	一〇、二八	一〇、四六	一一、〇〇	｜	｜	｜	｜	｜	｜	｜	｜	｜	｜	｜	｜	｜	｜	｜	｜	｜	｜	｜	｜	｜	｜	｜	前五、三〇	五、四四
六、一五	六、二四	六、三二	六、三八	六、四六	六、五二	七、〇四	七、一九	七、三〇	七、五〇	七、五九	八、〇八	八、一八	八、二六	｜	｜	｜	｜	｜	｜	｜	｜	｜	｜	｜	｜	｜	｜	｜	｜	｜	｜	｜	｜	｜	｜	｜	｜	｜	｜	｜	｜	｜	｜	｜	｜	｜	｜	｜	｜	｜
七、一三	七、二六	七、三〇	七、四三	七、五〇	七、五六	八、〇四	八、一七	八、二八	八、四〇	八、四七	八、五五	九、〇三	九、一〇	｜	｜	｜	｜	｜	｜	｜	｜	｜	｜	｜	｜	｜	｜	｜	｜	｜	｜	｜	｜	｜	｜	｜	｜	｜	｜	｜	｜	｜	｜	｜	｜	｜	｜	｜	前一〇、一五	一〇、二九
八、四二	｜	｜	｜	｜	｜	｜	｜	｜	｜	｜	｜	｜	九、三七	九、四三	｜	｜	｜	｜	一〇、二五	｜	｜	｜	｜	｜	｜	一一、二九	一一、三八	｜	｜	一二、〇九	｜	｜	一二、三三	｜	一二、五一	｜	一、一六	一、二七	一、三四	｜	一、五五	｜	｜	二、四五	二、五六	三、一三	｜	三、三一	三、四二	｜
八、五九	九、〇七	九、一三	九、二〇	九、二七	九、三三	九、四五	九、五九	一〇、一三	一〇、二九	一〇、三七	一〇、四五	一〇、五四	一一、〇三	｜	｜	｜	｜	｜	｜	｜	｜	｜	｜	｜	｜	｜	｜	｜	｜	｜	｜	｜	｜	｜	｜	｜	｜	｜	｜	｜	｜	｜	｜	｜	｜	｜	｜	｜	後一、三三	一、四五
九、四二	九、四八	九、五四	一〇、〇一	一〇、〇八	一〇、一四	一〇、二六	一〇、四〇	一〇、五三	一一、〇九	一一、一七	一一、二五	一一、三四	一一、四二	一一、五六	一二、一七	一二、三三	一二、四三	一二、五九	一、一九	一、五二	二、〇七	二、二六	二、四三	二、五二	三、〇八	三、二一	三、三四	三、四七	四、〇七	四、二九	四、四一	五、〇〇	五、二三	五、五一	六、一〇	六、三一	六、五五	七、一二	｜	｜	｜	｜	｜	｜	｜	｜	｜	｜	｜	｜
一〇、三九	一〇、四七	一〇、五三	一一、〇〇	一一、〇七	一一、一三	一一、二五	一一、三九	一一、五三	一二、〇九	一二、一七	一二、二五	一二、三四	一二、四二	｜	｜	｜	｜	｜	｜	｜	｜	｜	｜	｜	｜	｜	｜	｜	｜	｜	｜	｜	｜	｜	｜	｜	｜	｜	後二、四五	二、五五	三、二八	三、五八	四、二四	四、四七	五、〇五	五、三三	五、五三	六、〇六	六、二一	六、三五
一一、四九	一一、五七	一二、〇三	一二、一〇	一二、一七	一二、二三	一二、三五	一二、四九	一、〇三	一、一九	一、二七	一、三五	一、四四	一、五三	｜	｜	｜	｜	｜	｜	｜	｜	｜	｜	｜	｜	｜	後一二、二〇	一二、三六	一、〇〇	一、二三	一、三六	一、五〇	二、一四	二、三一	二、五五	三、一八	四、〇五	四、三三	四、四九	四、五九	五、二四	五、五四	六、一六	六、三九	六、五七	七、二四	七、四五	七、五八	八、一五	八、二八
｜	一二、四七	一二、五五	一、〇一	一、〇八	一、一五	一、二一	一、二九	｜	｜	｜	｜	｜	｜	前一〇、一〇	一〇、三四	一〇、五一	一一、〇七	一一、二六	一一、四四	一二、一七	一二、四一	一二、五七	一、一六	一、三〇	一、五一	二、〇五	｜	｜	｜	｜	｜	｜	｜	｜	｜	｜	｜	｜	｜	｜	｜	｜	｜	｜	｜	｜	｜	｜	｜	｜
一、二七	｜	｜	｜	｜	一、五〇	一、五八	二、一〇	二、二〇	二、三一	｜	二、四三	｜	二、五六	三、〇六	三、二〇	三、三〇	[illegible]	[illegible]	四、〇二	四、二二	四、三五	四、四六	四、五五	五、〇八	五、二一	五、三二	五、四三	五、五四	六、〇八	六、二三	｜	六、四一	六、五五	｜	七、一九	七、三五	七、五〇	八、〇二	八、一〇	八、一六	八、三四	八、五六	｜	九、三一	九、四三	一〇、〇五	一〇、一八	一〇、二八	一〇、三七	一〇、四[illegible]
二、二九	二、三七	二、四三	二、五〇	二、五七	三、〇三	三、一五	三、二九	三、四三	三、五九	四、〇七	四、一五	四、二四	四、三三	｜	｜	｜	｜	｜	｜	｜	｜	｜	｜	｜	｜	｜	｜	｜	｜	｜	｜	｜	｜	｜	｜	｜	｜	｜	｜	｜	｜	｜	｜	｜	｜	｜	｜	｜	｜	｜
三、一八	三、二五	三、三一	三、三八	三、四[illegible]	三、五一	三、五八	｜	｜	｜	｜	｜	｜	｜	｜	｜	｜	｜	｜	｜	｜	｜	｜	｜	｜	｜	｜	｜	｜	｜	｜	｜	｜	｜	｜	｜	｜	｜	｜	｜	｜	｜	｜	｜	｜	｜	｜	｜	｜	後四、一〇	四、二九
四、一四	四、二三	四、二八	四、三五	四、四二	四、四八	五、〇〇	五、一四	五、二八	五、四四	五、五二	六、〇〇	六、〇九	六、一七	六、三三	六、五六	七、二二	七、三一	七、四七	八、〇四	八、四〇	八、五〇	九、一〇	九、二六	九、三八	九、五四	一〇、〇七	｜	｜	｜	｜	｜	｜	｜	｜	｜	｜	｜	｜	｜	｜	｜	｜	｜	｜	｜	｜	｜	｜	｜	｜
五、一三	五、一九	五、二四	五、三〇	五、三六	五、四二	五、五三	六、〇七	六、二一	六、三七	六、四五	六、五三	七、〇二	七、一〇	｜	｜	｜	｜	｜	｜	｜	｜	｜	｜	｜	｜	｜	後七、四〇	七、五八	八、二一	八、四三	八、五六	九、〇九	九、三三	九、四八	一〇、〇九	一〇、三二	一一、〇二	一一、一九	｜	｜	｜	｜	｜	｜	｜	｜	｜	｜	｜	｜
六、一三	六、一九	六、二四	六、三[illegible]	六、三六	六、四二	六、五三	七、〇七	七、二一	七、三七	七、四五	七、五三	八、〇二	八、一〇	｜	｜	｜	｜	｜	｜	｜	｜	｜	｜	｜	｜	｜	｜	｜	｜	｜	｜	｜	｜	｜	｜	｜	｜	｜	｜	｜	｜	｜	｜	｜	｜	｜	｜	｜	｜	｜
七、〇四	七、一二	七、一八	七、二五	七、三三	七、三八	七、四六	｜	｜	｜	｜	｜	｜	｜	｜	｜	｜	｜	｜	｜	｜	｜	｜	｜	｜	｜	｜	｜	｜	｜	｜	｜	｜	｜	｜	｜	｜	｜	｜	｜	｜	｜	｜	｜	｜	｜	｜	｜	｜	｜	｜
七、四〇	｜	七、五一	｜	｜	｜	八、一〇	｜	八、三〇	八、四一	｜	｜	｜	九、〇四	九、一四	九、二八	九、三八	｜	｜	｜	一〇、〇七	一〇、三〇	｜	一〇、四八	｜	｜	一一、二八	一一、四〇	一一、五一	一二、〇六	一二、二四	｜	一二、四二	一二、五六	｜	一、一九	｜	一、四八	二、〇〇	二、〇七	｜	二、三〇	｜	｜	三、二四	三、三六	三、五八	｜	四、一九	四、二七	｜
九、〇四	九、一二	九、一八	九、二五	九、三三	九、三八	九、五〇	一〇、〇四	一〇、一八	一〇、三四	一〇、四二	一〇、五〇	一〇、五九	一一、〇七	｜	｜	｜	｜	｜	｜	｜	｜	｜	｜	｜	｜	｜	｜	｜	｜	｜	｜	｜	｜	｜	｜	｜	｜	｜	｜	｜	｜	｜	｜	｜	｜	｜	｜	｜	｜	｜
九、五九	一〇、〇七	一〇、一三	一〇、二〇	一〇、二七	一〇、三三	一〇、四一	｜	｜	｜	｜	｜	｜	｜	｜	｜	｜	｜	｜	｜	｜	｜	｜	｜	｜	｜	｜	｜	｜	｜	｜	｜	｜	｜	｜	｜	｜	｜	｜	｜	｜	｜	｜	｜	｜	｜	｜	｜	｜	｜	｜
一一、三六	｜	一一、四五	｜	｜	｜	一二、〇四	｜	｜	一二、三三	｜	｜	｜	一二、五六	一、〇六	｜	一、二七	｜	｜	｜	一、五六	二、二二	｜	二、三九	｜	｜	三、一九	三、三〇	｜	三、五三	四、〇八	｜	四、二六	四、四〇	｜	五、〇三	五、二一	五、三六	五、四八	六、〇九	六、一五	六、三三	六、五五	七、一三	七、三二	七、四二	八、〇六	八、一九	八、二九	八、三九	八、四六
一・二	三・一	四・四	六・五	八・一	九・二	一一・七	一五・七	二〇・〇	二四・二	二六・二	二八・六	三一・三	三四・〇		四〇・三	四四・一	四六・七	五一・五	五五・五	六三・五	六八・〇	七一・二	七六・五	七九・四	八四・四	八九・〇		九三・一	九九・〇	一〇四・六	一〇八・五	一一〇・七	一一六・二	一二〇・五	一二五・三	一三三・〇	一三七・七	一四三・四		一四五・〇	一五一・二	一五八・七	一六四・三	一七〇・〇	一七三・五	一八〇・二	一八五・六	一八九・六		一九一・四
〇・〇四	〇・〇九	〇・一三	〇・一八	〇・二三	〇・二八	〇・三五	〇・四二	〇・五三	〇・六五	〇・七〇	〇・七七	〇・八四	〇・八八		〇・九〇	〇・九九	一・〇七	一・一七	一・二六	一・四四	一・五三	一・六一	一・七三	一・七七	一・七九	一・八〇		一・九一	二・〇四	二・一〇	二・一二	二・一二	二・二一	二・二三	二・二三	二・二四	二・二五	二・三七		二・四〇	二・五四	二・七〇	二・八二	二・九四	二・九九	二・九九	二・九九	三・〇〇		三・〇五
〇・〇二	〇・〇五	〇・〇七	〇・一〇	〇・一四	〇・一八	〇・二四	〇・三〇	〇・三七	〇・四四	〇・四八	〇・五二	〇・五六	〇・五八		〇・六〇	〇・六六	〇・七一	〇・七八	〇・八四	〇・九六	一・〇二	一・〇七	一・一五	一・一八	一・一九	一・二〇		一・二七	一・三六	一・四〇	一・四一	一・四一	一・四七	一・四八	一・四八	一・四九	一・五〇	一・五八		一・六〇	一・六九	一・八〇	一・八八	一・九六	一・九九	一・九九	一・九九	二・〇〇		二・〇三

神戸下ノ關間

下ノ關神戸間

下リ

驛名													德山行	急 京都行				廣島行	三田尻行	急 大垣行	[illegible]行	急 大垣行	急 京都行	哩程	二等賃金	三等賃金
己斐發	｜	｜	｜	六、〇一	｜	一〇、四三	三、三三	一、五八	｜	六、四九	八、四一	｜	一〇、五三	｜	四、[illegible]	｜	｜	｜	｜	四、四〇	｜	｜	八、五四	一九三・一	三・〇九	二・〇六
五日市發	｜	｜	｜	六、一七	｜	一〇、五八	｜	二、一三	｜	七、〇四	八、五六	｜	｜	｜	五、二一	｜	｜	｜	｜	｜	｜	｜	九、〇四	一九七・二	三・一四	二・〇九
廿日市發	｜	｜	｜	六、三〇	｜	一一、一一	｜	二、二五	｜	七、二三	九、〇七	｜	一一、〇九	｜	五、三六	｜	｜	｜	｜	｜	｜	｜	九、一三	一九九・二	三・一四	二・〇九
宮島發	｜	｜	｜	六、四七	｜	一一、三〇	四、一三	二、四一	｜	七、三九	九、二〇	｜	一一、一九	｜	六、〇〇	｜	｜	｜	｜	五、〇五	｜	｜	九、二三	二〇三・二	三・一五	二・一〇
玖波發	｜	｜	｜	七、〇六	｜	一一、五三	｜	三、〇五	｜	八、〇〇	｜	｜	｜	｜	六、二五	｜	｜	｜	｜	五、二〇	｜	｜	九、三六	二〇九・三	三・二九	二・一九
大竹發	｜	｜	｜	七、二五	｜	一二、〇八	｜	三、一九	｜	八、一五	｜	｜	｜	｜	六、五二	｜	｜	｜	｜	｜	｜	｜	九、四四	二一二・一	三・二九	二・一九
岩國發	｜	｜	｜	七、四二	｜	一二、三四	四、四二	三、三五	｜	八、三二	｜	｜	一一、五〇	｜	七、一五	｜	｜	｜	｜	五、三九	｜	｜	九、五六	二一五・三	三・三〇	二・二〇
藤生發	｜	｜	｜	七、五九	｜	一二、四八	｜	三、五一	｜	八、四八	｜	｜	｜	｜	七、三六	｜	｜	｜	｜	｜	｜	｜	一〇、〇七	二一九・七	三・四一	二・二七
由宇發	｜	｜	｜	八、一八	｜	一、〇三	｜	四、一〇	｜	九、〇七	｜	｜	｜	｜	七、五八	｜	｜	｜	｜	｜	｜	｜	一〇、一九	二二五・〇	三・五一	二・三四
大島發	｜	｜	｜	八、四二	｜	一、二五	｜	四、三三	｜	九、三一	｜	｜	一二、二五	｜	八、二六	｜	｜	｜	｜	｜	｜	｜	一〇、三四	二三一・三	三・五一	二・三四
柳井津着	｜	｜	｜	八、五七	｜	一、三八	五、一八	四、四七	｜	九、四六	｜	｜	一二、三六	｜	八、四二	｜	｜	｜	｜	六、二三	｜	｜	一〇、四五	二三六・〇	三・五三	二・三五
柳井津發	｜	前五、〇〇	｜	九、〇七	｜	一、五三	五、三三	｜	｜	｜	｜	｜	一二、四三	後六、二〇	｜	｜	｜	｜	｜	六、三四	｜	｜	一〇、五二	｜	｜	｜
田布施發	｜	五、一六	｜	九、二〇	｜	二、〇六	｜	｜	｜	｜	｜	｜	｜	六、三五	｜	｜	｜	｜	｜	｜	｜	｜	一一、〇三	二三九・七	三・六二	二・四一
岩田發	｜	五、三一	｜	九、三四	｜	二、一九	｜	｜	｜	｜	｜	｜	｜	六、五〇	｜	｜	｜	｜	｜	｜	｜	｜	｜	二四三・二	三・六九	二・四六
島田發	｜	五、四七	｜	九、四六	｜	二、三一	｜	｜	｜	｜	｜	｜	｜	七、〇五	｜	｜	｜	｜	｜	｜	｜	｜	一一、三〇	二四六・三	三・七四	二・四九
下松發	｜	六、一五	｜	一〇、一一	｜	二、五四	｜	｜	｜	｜	｜	｜	一、二四	七、三〇	｜	｜	｜	｜	｜	七、一五	｜	｜	一一、四六	二五三・二	三・七四	二・四九
德山發	｜	六、三六	｜	一〇、三三	｜	三、一四	六、二[illegible]	｜	｜	｜	｜	｜	一、三九	七、五一	｜	｜	｜	｜	｜	七、三〇	｜	｜	一二、〇一	二五八・一	三・七五	二・五〇
福川發	｜	六、五七	｜	一〇、五七	｜	三、二八	｜	｜	｜	｜	｜	｜	｜	八、〇八	｜	｜	｜	｜	｜	七、四一	｜	｜	一二、一二	二六二・四	三・八六	二・五七
富海發	｜	七、二四	｜	一一、二四	｜	四、〇一	｜	｜	｜	｜	｜	｜	｜	八、三七	｜	｜	｜	｜	｜	｜	｜	｜	一二、三一	二七〇・一	三・八九	二・五九
三田尻着	｜	七、三八	｜	一一、三八	｜	四、一四	六、四六	｜	｜	｜	｜	｜	二、一五	八、五一	｜	｜	｜	｜	｜	八、〇八	｜	｜	一二、四一	二七四・五	三・九〇	二・六〇
三田尻發	前五、〇〇	｜	一〇、二五	｜	後二、〇〇	四、三〇	六、五六	｜	｜	｜	｜	｜	二、二五	｜	｜	｜	｜	｜	｜	八、一八	｜	｜	一二、五六	｜	｜	｜
大道發	五、一七	｜	一〇、四三	｜	二、一八	四、四八	｜	｜	｜	｜	｜	｜	｜	｜	｜	｜	｜	｜	｜	八、三〇	｜	｜	一、〇八	二七九・四	四・〇三	二・六八
小郡發	五、四三	｜	一一、〇九	｜	二、四四	五、一四	七、二〇	｜	｜	｜	｜	｜	二、五三	｜	｜	｜	｜	｜	｜	八、四七	｜	｜	一、二五	二八五・六	四・一六	二・七七
嘉川發	五、五五	｜	一一、二三	｜	三、〇六	五、二八	｜	｜	｜	｜	｜	｜	｜	｜	｜	｜	｜	｜	｜	八、五五	｜	｜	一、三三	二八八・一	四・二三	二・八一
阿知須發	六、〇八	｜	一一、四〇	｜	三、二〇	五、四二	｜	｜	｜	｜	｜	｜	｜	｜	｜	｜	｜	｜	｜	九、〇四	｜	｜	一、四二	二九一・〇	四・二八	二・八五
船木發	六、三三	｜	一二、〇五	｜	三、四五	六、〇九	｜	｜	｜	｜	｜	｜	｜	｜	｜	｜	｜	｜	｜	九、三〇	｜	｜	二、〇〇	二九七・三	四・四三	二・九五
小野田發	六、五四	｜	一二、三三	｜	四、〇九	六、三一	｜	｜	｜	｜	｜	｜	三、四一	｜	｜	｜	｜	｜	｜	九、四六	｜	｜	二、一九	三〇三・五	四・四七	二・九八
厚狭發	七、一四	｜	一二、五二	｜	四、二九	六、四九	｜	｜	｜	｜	｜	｜	三、五二	｜	｜	｜	｜	｜	｜	九、五七	｜	｜	二、三〇	三〇七・四	四・四七	二・九八
埴生發	七、三五	｜	一、一三	｜	五、〇五	七、〇九	｜	｜	｜	｜	｜	｜	｜	｜	｜	｜	｜	｜	｜	一〇、一四	｜	｜	二、四七	三一二・五	四・四七	二・九八
小月發	七、五四	｜	一、三六	｜	五、二四	七、二六	｜	｜	｜	｜	｜	｜	四、一九	｜	｜	｜	｜	｜	｜	一〇、二五	｜	｜	二、五八	三一六・四	四・四七	二・九八
長府發	八、三〇	｜	一、五六	｜	五、四五	七、四三	八、四六	｜	｜	｜	｜	｜	四、三三	｜	｜	｜	｜	｜	｜	一〇、三九	｜	｜	三、一二	三二〇・三	四・四九	二・九九
一ノ宮發	八、四五	｜	二、一一	｜	六、〇〇	八、〇五	｜	｜	｜	｜	｜	｜	｜	｜	｜	｜	｜	｜	｜	一〇、五〇	｜	｜	三、二三	三二三・六	四・四九	二・九九
幡生發	九、〇四	｜	二、二四	｜	六、一三	八、一九	｜	｜	｜	｜	｜	｜	｜	｜	｜	｜	｜	｜	｜	一一、〇〇	｜	｜	三、三三	三二六・五	四・四九	二・九九
下ノ關着	九、一四	｜	二、三四	｜	六、三三	八、二九	九、一〇	｜	｜	｜	｜	｜	五、〇〇	｜	｜	｜	｜	｜	｜	一一、〇八	｜	｜	三、四一	三二九・三	四・五〇	三・〇〇

上リ

驛名													德山行	急 京都行				廣島行	三田尻行	急 大垣行	[illegible]行	急 大垣行	急 京都行	哩程	二等賃金	三等賃金
下ノ關發	｜	｜	｜	｜	｜	｜	｜	｜	｜	｜	｜	｜	前五、二五	前八、〇五	｜	｜	｜	前八、五五	前一〇、四五	後一二、五〇	後三、五〇	後七、四三	後一一、四〇	〇	錢	錢
幡生發	｜	｜	｜	｜	｜	｜	｜	｜	｜	｜	｜	｜	五、三八	｜	｜	｜	｜	九、一〇	一〇、五九	一、〇〇	四、〇二	七、五三	｜	二・六	六	四
一ノ宮發	｜	｜	｜	｜	｜	｜	｜	｜	｜	｜	｜	｜	五、五二	｜	｜	｜	｜	九、二三	一一、一一	一、一一	四、一六	｜	｜	五・三	一四	九
長府發	｜	｜	｜	｜	｜	｜	｜	｜	｜	｜	｜	｜	六、〇九	八、三三	｜	｜	｜	九、三七	一一、二七	一、二六	四、三三	前八、一七	一二、一三	八・六	二一	一四
小月發	｜	｜	｜	｜	｜	｜	｜	｜	｜	｜	｜	｜	六、二七	｜	｜	｜	｜	九、五四	一一、四〇	一、三七	四、五一	八、三四	一二、二三	一三・五	二九	一九
埴生發	｜	｜	｜	｜	｜	｜	｜	｜	｜	｜	｜	｜	六、四四	｜	｜	｜	｜	一〇、一五	一一、五四	一、四九	五、一〇	八、四五	｜	一六・四	三八	二五
厚狭發	｜	｜	｜	｜	｜	｜	｜	｜	｜	｜	｜	｜	七、〇九	｜	｜	｜	｜	一〇、三七	一二、一一	二、〇六	五、三三	九、〇〇	一二、五〇	二一・六	五〇	三三
小野田發	｜	｜	｜	｜	｜	｜	｜	｜	｜	｜	｜	｜	七、二七	｜	｜	｜	｜	一〇、五三	一二、二六	二、二〇	五、四九	九、一一	｜	二五・四	五九	三九
船木發	｜	｜	｜	｜	｜	｜	｜	｜	｜	｜	｜	｜	七、四九	｜	｜	｜	｜	一一、一六	一二、五一	二、三六	六、一四	九、二四	｜	三一・六	七二	四八
阿知須發	｜	｜	｜	｜	｜	｜	｜	｜	｜	｜	｜	｜	八、一三	｜	｜	｜	｜	一一、三八	一、一四	二、五四	六、三八	九、三九	一、三三	三八・一	八七	五八
嘉川發	｜	｜	｜	｜	｜	｜	｜	｜	｜	｜	｜	｜	八、二六	｜	｜	｜	｜	一一、四八	一、三五	三、〇三	六、五二	九、四八	｜	四一・〇	九三	六三
小郡發	｜	｜	｜	｜	｜	｜	｜	｜	｜	｜	｜	｜	八、四六	九、五七	｜	｜	｜	一二、〇二	一、五一	三、一三	七、三三	九、五七	一、五〇	四三・四	圓 九九	六六
大道發	｜	｜	｜	｜	｜	｜	｜	｜	｜	｜	｜		九、〇八	｜	｜	｜	｜	一二、二一	二、一六	三、二八	七、四四	一〇、一三	｜	四九・五	一・一三	七五
三田尻着	｜	｜	｜	｜	｜	｜	｜	｜	｜	｜	廣島行	｜	九、二三	一〇、二〇	｜	｜	｜	一二、三五	二、三一	三、三九	七、五九	一〇、二三	二、一六	五四・四	一・二三	八二
三田尻發	｜	｜	｜	｜	｜	｜	｜	｜	｜	｜	前六、一五	｜	九、三七	一〇、二八	｜	｜	｜	一二、五〇	｜	三、四九	八、一四	一〇、三三	二、二七	｜	｜	｜

岡山市津山間乘替三十一頁ヲ見ヨ

上リ

驛名（右ヨリ）：富海發　福川發　徳山發　下松發　島田發　岩田發　田布施發　柳井津着　柳井津發　大畠發　由宇發　藤生發　岩國發　大竹發　玖波發　宮島發　廿日市發　五日市發　己斐發　横川發　廣島着　廣島發　海田市發　瀬野發　八本松發　西條發　白市發　河内發　本郷發　三原發　糸崎着　糸崎發　尾道發　松永發　福山發　大門發　笠岡發　鴨方發　玉島發　金神發　倉敷發　庭瀬發　岡山着　岡山發　長岡發　瀬戸發　萬富發　和氣發　吉永發　三石發　上郡發

列	時刻（右ヨリ）
1	｜
2	｜
3	｜
4	前 神戸行　四、五五　五、一一　五、三一　五、四三　六、〇六　六、三〇　六、四三　七、一三
5	前　六、二〇　六、四〇　七、〇九　七、三六　七、五三　八、一三　八、三六　八、四六　九、〇二　九、三〇　九、五一　一〇、〇四
6	｜
7	前 神戸行　八、一〇　八、二八　八、四六　八、五六　九、一六　九、三三　九、五三　一〇、二六
8	｜
9	前 姫路行　八、〇〇　八、二一　八、四五　九、一八　九、三四　九、五四　一〇、一六　一〇、四三　一一、〇六　一一、一二　一一、三六　一二、〇二　一二、三三　一二、五三　一、〇九　一、二九　一、五一　二、〇一　二、一六　二、三九　三、〇〇　三、一三　三、二八　三、四四　四、〇四　四、一六　四、四六　五、〇〇　五、二一　五、五〇
10	前 岡山行　五、五〇　六、一三　六、三四　六、五三　七、一三　七、二七　七、四二　八、〇四　八、二三　八、三三　八、五七　九、一〇　九、一八　九、五〇　一〇、〇八　一〇、三一　一一、一〇　一一、二七　一一、四八　一二、一五　一二、四三　一、〇六　一、一三　一、三九　二、〇四　二、二五　二、五一　三、〇八　三、二八　三、五〇　四、〇〇　四、二五　四、四三　五、〇一　五、一三
11	六、三一　七、〇〇　七、二六　七、四六　八、一二　八、二六　八、四〇　八、五二　九、〇三　九、二一　九、四二　一〇、〇九　一〇、二九　一〇、四五　一〇、五八　一一、二六　一一、四三　一一、五三　一二、一三　一二、二六　一二、三四
12	前　一〇、一〇　一〇、四〇　一一、〇七　一一、二九　一一、四五　／　前 京都行 急行　一〇、二〇　一〇、四三　一一、〇〇　一一、一三　一一、三七　一一、五四　一二、二一　一二、二九　一二、四〇　一二、五七　一、一三　一、二四　一、三五　一、四八　二、〇三　二、一三　二、三三　二、四三　三、〇三　三、二八
13	九、五三　一〇、一七　一〇、三二
14	二、〇七　一二、五〇　一二、五五　一二、三六　一、〇一　一、二三　一、三三　一、三九　二、〇三　二、三一　二、四六　三、一七　三、四三　三、五〇　四、〇四　四、二九　四、四八　五、一三　五、四三　五、五二　六、五七
15	後 岡山行　二、二〇　二、四〇　三、一五　三、五〇　四、〇六　四、二九　四、五九　五、二〇　五、四四　五、五〇　六、三〇　七、〇二　七、三七　八、〇三　八、二〇　八、四〇　九、〇五　九、一五　九、三一　九、五五　一〇、一七　一〇、三〇
16	後 廣島行　一二、五三　一、一一　一、二八　一、五三　二、二一　二、三一　二、五四　三、一〇　三、一九
17	前　一一、一三　一一、四〇　一二、一三　一二、二七　一二、四三　一二、五四　一、〇九　一、三〇　一、五三　二、一二　二、三六　二、五三　三、一〇　三、三四　四、〇六　四、一六　四、三七　四、五〇　五、一八　五、三一　五、五〇　六、一三　六、三三　七、一三　七、三〇　七、五二　八、三三　八、五九　九、〇二
18	一、〇四　一、二九　一、四八　二、〇六　二、三〇　二、四二　二、五六　三、〇八　三、二九　三、四九　四、一四　四、五三　五、一三　五、二八　五、四〇　六、〇二　六、二〇　六、三〇　六、五〇　七、〇三　七、一一　／　後　六、五〇　七、〇六　七、二六　七、三八　八、〇〇　八、一四　八、三六　九、〇五
19	後　四、二五　四、四九　五、一〇　五、三五　五、五五　六、一五　六、三九　六、四九　七、〇五　七、二八　七、五五　八、〇八
20	四、〇〇　四、一九　四、三五　四、四二　五、〇二　五、一二　五、三一　五、四一　五、四八　六、〇〇　六、一五　六、二七　六、四一　六、五〇　六、五八　七、一八　七、二三　七、三〇　七、四一　七、四八　七、五四　八、一四　八、二五　八、四三　九、一四　九、二八　九、四三　九、五八　一〇、一九　一〇、三四　一〇、三九　一〇、四七　一一、〇一　一一、二九　一一、五三　一二、〇九　一二、二六　一二、四一　一、〇三　一、一四　一、五六　二、三〇　二、四〇
21	八、二三　九、〇〇　九、二〇　九、五九　一〇、〇三　一〇、一八　一〇、三一　一〇、四三　／　後　九、四五　一〇、〇一　一〇、一一　一〇、二九　一〇、四六　一〇、五四
22	一〇、四三　一一、〇四　一一、二五　一二、〇〇　一二、一一　一二、二六　一、〇三　一、一三　一、五七　二、〇八　二、一八　二、四三　三、一五　三、二七　四、一四　四、一九　四、三四　四、四六　五、〇〇　五、一八　五、三四　五、五七　六、一四　六、二九　六、四四　六、五八　七、〇八　七、二〇　七、四三　八、〇三　八、二五　八、四五
23	三、二〇　三、三五　四、〇三　四、一三　四、五九　五、〇八　五、一八　五、三三　五、四三　六、〇六　六、一三　六、二五　六、三六　六、五三　七、一三　七、三五　七、五〇 ［illegible］
24	五九・〇　六六・五　七一・〇　七五・七　八二・六　八五・七　八九・三　九三・一　｜　九七・六　一〇四・一　一〇九・六　一一三・六　一一七・〇　一一九・六　一二六・〇　一二九・七　一三一・七　一三六・〇　一三七・五　一三九・三　｜　一四三・三　一四八・七　一五五・四　一五九・二　一六四・六　一七〇・三　一七七・七　一八四・二　一八五・六　｜　一九一・三　一九七・二　二〇三・六　二〇八・四　二一三・七　二一八・三　二二四・三　二三〇・一　二三六・〇　二四〇・一　｜　二四四・五　二四九・五　二五二・四　二五七・七　二六一・一　二六五・四　二七三・四
25	一・三四　一・五〇　一・五〇　一・六二　一・七一　一・七一　一・七一　一・七三　｜　一・八三　一・九四　一・九四　一・九五　二・〇三　二・〇九　二・一〇　二・一九　二・二三　二・二四　二・二四　二・二五　｜　二・三四　二・四八　二・六一　二・七〇　二・八二　二・九六　二・九九　二・九九　二・九九　｜　三・〇〇　三・一四　三・二九　三・三九　三・五〇　三・六二　三・七五　三・七五　三・八九　四・〇一　四・二一　｜　四・二〇　四・三一　四・三八　四・四三　四・四三　四・四三　四・四四
26	・八九　一・〇〇　一・〇〇　一・〇八　一・一四　一・一四　一・一四　一・一五　｜　一・二二　一・二九　一・二九　一・三〇　一・三五　一・四〇　一・四六　一・四八　一・四九　一・四九　一・五〇　｜　一・五六　一・六五　一・七四　一・八〇　一・八八　一・九七　一・九九　一・九九　一・九九　｜　二・〇〇　二・〇九　二・一九　二・二六　二・三三　二・四一　二・五〇　二・五〇　二・五九　二・六七　二・七四　｜　二・八〇　二・八八　二・九二　二・九五　二・九五　二・九五　二・九六

姫路新井間乗替下ノ欄ヲ見ヨ

（三十）姫路、新井間

◉姫路新井間

上リ

午前・午後	有年發	那波發	龍野發	網干發	姫路着	姫路發	御着發	曾根發	寶殿發	加古川發	土山發	大久保發	明石發	舞子發	垂水發	鹽屋發	須磨發	鷹取發	兵庫發	神戸着
前	—	—	—	—	—	五、三〇	五、三九	五、四八	五、五六	六、〇七	六、二二	六、三五	六、五一	七、〇〇	七、〇六	七、一三	七、二〇	七、二六	七、三六	七、四三
前 大坂行	—	—	—			六、四五	六、五四	七、〇三	七、一一	七、二〇	七、三三	七、四六	八、〇三	八、一〇	八、一六	八、二三	八、二八	八、三三	八、四一	八、四六
前 馬場行	—	—	—			七、三五	七、四四	七、五三	八、〇一	八、一二	八、二五	八、三八	八、五四	九、〇三	九、〇九	九、一六	九、二三	九、二九	九、三八	九、四三
	七、二七	七、四五	八、〇一	八、一七	八、三六	八、五〇	八、五八	九、〇六	九、一四	九、二三	九、三四	九、四五	九、五八	一〇、〇六	一〇、一二	一〇、一九	一〇、二六	一〇、三三	一〇、四一	一〇、四六
前	—	—	—	—	—	一〇、一〇	一〇、二〇	一〇、三〇	一〇、三九	一〇、五〇	一一、〇五	一一、一九	一一、三五	一一、四四	一一、五二	一一、五九	一二、〇七	一二、一四	一二、二五	一二、三二
前	—	—	—	—	—	一一、〇五	一一、一四	一一、二三	一一、三一	一一、四二	一一、五六	一二、〇九	一二、二五	一二、三四	一二、四〇	一二、四七	一二、五四	一、〇〇	一、一〇	一、一六
	一〇、三九	一一、〇一	一一、一五	一一、三〇	一一、四七	一二、〇五	一二、一四	一二、二三	一二、三一	一二、四二	一二、五六	一、〇九	一、二五	一、三四	一、四〇	一、四七	一、五四	二、〇〇	二、一〇	二、一六
後	—	—	—	—	—	—	—	—	—	—	—	—	一、五五	二、〇四	二、一〇	二、一七	二、二四	二、三〇	二、四〇	二、四六
後 急行 馬場行	六、〇五	六、二三	六、三七	六、五四	七、一三	—	—	—	—				四、一〇	四、一八	四、二四	四、三一	四、三八	四、四四	四、五二	四、五七
後	—	—	—	—	—	一、一〇	一、一九	一、二八	一、三六	一、四七	二、〇一	二、一四	二、三〇	二、三九	二、四五	二、五二	二、五九	三、〇五	三、一六	三、二三
後	—	—	—	—	—	三、三〇	三、三九	三、四八	三、五六	四、〇七	四、二一	四、三四	四、五〇	四、五九	五、〇五	五、一三	五、一九	五、二五	五、三五	五、四一
	三、五三	四、〇六	四、一七	四、二八	四、四三	四、五七	五、〇五	五、一三	五、二一	五、二八	五、四〇	五、五一	六、〇七	六、一五	六、二一	六、二八	六、三五	六、四一	六、五〇	六、五五
後 急行 大坂行	—	—	—			六、〇〇	六、〇八	六、一六	六、二四	六、三一	六、四三	六、五四	七、〇七	七、一五	七、二一	七、二八	七、三五	七、四一	七、五〇	七、五五
	—	—	—	—	七、三六	七、四五	—	—	—	—	—	—	—	—	—	—	—	—	八、四五	八、五〇
後	—	—	—	—	—	—	—	—	—	—	—	—	八、三五	八、四四	八、五〇	八、五七	九、〇四	九、一〇	九、二〇	九、二六
後 大坂行	—	—	—			八、四〇	八、四九	八、五八	九、〇六	九、一七	九、三一	九、四四	一〇、〇〇	一〇、〇九	一〇、一五	一〇、二二	一〇、二九	一〇、三五	一〇、四五	一〇、五一
後	—	—	—	—	—	—	—	—	—	—	—	—	一一、〇〇	一一、〇九	一一、一五	一一、二二	一一、二九	一一、三五	一一、四五	一一、五一
	九、二〇	九、四六	一〇、〇一	一〇、一六	一〇、三五	┃	—	—	—	—	—	—	—	—	—	—	—	—	—	—
	—	—	—	—	—	—	—	—	—	—	—	—	—	—	—	—	—	—	—	—
	—	—	三、〇七	—	三、二七	三、三五	—	—	—	三、五九	—	—	四、二六	—	—	—	—	—	四、五五	五、〇〇
	—	—	—	—	—	—	—	—	—	—	—	—	—	—	—	—	—	—	—	—
	—	九、〇五	九、一四	九、二四	九、三七	九、四七	—	—	—	一〇、二一	一〇、三三	—	一〇、四三	一〇、五〇	—	—	一一、〇四	—	一一、一七	一一、二三
	一、三〇	一、四三	一、五三	二、〇三	二、一五	二、三二	—	二、四六	—	二、五九	三、一〇	三、二〇	三、三三	三、四一	三、四七	—	三、五八	—	四、一二	四、一六
	二七七・五	二八二・二	二八五・一	二八八・六	二九五・一	—	二九七・六	三〇〇・三	三〇二・七	三〇四・七	三〇九・二	三一三・三	三一七・二	三一九・七	三二一・〇	三二三・七	三二四・五	三二六・〇	三二八・一	三二九・三
	四・四四	四・四四	四・四四	四・四四	四・四六	—	四・四六	四・四六	四・四六	四・四七	四・四七	四・四七	四・四九	四・四九	四・四九	四・四九	四・四九	四・四九	四・五〇	四・五〇
	二・九六	二・九六	二・九六	二・九六	二・九七	—	二・九七	二・九七	二・九七	二・九八	二・九八	二・九八	二・九九	二・九九	二・九九	二・九九	二・九九	二・九九	三・〇〇	三・〇〇

下リ

午前・午後	姫路發	京口發	野里發	仁豐野發	香呂發	溝口發	福崎發	甘地發	鶴居發	寺前發	長谷發	生野着	生野發	新井着
午前	五、三〇	五、三六	五、四四	五、五三	六、〇一	六、〇七	六、一七	六、二五	六、三六	六、五二	七、〇八	七、二七	七、三七	八、〇三
午前	—	—	—	—	—	—	—	—	—	—	—	—	—	—
午前	八、三九	八、四六	八、五四	九、〇三	九、一一	九、一七	九、二七	九、三五	九、四六	一〇、〇四	一〇、二〇	一〇、三九	一〇、四七	一一、一三
午前	—	—	—	—	—	—	—	—	—	—	—	—	—	—
午前	九、五三	九、五九	一〇、〇六	一〇、一四	一〇、二三	一〇、二九	一〇、四〇	一〇、四八	一〇、五七	一一、一五	一一、三一	一一、五〇	一二、〇一	一二、二六
午前	—	—	—	—	—	—	—	—	—	—	—	—	—	—
午前	一一、三五	一一、四三	一一、五二	一二、〇一	一二、〇九	一二、一五	一二、二六	一二、三四	一二、四七	一、〇五	一、二一	一、四〇	一、五〇	二、一五
午前	—	—	—	—	—	—	—	—	—	—	—	—	—	—
午後	二、三八	二、四五	二、五四	三、〇三	三、一五	三、二一	三、三二	三、四〇	三、五三	四、一一	四、二七	四、四六	四、五六	五、二一
午後	—	—	—	—	—	—	—	—	—	—	—	—	—	—
午後	四、〇五	四、一二	四、二三	四、三一	四、四三	四、四九	五、〇〇	五、〇八	五、一七	五、三五	五、五一	六、一〇	六、二〇	六、四五
午後	—	—	—	—	—	—	—	—	—	—	—	—	—	—
午後	六、五八	七、〇五	七、一四	七、二三	七、三四	七、四〇	七、五一	七、五九	八、一四	八、三〇	八、四六	九、〇五	┃	—
午後	—	—	—	—	—	—	—	—	—	—	—	—	—	—
午後	—	—	—	—	—	—	—	—	—	—	—	—	—	—

神戸ヨリ 哩程	〇	三五・一	三六・五	三九・二	四一・一	四二・三	四四・	四六・九	四九・三	五二・五	五六・三	六一・二	—	六六・三
神戸ヨリ 二等賃金	錢	九二	九八	圓 一・〇八	一・一六	一・二〇	一・三〇	一・四〇	一・四八	一・六二	一・七六	一・九八	—	二・一六
神戸ヨリ 三等賃金	錢	五三	五五	六〇	六四	六六	七一	七六	八〇	八七	九四	圓 一・〇五	—	一・二四
姫路ヨリ 哩程	〇	一・〇	二・三	五・〇	六・七	八・一	一〇・五	一二・六	一五・一	一八・三	二三・一	二七・〇	—	三二・二
姫路ヨリ 三等賃金	錢	二	五	一〇	一四	一六	二一	二六	三〇	三七	四四	五四	—	六四

（三十）姫路、新井間

播但鐵道

上リ

午前・午後	新井發	生野着	生野發	長谷發	寺前發	鶴居發	甘地發	福崎發	溝口發
午前	—	—	五、三〇	六、一〇	六、二六	六、四〇	六、四九	六、五八	七、〇七
午前	—	—	—	—	—	—	—	—	—
午前	八、二八	八、五三	八、五五	九、一五	九、三一	九、四四	九、五三	一〇、〇三	一〇、一三
午前	—	—	—	—	—	—	—	—	—
午前	一一、三〇	一一、五三	一二、〇〇	一二、二〇	一二、三六	一二、四九	一二、五八	一、〇八	一、一七
午前	—	—	—	—	—	—	—	—	—
午前	—	—	—	—	—	—	—	—	—
午前	—	—	—	—	—	—	—	—	—
午後	一、一四	一、三九	一、四四	二、〇四	二、二〇	二、三二	二、四一	二、五一	三、〇〇
午後	—	—	—	—	—	—	—	—	—
午後	二、三八	三、〇三	三、〇六	三、二六	三、四二	三、五九	四、〇九	四、二〇	四、二九
午後	—	—	—	—	—	—	—	—	—
午後	五、四一	六、〇六	六、一一	六、三二	六、四七	六、五九	七、〇八	七、一九	七、二八
午後	—	—	—	—	—	—	—	—	—
午後	七、〇〇	七、二五	七、二七	七、四七	八、〇三	八、一五	八、二四	八、三三	八、四一

下ノ關ヨリ 哩程	〇	三二七・四	三二三・三	—	三一七・四	三一三・六	三一〇・四	三〇八・〇	三〇五・九
下ノ關ヨリ 二等賃金	圓錢	五・七四	五・六四	—	五・三四	五・二〇	五・〇六	四・九八	四・八八
下ノ關ヨリ 三等賃金	圓錢	三・六一	三・五一	—	三・四一	三・三四	三・二七	三・二三	三・一八
新井ヨリ 哩程		〇	五・一	—	一〇・〇	一三・六	一七・〇	一九・三	二一・四
新井ヨリ 三等賃金	錢	一〇	二〇	—	二八	三四	三九	四三	四八

（播但鐵道 上り 續）

驛名	午前								午後												
香呂發	七、一三	｜	一〇、二一	｜	一一、二三	｜	｜	｜	三、一〇	｜	四、三九	｜	七、三六	｜	八、四七	三〇三・四	四七・八	三一・三	二五・二	五一
仁豐野發	七、二二	｜	一〇、二九	｜	一一、三三	｜	｜	｜	三、一八	｜	四、四七	｜	七、四四	｜	八、五五	三〇二・二	四七・四	三一・一	二七・二	五四
野里發	七、三一	｜	一〇、三八	｜	一一、四二	｜	｜	｜	三、二九	｜	四、五八	｜	七、五五	｜	九、〇五	三〇〇・三	四六・六	三〇・七	二九・六	六〇
京口發	七、四〇	｜	一〇、四五	｜	一一、五〇	｜	｜	｜	三、三七	｜	五、〇六	｜	八、〇二	｜	九、一二	二九七・六	四五・六	三〇・二	三一・二	六三
姫路着	七、四五	｜	一〇、五〇	｜	一一、五五	｜	｜	｜	三、四二	｜	五、一二	｜	八、〇七	｜	九、一七	二九六・二	四五・〇	二九・九	三三・三	六四

（二十三）豆腐町、飾磨間

播但鐵道

下リ

驛名	午前						午後										
豆腐町發	七、〇〇	｜	八、〇〇	｜	九、〇〇	｜	一一、〇〇	一、〇〇	二、〇〇	三、〇〇	四、〇〇	六、〇〇	七、〇〇	｜	｜	｜	｜	｜
龜山發	七、〇七	｜	八、〇七	｜	九、〇七	｜	一一、〇七	一、〇七	二、〇七	三、〇七	四、〇七	六、〇七	七、〇七	｜	｜	｜	｜	｜
天神發	七、一三	｜	八、一三	｜	九、一三	｜	一一、一三	一、一三	二、一三	三、一三	四、一三	六、一三	七、一三	｜	｜	｜	｜	｜
飾磨着	七、一六	｜	八、一六	｜	九、一六	｜	一一、一六	一、一六	二、一六	三、一六	四、一六	六、一六	七、一六	｜	｜	｜	｜	｜

豆腐町ヨリ	豆腐町	龜山	天神	飾磨
哩程	〇	一・三	二・五	三・三
三等賃金	錢	三	五	七

上リ

驛名	午前						午後										
飾磨發	七、三〇	｜	八、三〇	｜	九、四四	｜	一一、四四	一、三〇	二、三〇	三、三〇	四、四四	六、三〇	七、三〇	｜	｜	｜	｜	｜
天神發	七、三四	｜	八、三四	｜	九、四八	｜	一一、四八	一、三四	二、三四	三、三四	四、四八	六、三四	七、三四	｜	｜	｜	｜	｜
龜山發	七、四〇	｜	八、四〇	｜	九、五四	｜	一一、五四	一、四〇	二、四〇	三、四〇	四、五四	六、四〇	七、四〇	｜	｜	｜	｜	｜
豆腐町着	七、四六	｜	八、四六	｜	一〇、〇〇	｜	一二、〇〇	一、四六	二、四六	三、四六	五、〇〇	六、四六	七、四六	｜	｜	｜	｜	｜

飾磨ヨリ	飾磨	天神	龜山	豆腐町
哩程	〇	〇・六	一・七	三・三
三等賃金	錢	二	四	七

（二十四）岡山市、津山間

中國鐵道

下リ

驛名	午前						午後										
岡山市發	七、〇〇	｜	八、三〇	｜	一〇、〇〇	｜	一一、三〇	一、三〇	｜	三、〇〇	｜	四、三〇	｜	六、〇〇	｜	｜	｜	｜
玉柏發	七、一三	｜	八、四四	｜	一〇、一六	｜	一一、四六	一、四三	｜	三、一四	｜	四、四四	｜	六、一四	｜	｜	｜	｜
野々口發	七、三一	｜	九、〇二	｜	一〇、三四	｜	一二、〇四	二、〇一	｜	三、三二	｜	五、〇二	｜	九、三二	｜	｜	｜	｜
金川發	七、三八	｜	九、〇九	｜	一〇、四〇	｜	一二、一一	二、〇七	｜	三、三八	｜	五、〇八	｜	六、三八	｜	｜	｜	｜
建部發	七、五三	｜	九、二四	｜	一〇、五五	｜	一二、二六	二、二二	｜	三、五三	｜	五、二三	｜	六、五三	｜	｜	｜	｜
福渡發	八、〇七	｜	九、三七	｜	一一、〇八	｜	一二、三九	二、三八	｜	四、〇七	｜	五、三八	｜	七、〇八	｜	｜	｜	｜
弓削發	八、二六	｜	九、五六	｜	一一、二七	｜	一二、五八	二、五六	｜	四、二六	｜	五、五七	｜	七、二七	｜	｜	｜	｜
誕生寺發	八、三三	｜	一〇、〇三	｜	一一、三四	｜	一、〇五	三、〇三	｜	四、三三	｜	六、〇四	｜	七、三四	｜	｜	｜	｜
龜甲發	八、四五	｜	一〇、一五	｜	一一、四六	｜	一、一七	三、一五	｜	四、四五	｜	六、一六	｜	七、四六	｜	｜	｜	｜
津山着	九、〇〇	｜	一〇、三〇	｜	一二、〇〇	｜	一、三〇	三、三〇	｜	五、〇〇	｜	六、三〇	｜	八、〇〇	｜	｜	｜	｜

岡山市ヨリ	岡山市	玉柏	野々口	金川	建部	福渡	弓削	誕生寺	龜甲	津山
哩程	〇	四・三	一〇・四	一一・七	一六・三	一八・三	二四・七	二六・五	三〇・一	三五・〇
三等賃金	錢	八	一八	二二	三〇	三四	四五	四九	五五	六三

上リ

驛名	午前						午後										
津山發	七、〇〇	｜	八、三〇	｜	一〇、〇〇	｜	一一、三〇	一、三〇	｜	三、〇〇	｜	四、三〇	｜	六、〇〇	｜	｜	｜	｜
龜甲發	七、一四	｜	八、四四	｜	一〇、一四	｜	一一、四五	一、四四	｜	三、一四	｜	四、四四	｜	六、一五	｜	｜	｜	｜
誕生寺發	七、二六	｜	八、五六	｜	一〇、二六	｜	一一、五七	一、五六	｜	三、二六	｜	四、五六	｜	六、二七	｜	｜	｜	｜
弓削發	七、三三	｜	九、〇三	｜	一〇、三三	｜	一二、〇四	二、〇三	｜	三、三三	｜	五、〇三	｜	六、三四	｜	｜	｜	｜
福渡發	七、五九	｜	九、三〇	｜	一一、〇一	｜	一二、三二	二、二八	｜	三、五九	｜	五、二九	｜	七、〇〇	｜	｜	｜	｜
建部發	八、〇六	｜	九、三七	｜	一一、〇八	｜	一二、三九	二、三五	｜	四、〇六	｜	五、三六	｜	七、〇七	｜	｜	｜	｜
金川發	八、二一	｜	九、五二	｜	一一、二三	｜	一二、五四	二、五〇	｜	四、二一	｜	五、五一	｜	七、二二	｜	｜	｜	｜
野々口發	八、二七	｜	九、五九	｜	一一、二九	｜	一、〇〇	二、五七	｜	四、二七	｜	五、五七	｜	七、二九	｜	｜	｜	｜
玉柏發	八、四五	｜	一〇、一七	｜	一一、四七	｜	一、一八	三、一五	｜	四、四五	｜	六、一五	｜	七、四七	｜	｜	｜	｜
岡山市着	九、〇〇	｜	一〇、三〇	｜	一二、〇〇	｜	一、三〇	三、三〇	｜	五、〇〇	｜	六、三〇	｜	八、〇〇	｜	｜	｜	｜

津山ヨリ	津山	龜甲	誕生寺	弓削	福渡	建部	金川	野々口	玉柏	岡山市
哩程	〇	四・八	八・一	一〇・〇	一六・三	一八・一	二三・〇	二四・七	三〇・五	三五・〇
三等賃金	錢	九	一五	一九	三〇	三四	四二	四五	五六	六三

(三十三) 門司、八代間

下リ

列車	門司發	大里發	小倉着	小倉發	大藏發	黑崎發	折尾着	折尾發	遠賀川發	赤間發	福間發	古賀發	香椎發	箱崎發	博多着	博多發	雑餉隈發	二日市發	原田發	田代發	鳥栖着	鳥栖發
1 長崎行 / 三角行	—	—	—	—	—	—	—	—	—	—	—	—	—	—	—	前五、一五	五、三一	五、五〇	六、〇六	六、二四	六、三〇	—
2 八代行	—	—	—	—	—	—	—	—	—	—	—	—	—	—	—	前六、五三	七、〇八	七、二八	七、四四	八、〇三	八、〇八	八、一六
3 長崎行 / 八代行	前六、〇〇	六、一三	六、二四	六、二八	六、四一	六、五三	七、〇三	七、一一	七、二一	七、五二	八、一〇	八、一八	八、三四	八、四六	八、五二	九、〇〇	九、一二	九、二七	九、三九	九、五三	九、五八	一〇、一〇
4 八代行	前六、五〇	七、〇四	七、一九	—	—	—	—	—	—	—	—	—	—	—	—	—	—	—	—	—	—	前五、五五
5 八代行	前七、四〇	七、五二	八、〇四	八、〇八	八、二一	八、三三	八、四三	八、五三	九、〇三	九、三五	九、五四	一〇、〇二	一〇、一八	一〇、三〇	一〇、三六	一〇、四四	一〇、五六	一一、一一	一一、二三	一一、三七	一一、四二	一一、四七
6 三角行	前八、三五	八、四九	九、〇四	—	—	—	—	—	—	—	—	—	—	—	—	—	—	—	—	—	—	—
7 長崎行 / 三角行	前九、三〇	九、四三	九、五四	九、五八	一〇、一一	一〇、二三	一〇、三三	一〇、四二	一〇、五一	一一、二三	一一、四一	一一、四九	一二、〇五	一二、一七	一二、二三	一二、三〇	一二、四二	一二、五七	一、〇九	一、二三	一、二八	一、四五
8 八代行	前一〇、一八	一〇、三三	一〇、四七	—	—	—	—	—	—	—	—	—	—	—	—	—	—	—	—	—	—	—
9 八代行	前一一、三〇	一一、四二	一一、五四	一二、〇〇	一二、一四	一二、二七	一二、三七	一二、五〇	一、〇〇	一、二四	一、五二	二、〇〇	二、一五	二、二七	二、三三	二、四〇	二、五二	三、〇七	三、一九	三、三三	三、三七	三、四二
10 三角行	後一二、一〇	一二、二四	一二、三九	—	—	—	—	—	—	—	—	—	—	—	—	—	—	—	—	—	—	—
11 長崎行	後一、一〇	一、二三	一、三四	一、三九	一、五三	二、〇四	二、一四	二、二一	二、三一	三、〇三	三、二〇	三、二八	三、四四	三、五六	四、〇二	四、一〇	四、二三	四、三七	四、四九	五、〇二	五、〇七	五、一八
12	後二、〇〇	二、一四	二、二九	—	—	—	—	—	—	—	—	—	—	—	—	—	—	—	—	—	—	—
13 八代行	後三、一〇	三、二四	三、三四	三、三八	三、五一	四、〇三	四、一三	四、二三	四、三三	五、〇六	五、二五	五、三三	五、四九	六、〇一	六、〇七	六、一五	六、二七	六、四二	六、五四	七、〇八	七、一三	七、一八
14	後三、四五	三、五九	四、一四	—	—	—	—	—	—	—	—	—	—	—	—	—	—	—	—	—	—	—
15 佐賀行	後四、四〇	四、五三	五、〇四	五、一〇	五、二四	五、三六	五、四六	五、五四	六、〇四	六、三七	七、〇〇	七、一一	七、三一	七、四八	七、五五	八、〇八	八、二四	八、四六	九、〇二	九、二〇	九、二六	—
16	後五、二〇	五、三四	五、四九	—	—	—	—	—	—	—	—	—	—	—	—	—	—	—	—	—	—	一〇、四五
17 久留米行	後六、二五	六、三九	六、五四	七、〇三	七、二〇	七、三六	七、四八	七、五八	八、一〇	八、四八	九、一三	九、二四	九、四四	一〇、〇〇	一〇、〇七	一〇、二三	一〇、四〇	一一、〇四	一一、二〇	一一、三八	一一、四四	一一、五〇
18	後七、〇五	七、一九	七、三四	—	—	—	—	—	—	—	—	—	—	—	—	—	—	—	—	—	—	—
19 博多行	後七、五五	八、〇九	八、二四	八、三三	八、四六	九、〇五	九、一七	九、二五	九、三八	一〇、一四	一〇、三八	一〇、四九	一一、〇九	一一、二三	一一、三〇	—	—	—	—	—	—	—
20	後九、〇〇	九、一四	九、二九	—	—	—	—	—	—	—	—	—	—	—	—	—	—	—	—	—	—	—
21 長崎 八代行	後一一、〇〇	一一、一一	一一、二三	一一、二七	一一、四〇	一一、五三	一二、〇三	一二、〇六	一二、一六	一二、四二	一、〇〇	—	—	一、三三	一、三八	一、四六	—	二、〇九	—	二、三三	二、三八	二、五〇
哩程	○	三・一	七・三	|	一一・一	一四・四	一七・六	|	二〇・二	二七・六	三四・〇	三六・三	四三・二	四五・五	四七・三	|	五一・七	五六・四	五九・七	六四・五	六五・七	|
賃金 二等	錢	一〇	[illegible]	|	三四	四四	五四	|	六二	八四	一・〇二	一・〇八	一・二四	一・三四	一・三八	|	一・五〇	一・六三	一・七三	一・八四	一・八八	|
賃金 三等	錢	五	一二	|	一七	二二	二七	|	三一	四二	五一	五四	六二	六七	六九	|	七五	八一	八六	九二	九四	|

列車	久留米發	羽犬塚發	矢部川發	渡瀬發	大牟田發	長洲發	高瀬發	木葉發	植木發	上熊本發	熊本着	熊本發	川尻發	宇土着	宇土發	松橋發	小川發	有佐發	八代着	八代發	驛名
1 長崎行 / 三角行	—	—	—	—	—	—	—	—	—	—	—	前六、一八	六、三四	六、四四	—	—	—	—	—	—	
2 八代行	八、四一	九、〇六	九、二三	九、三七	一〇、〇五	一〇、三〇	一〇、五五	一一、一五	一一、三九	一二、〇六	一二、一六	一二、二八	一二、四〇	一二、五四	一二、五八	一、一三	一、二八	一、四一	一、五八	—	
3 長崎行 / 八代行	一〇、二五	—	—	—	—	—	—	—	—	—	—	前七、三〇	七、四二	七、五六	七、五九	八、一三	八、二九	八、四三	八、五九	前五、二九	門司行
4 八代行	六、二〇	六、四六	七、〇三	七、一七	七、四二	八、〇七	八、三三	八、五二	九、一五	九、三八	九、四[illegible]	九、五[illegible]	一〇、一〇	一〇、二四	一〇、二七	一〇、四一	一〇、五七	一一、一〇	一一、二七	—	
5 八代行	一二、〇五	一二、二四	一二、三六	一二、四七	一、〇八	一、二八	一、四六	二、〇一	二、一九	二、三七	二、四五	二、五一	三、〇一	三、一一	三、一三	三、二四	三、三六	三、四六	四、〇〇	—	
6 三角行	—	—	—	—	—	—	—	—	—	—	—	前一〇、一七	一〇、二九	一〇、四三	—	—	—	—	—	—	
7 長崎行 / 三角行	二、〇〇	—	—	—	—	—	—	—	—	—	—	後三、一〇	三、二三	三、三五	—	—	—	—	—	前九、〇五	門司行
8 八代行	後一、二三	一、四九	二、〇六	二、二一	二、四八	三、一四	三、三八	三、五[illegible]	四、一[illegible]	四、三六	四、四六	四、五四	五、〇六	五、一九	五、二一	五、三四	五、五〇	六、〇三	六、三〇	—	
9 八代行	四、〇〇	四、一九	四、三一	四、四二	四、五七	五、一七	五、四〇	五、五〇	六、一三	六、三一	六、三九	六、四八	六、五七	七、〇八	七、一〇	七、二一	七、三三	七、四五	七、[illegible]	—	
10 三角行	—	—	—	—	—	—	—	—	—	—	—	後七、〇八	七、二〇	七、三三	—	—	—	—	—	前一〇、三一	久留米行
11 長崎行	五、四三	六、〇九	六、二六	六、四〇	七、〇六	七、三一	七、五八	八、一七	八、四〇	九、〇三	九、一三	—	—	—	—	—	—	—	—	後一、四〇	門司行
12	—	—	—	—	—	—	—	—	—	—	—	—	—	—	—	—	—	—	—	—	
13 八代行	七、三八	七、五八	八、一〇	八、二八	八、三〇	八、五七	九、二〇	九、三六	九、五三	一〇、一一	一〇、一九	一〇、二六	一〇、三五	一〇、四六	一〇、四八	一〇、[illegible]	一一、[illegible]	一一、[illegible]	一一、[illegible]	—	
14	—	—	—	—	—	—	—	—	—	—	—	—	—	—	—	—	—	—	—	後二、二四	博多行
15 佐賀行	—	—	—	—	—	—	—	—	—	—	—	—	—	—	—	—	—	—	—	—	
16	一一、〇〇	—	—	—	—	—	—	—	—	—	—	—	—	—	—	—	—	—	—	後五、三五	鳥栖行
17 久留米行	一二、〇五	—	—	—	—	—	—	—	—	—	—	—	—	—	—	—	—	—	—	後七、三五	熊本行
18	—	—	—	—	—	—	—	—	—	—	—	—	—	—	—	—	—	—	—	—	
19 博多行	—	—	—	—	—	—	—	—	—	—	—	—	—	—	—	—	—	—	—	後一〇、〇〇	門司行
20	—	—	—	—	—	—	—	—	—	—	—	—	—	—	—	—	—	—	—	—	
21 長崎 八代行	三、〇八	三、二八	三、四〇	—	四、〇五	四、二五	四、四九	五、〇四	五、二三	五、四〇	五、四八	五、五五	六、〇四	六、一五	六、一七	六、二一	六、三九	六、四九	七、〇三	—	
哩程	六九・七	七七・三	八一・二	八五・四	九〇・三	九八・〇	一〇四・〇	一〇八・七	一一三・六	一一九・一	一二一・三	|	一二四・三	一二八・〇	|	一三〇・七	一三四・六	一三七・七	一四三・四	○	
賃金 二等	一・九八	二・一六	二・二六	二・三六	二・四八	二・六六	二・八〇	二・九〇	三・〇〇	三・一三	三・一八	|	三・二四	三・三三	|	三・三八	三・四六	三・五三	三・六二	錢	
賃金 三等	九九	一・〇八	一・一三	一・一八	一・二四	一・三三	一・四〇	一・四五	一・五〇	一・五六	一・五九	|	一・六二	一・六六	|	一・六九	一・七三	一・七六	一・八一	錢	

(三十四) 小倉行橋間

九州鐵道

下リ

小倉發	城野發	曾根發	苅田發	行橋着
｜	｜	｜	｜	｜
｜	｜	｜	｜	｜
前 七、二八	七、四三	七、五六	八、一三	八、二七
｜	｜	｜	｜	｜
前 九、一三	九、二七	九、四一	九、五八	一〇、一三
｜	｜	｜	｜	｜
前 一〇、五四	一一、〇八	一一、二三	一一、四〇	一一、五四
｜	｜	｜	｜	｜
後 一二、四六	一、〇〇	一、一四	一、三一	一、四五
｜	｜	｜	｜	｜
後 二、三六	二、五〇	三、〇四	三、二一	三、三五
｜	｜	｜	｜	｜
後 四、二一	四、三五	四、四九	五、〇六	五、二〇
｜	｜	｜	｜	｜
後 五、五八	六、一三	六、二六	六、四四	六、五八
｜	｜	｜	｜	｜
後 七、四三	七、五六	八、一〇	八、二七	八、四一
｜	｜	｜	｜	｜
後 九、三六	九、五〇	一〇、〇四	一〇、二一	一〇、三五
｜	｜	｜	｜	｜
哩程	三・三	六・六	一一・〇	一五・〇
二等賃金 錢	一〇	二二	三四	四六
三等賃金 錢	五	一一	一七	二三

上リ

	有佐發	小川發	松橋發	宇土着	宇土發	川尻發	熊本着	熊本發	上熊本發	植木發	木葉發	高瀬發	長洲發	大牟田發	渡瀬發	矢部川發	羽犬塚發	久留米發	鳥栖着	鳥栖發	田代發	原田發	二日市發	雑餉隈發	博多着	博多發	箱崎發	香椎發	古賀發	福間發	赤間發	遠賀川發	折尾着	折尾發	黑崎發	大藏發	小倉着	小倉發	大里發	門司着
	｜	｜	｜	｜	｜	｜	｜	｜	｜	｜	｜	｜	｜	｜	｜	｜	｜	前 五、二五	五、四〇	一一、三〇	一一、三六	一一、五一	一二、〇三	一二、一六	一二、二八	一二、三五	一二、四三	一二、五四	一、〇九	一、一八	一、四一	二、〇五	二、一三	二、二〇	二、三一	二、四三	二、五五	二、五九	三、一三	三、二三
	｜	｜	｜	｜	｜	｜	｜	｜	｜	｜	｜	｜	｜	｜	｜	｜	｜	｜	｜	前 六、四三	六、五一	七、一〇	七、二六	七、四三	七、五八	八、一〇	八、二三	八、三六	八、五八	九、一三	九、四八	一〇、二〇	一〇、三〇	一〇、四〇	一〇、五二	一一、〇五	一一、一七	一一、二三	一一、三七	一一、四七
	五、四五	五、五五	六、〇八	六、一七	六、一九	六、三二	六、四〇	六、四六	六、五七	七、一三	七、三〇	七、五二	八、〇八	八、二七	八、四〇	八、五一	九、〇三	九、二八	九、四〇	九、四六	九、五二	一〇、〇七	一〇、一九	一〇、三三	一〇、四四	一〇、五四	一一、〇三	一一、一三	一一、二九	一一、三九	一二、〇五	一二、三〇	一二、三八	一二、四八	一二、五九	一、一一	一、二三	一、二七	一、四一	一、五一
	｜	｜	｜	｜	｜		鳥栖行	前 七、五〇	八、〇五	八、二七	八、五〇	九、一五	九、三五	九、五九	一〇、一六	一〇、二九	一〇、四四	一一、一三	一一、二六		｜	｜	｜	｜	｜	｜	｜	｜	｜	｜	｜	｜	｜	｜	｜	｜	｜	前 七、二二	七、三八	七、五〇
	｜	｜	｜	｜	九、一九	九、三五	九、四六		｜	｜	｜	｜	｜	｜	｜	｜	｜	｜	｜	｜	｜	｜	｜	｜	｜	｜	｜	｜	｜	｜	｜	｜	｜	｜	｜	｜	｜	前 九、一三	九、二九	九、四一
	｜	｜	｜	｜	一二、五七	一、一三	一、二三		｜	｜	｜	｜	｜	｜	｜	｜	｜	後 二、三〇	二、四五	三、〇〇	三、〇六	三、二〇	三、三三	三、四五	三、五七	四、〇五	四、一三	四、二四	四、四〇	四、四九	五、一四	五、三九	五、四七	五、五五	六、〇六	六、一八	六、三〇	六、三四	六、四八	六、五八
	九、二二	九、三二	九、四四	九、五三	九、五五	一〇、〇八	一〇、一七	一〇、二六	一〇、三七	一〇、五四	一一、一三	一一、三四	一一、五〇	一二、〇九	一二、二三	一二、三五	一二、四七	一、一一	一、二三	一、二八	一、三四	一、四九	二、〇一	二、一四	二、二六	二、三四	二、四二	二、五三	三、〇九	三、一八	三、四一	四、〇六	四、一四	四、二三	四、三三	四、四五	四、五七	五、〇一	五、一五	五、二五
	｜	｜	｜	｜	｜	｜	｜	｜	｜	｜	｜	｜	｜	｜	｜		門司行	前 五、〇〇	五、一三	五、一七	五、二四	五、四〇	五、五四	六、〇八	六、二〇	六、三〇	六、四一	六、五五	七、一五	七、二八	八、〇〇	八、三一	八、四一	八、五二	九、〇六	九、二二	九、三七	九、四五	一〇、〇三	一〇、一四
	｜	｜	｜	｜	｜	｜	｜	｜	｜	｜	｜	｜	｜	｜	｜	｜	｜	｜	｜	｜	｜	｜	｜	｜	｜	｜	｜	｜	｜	｜	｜	｜	｜	｜	｜	｜	｜	前 一〇、五三	一一、〇九	一一、二一
	一〇、四三	一〇、五五	一一、一一	一一、二二	一一、二四	一一、四〇	一一、五一	一一、五八	一二、一〇	一二、二八	一二、四七	一、一〇	一、三〇	二、〇〇	二、一八	二、三四	二、五二	三、一五		｜	｜	｜	｜	｜	｜	｜	｜	｜	｜	｜	｜	｜	｜	｜	｜	｜	｜	後 一二、三五	一二、五二	一、〇四
	一二、四六	一二、五六	一、〇九	一、一八	一、二〇	一、三三	一、四一	一、五〇	二、〇一	二、一八	二、三六	二、五九	三、一六	三、三八	三、五二	四、〇四	四、一七	四、四〇	四、五二	四、五七	五、〇四	五、一九	五、三一	五、四四	五、五六	六、〇八	六、一六	六、二八	六、四五	六、五五	七、一九	七、四二	七、五〇	七、五七	八、〇八	八、二〇	八、三三	八、三六	八、五〇	九、〇〇
	｜	｜	｜	｜	｜	｜	｜	｜	｜	｜	｜	｜	｜	｜	｜	｜	｜	後 六、〇八	六、二三	六、三四	六、四〇	六、五五	七、〇七	七、二〇	七、三三	七、三八	七、四五	七、五六	八、一一	八、二〇	八、四三	九、〇七	九、一五	九、二三	九、三三	九、四五	九、五七	一〇、〇一	一〇、一四	一〇、二四
	｜	｜	｜	｜	｜	｜	｜	｜	｜	｜	｜	｜	｜	｜	｜	｜	｜	｜	｜	一〇、二七	一〇、三四	一〇、五二	一一、〇七	一一、二四	一一、三九		｜	｜	｜	｜	｜	｜	｜	｜	｜	｜	｜	後 二、二三	二、四〇	二、五二
	二、五四	三、〇七	三、二三	三、三四	三、三七	三、五三	四、〇四	四、一五	四、三三	四、五三	五、一四	五、三九	六、〇〇	六、二四	六、四二	六、五七	七、一四	七、四五	八、〇〇	八、〇八	八、一六	八、三四	八、五〇	九、〇七	九、三三		｜	｜	｜	｜	｜	｜	｜	｜	｜	｜	｜	後 四、一五	四、三二	四、四四
	｜	｜	｜	｜	五、五六	六、一二	六、二二		｜	｜	｜	｜	｜	｜	｜	｜	｜	｜	｜	｜	｜	｜	｜	｜	｜	｜	｜	｜	｜	｜	｜	｜	｜	｜	｜	｜	｜	後 五、五五	六、一二	六、二四
	五、三五	五、四八	六、〇三	六、一三	六、一五	六、三〇	六、四〇	六、四六	六、五八	七、一八	七、三九	八、〇三	八、二〇	八、四八	九、〇六	九、二一	九、三八	一〇、〇七	一〇、三一	｜	｜	｜	｜	｜	｜	｜	｜	｜	｜	｜	｜	｜	｜	｜	｜	｜	｜	後 七、三八	七、五五	八、〇七
	七、四五	七、五八	八、一五	八、二六	八、二九	八、四五	八、五六		｜	｜	｜	｜	｜	｜	｜	｜	｜	｜	｜	｜	｜	｜	｜	｜	｜	｜	｜	｜	｜	｜	｜	｜	｜	｜	｜	｜	｜	後 九、一九	九、三六	九、四八
	｜	｜	｜	｜	九、五八	一〇、一四	一〇、三五		｜	｜	｜	｜	｜	｜	｜	｜	｜	｜	｜	｜	｜	｜	｜		門司行	五、〇〇	五、〇九	五、二三	五、四三	五、五五	六、二一	六、五三	七、〇三	七、一〇	七、二四	七、四〇	七、五五	八、〇二	八、一九	八、三二
	一〇、一六	一〇、二六	一〇、三九	一〇、四八	一〇、五〇	一一、〇三	一一、一一	一一、一八	一一、二九	一一、四六	一二、〇四	一二、二七	一二、四四	一、〇五	｜	一、二八	一、四〇	二、〇六	二、一八	二、二八	二、三四	｜	二、五八	｜	三、二〇	三、二八	三、三五	｜	｜	四、〇七	四、二七	四、五二	五、〇〇	五、〇三	五、一四	五、二六	五、三八	五、四二	五、五五	六、〇五
	｜	｜	｜	｜	｜	｜	｜	｜	｜	｜	｜	｜	｜	｜	｜	｜	｜	｜	｜	｜	｜	｜	｜	｜	｜	｜	｜	｜	｜	｜	｜	｜	｜	｜	｜	｜	｜	｜	｜	｜
	｜	｜	｜	｜	｜	｜	｜	｜	｜	｜	｜	｜	｜	｜	｜	｜	｜	｜	｜	｜	｜	｜	｜	｜	｜	｜	｜	｜	｜	｜	｜	｜	｜	｜	｜	｜	｜	｜	｜	｜
哩程	五・五	八・五	一二・四	一五・三	｜	一八・七	二三・〇	｜	二四・二	二八・六	三四・四	三九・三	四五・三	五三・〇	五七・七	六二・一	六六・〇	七三・四	七七・四	｜	七八・六	八三・四	八六・七	九一・四	九六・〇	｜	九七・六	一〇一・一	一〇七・〇	一〇九・三	一一五・五	一二三・一	一二五・五	｜	一二八・七	一三二・二	一三六・〇	｜	一四〇・二	一四三・四
二等賃金	一八	二六	三八	四八	｜	五八	六六	｜	七四	九〇	一・〇二	一・一六	一・三二	一・五四	一・六六	一・七八	一・八八	二・〇八	二・一六	｜	二・二〇	二・三二	二・四〇	二・五〇	二・六二	｜	二・六六	二・七四	二・八六	二・九二	三・〇六	三・二二	三・二八	｜	三・三四	三・四〇	三・四八	｜	三・五六	三・六二
三等賃金	九	一三	一九	二四	｜	二九	三三	｜	三七	四五	五一	五八	六六	七七	八三	八九	九四	一・〇四	一・〇八	｜	一・一〇	一・一六	一・二〇	一・二五	一・三一	｜	一・三三	一・三七	一・四三	一・四六	一・五三	一・六一	一・六四	｜	一・六七	一・七〇	一・七四	｜	一・七八	一・八一

	行橋發	苅田發	曾根發	城野發	小倉着
	|	|	|	|	|
	|	|	|	|	|
	六、二〇	六、三六	六、四三	六、五七	七、〇九
前	七、五九	八、一五	八、三三	八、四六	八、五八
	|	|	|	|	|
	|	|	|	|	|
	|	|	|	|	|
前	九、四四	一〇、〇〇	一〇、一七	一〇、三一	一〇、四三
前	一一、二六	一一、四二	一一、五九	一二、一三	一二、二五
	|	|	|	|	|
	|	|	|	|	|
後	一、一七	一、三三	一、五〇	二、〇四	二、一六
後	三、〇七	三、二三	三、四〇	三、五四	四、〇六
後	四、四八	五、〇四	五、二一	五、三五	五、四七
後	六、三〇	六、四六	七、〇三	七、一七	七、二九
後	八、一〇	八、二六	八、四三	八、五七	九、〇九
	|	|	|	|	|
	|	|	|	|	|
	|	|	|	|	|
	|	|	|	|	|
哩程		三。九	八。二	一一。五	一五。〇
二等賃金		一二錢	二六	三六	四六
三等賃金		六錢	一三	一八	二三

(三十五)行橋、川崎間

下リ

	行橋發	豊津發	犀川發	油須原發	香春着	香春發	伊田發	後藤寺着	後藤寺發	池尻發	川崎着
前	六、五〇	七、〇五	七、一八	七、三八	七、五五	八、〇〇	八、一六	八、二六	八、三六	八、四八	八、五五
	|	|	|	|	|	|	|	|	|	|	|
	|	|	|	|	|	|	|	|	|	|	|
前	八、三八	八、五二	九、〇五	九、二五	九、四二	九、四七	一〇、〇三	一〇、一三	一〇、二三	一〇、三五	一〇、四二
	|	|	|	|	|	|	|	|	|	|	|
前	一〇、二七	一〇、四一	一〇、五四	一一、一四	一一、三一	一一、三六	一一、五三	一二、〇三	一二、一三	一二、二五	一二、三二
後	一二、一二	一二、二六	一二、三九	一二、五九	一、一六	一、二一	一、三七	一、四七	一、五七	二、〇九	二、一六
	|	|	|	|	|	|	|	|	|	|	|
	|	|	|	|	|	|	|	|	|	|	|
後	一、五九	二、一三	二、二六	二、四六	三、〇三	三、〇八	三、二四	三、三四	三、四四	三、五六	四、〇三
	|	|	|	|	|	|	|	|	|	|	|
後	三、四六	四、〇〇	四、一三	四、三三	四、五〇	四、五五	五、一一	五、二一	五、三一	五、四三	五、五〇
	|	|	|	|	|	|	|	|	|	|	|
後	五、三三	五、四七	六、〇〇	六、二〇	六、三七	六、三九	六、五五	七、〇五	七、一五	七、二七	七、三四
	|	|	|	|	|	|	|	|	|	|	|
後	七、一四	七、二八	七、四一	八、〇一	八、一八	八、二三	八、三九	八、四九	八、五九	九、一一	九、一八
	|	|	|	|	|	|	|	|	|	|	|
後	九、〇一	九、一五	九、二八	九、四八	一〇、〇五	一〇、一〇	一〇、二六	一〇、三六	‖	|	|
	|	|	|	|	|	|	|	|	|	|	|
	|	|	|	|	|	|	|	|	|	|	|
	|	|	|	|	|	|	|	|	|	|	|
哩程		三。一	六。〇	一〇。五	一四。七		一六。三	一八。〇		一九。三	二〇。九
二等賃金		一〇錢	一八	三三	四四		五〇	五四		五八	六四
三等賃金		五錢	九	一六	二二		二五	二七		二九	三二

上リ

	川崎發	池尻發	後藤寺着	後藤寺發	伊田發	香春着	香春發	油須原發	犀川發	豊津發	行橋着
前	|	|	|	六、〇五	六、二二	六、三一	六、三六	六、五八	七、一六	七、二九	七、四一
	|	|	|	|	|	|	|	|	|	|	|
前	七、二〇	七、三三	七、三九	七、五二	八、〇九	八、一八	八、二三	八、四五	九、〇三	九、一六	九、二八
前	九、一〇	九、二三	九、二九	九、三九	九、五六	一〇、〇五	一〇、〇九	一〇、三二	一〇、五二	一一、〇五	一一、一七
	|	|	|	|	|	|	|	|	|	|	|
前	一一、〇〇	一一、一三	一一、一九	一一、二七	一一、四六	一一、五六	一二、〇一	一二、二三	一二、四一	一二、五四	一、〇六
後	一二、四五	一二、五七	一、〇四	一、一四	一、三〇	一、三九	一、四四	二、〇六	二、二四	二、三七	二、四九
後	二、三〇	二、四二	二、四九	三、〇〇	三、一七	三、二六	三、三一	三、五三	四、一一	四、二四	四、三六
	|	|	|	|	|	|	|	|	|	|	|
	|	|	|	|	|	|	|	|	|	|	|
後	四、二〇	四、三〇	四、三七	四、四七	五、〇四	五、一三	五、一八	五、四〇	五、五八	六、一一	六、二三
後	六、〇五	六、一四	六、二一	六、三一	六、四八	六、五七	六、五九	七、二一	七、三九	七、五二	八、〇四
	|	|	|	|	|	|	|	|	|	|	|
	|	|	|	|	|	|	|	|	|	|	|
	|	|	|	|	|	|	|	|	|	|	|
	|	|	|	|	|	|	|	|	|	|	|
	|	|	|	|	|	|	|	|	|	|	|
	|	|	|	|	|	|	|	|	|	|	|
後	七、四五	七、五七	八、〇四	八、一五	八、三二	八、四一	八、四六	九、〇八	九、二六	九、三九	九、五一
	|	|	|	|	|	|	|	|	|	|	|
	|	|	|	|	|	|	|	|	|	|	|
哩程		一。六	二。九		四。六	六。二		一〇。四	一四。九	一七。八	二〇。九
二等賃金		六錢	一〇		一四	二〇		三三	四六	五四	六四
三等賃金		三錢	五		七	一〇		一六	二三	二七	三二

(三十六)行橋、宇佐間

下リ

	行橋發	新田原發	椎田發	松江發	宇ノ島發	中津着	中津發	大貞發	今津發	四日市發	宇佐着
前	六、五二	七、〇六	七、二一	七、三四	七、五三	八、〇七	八、一三	八、二三	八、三〇	八、四三	八、四九
	|	|	|	|	|	|	|	|	|	|	|
前	八、三七	八、五一	九、〇六	九、一九	九、三八	九、五二	九、五七	一〇、〇七	一〇、一五	一〇、二七	一〇、三四
	|	|	|	|	|	|	|	|	|	|	|
前	一〇、二二	一〇、三六	一〇、五一	一一、〇四	一一、二三	一一、三七	一一、四二	一一、五二	一二、〇〇	一二、一三	一二、一九
後	一二、〇八	一二、二三	一二、三七	一二、五一	一、一〇	一、二四	一、二九	一、三九	一、四七	一、五九	二、〇六
	|	|	|	|	|	|	|	|	|	|	|
	|	|	|	|	|	|	|	|	|	|	|
後	一、五四	二、〇八	二、二三	二、三七	二、五八	三、一二	三、一七	三、二七	三、三五	三、四七	三、五四
	|	|	|	|	|	|	|	|	|	|	|
後	三、四二	三、五六	四、一一	四、二四	四、四三	四、五七	五、〇三	五、一二	五、二〇	五、三三	五、三九
	|	|	|	|	|	|	|	|	|	|	|
後	五、二八	五、四三	五、五七	六、一〇	六、二九	六、四三	六、四八	六、五八	七、〇六	七、一八	七、二五
	|	|	|	|	|	|	|	|	|	|	|
後	七、〇五	七、一九	七、三四	七、四八	八、〇七	八、二一	八、二七	八、三八	八、四五	八、五七	九、〇四
	|	|	|	|	|	|	|	|	|	|	|
後	八、五二	九、〇六	九、二一	九、三四	九、五三	一〇、〇六	一〇、一一	一〇、二一	一〇、二九	一〇、四一	一〇、四八
	|	|	|	|	|	|	|	|	|	|	|
	|	|	|	|	|	|	|	|	|	|	|
	|	|	|	|	|	|	|	|	|	|	|
哩程		三。二	七。三	一〇。三	一三。四	一六。五		一九。五	二一。六	二五。一	二七。八
二等賃金		一〇錢	二二	三三	三八	五〇		六〇	六六	七六	八四
三等賃金		五錢	一一	一六	一九	二五		三〇	三三	三八	四三

九州鐵道

上り

	宇佐發	四日市發	今津發	大貞發	中津着	中津發	宇ノ島發	松江發	椎田發	新田原發	行橋着
	|	|	|	|	|	|	|	|	|	|	|
	|	|	|	|	|	|	|	|	|	|	|
	|	|	|	|	|	|	|	|	|	|	|
前	五、五〇	五、五九	六、一一	六、一九	六、二七	六、三三	六、五三	七、〇六	七、一九	七、三四	七、四四
	|	|	|	|	|	|	|	|	|	|	|
	|	|	|	|	|	|	|	|	|	|	|
	|	|	|	|	|	|	|	|	|	|	|
前	七、三五	七、四四	七、五六	八、〇四	八、一二	八、一七	八、四〇	八、五一	九、〇四	九、一九	九、二九
前	九、二〇	九、二九	九、四一	九、四九	九、五七	一〇、〇二	一〇、二五	一〇、三六	一〇、四九	一一、〇四	一一、一四
	|	|	|	|	|	|	|	|	|	|	|
	|	|	|	|	|	|	|	|	|	|	|
前	一一、〇五	一一、一四	一一、二六	一一、一〇	一一、四二	一一、四七	一二、一一	一二、二二	一二、三五	一二、五〇	一、〇〇
後	一二、五〇	一二、五九	一、一一	一、二〇	一、二九	一、三四	一、五七	二、〇八	二、二一	二、三六	二、四六
後	二、四〇	二、四九	三、〇一	三、〇九	三、一七	三、二二	三、四五	三、五六	四、〇九	四、二四	四、三四
後	四、二五	四、三四	四、四六	四、五四	五、〇二	五、〇七	五、三一	五、四二	五、五五	六、一〇	六、二〇
後	六、〇〇	六、〇九	六、二一	六、二九	六、三八	六、四三	七、〇七	七、一八	七、三三	七、四七	七、五七
後	七、五〇	七、五九	八、一一	八、一九	八、二七	八、三三	八、五六	九、〇六	九、一九	九、三四	九、四四
	|	|	|	|	|	|	|	|	|	|	|
	|	|	|	|	|	|	|	|	|	|	|
	|	|	|	|	|	|	|	|	|	|	|
哩程		二・六	六・〇	八・一	一二・一	|	一五・二	一七・二	二〇・三	二四・四	二七・八
二等賃金		八錢	一八	二六	三四	|	四六	五三	六三	七四	八四
三等賃金		四錢	九	一三	一七	|	二三	二六	三一	三七	四二

（三十七）香春、夏吉間

九州鐵道

下り

	香春發	夏吉着
	|	|
前	七、二〇	七、二八
	|	|
前	一〇、一〇	一〇、一八
	|	|
後	一二、四五	一二、五三
	|	|
後	五、二〇	五、二八
哩程	一・五	
二等賃金	六錢	
三等賃金	三錢	

上り

	夏吉發	香春着
	|	|
前	七、四五	七、五六
	|	|
前	一一、一〇	一一、二〇
	|	|
後	二、四五	二、五五
	|	|
後	六、一五	六、二五
賃金	一・五	
二等賃金	六錢	
三等賃金	三錢	

（三十八）後藤寺、宮床間

九州鐵道

下り

	後藤寺發	宮床着
前	八、三〇	八、四三
前	一〇、一〇	一〇、二三
後	一二、一〇	一二、二三
後	一、五〇	二、〇三
後	三、四〇	三、五三
後	五、二五	五、三八
後	七、一〇	七、二三
後	八、五五	九、〇五
哩程	一・九	
二等賃金	六錢	
三等賃金	三錢	

上り

	宮床發	後藤寺着
前	七、三五	七、四八
前	九、二〇	九、三三
前	一一、一〇	一一、二三
後	一二、五五	一、〇七
後	二、四〇	二、五三
後	四、三〇	四、四三
後	六、一五	六、二七
後	七、五五	八、〇七
賃金	一・九	
二等賃金	六錢	
三等賃金	三錢	

（三十九）鳥栖、長崎間

九州鐵道

下り

	鳥栖發	中原發	神崎發	佐賀發	久保田發	牛津發	山口發	北方發	武雄發	三間坂發	有田着	有田發	三河内發	早岐着	早岐發	南風崎發	川棚發	彼杵發	松原發
後	六、三八	六、五六	七、一三	七、三九	七、五四	八、〇四	八、一八	八、三四	八、五四	九、二〇	九、三七	九、四一	一〇、〇〇	一〇、一一	一〇、二三	一〇、三七	一〇、五七	一一、一五	一一、三五
前	|	|	|	|	|	|	|	|	|	|	|	|	|	|	六、五〇	七、〇五	七、二五	七、四四	八、〇四
前	一〇、〇三	一〇、一八	一〇、三一	一〇、五二	一一、〇四	一一、一三	一一、二三	一一、三六	一一、五五	一二、一六	一二、三〇	一二、三三	一二、四七	一二、五六	一、〇三	一、一四	一、二九	一、四三	一、五九
前	|	|		五、三五	五、五一	六、〇一	六、一五	六、三三	六、五二	七、一五	七、三〇	七、三六	七、五六	八、〇七	八、二六	八、三九	八、五六	九、一三	九、三〇
前	一一、四八	一二、〇四	一二、一七	一二、四〇	一二、五三	一、〇三	一、一五	一、二九	一、四八	二、一四	二、三〇	二、三三	二、五〇	三、〇〇	三、〇七	三、一九	三、三六	三、五一	四、〇九
	|	|	|	|	|	|	|	|	|	|	|	|	|	|	|	|	|	|	|
後	一、三三	一、四七	二、〇〇	二、二三	二、三五	二、四三	二、五四	三、〇七	三、二七	三、四八	四、〇二	四、〇四	四、一九	四、二八	四、三五	四、四六	五、〇一	五、一四	五、三〇
	|	|	|	|	|	|	|	|	|	|	|	|	|	|	|	|	|	|	|
後	三、四四	四、〇三	四、一九	四、三二	四、五四	五、〇三	五、一五	五、三〇	五、四八	六、一〇	六、二四	六、二八	六、四四	六、五三		|	|	|	|
	|	|	|	|	|	|	|	|	|	|	|	|	|	|	|	|	|	|	|
後	五、一一	五、二九	五、三七	五、五七	六、〇九	六、一七	六、二八	六、四一	六、五八	七、一八	七、三一	七、三三	七、四七	七、五六	八、〇二	八、一三	八、二七	八、四一	八、五七
	|	|	|	|	|	|	|	|	|	|	|	|	|	|	|	|	|	|	|
後	七、二二	七、四一	七、五八	八、二六	八、四三	八、五四	九、〇八	九、二六	九、五〇	一〇、一七	一〇、三四	一〇、三八	一〇、五七	一一、〇八		|	|	|	|
	|	|	|	|	|	|	|	|	|	|	|	|	|	|	|	|	|	|	|
	九、三五	九、五五	一〇、一二	一〇、三三		|	|	|	|	|	|	|	|	|	|	|	|	|	|
	|	|	|	|	|	|	|	|	|	|	|	|	|	|	|	|	|	|	|
	|	|	|	|	|	|	|	|	|	|	|	|	|	|	|	|	|	|	|
	|	|	|	|	|	|	|	|	|	|	|	|	|	|	|	|	|	|	|
	|	|	|	|	|	|	|	|	|	|	|	|	|	|	|	|	|	|	|
後	二、四六	|	三、一〇	三、二九	三、四〇	三、四七	|	四、〇三	四、一九	四、三七	四、四九	四、五一	|	五、一一	五、一七	五、二七	五、四一	五、五三	六、〇八
哩程		四・八	九・四	一五・二	一九・九	二〇・九	二四・四	二八・九	三三・八	三七・六	四一・七	|	四六・六	四九・二	|	五二・六	五七・五	六一・三	六六・八
二等賃金		一六錢	三〇	四六	五八	六四	七四	八六	九八	一・二三	一・三三	|	一・三六	一・四四	|	一・五三	一・六六	一・七六	一・九〇
三等賃金		八錢	一五	二三	二九	三三	三七	四三	四九	五六	六一	|	六八	七三	|	七六	八三	八八	九五

	大村發	諫早發	喜々津發	大草發	長與發	道ノ尾發	長崎着
	一二、〇五	一二、三四	一二、五九	一、一六	一、四〇	一、五四	二、〇五
	八、三六	九、〇七	九、二四	九、四三	一〇、〇二	一〇、一五	一〇、二五
	二、一六	二、五〇	三、一〇	三、一七	三、三八	三、五二	四、〇〇
	九、四九	一〇、〇九	一〇、四九	一一、〇八	一一、三二	一一、四六	一一、五七
	四、二八	五、〇一	五、二〇	五、三〇	五、五三	六、〇五	六、一五
	｜	｜	｜	｜	｜	｜	｜
	五、四八	六、二〇	六、三〇	六、四七	七、〇八	七、二〇	七、三〇
	｜	｜	｜	｜	｜	｜	｜
	｜	｜	｜	｜	｜	｜	｜
	｜	｜	｜	｜	｜	｜	｜
	九、一三	九、四六	九、五九	一〇、一三	一〇、三四	一〇、四六	一〇、五六
	｜	｜	｜	｜	｜	｜	｜
	｜	｜	｜	｜	｜	｜	｜
	｜	｜	｜	｜	｜	｜	｜
	｜	｜	｜	｜	｜	｜	｜
	｜	｜	｜	｜	｜	｜	｜
	｜	｜	｜	｜	｜	｜	｜
	｜	｜	｜	｜	｜	｜	｜
	｜	｜	｜	｜	｜	｜	｜
	｜	｜	｜	｜	｜	｜	｜
	六、二四	六、五六	七、〇九	七、二三	七、四三	七、五五	八、〇五
哩程	七一・六	七八・七	八二・八	八七・二	九二・三	九四・五	九七・三
二等賃金	二・〇三	二・二〇	二・三〇	二・四〇	二・五〇	二・五八	二・六四
三等賃金	一・〇一	一・一〇	一・一五	一・二〇	一・二六	一・二九	一・三二

上り

	長崎發	道ノ尾發	長與發	大草發	喜々津發	諫早發	大村發	松原發	彼杵發	川棚發	南風崎發	早岐着	早岐發	三河内發	有田着	有田發	三間坂發	武雄發	北方發	山口發	牛津發	久保田發	佐賀發	神埼發	中原發	鳥栖着
前 門司行	五、二八	五、四二	五、五一	六、一二	六、二六	六、四六	七、一三	七、二九	七、四六	七、五九	八、一五	八、二六	八、三四	八、四四	八、五九	九、〇二	九、一八	九、四二	九、五五	一〇、〇七	一〇、一九	一〇、二六	一〇、四五	一〇、五九	一一、一二	一一、二五
前	｜	｜	｜	｜	｜	｜	｜	｜	｜	｜	｜	｜	｜	｜	｜	｜	｜	｜	｜	｜	｜	｜	五、四〇	六、〇〇	六、一七	六、三五
前 久留米行	｜	｜	｜	｜	｜	｜	｜	｜	｜	｜	｜		五、四〇	五、五二	六、〇九	六、一四	六、三三	七、〇五	七、二五	七、四三	八、〇一	八、一〇	八、三五	八、五五	九、一二	九、三〇
	｜	｜	｜	｜	｜	｜	｜	｜	｜	｜	｜	｜	｜	｜	｜	｜	｜	｜	｜	｜	｜	｜	｜	｜	｜	｜
	｜	｜	｜	｜	｜	｜	｜	｜	｜	｜	｜	｜	｜	｜	｜	｜	｜	｜	｜	｜	｜	｜	｜	｜	｜	｜
前 門司行	九、〇〇	九、一四	九、二三	九、四三	九、五七	一〇、一七	一〇、四三	一〇、五八	一一、一六	一一、二九	一一、四五	一一、五六	一二、〇四	一二、一四	一二、二九	一二、三一	一二、四六	一、一三	一、二六	一、三八	一、五〇	一、五七	二、一七	二、二九	二、四二	二、五五
前 久留米行	｜	｜	｜	｜	｜	｜	｜	｜	｜	｜	｜		九、四八	一〇、〇一	一〇、一九	一〇、二四	一〇、四三	一一、一六	一一、三四	一一、四九	一二、〇四	一二、一三	一二、三二	一二、四八	一、〇一	一、一五
	｜	｜	｜	｜	｜	｜	｜	｜	｜	｜	｜	｜	｜	｜	｜	｜	｜	｜	｜	｜	｜	｜	｜	｜	｜	｜
前 熊本行	一〇、三五	一〇、三九	一〇、四八	一一、〇九	一一、三三	一一、四二	一二、〇九	一二、二五	一二、四三	一二、五七	一、一三	一、二四	一、三三	一、四三	一、五七	二、〇〇	二、一六	二、四六	三、〇五	三、二〇	三、三五	三、四四	四、〇四	四、二一	四、三五	四、五〇
	｜	｜	｜	｜	｜	｜	｜	｜	｜	｜	｜	｜	｜	｜	｜	｜	｜	｜	｜	｜	｜	｜	｜	｜	｜	｜
	｜	｜	｜	｜	｜	｜	｜	｜	｜	｜	｜	｜	｜	｜	｜	｜	｜	｜	｜	｜	｜	｜	｜	｜	｜	｜
後 門司行	一二、三三	一二、四七	一二、五六	一、一七	一、三一	一、五一	二、一七	二、三三	二、五一	三、〇四	三、二〇	三、三一	三、三九	三、四九	四、〇四	四、〇六	四、二一	四、四八	五、〇一	五、一三	五、二五	五、三二	五、五一	六、〇五	六、一七	六、三〇
後 [illegible]行	二、二〇	二、三八	二、五〇	三、一八	三、三六	四、〇〇	四、三四	四、五四	五、一八	五、三七	五、五八	六、二三	六、二八	六、四三	六、五九	七、〇二	七、二〇	七、四八	八、〇五	八、二一	八、三六	八、四六	九、一五	九、三六	九、五四	一〇、一三
	｜	｜	｜	｜	｜	｜	｜	｜	｜	｜	｜	｜	｜	｜	｜	｜	｜	｜	｜	｜	｜	｜	｜	｜	｜	｜
後	四、三五	四、四四	五、〇六	五、三二	五、五〇	六、一五	六、五〇	七、二一	七、三五	七、五三	八、一二	八、二六	八、三四	八、四七	九、〇五	九、一〇	九、二九	九、五八	一〇、一五	一〇、三一	一〇、四六	一〇、五五	一一、〇七	‖	｜	｜
後	六、四〇	六、五七	七、〇七	七、三〇	七、四七	八、二一	八、四二	八、五九	九、二三	九、四〇	一〇、〇〇	一〇、一四	‖	｜	｜	｜	｜	｜	｜	｜	｜	｜	｜	｜	｜	｜
	｜	｜	｜	｜	｜	｜	｜	｜	｜	｜	｜	｜	｜	｜	｜	｜	｜	｜	｜	｜	｜	｜	｜	｜	｜	｜
	｜	｜	｜	｜	｜	｜	｜	｜	｜	｜	｜	｜	｜	｜	｜	｜	｜	｜	｜	｜	｜	｜	｜	｜	｜	｜
	｜	｜	｜	｜	｜	｜	｜	｜	｜	｜	｜	｜	｜	｜	｜	｜	｜	｜	｜	｜	｜	｜	｜	｜	｜	｜
後 [illegible]行	八、三六	八、四九	八、五八	九、一九	九、三三	九、五五	一〇、一九	一〇、三四	一〇、五〇	一一、〇三	一一、一九	一一、三〇	一一、三七	｜	一二、〇〇	一二、〇三	一二、一八	一二、二八	一二、五〇	｜	一、一二	一、一八	一、三四	一、五〇	｜	二、一六
	｜	｜	｜	｜	｜	｜	｜	｜	｜	｜	｜	｜	｜	｜	｜	｜	｜	｜	｜	｜	｜	｜	｜	｜	｜	｜
哩程		二・八	五・〇	一〇・一	一四・五	一八・六	二五・七	三〇・五	三六・〇	三九・八	四四・七	四八・一	｜	五〇・七	五五・五	五七・〇	｜	六四・七	六八・四	七三・九	七六・四	七八・二	八二・一	八七・九	九三・五	九七・三
二等賃金	錢	一〇	一六	三三	四四	五六	七八	九二	一・〇六	一・一八	一・三三	一・四〇	｜	一・四八	一・六〇	一・七〇	一・八四	｜	一・九四	二・〇六	二・一四	二・一八	二・三四	二・四三	二・五三	二・六四
三等賃金	錢	五	八	一六	二三	二八	三九	四六	五三	五九	六六	七〇	｜	七四	八〇	八五	九二	｜	九七	一・〇三	一・〇七	一・〇九	一・一四	一・二一	一・二六	一・三二

（四十）有田、伊萬里間

九州鐵道

上り 伊萬里發	夫婦石發	藏宿發	有田着	下り 有田發	藏宿發	夫婦石發	伊萬里着
前 八、二三	八、三七	八、四九	八、五八	前 九、四三	九、五四	一〇、〇六	一〇、一八
｜	｜	｜	｜	｜	｜	｜	｜
前 五、三五	五、四九	六、〇一	六、一〇	前 七、三五	七、四五	七、五六	八、〇八
｜	｜	｜	｜	｜	｜	｜	｜
前 一一、四五	一一、五九	一二、一一	一二、二〇	前 一二、三五	一二、四五	一二、五六	一、〇八
｜	｜	｜	｜	｜	｜	｜	｜
後 一、二三	一、三六	一、四七	一、五六	後 二、三四	二、四五	二、五七	三、〇九
｜	｜	｜	｜	｜	｜	｜	｜
後 三、二五	三、三九	三、五一	四、〇〇	後 四、一五	四、二六	四、三八	四、五〇
｜	｜	｜	｜	｜	｜	｜	｜
｜	｜	｜	｜	｜	｜	｜	｜
後 六、二〇	六、三四	六、四六	六、五五	後 七、三六	七、四七	七、五九	八、一一
｜	｜	｜	｜	後 九、三〇	九、四一	九、五三	一〇、〇五
後 八、三二	八、四五	八、五七	九、〇六	｜	｜	｜	｜
｜	｜	｜	｜	｜	｜	｜	｜
｜	｜	｜	｜	｜	｜	｜	｜
｜	｜	｜	｜	｜	｜	｜	｜
｜	｜	｜	｜	｜	｜	｜	｜
｜	｜	｜	｜	｜	｜	｜	｜
哩程	三・一	五・七	八・二	哩程	二・四	五・一	八・二
二等賃金 錢	一〇	一八	二六	二等賃金 錢	八	一六	二六
三等賃金 錢	五	九	一三	三等賃金 錢	四	八	一三

（四十一）早岐、佐世保間

九州鐵道

下リ

早岐發	佐世保着
前 五、二五	五、四六
前 七、一〇	七、三一
前 八、三一	八、五二
前 一〇、一九	一〇、四〇
午 一二、〇〇	一二、二一
後 一、三四	一、五五
後 三、三五	三、五六
|	|
後 四、五〇	五、一一
|	|
後 七、〇〇	七、二一
|	|
後 八、三五	八、五六
後 一〇、二〇	一〇、四一
後 一一、四五	一二、〇六
|	|
|	|
|	|
哩程	五・六
二等賃金	一八錢
三等賃金	九錢

上リ

佐世保發	早岐着
前 四、四五	五、〇六
前 七、五五	八、一六
|	|
前 六、二〇	六、四一
|	|
前 一一、二〇	一一、四一
前 九、二〇	九、四一
|	|
後 一、三六	一、五七
|	|
|	|
後 二、三五	二、五六
後 四、〇八	四、二九
後 六、〇〇	六、二一
後 七、三四	七、五五
後 九、三五	九、五六
|	|
後 一一、〇五	一一、二六
|	|
|	|
哩程	五・六
二等賃金	一八錢
三等賃金	九錢

(四十二) 宇土三角間

下リ

	宇土發	住吉發	網田發	三角着
前	六、四八	七、〇六	七、二四	七、四九
	|	|	|	|
前	一〇、四四	一一、〇一	一一、一八	一一、四三
	|	|	|	|
後	三、三八	三、五五	四、一二	四、三六
	|	|	|	|
後	七、三六	七、五三	八、一〇	八、三四
哩程		四・五	九・七	一五・三
三等賃金		七錢	一四	二三

上リ

	三角發	網田發	住吉發	宇土着
前	八、二五	八、四二	九、〇〇	九、一六
	|	|	|	|
前	一一、五七	一二、一三	一二、四〇	一二、五五
	|	|	|	|
後	四、五六	五、一三	五、三九	五、五四
	|	|	|	|
後	八、五五	九、一三	九、四〇	九、五六
哩程		六・三	一〇・八	一五・三
三等賃金		一〇錢	一七	二三

九州鐵道

(四十三) 若松、大隈、直方、伊田、小竹、幸袋、及長尾間

下リ

若松發	二島發	折尾發	中間發	植木發	直方着
|	|	|	|	|	|
六、三五	六、五〇	七、一〇	七、二一	七、三九	七、四九
八、一八	八、三三	八、五三	九、〇四	九、二三	九、三三
一〇、〇八	一〇、二三	一〇、四三	一〇、五四	一一、一二	一一、二三
一二、一二	一二、二七	一二、四六	一二、五七	一、一五	一、二五
一、四八	二、〇三	二、二三	二、三四	二、五五	三、〇五
三、四八	四、〇三	四、二三	四、三三	四、五一	五、〇一
五、二三	五、三八	五、五八	六、〇九	六、二七	六、三七
七、二四	七、三九	七、五八	八、〇九	八、二七	八、三七
八、五〇	九、〇五	九、二四	九、三五	九、五三	一〇、〇三
〇	二・八	六・七	九・三	一三・二	一五・六
	六錢	一〇	一四	二〇	二四

直方發	中泉發	金田發	糒發	伊田着
|	|	六、三〇	六、三九	六、四七
八、〇四	八、一六	八、三〇	|	|
九、四八	一〇、〇〇	一〇、一九	一〇、二八	一〇、三六
一一、〇〇	一一、一二	一一、二六	|	|
一、三四	一、四六	二、〇五	二、一四	二、二三
三、四六	三、五八	四、一二	|	|
五、一〇	五、二二	五、四一	五、四九	五、五七
七、一五	七、二七	七、四一	|	|
八、四八	九、〇〇	九、一九	九、二八	九、三六
|	|	|	|	|
〇	二・六	六・〇	七・八	九・九
	四錢	九	一二	一五

直方發	小竹着	小竹發	幸袋着	小竹發	鯰田發	飯塚發	飯塚發	天道發	長尾着	臼井發	大隈着
|	|	|	|	|	|	|	|	|	|	|	|
八、〇二	八、一六	八、二〇	八、三二	八、二一	八、三三	八、五〇	九、一〇	九、二〇	九、二七	九、一三	九、一八
九、五〇	一〇、〇四	|	|	一〇、一〇	一〇、二一	一〇、三一	一〇、五三	一一、〇三	一一、一〇	|	|
一一、四五	一一、五九	一二、〇八	一二、二〇	一二、〇五	一二、一六	一二、三三	|	|	|	一二、五四	一、〇〇
一、四〇	一、五四	|	|	一、五九	二、〇九	二、二〇	二、四二	二、五二	二、五九	|	|
三、二五	三、三九	三、四六	三、五八	三、四五	三、五六	四、一三	|	|	|	四、三五	四、四一
五、二〇	五、三四	|	|	五、三九	五、四九	六、〇〇	六、一五	六、二五	六、三三	|	|
七、〇〇	七、一四	七、二四	七、三六	七、二〇	七、三一	七、四八	|	|	|	八、一〇	八、一六
九、〇〇	九、一四	九、二三	九、三四	九、二〇	九、三一	九、四二	|	|	|	|	|
|	|	|	|	|	|	|	|	|	|	|	|
〇	三・八	〇	三・一	〇	二・三	五・一	〇	一・八	三・六	〇	一・七
	六錢		五錢		四錢	八		三錢	六		三錢

上リ

直方發	植木發	中間發	折尾發	二島發	若松着
六、二四	六、三六	六、五三	七、一二	七、二三	七、三七
八、〇四	八、一六	八、三三	八、五二	九、〇三	九、一七
九、五三	一〇、〇四	一〇、二〇	一〇、四〇	一〇、五一	一一、〇五
一一、五八	一二、一〇	一二、二六	一二、四五	一二、五六	一、一〇
一、三三	一、四五	二、〇一	二、二二	二、三三	二、四七
三、三六	三、四八	四、〇四	四、二三	四、三四	四、四八
五、〇七	五、一九	五、三五	五、五五	六、〇六	六、二〇
七、〇七	七、一九	七、三五	七、五五	八、〇六	八、二〇
八、三六	八、四八	九、〇四	九、二五	九、三六	九、五〇
|	|	|	|	|	|
〇	二・四	六・三	八・九	一二・八	一五・六
	四錢	一〇	一四	一八	二四

伊田發	糒發	金田發	中泉發	直方着
|	|	|	|	|
七、〇五	七、一五	七、二八	七、四四	七、五四
|	|	八、五四	九、一〇	九、二〇
一〇、四八	一〇、五八	一一、一二	一一、二七	一一、三七
|	|	一二、五〇	一、〇六	一、一六
二、三三	二、四二	二、五四	三、一〇	三、二〇
|	|	四、三〇	四、四六	四、五六
六、〇八	六、一七	六、二九	六、四五	六、五五
|	|	八、〇四	八、二〇	八、三〇
九、五〇	一〇、〇〇	一〇、四七	|	|
〇	二・一	三・九	七・三	九・九
	三錢	六	一一	一五

小竹發	直方着	幸袋發	小竹着	飯塚發	鯰田發	小竹着	長尾發	天道發	飯塚着	大隈發	臼井發
|	|	|	|	|	|	|	|	|	|	|	|
七、二〇	七、三四	六、五八	七、一〇	六、五〇	七、〇三	七、一三	六、二五	六、三五	六、四二	|	|
九、二六	九、四〇	九、〇五	九、一七	八、五六	九、〇九	九、一八	|	|	|	八、二四	八、三四
一一、二二	一一、三六	|	|	一〇、五四	一一、〇六	一一、一五	一〇、二〇	一〇、三〇	一〇、三七	|	|
一、〇五	一、一九	一二、四五	一二、五七	一二、三七	一二、四九	一二、五八	|	|	|	一二、〇六	一二、一六
三、〇八	三、二二	|	|	二、四〇	二、五三	三、〇三	二、〇〇	二、一〇	二、一七	|	|
四、四五	四、五九	四、二四	四、三六	四、一八	四、三〇	四、三九	|	|	|	三、四七	三、五七
六、四六	七、〇〇	|	|	六、一八	六、三一	六、四〇	五、四五	五、五五	六、〇二	|	|
八、一四	八、二八	七、五八	八、一〇	七、四七	七、五九	八、〇八	|	|	|	七、一七	七、二七
|	|	|	|	|	|	|	|	|	|	|	|
〇	三・八	〇	三・一	|	二・九	五・一	〇	一・八	三・六	〇	一・七
	六錢		五錢		五	八 九錢		三錢	六		三錢

九州鐵道

（四十四）筋原、妙見間　九州鐵道

下リ

驛名	前	前	前	前	後	後	後	後	後	後	哩程	一等賃金	二等賃金	三等賃金
筋原發	七、二五	|	九、一〇	一一、二三	|	一、一〇	三、二三	|	五、一〇	六、五〇		發	發	發
殿木發	七、三九	|	九、二七	一一、三九	|	一、二七	三、三九	|	五、二七	七、〇四	三•五	一五	一二	六
本山發	七、四六	|	九、三七	一一、四六	|	一、三七	三、四六	|	五、三七	七、一一	五•一	二〇	一六	八
相知發	七、五五	|	九、四八	一一、五五	|	一、四八	三、五五	|	五、四八	七、一九	六•七	二八	二三	一一
山本發	八、一〇	九、二七	一〇、〇四	一二、一〇	一、二七	二、〇四	四、一〇	五、二七	六、〇四	七、三四	一一•〇	四三	三四	一七
鬼塚發	八、一九	|	一〇、一三	一二、一九	|	二、一三	四、一九	|	|	七、四三	一三•四	五三	四二	二二
唐津發	八、三〇	九、四五	一〇、二四	一二、三〇	一、四五	二、二四	四、三〇	五、四五	六、二四	七、五四	一五•六	六〇	四八	二四
妙見着	八、三六	九、五一	一〇、三〇	一二、三六	一、五一	二、三〇	四、三六	五、五一	六、三〇	八、〇〇	一七•三	六五	五二	二六

上リ

驛名	前	前	前	前	前	後	後	後	後	後	哩程	一等賃金	二等賃金	三等賃金
妙見發	六、〇〇	七、〇〇	八、〇〇	九、〇〇	一一、〇〇	一二、四〇	一、〇〇	三、〇〇	四、四〇	五、〇〇		發	發	發
唐津發	六、一〇	七、一五	八、四九	九、一〇	一一、一五	一二、四九	一、一〇	三、一五	四、四九	五、一〇	一•七	八	六	三
鬼塚發	|	七、二四	|	九、一八	一一、二四	|	一、一八	三、二四	|	五、一八	三•九	一五	一二	六
山本發	六、二七	七、三五	九、〇四	九、二八	一一、三五	一、〇四	一、二八	三、三五	五、〇四	五、二八	六•三	二五	二〇	一〇
相知發	六、四二	七、五三	|	九、四四	一一、五三	|	一、四四	三、五三	|	五、四四	一〇•六	四〇	三二	一六
本山發	六、四九	八、〇二	|	九、五一	一二、〇二	|	一、五一	四、〇二	|	五、五一	一二•二	四八	三八	一九
殿木發	六、五六	八、一一	|	九、五八	一二、一一	|	一、五八	四、一一	|	五、五八	一三•八	五三	四二	二一
筋原着	七、〇九	八、二四	|	一〇、一一	一二、二四	|	二、一一	四、二四	|	六、一一	一七•三	六五	五二	二六

九州鐵道

（四十五）國分、鹿兒島間　官有鐵道

下リ

驛名	前	後	後	後	哩程	二等賃金	三等賃金
國分發	九、〇五	一二、二五	三、四五	七、〇五		發	發
加治木發	九、二九	一二、四九	四、〇九	七、二九	四•二	一三	七
重富發	九、四八	一、〇八	四、二八	七、四八	八•七	二七	一五
鹿兒島着	一〇、二三	一、四三	五、二一	八、二三	一七•三	五一	二九

上リ

驛名	前	前	後	後	哩程	二等賃金	三等賃金
鹿兒島發	七、三〇	一〇、五〇	二、一〇	五、三〇		發	發
重富發	八、〇七	一一、二七	二、四七	六、〇七	八•六	二七	一五
加治木發	八、二六	一一、四六	三、〇六	六、二六	一三•一	三九	二三
國分着	八、四五	一二、〇五	三、二五	六、四五	一七•三	五一	二九

官有鐵道

（四十六）高松、琴平間　讃岐鐵道

下リ

驛名	午前	午前	午前	午前	午前	午前	午前	午前	午前
高松發	|	|	△五、三〇	六、三〇	七、三〇	八、三〇	九、三〇	一〇、三〇	一一、三〇
鬼無發	|	|	△五、四二	六、四二	七、四二	八、四二	九、四二	一〇、四二	一一、四二
端岡發	|	|	△五、五一	六、五一	七、五一	八、五一	九、五一	一〇、五一	一一、五一
國分發	|	|	△五、五八	六、五八	七、五八	八、五八	九、五八	一〇、五八	一一、五八
鴨川發	|	|	△六、一〇	七、一〇	八、一〇	九、一〇	一〇、一〇	一一、一〇	一二、一〇
坂出發	|	|	△六、二三	七、二三	八、二三	九、二三	一〇、二三	一一、二三	一二、二三
宇多津發	|	|	△六、三一	七、三一	八、三一	九、三一	一〇、三一	一一、三一	一二、三一
丸龜發	|	△五、五六	六、四二	七、四二	八、四二	九、四二	一〇、四二	一一、四二	一二、四二
多度津發	△五、三五	△六、一〇	六、五八	七、五八	八、五八	九、五八	一〇、五八	一一、五八	一二、五八
金藏寺發	△五、四六	△六、二三	七、一〇	八、一〇	九、一〇	一〇、一〇	一一、一〇	一二、一〇	一、一〇
善通寺發	△五、五三	△六、三一	七、二一	八、二一	九、二一	一〇、二一	一一、二一	一二、二一	一、二一
琴平着	△六、〇四	△六、四二	七、三三	八、三三	九、三三	一〇、三三	一一、三三	一二、三三	一、三三

驛名	午後	午後	午後	午後	午後	午後	午後	午後	午後	哩程	二等賃金	三等賃金
高松發	一二、三〇	一、三〇	二、三〇	三、三〇	四、三〇	五、三〇	六、三〇	七、三〇	八、三〇	|	發	發
鬼無發	一二、四二	一、四二	二、四二	三、四二	四、四二	五、四二	六、四二	七、四二	八、四〇	三•二	八	五
端岡發	一二、五一	一、五一	二、五一	三、五一	四、五一	五、五一	六、五一	七、五一	八、四七	五•三	一二	八
國分發	一二、五八	一、五八	二、五八	三、五八	四、五八	五、五八	六、五八	七、五八	八、五二	六•八	一七	一一
鴨川發	一、一〇	二、一〇	三、一〇	四、一〇	五、一〇	六、一〇	七、一〇	八、〇九	九、〇三	九•七	二三	一五
坂出發	一、二三	二、二三	三、二三	四、二三	五、二三	六、二三	七、二三	八、二〇	九、一三	一二•六	二九	一九
宇多津發	一、三一	二、三一	三、三一	四、三一	五、三一	六、三一	七、三一	八、二八	九、二一	一四•六	三三	二三
丸龜發	一、四二	二、四二	三、四二	四、四二	五、四二	六、四二	七、四二	八、三六	九、二九	一六•八	三九	二六
多度津發	一、五八	二、五八	三、五八	四、五八	五、五八	六、五八	七、五八	△八、五〇	九、三八	一九•七	四五	三〇
金藏寺發	二、一〇	三、一〇	四、一〇	五、一〇	六、一〇	七、一〇	八、一〇	△九、〇一	‖	二二•六	五一	三四
善通寺發	二、二一	三、二一	四、二一	五、二一	六、二一	七、二一	八、二一	△九、〇[illegible]	|	二四•〇	五四	三六
琴平着	二、三三	三、三三	四、三三	五、三三	六、三三	七、三三	八、三三	‖	|	二七•二	六三	四一

△印ハ不定期列車

讃岐鐵道

上り

驛名	午前	午前	午前	午前	午前	午前	午前	午前	午後	午後	午後	午後	午後	午後	午後	午後	午後	午後	哩程	二等賃金	三等賃金
琴平發	｜	｜	▲六、一六	七、〇八	八、〇八	九、〇八	一〇、〇八	一一、〇八	一二、〇八	一、〇八	二、〇八	三、〇八	四、〇八	五、〇八	六、〇八	七、〇八	八、〇八	九、〇〇	｜		
善通寺發	｜	｜	▲六、二八	七、二四	八、二四	九、二四	一〇、二四	一一、二四	一二、二四	一、二四	二、二四	三、二四	四、二四	五、二四	六、二四	七、二四	八、二四	九、一三	三・二	八錢	五錢
金藏寺發	｜	｜	▲六、三五	七、三三	八、三三	九、三三	一〇、三三	一一、三三	一二、三三	一、三三	二、三三	三、三三	四、三三	五、三三	六、三三	七、三二	八、三三	九、一九	四・六	一二	七
多度津發	▲五、三〇	五、四七	六、五一	七、五一	八、五一	九、五一	一〇、五一	一一、五一	一二、五一	一、五一	二、五一	三、五一	四、五一	五、五一	六、五一	七、五一	八、四八	九、二九	七・五	一八	一三
丸龜發	▲五、三九	▲六、〇三	七、〇四	八、〇四	九、〇四	一〇、〇四	一一、〇四	一二、〇四	一、〇四	二、〇四	三、〇四	四、〇四	五、〇四	六、〇四	七、〇四	八、〇二	八、五八	｜	一〇・四	二四	一六
宇多津發	｜	▲六、一三	七、一三	八、一三	九、一三	一〇、一三	一一、一三	一二、一三	一、一三	二、一三	三、一三	四、一三	五、一三	六、一三	七、一三	八、一〇	九、〇六	｜	一三・六	二九	一九
坂出發	｜	▲六、二三	七、二三	八、二三	九、二三	一〇、二三	一一、二三	一二、二三	一、二三	二、二三	三、二三	四、二三	五、二三	六、二三	七、二三	八、一九	九、一四	｜	一四・六	三三	二三
鴨川發	｜	▲六、三四	七、三四	八、三四	九、三四	一〇、三四	一一、三四	一二、三四	一、三四	二、三四	三、三四	四、三四	五、三四	六、三四	七、三四	八、二九	九、二三	｜	一七・五	四一	二七
國分發	｜	▲六、四六	七、四六	八、四六	九、四六	一〇、四六	一一、四六	一二、四六	一、四六	二、四六	三、四六	四、四六	五、四六	六、四六	七、四六	八、四〇	九、三三	｜	二〇・四	四七	三一
端岡發	｜	▲六、五三	七、五三	八、五三	九、五三	一〇、五三	一一、五三	一二、五三	一、五三	二、五三	三、五三	四、五三	五、五三	六、五三	七、五三	八、四六	九、三八	｜	二一・九	五〇	三三
鬼無發	｜	▲七、〇三	八、〇三	九、〇三	一〇、〇三	一一、〇三	一二、〇三	一、〇三	二、〇三	三、〇三	四、〇三	五、〇三	六、〇三	七、〇三	八、〇三	八、五四	九、四五	｜	二四・〇	五六	三七
高松着	｜	▲七、一三	八、一三	九、一三	一〇、一三	一一、一三	一二、一三	一、一三	二、一三	三、一三	四、一三	五、一三	六、一三	七、一三	八、一三	九、〇四	九、五五	｜	二七・二	六二	四一

(四十七)徳島、船戸間

徳島鐵道

下り

驛名	午前	午前	午前	午前	午後	午後	午後	午後	哩程	二等賃金	三等賃金
徳島發	六、〇〇	七、五六	九、四五	一二、〇〇	一、五五	三、五〇	六、一〇	｜	〇		
藏本發	六、〇八	七、五九	九、五五	一二、〇九	二、〇四	四、〇二	六、一八	｜	二・〇	六錢	四錢
府中發	六、一〇	八、〇八	一〇、〇五	一二、一八	二、一三	四、一四	六、二六	｜	四・一	一二	八
石井發	六、二四	八、一七	一〇、一五	一二、二七	二、二二	四、二六	六、三四	｜	六・四	一八	一二
牛島發	六、三四	八、二八	一〇、二七	一二、三八	二、三三	四、四〇	六、四四	｜	九・四	二六	一七
鴨島發	六、四三	八、三七	一〇、四〇	一二、四七	二、四二	四、五二	六、五三	｜	一一・七	三三	二三
西麻植發	六、四八	八、四二	一〇、四六	一二、五二	二、四七	四、五九	六、五八	｜	一二・九	三六	二四
川島發	六、五四	八、四九	一〇、五四	一二、五九	二、五七	五、〇九	七、〇四	｜	一四・一	三九	二六
學發	七、〇一	八、五七	一一、〇三	一、〇七	三、〇二	五、二〇	七、一一	｜	一六・三	四五	三〇
山崎發	七、〇八	九、〇五	一一、一二	一、一三	三、一〇	五、三一	七、一八	｜	一八・〇	五〇	三三
湯立發	七、一四	九、一二	一一、二〇	一、二三	三、一七	五、四一	七、二四	｜	一九・四	五三	三五
船戸着	七、二二	九、二〇	一一、三八	一、三〇	三、二五	五、四九	七、三三	｜	二一・五	五九	三九

上り

驛名	午前	午前	午前	午前	午後	午後	午後	午後	哩程	二等賃金	三等賃金
船戸發	六、〇二	七、五〇	九、四五	一二、〇〇	一、五五	三、五〇	六、一〇	｜	〇		
湯立發	六、〇九	八、〇〇	九、五六	一二、一〇	二、〇五	四、〇三	六、一九	｜	二・一	六錢	四錢
山崎發	六、一五	八、〇七	一〇、〇四	一二、一七	二、一二	四、一三	六、二五	｜	三・五	一一	七
學發	六、二三	八、一五	一〇、一三	一二、二五	二、二〇	四、二四	六、三二	｜	五・二	一五	一〇
川島發	六、三〇	八、二四	一〇、二三	一二、三四	二、二九	四、三六	六、四〇	｜	七・四	二一	一四
西麻植發	六、三五	八、二九	一〇、二九	一二、三九	二、三四	四、四二	六、四五	｜	八・六	二四	一六
鴨島發	六、四二	八、三六	一〇、三九	一二、四六	二、四一	四、五一	六、五二	｜	九・八	二七	一八
牛島發	六、五〇	八、四五	一〇、四九	一二、五五	二、五〇	五、〇三	七、〇〇	｜	一二・一	三三	二三
石井發	七、〇〇	八、五六	一一、〇一	一、〇六	三、〇一	五、一七	七、一〇	｜	一五・一	四二	二八
府中發	七、〇八	九、〇五	一一、一一	一、一五	三、一〇	五、二九	七、一八	｜	一七・四	四八	三二
藏本發	七、一四	九、一四	一一、二一	一、二四	三、一九	五、四一	七、二六	｜	一九・五	五三	三五
徳島着	七、二三	九、二一	一一、二八	一、三一	三、二六	五、四八	七、三三	｜	二一・五	五九	三九

(四十八)横河原、松山、森松、高濱間

伊豫鐵道

下リ

	横河原發	田窪發	平井發	久米發	立花發	松山着
	｜	｜	｜	｜	｜	｜
	｜	｜	｜	｜	｜	｜
前	七、〇一	七、一四	七、二六	七、三五	七、四七	七、五二
	｜	｜	｜	｜	｜	｜
前	九、〇一	九、一四	九、二六	九、三五	九、四七	九、五二
	｜	｜	｜	｜	｜	｜
前	一一、〇一	一一、一四	一一、二六	一一、三五	一一、四七	一一、五二
	｜	｜	｜	｜	｜	｜
後	一、〇一	一、一四	一、二六	一、三五	一、四七	一、五二
	｜	｜	｜	｜	｜	｜
後	三、〇一	三、一四	三、二六	三、三五	三、四七	三、五二
	｜	｜	｜	｜	｜	｜
後	五、〇一	五、一四	五、二六	五、三五	五、四七	五、五二
後	七、〇一	七、一四	七、二六	七、三五	七、四七	七、五二
後	九、〇一	九、一四	九、二六	九、三五	九、四七	九、五二
	｜	｜	｜	｜	｜	｜
	｜	｜	｜	｜	｜	｜
哩程		二.〇	三.九	五.三	七.四	八.二
三等賃金		四	七	九	一三	一四錢

	森松發	石井發	立花發	松山着
	｜	｜	｜	｜
前	六、五九	七、〇七	七、一七	七、二三
前	七、五九	八、〇七	八、一七	八、二三
前	八、五九	九、〇七	九、一七	九、二三
前	九、五九	一〇、〇七	一〇、一七	一〇、二三
前	一〇、五九	一一、〇七	一一、一七	一一、二三
前	一一、五九	一二、〇七	一二、一七	一二、二三
後	一二、五九	一、〇七	一、一七	一、二三
後	一、五九	二、〇七	二、一七	二、二三
後	二、五九	三、〇七	三、一七	三、二三
後	三、五九	四、〇七	四、一七	四、二三
後	四、五九	五、〇七	五、一七	五、二三
後	五、五九	六、〇七	六、一七	六、二三
後	六、五九	七、〇七	七、一七	七、二三
後	七、五九	八、〇七	八、一七	八、二三
後	八、五九	九、〇七	九、一七	九、二三
	｜	｜	｜	｜
哩程		一.五	二.八	三.六
三等賃金		三	五	七錢

	高濱發	三津發	古町發	松山着
	｜	｜	｜	｜
前	五、五〇	六、五九	六、一二	六、二〇
前	七、〇〇	七、〇九	七、二二	七、三〇
前	八、一〇	八、一九	八、三二	八、四〇
前	九、二〇	九、二九	九、四二	九、五〇
前	一〇、三〇	一〇、三九	一〇、五二	一一、〇〇
前	一一、四〇	一一、四九	一二、〇二	一二、一〇
後	一二、五〇	一二、五九	一、一二	一、二〇
後	二、〇〇	二、〇九	二、二二	二、三〇
後	三、一〇	三、一九	三、三二	三、四〇
後	四、二〇	四、二九	四、四二	四、五〇
後	五、三〇	五、三九	五、五二	六、〇〇
後	六、四〇	六、四九	七、〇二	七、一〇
後	七、五〇	七、五九	八、一二	八、二〇
後	九、〇〇	九、〇九	九、二二	九、三〇
	｜	｜	｜	｜
	｜	｜	｜	｜
哩程		一.四	四.一	五.七
三等賃金		九	一三	一六錢

上リ

	松山發	古町發	三津發	高濱着
	｜	｜	｜	｜
前	六、二五	六、三五	六、四八	六、五四
前	七、三五	七、四五	七、五八	八、〇四
前	八、四五	八、五五	九、〇八	九、一四
前	九、五五	一〇、〇五	一〇、一八	一〇、二四
前	一一、〇五	一一、一五	一一、二八	一一、三四
後	一二、一五	一二、二五	一二、三八	一二、四四
後	一、二五	一、三五	一、四八	一、五四
後	二、三五	二、四五	二、五八	三、〇四
後	三、四五	三、五五	四、〇八	四、一四
後	四、五五	五、〇五	五、一八	五、二四
後	六、〇五	六、一五	六、二八	六、三七
後	七、一五	七、二五	七、三八	七、四四
後	八、二五	八、三五	九、四八	九、五四
後	九、三五	九、四五	九、五八	一〇、〇四
	｜	｜	｜	｜
	｜	｜	｜	｜
哩程		一.六	四.三	五.七
三等賃金		三	八	一〇錢

	松山發	立花發	石井發	森松着
	｜	｜	｜	｜
前	六、三〇	六、三九	六、四七	六、五三
前	七、三〇	七、三九	七、四七	七、五三
前	八、三〇	八、三九	八、四七	八、五三
前	九、三〇	九、三九	九、四七	九、五三
前	一〇、三〇	一〇、三九	一〇、四七	一〇、五三
前	一一、三〇	一一、三九	一一、四七	一一、五三
後	一二、三〇	一二、三九	一二、四七	一二、五三
後	一、三〇	一、三九	一、四七	一、五三
後	二、三〇	二、三九	二、四七	二、五三
後	三、三〇	三、三九	三、四七	三、五三
後	四、三〇	四、三九	四、四七	四、五三
後	五、三〇	五、三九	五、四七	五、五三
後	六、三〇	六、三九	六、四七	六、五三
後	七、三〇	七、三九	七、四七	七、五三
後	八、三〇	八、三九	八、四七	八、五三
	｜	｜	｜	｜
哩程		.八	二.一	三.六
三等賃金		一一	一四	一六錢

	松山發	立花發	久米發	平井發	田窪發	横河原着
	六、〇〇	六、〇九	六、二〇	六、三三	六、四六	六、五五
前	八、〇〇	八、〇九	八、二〇	八、三三	八、四六	八、五五
後	一〇、〇〇	一〇、〇九	一〇、二〇	一〇、三三	一〇、四六	一〇、五五
	｜	｜	｜	｜	｜	｜
前	一二、〇〇	一二、〇九	一二、二〇	一二、三三	一二、四六	一二、五五
	｜	｜	｜	｜	｜	｜
後	二、〇〇	二、〇九	二、二〇	二、三三	二、四六	二、五五
後	四、〇〇	四、〇九	四、二〇	四、三三	四、四六	四、五五
	｜	｜	｜	｜	｜	｜
後	六、〇〇	六、〇九	六、二〇	六、三三	六、四六	六、五五
	｜	｜	｜	｜	｜	｜
後	八、〇〇	八、〇九	八、二〇	八、三三	八、四六	八、五五
	｜	｜	｜	｜	｜	｜
	｜	｜	｜	｜	｜	｜
	｜	｜	｜	｜	｜	｜
	｜	｜	｜	｜	｜	｜
	｜	｜	｜	｜	｜	｜
哩程		.八	二.九	四.三	六.二	八.二
三等賃金		二	五	八	一〇	一四錢

（四十九）松山、郡中間

伊豫鐵道

下リ

	松山發	余戸發	出合發	松前發	地藏町發	郡中着
	｜	｜	｜	｜	｜	｜
前	六、三〇	六、四二	六、四九	六、五九	七、〇二	七、〇八
	｜	｜	｜	｜	｜	｜
前	八、〇〇	八、一二	八、一九	八、二九	八、三二	八、三八
前	九、三〇	九、四二	九、四九	九、五九	一〇、〇二	一〇、〇八
	｜	｜	｜	｜	｜	｜
前	一一、〇〇	一一、一二	一一、一九	一一、二九	一一、三二	一一、三八
後	一二、三〇	一二、四二	一二、四九	一二、五九	一、〇二	一、〇八
	｜	｜	｜	｜	｜	｜
後	二、〇〇	二、一二	二、一九	二、二九	二、三二	二、三八
後	三、三〇	三、四二	三、四九	三、五九	四、〇二	四、〇八
	｜	｜	｜	｜	｜	｜
後	五、〇〇	五、一二	五、一九	五、二九	五、三二	五、三八
後	六、三〇	六、四二	六、四九	六、五九	七、〇二	七、〇八
	｜	｜	｜	｜	｜	｜
後	八、〇〇	八、一二	八、一九	八、二九	八、三二	八、三八
	｜	｜	｜	｜	｜	｜
哩程		二.二	三.一	四.九	五.四	六.七
三等賃金		四	六	九	九	一二錢

下

	郡中發	地藏町發
	｜	｜
前	七、一四	七、二一
	｜	｜
前	八、四四	八、五一
前	一〇、一四	一〇、二一
	｜	｜
前	一一、四四	一一、五一
後	一、一四	一、二一
	｜	｜
後	二、四四	二、五一
後	四、一四	四、二一
	｜	｜
後	五、四四	五、五一
後	七、一四	七、二一
	｜	｜
後	八、四四	八、五一
	｜	｜
哩程		一.三
三等賃金		三錢

り

松前發	出合發	余戸發	松山着
|	|	|	|
七、二五	七、三六	七、四二	七、五二
|	|	|	|
八、五五	九、〇六	九、一二	九、二三
一〇、二五	一〇、三六	一〇、四二	一〇、五二
|	|	|	|
一一、五五	一二、〇六	一二、一二	一二、二三
一、二五	一、三六	一、四二	一、五二
|	|	|	|
二、五五	三、〇六	三、一二	三、二三
四、二五	四、三六	四、四二	四、五二
|	|	|	|
五、五五	六、〇六	六、一二	六、二三
七、二五	七、三六	七、四二	七、五二
|	|	|	|
八、五五	九、〇六	九、一二	九、二三
|	|	|	|
一・八	三・六	四・五	六・七
三	七	八	一二

(五十)一番町、道後及古町間

伊豫鐵道

下り

驛名	一番町發	道後着	道後發	木屋着	木屋發	古町着
午前	|	|	|	|	|	|
	五、三四	五、四〇	五、四四	五、五〇	五、五二	五、五四
	|	|	|	|	|	|
	六、四四	六、五〇	六、五四	七、〇〇	七、〇二	七、〇四
	七、三四	七、四〇	|	|	|	|
	七、五四	八、〇〇	八、〇四	八、一〇	八、一二	八、一四
	八、四四	八、五〇	|	|	|	|
	九、〇四	九、一〇	九、一四	九、二〇	九、二二	九、二四
	九、五四	一〇、〇〇	|	|	|	|
	一〇、一四	一〇、二〇	一〇、二四	一〇、三〇	一〇、三二	一〇、三四
	一一、〇四	一一、一〇	|	|	|	|
	一一、二四	一一、三〇	一一、三四	一一、四〇	一一、四二	一一、四四
午後	一二、一四	一二、二〇	|	|	|	|
	一二、三四	一二、四〇	一二、四四	一二、五〇	一二、五二	一二、五四
	一、二四	一、三〇	|	|	|	|
	一、四四	一、五〇	一、五四	二、〇〇	二、〇二	二、〇四
	二、三四	二、四〇	|	|	|	|
	|	|	|	|	|	|
	|	|	|	|	|	|
午後	二、五四	三、〇〇	三、〇四	三、一〇	三、一二	三、一四
	三、四四	三、五〇	|	|	|	|
	四、〇四	四、一〇	四、一四	四、二〇	四、二二	四、二四
	四、五四	五、〇〇	|	|	|	|
	五、一四	五、二〇	五、二四	五、三〇	五、三二	五、三四
	六、〇四	六、一〇	|	|	|	|
	六、二四	六、三〇	六、三四	六、四〇	六、四二	六、四四
	七、一四	七、二〇	|	|	|	|
	七、三四	七、四〇	七、四四	七、五〇	七、五二	七、五四
	八、二四	八、三〇	|	|	|	|
	八、四四	八、五〇	八、五四	九、〇〇	九、〇二	九、〇四
	九、三四	九、四〇	|	|	|	|
	九、五四	一〇、〇〇	一〇、〇四	一〇、一〇	一〇、一二	一〇、一四
	一〇、四四	一〇、五〇	|	|	|	|
	|	|	|	|	|	|
	|	|	|	|	|	|
	|	|	|	|	|	|
	|	|	|	|	|	|

一番町ヨリ	道後	木屋	古町
哩程	一・三	二・七	三・一
三等賃金	三錢	六	一〇

上り

驛名	古町發	木屋着	木屋發	道後着	道後發	一番町着
午前	|	|	|	|	|	|
	六、〇〇	六、〇二	六、〇四	六、一〇	六、一四	六、二〇
	|	|	|	|	六、三四	六、四〇
	七、一〇	七、一二	七、一四	七、二〇	七、二四	七、三〇
	|	|	|	|	七、四四	七、五〇
	八、二〇	八、二二	八、二四	八、三〇	八、三四	八、四〇
	|	|	|	|	八、五四	九、〇〇
	九、三〇	九、三二	九、三四	九、四〇	九、四四	九、五〇
	|	|	|	|	一〇、〇四	一〇、一〇
	一〇、四〇	一〇、四二	一〇、四四	一〇、五〇	一〇、五四	一一、〇〇
	|	|	|	|	一一、一四	一一、二〇
	一一、五〇	一一、五二	一一、五四	一二、〇〇	一二、〇四	一二、一〇
午後	|	|	|	|	|	|
	|	|	|	|	一二、二四	一二、三〇
	一、〇〇	一、〇二	一、〇四	一、一〇	一、一四	一、二〇
	|	|	|	|	一、三四	一、四〇
	二、一〇	二、一二	二、一四	二、二〇	二、二四	二、三〇
	|	|	|	|	|	|
	|	|	|	|	|	|
午後	|	|	|	|	二、四四	二、五〇
	三、二〇	三、二二	三、二四	三、三〇	三、三四	三、四〇
	|	|	|	|	三、五四	四、〇〇
	四、三〇	四、三二	四、三四	四、四〇	四、四四	四、五〇
	|	|	|	|	五、〇四	五、一〇
	五、四〇	五、四二	五、四四	五、五〇	五、五四	六、〇〇
	|	|	|	|	六、一四	六、二〇
	六、五〇	六、五二	六、五四	七、〇〇	七、〇四	七、一〇
	|	|	|	|	七、二四	七、三〇
	八、〇〇	八、〇二	八、〇四	八、一〇	八、一四	八、二〇
	|	|	|	|	八、三四	八、四〇
	九、一〇	九、一二	九、一四	九、二〇	九、二四	九、三〇
	|	|	|	|	九、四四	九、五〇
	一〇、二〇	一〇、二二	一〇、二四	一〇、三〇	一〇、三四	一〇、四〇
	|	|	|	|	|	|
	|	|	|	|	|	|
	|	|	|	|	|	|

古町ヨリ	木屋	道後	一番町
哩程	〇・四	一・八	三・一
三等賃金	四錢	七	一〇

(五十二) 上野(東京)青森間

日本鐵道

新橋赤羽間乘替四十六頁ヲ見ヨ
○小山水戸間乘替四十八頁ヲ見ヨ
○小山前橋間乘替五十四頁ヲ見ヨ
○越名葛生間乘替五十四頁ヲ見ヨ
日光行乘替五十二頁ヲ見ヨ
郡山若松間乘替五十二頁ヲ見ヨ

下リ

驛名						[illegible]行		前 [illegible]行		前 一ノ関行	前 [illegible]行	前 青森行	前 福島行	後 白河行	後 黒磯行	後 青森行	後 宇都宮行	上野ヨリ 哩程	一等賃金	二等賃金	三等賃金
上野發	|	|	|	|	|	|	|	|	|	五〇〇	六三五	九二〇	一〇四五	一二二五	三一五	六〇〇	七〇〇		錢	錢	〃
田端發	|	|	|	|	|	|	|	|	|	五〇七	六四三	九二七	一〇五三	一二三三	三二三	六〇七	七〇八	二・二	九	六	四
王子發	|	|	|	|	|	|	|	|	|	五一四	六五〇	|	一一〇〇	一二四〇	三三〇	|	七一五	三・九	一六	一一	七
赤羽着	|	|	|	|	|	|	|	|	|	五二〇	六五七	九三八	一一〇七	一二四七	三三七	六一七	七二三	六・二	二三	一五	一〇
赤羽發	|	|	|	|	|	|	|	|	|	五二三	七〇〇	九四一	一一一二	一二五〇	三四二	六二一	七二七	|	|	|	|
蕨發	|	|	|	|	|	|	|	|	|	五三三	七一〇	|	一一二四	一〇二	三五四	|	七三九	一〇・〇	三六	二四	一六
浦和發	|	|	|	|	|	|	|	|	|	五四二	七一九	九五七	一一三四	一一三	四〇四	六三七	七四九	一二・八	四八	三三	二二
大宮着	|	|	|	|	|	|	|	|	|	五五一	七二八	一〇〇六	一一四五	一二三	四一五	六四六	八〇〇	一六・七	六一	四一	二七
大宮發	|	|	|	|	|	|	|	|	|	五五九	七三八	一〇一四	一一五五	一三五	四二五	六五四	八一六	|	|	|	|
蓮田發	|	|	|	|	|	|	|	|	|	六一三	七五二	|	一二一一	一五一	四四一	七〇七	八三五	二三・二	八一	五四	三六
久喜發	|	|	|	|	|	|	|	|	|	六二八	八〇九	一〇四〇	一二二八	二一二	五〇〇	七二〇	八五三	二八・二	一・〇四	六九	四六
栗橋發	|	|	|	|	|	|	|	|	|	六四一	八二四	|	一二四三	二三一	五一五	|	九〇八	三三・五	一・二三	八一	五四
古河發	|	|	|	|	|	|	|	|	|	六五三	八三九	一一〇二	一二五八	二五一	五三四	七四一	九二三	三八・〇	一・三八	九二	六一
間々田發	|	|	|	|	|	|	|	|	|	七〇六	八五五	|	一一四	三〇七	五五〇	七五三	九三九	四三・三	一・五八	一・〇五	七〇
小山着	|	|	|	|	|	|	|	|	|	七一七	九〇八	一一三二	一二七	三二〇	六〇三	八〇三	九五二	四七・九	一・七四	一・一六	七七
小山發	|	|	|	|	|	|	|	|	|	七二六	九二三	一一三二	一三八	三三五	六一四	八一三	一〇〇四	|	|	|	|
小金井發	|	|	|	|	|	|	|	|	|	七三八	九三六	|	一五三	三五〇	六二九	|	一〇一九	五二・五	一・八九	一・二六	八四
石橋發	|	|	|	|	|	|	|	|	|	七五〇	九四九	一一五一	二〇七	四〇四	六四三	八三三	一〇三三	五七・〇	二・〇三	一・三五	九〇
雀宮發	|	|	|	|	|	|	|	|	|	八〇一	一〇〇一	|	二二〇	四一七	六五六	|	一〇四六	六一・〇	二・一六	一・四四	九六
宇都宮着	|	|	|	|	|	|	|		|	八一三	一〇一四	一二一〇	二三四	四三一	七一〇	八五三	一一〇〇	六五・八	二・三二	一・五五	一・〇三
宇都宮發	|	|	|	|	|	|	|	五四〇	|	八二四	一〇二五	一二二三	二四六	四四五	七三〇	九〇五	|	|	|	|	|
岡本發	|	|	|	|	|	|	|	五五二	|	八三七	一〇三八	|	二五九	四五八	七四三	|	|	六九・六	二・四三	一・六三	一・〇八
寶積寺發	|	|	|	|	|	|	|	六〇四	|	八四九	一〇五〇	一二四一	三一一	五一〇	七五九	九二三	|	七三・一	二・五五	一・七〇	一・一三
氏家發	|	|	|	|	|	|	|	六一六	|	九〇一	一一〇二	一二五一	三二三	五二三	八一六	九三三	|	七六・七	二・六六	一・七七	一・一八
片岡發	|	|	|	|	|	|	|	六三六	|	九二一	一一二三	一〇八	三四四	五四二	八四四	九五〇	|	八一・九	二・八二	一・八八	一・二五
矢板發	|	|	|	|	|	|	|	六四九	|	九三三	一一三五	一一八	三五六	五五五	八五七	一〇〇〇	|	八五・八	二・九五	一・九七	一・三一
野崎發	|	|	|	|	|	|	|	七〇一	|	九四四	一一四七	|	四〇八	六〇七	九〇九	|	|	八九・二	三・〇四	二・〇三	一・三五
西那須野發	|	|	|	|	|	|	|	七一二	|	九五四	一一五八	一三五	四一九	六二二	九二三	一〇一六	|	九二・二	三・一三	二・〇九	一・三九
東那須野發	|	|	|	|	|	|	|	七二五	|	一〇〇八	一二一一	|	四三三	六三五	九三五	|	|	九五・八	三・二七	二・一八	一・四五
黒磯着	|	|	|	|	|	|	|	七三五	|	一〇一五	一二二一	一五一	四四二	六四五	九四五	一〇三三	|	九九・二	三・三六	二・二四	一・四九
黒磯發	|	|	|	|	|	|	|	七四五	|	一〇二五	一二三一	二〇一	四五二	七〇〇	|	一〇四二	|	|	|	|	|
黒田原發	|	|	|	|	|	|	|	八〇五	|	一〇四五	一二五三	二二三	五一二	七二三	|	一〇五九	|	一〇四・六	三・五一	二・三四	一・五六
豊原發	|	|	|	|	|	|	|	八二六	|	一一〇二	一一〇	|	五二九	七四〇	|	|	|	一〇九・六	三・六五	二・四三	一・六二
白河着	|	|	|	|	|		|	八五〇	|	一一二二	一三〇	二五七	五四九	八〇〇	|	一一三一	|	一一五・七	三・八一	二・五四	一・六九
白河發	|	|	|	|	|	六〇〇	|	九〇四	|	一一三二	一四五	三〇八	五五九	|	|	一一四二	|	|	|	|	|
泉崎發	|	|	|	|	|	六一七	|	九二一	|	一一五〇	二〇二	三二五	六一六	|	|	|	|	一二一・三	三・九六	二・六四	一・七六
矢吹發	|	|	|	|	|	六二九	|	九三三	|	一二〇六	二一六	三三七	六三〇	|	|	|	|	一二五・〇	四・〇五	二・七〇	一・八〇
須賀川發	|	|	|	|	|	六五〇	|	九五四	|	一二三四	二四一	三五八	六五七	|	|	一二二三	|	一三二・二	四・二六	二・八四	一・八九
郡山着	|	|	|	|	|	七一〇	|	一〇一四	|	一二五四	三〇一	四一八	七二一	|	|	一二三九	|	一三九・四	四・四六	二・九七	一・九八
郡山發	|	|	|	|	|	七一八	|	一〇二三	|	一〇四	三一一	四三〇	七三一	|	|	一二四九	|	|	|	|	|
日和田發	|	|	|	|	|	七三〇	|	一〇三五	|	一一六	三二三	四四二	七四八	|	|	|	|	一四二・九	四・五五	三・〇三	二・〇二
本宮發	|	|	|	|	|	七四九	|	一〇五三	|	一三七	三四一	五〇〇	八〇六	|	|	一一三	|	一四八・一	四・六八	三・一二	二・〇八
二本松發	|	|	|	|	|	八一一	|	一一一四	|	一五七	四〇三	五二〇	八二九	|	|	一二九	|	一五四・〇	四・八四	三・二三	二・一五
松川發	|	|	|	|	|	八三三	|	一一三五	|	二一九	四二五	五三八	八五〇	|	|	一四六	|	一五九・七	五・〇〇	三・三三	二・二二
福島着	|	|	|	|	|	八五八	|	一二〇〇	|	二四四	四五〇	六〇三	九一五	|	|	二〇八	|	一六八・〇	五・二二	三・四八	二・三二

福島府形間乗替五十三頁ヲ見ヨ

下リ

福島發	長岡發	桑折發	藤田發	越河發	白石發	大河原發	槻木發	岩沼着	岩沼發	増田發	長町發	仙臺着	仙臺發	岩切發	鹽竈着	利府發	松島發	鹿島臺發	小牛田發	瀬峯發	新田發	石越發	花泉發	一ノ關着	一ノ關發	平泉發	前澤發	水澤發	金ケ崎發	黒澤尻發	花巻發	石鳥谷發	日詰發	矢幅發	盛岡着	盛岡發	好摩發	川口發	沼宮内發	中山發	小鳥谷發	一ノ戸發	福岡發	三ノ戸發	剣吉發	尻内着
｜	｜	｜	｜	｜	｜	｜	｜	｜	｜	｜	｜	｜	五、〇〇	五、一四	五、二六	｜	｜	｜	｜	｜	｜	｜	｜	｜	｜	｜	｜	｜	｜	｜	｜	｜	｜	｜	｜	｜	｜	｜	｜	｜	｜	｜	｜	｜	｜	｜
｜	｜	｜	｜	｜	｜	｜	｜	｜	｜	｜	｜	｜	六、三五	六、四九	七、〇一	｜	｜	｜	｜	｜	｜	｜	｜	｜	｜	｜	｜	｜	｜	｜	｜	｜	｜	｜	青森行	五、二〇	五、五八	六、〇九	六、二九	七、〇〇	七、三二	七、五二	八、〇四	八、三七	八、五七	九、二〇
｜	｜	｜	｜	｜	｜	｜	｜	｜	｜	｜	｜	｜	七、〇〇（青森行）	七、一四	｜	七、二三	七、四七	八、〇六	八、二七	八、四六	九、〇三	九、一六	九、三〇	九、五〇	一〇、〇〇	一〇、一三	一〇、二七	一〇、四五	一〇、五九	一一、二五	一一、四七	一二、〇九	一二、二〇	一二、三五	一二、五一	一、〇七	一、四九	二、〇二	二、二六	三、〇一	三、三三	三、五三	四、〇五	四、三五	四、五一	五、一〇
六、〇〇（前夜[illegible]行）	六、一八	六、三〇	六、四〇	七、〇六	七、三五	七、五七	八、一一	八、二三	八、三三	八、四八	九、〇三	九、一二	九、二五	九、三九	｜	九、四八	一〇、一一	一〇、三一	一〇、五七	一一、一七	一一、三四	一一、四七	一二、〇五	一二、二七	一二、四五	一二、五八	一、一六	一、三八	一、五二	二、一八	二、四〇	二、五九	三、一一	三、二六	三、四二	三、五五	四、三三	四、四四	五、〇五	五、三八	六、一〇	六、三二	六、四三	七、一五	七、三一	七、五〇
｜	｜	｜	｜	｜	｜	｜	｜	｜	｜	｜	｜	｜	九、四〇	九、五四	一〇、〇六	｜	｜	｜	｜	｜	｜	｜	｜	｜	｜	｜	｜	｜	｜	｜	｜	｜	｜	｜	｜	｜	｜	｜	｜	｜	｜	｜	｜	｜	｜	｜
九、一〇	九、二八	九、四〇	九、五〇	一〇、一六	一〇、四六	一一、〇八	一一、二三	一一、三四	一一、四四	一二、〇〇	一二、一三	一二、二二	一二、三三	一二、四七	｜	一、五六	一、一九	一、三八	二、〇三	二、二三	二、四〇	二、五三	三、一二	三、三四	三、五〇	四、〇三	四、一七	四、四二	四、五六	五、二二	五、四七	六、〇六	六、一九	六、三四	六、五〇	｜	｜	｜	｜	｜	｜	｜	｜	｜	｜	｜
｜	｜	｜	｜	｜	｜	｜	｜	｜	｜	｜	｜	｜	一、〇〇	一、一四	一、二六	｜	｜	｜	｜	｜	｜	｜	｜	｜	｜	｜	｜	｜	｜	｜	｜	｜	｜	｜	｜	｜	｜	｜	｜	｜	｜	｜	｜	｜	｜	｜
一二、一〇	一二、二八	一二、三九	一二、四八	一、一一	一、四〇	二、〇二	二、一六	二、二八	二、三八	二、五一	三、〇四	三、一三	三、二三	三、三七	｜	三、四六	四、〇九	四、二八	四、五四	五、一五	五、三二	五、四九	六、〇八	六、三〇	六、四五	六、五八	七、一二	七、三八	七、五二	八、一八	八、四四	九、〇三	九、一四	九、二九	九、四五	｜	｜	｜	｜	｜	｜	｜	｜	｜	｜	｜
｜	｜	｜	｜	｜	｜	｜	｜	｜	｜	｜	｜	｜	四、二〇	四、三四	四、四六	｜	｜	｜	｜	｜	｜	｜	｜	｜	｜	｜	｜	｜	｜	｜	｜	｜	｜	｜	｜	｜	｜	｜	｜	｜	｜	｜	｜	｜	｜	｜
二、五五	三、一三	三、二四	三、三三	三、五六	四、二四	四、四六	五、〇〇	五、一二	五、一五	五、二八	五、四〇	五、四九	六、〇〇	六、一四	｜	六、二三	六、四六	七、〇五	七、三〇	七、五〇	八、〇七	八、二〇	八、三八	九、〇〇	｜	｜	｜	｜	｜	｜	｜	｜	｜	｜	｜	｜	｜	｜	｜	｜	｜	｜	｜	｜	｜	｜
｜	｜	｜	｜	｜	｜	｜	｜	｜	｜	｜	｜	｜	七、三〇	七、四三	七、五五	｜	｜	｜	｜	｜	｜	｜	｜	｜	｜	｜	｜	｜	｜	｜	｜	｜	｜	｜	｜	｜	｜	｜	｜	｜	｜	｜	｜	｜	｜	｜
六、一五	六、三三	六、四四	｜	｜	七、三五	七、五三	八、〇五	八、一四	八、一六	八、二七	八、三七	八、四四	八、五七	九、〇九	｜	｜	九、三四	九、五一	一〇、一〇	一〇、二六	｜	一〇、五〇	一一、〇三	一一、二三	一一、三〇	｜	一一、五〇	一二、〇五	｜	一二、三五	一二、五三	｜	一、一六	一、二九	一、四二	一、五四	二、二七	｜	二、五三	三、二〇	｜	四、〇四	四、一四	四、四〇	四、五四	五、一二
｜	｜	｜	｜	｜	｜	｜	｜	｜	｜	｜	｜	｜	九、一五	九、二九	九、四一	｜	｜	｜	｜	｜	｜	｜	｜	｜	｜	｜	｜	｜	｜	｜	｜	｜	｜	｜	｜	｜	｜	｜	｜	｜	｜	｜	｜	｜	｜	｜
｜	｜	｜	｜	｜	｜	｜	｜	｜	｜	｜	｜	｜	哩程（岩切ヨリ）	｜	四、三	｜	｜	｜	｜	｜	｜	｜	｜	｜	｜	｜	｜	｜	｜	｜	｜	｜	｜	｜	｜	｜	｜	｜	｜	｜	｜	｜	｜	｜	｜	｜
｜	｜	｜	｜	｜	｜	｜	｜	｜	｜	｜	｜	｜	賃金（岩切ヨリ）	八	一五	｜	｜	｜	｜	｜	｜	｜	｜	｜	｜	｜	｜	｜	｜	｜	｜	｜	｜	｜	｜	｜	｜	｜	｜	｜	｜	｜	｜	｜	｜	｜
二、一八	｜	二、四〇	｜	｜	三、二四	三、四二	｜	四、〇一	四、〇二	四、一三	｜	四、二八	四、四〇	四、五二	｜	｜	五、一七	｜	五、五〇	｜	六、一九	六、三〇	｜	七、〇〇	七、一三	七、二四	七、三五	七、五〇	八、〇一	八、二一	八、三九	八、五五	九、〇四	九、一六	九、二九	九、三九	一〇、一二	｜	一〇、三六	一一、〇三	一一、三一	一一、四八	一一、五七	一二、二五	一二、三七	一二、五四
｜	｜	｜	｜	｜	｜	｜	｜	｜	｜	｜	｜	｜	｜	｜	｜	｜	｜	｜	｜	｜	｜	｜	｜	｜	｜	｜	｜	｜	｜	｜	｜	｜	｜	｜	｜	｜	｜	｜	｜	｜	｜	｜	｜	｜	｜	｜
｜	一七三•七	一七六•三	一七八•三	一八四•一	一八九•二	一九七•四	二〇二•二	二〇六•三	｜	二一〇•七	二一四•五	二一七•五	｜	二二二•二	二二六•五	二二四•八	二三三•一	二三八•六	二四四•三	二五一•八	二五六•九	二六一•三	二六六•二	二七三•九	｜	二七八•三	二八三•一	二八九•五	二九四•二	三〇〇•二	三〇八•〇	三一五•一	三一八•四	三二三•六	三三〇•〇	｜	三四三•〇	三四六•五	三四九•六	三五七•三	三六六•九	三六九•七	三七三•七	三八五•〇	三九〇•八	三九七•七
｜	五•三八	五•四五	五•四九	五•六五	五•七九	六•〇一	六•一五	六•二六	｜	六•三七	六•四八	六•五五	｜	六•六九	六•八〇	六•七五	六•九六	七•一四	七•二九	七•五〇	七•六三	七•七四	七•八八	八•〇八	｜	八•一九	八•三三	八•五一	八•六二	八•八〇	九•〇〇	九•一八	九•二七	九•四三	九•五九	｜	九•九五	一〇•〇四	一〇•一三	一〇•三三	一〇•六〇	一〇•六七	一〇•七八	一一•〇七	一一•二三	一一•四三
｜	三•五九	三•六三	三•六六	三•七七	三•八六	四•〇一	四•一〇	四•一七	｜	四•二五	四•三二	四•三七	｜	四•四六	四•五三	四•五〇	四•六四	四•七六	四•八六	五•〇〇	五•〇九	五•一六	五•二五	五•三九	｜	五•四六	五•五五	五•六七	五•七五	五•八七	六•〇〇	六•一二	六•一八	六•二九	六•三九	｜	六•六三	六•六九	六•七五	六•八九	七•〇七	七•一一	七•一九	七•三八	七•四九	七•六二
｜	二•三九	二•四二	二•四四	二•五一	二•五七	二•六七	二•七三	二•七八	｜	二•八三	二•八八	二•九一	｜	二•九七	三•〇二	三•〇〇	三•〇九	三•一七	三•二四	三•三三	三•三九	三•四四	三•五〇	三•五九	｜	三•六四	三•七〇	三•七八	三•八三	三•九一	四•〇〇	四•〇八	四•一二	四•一九	四•二六	｜	四•四二	四•四六	四•五〇	四•五九	四•七一	四•七四	四•七九	四•九二	四•九九	五•〇八

青森上野間

下リ

尻内→青森

	尻内發	下田發	古間木發	沼崎發	乙供發	野邊地發	狩場澤發	小湊發	淺虫發	野内發	浦町發	青森着
	|	|	|	|	|	|	|	|	|	|	|	|
	九、三四	一〇、〇〇	一〇、一八	一〇、四一	一〇、五四	一一、三四	一一、四九	一二、一七	一二、三五	一二、四五	一二、五九	一、〇五
	五、二五	五、四六	六、〇四	六、二三	六、三六	七、一〇	七、二三	七、四一	八、〇〇	八、一〇	八、二四	八、三〇
	|	|	|	|	|	|	|	|	|	|	|	|
	|	|	|	|	|	|	|	|	|	|	|	|
	|	|	|	|	|	|	|	|	|	|	|	|
	|	|	|	|	|	|	|	|	|	|	|	|
	|	|	|	|	|	|	|	|	|	|	|	|
	|	|	|	|	|	|	|	|	|	|	|	|
	|	|	|	|	|	|	|	|	|	|	|	|
	|	|	|	|	|	|	|	|	|	|	|	|
	五、二五	五、四三	五、五九	六、一六	六、二七	六、五九	七、一〇	七、二六	七、四三	七、五二	八、〇四	八、一〇
	|	|	|	|	|	|	|	|	|	|	|	|
	|	|	|	|	|	|	|	|	|	|	|	|
	|	|	|	|	|	|	|	|	|	|	|	|
	一、〇五	一、二三	一、四〇	一、五七	二、〇八	二、四〇	二、五一	三、〇七	三、二三	三、三二	三、四四	三、五〇
	|	|	|	|	|	|	|	|	|	|	|	|
上野ヨリ 哩程	|	四〇四•六	四一〇•八	四一七•三	四二一•六	四三〇•四	四三四•三	四四一•一	四四七•三	四五〇•六	四五五•二	四五六•九
上野ヨリ 一等賃金（圓 錢）	|	一一•六一	一一•七七	一一•九五	一二•〇六	一二•三一	一二•四二	一二•六〇	一二•七六	一二•八五	一二•九九	一三•〇三
上野ヨリ 二等賃金（圓 錢）	|	七•七四	七•八五	七•九七	八•〇四	八•二一	八•二八	八•四〇	八•五一	八•五七	八•六六	八•六九
上野ヨリ 三等賃金（圓 錢）	|	五•一六	五•二三	五•三一	五•三六	五•四七	五•五二	五•六〇	五•六七	五•七一	五•七七	五•七九

尻内→湊

	尻内發	八ノ戸發	湊着
前	八、二〇	八、三三	八、四〇
前	一〇、三〇	一〇、四八	一〇、五五
後	六、二〇	六、三八	六、四五
後	九、四五	九、五八	一〇、〇五
前	五、四〇	五、五三	六、〇〇
後	二、三〇	二、四八	二、五五
	|	|	|
	|	|	|
	|	|	|
	|	|	|
	|	|	|
	|	|	|
	|	|	|
	|	|	|
	|	|	|
尻内ヨリ 哩程		三•三〇	五•四〇
尻内ヨリ 三等賃金		六錢	八
上野ヨリ 哩程		四〇一•一	四〇二•八
上野ヨリ 一等賃金（圓 錢）		一一•五二	一一•五七
上野ヨリ 二等賃金（圓 錢）		七•六八	七•七一
上野ヨリ 三等賃金（圓 錢）		五•一二	五•一四

上リ

青森→尻内

驛名	青森發	浦町發	野内發	淺虫發	小湊發	狩場澤發	野邊地發	乙供發	沼崎發	古間木發	下田發	尻内着
	|	|	|	|	|	|	|	|	|	|	|	|
	|	|	|	|	|	|	|	|	|	|	|	|
	|	|	|	|	|	|	|	|	|	|	|	|
	|	|	|	|	|	|	|	|	|	|	|	|
	|	|	|	|	|	|	|	|	|	|	|	|
	|	|	|	|	|	|	|	|	|	|	|	|
	|	|	|	|	|	|	|	|	|	|	|	|
	|	|	|	|	|	|	|	|	|	|	|	|
	|	|	|	|	|	|	|	|	|	|	|	|
	|	|	|	|	|	|	|	|	|	|	|	|
	|	|	|	|	|	|	|	|	|	|	|	|
	|	|	|	|	|	|	|	|	|	|	|	|
	|	|	|	|	|	|	|	|	|	|	|	|
仙臺行	前 七、一〇	七、一七	七、三一	七、四二	八、〇一	八、一九	八、四〇	九、〇五	九、一八	九、三七	九、五五	一〇、一四
	|	|	|	|	|	|	|	|	|	|	|	|
上野行	前 一一、三〇	一一、三七	一一、四[illegible]	一一、五八	一二、一四	一二、三〇	一二、四七	一、一〇	一、二一	一、三九	一、五五	二、一二
盛岡行	後 二、五〇	二、五七	三、一一	三、二二	三、四五	四、〇三	四、二二	四、四七	五、〇〇	五、二三	五、四五	六、〇五
上野行	後 七、〇〇	七、〇七	|	七、二六	七、四二	|	八、一三	八、三六	|	九、〇三	九、一八	九、三五
青森ヨリ 哩程		一•七	六•三	九•六	一五•八	二三•六	二六•五	三五•三	三九•五	四六•一	五二•三	五九•三
青森ヨリ 一等賃金		七錢	二五	三六	五九	八一	九七	一•二九	一•四四	一•六七	一•八九	二•二〇
青森ヨリ 二等賃金		五錢	一七	二四	三九	五四	六五	八六	九六	一•一一	一•二六	一•四〇
青森ヨリ 三等賃金		三錢	一一	一六	二六	三六	四三	五七	六四	七四	八四	九三

湊→尻内

	湊發	八ノ戸發	尻内着
	|	|	|
	|	|	|
	|	|	|
	|	|	|
	|	|	|
	|	|	|
	|	|	|
	|	|	|
前	六、一五	六、二三	六、三五
	|	|	|
前	八、五〇	九、〇三	九、一五
	|	|	|
後	一二、二〇	一二、三三	一二、四五
後	四、四〇	四、五三	五、〇五
後	八、三五	八、四八	九、〇〇
後	一〇、一五	一〇、二三	一〇、三五
湊ヨリ 哩程		一•五四	三•〇四
湊ヨリ 三等賃金		三錢	八
青森ヨリ 哩程	六四•三	六二•六	
青森ヨリ 一等賃金（圓 錢）	二•二五	二•二一	
青森ヨリ 二等賃金（圓 錢）	一•五〇	一•四七	
青森ヨリ 三等賃金（圓 錢）	一•〇〇	九八	

尻内→盛岡

	尻内發	劍吉發	三ノ戸發	福岡發	一ノ戸發	小鳥谷發	中山發	沼宮内發	川口發	好摩發	盛岡着
	|	|	|	|	|	|	|	|	|	|	|
	|	|	|	|	|	|	|	|	|	|	|
	|	|	|	|	|	|	|	|	|	|	|
	|	|	|	|	|	|	|	|	|	|	|
	|	|	|	|	|	|	|	|	|	|	|
	|	|	|	|	|	|	|	|	|	|	|
	|	|	|	|	|	|	|	|	|	|	|
	|	|	|	|	|	|	|	|	|	|	|
	|	|	|	|	|	|	|	|	|	|	|
	|	|	|	|	|	|	|	|	|	|	|
	|	|	|	|	|	|	|	|	|	|	|
福島行	前 六、五〇	七、一〇	七、三一	八、〇五	八、二六	八、三七	九、二〇	九、五一	一〇、〇二	一〇、一五	一〇、四九
	|	|	|	|	|	|	|	|	|	|	|
	前 一〇、二五	一〇、四五	一一、〇二	一一、三五	一一、五八	一二、〇九	一二、五二	一、二五	一、三六	一、四七	二、二一
	|	|	|	|	|	|	|	|	|	|	|
	後 二、三二	二、四〇	二、五五	三、二三	三、四三	三、五二	四、三〇	四、五七	五、〇七	|	五、四五
	後 六、二五	六、四九	七、一三	七、四六	八、一〇	八、二一	九、〇四	九、三九	九、五〇	一〇、〇一	一〇、三五
	後 九、四三	|	一〇、一四	一〇、四二	一一、〇〇	一一、〇九	一一、四七	一二、一四	|	一二、三三	一、〇二
青森ヨリ 哩程	|	六六•一	七一•九	八三•二	八七•二	九〇•〇	九九•六	一〇七•三	一一〇•四	一一三•九	一二六•九
青森ヨリ 一等賃金	|	二•三二	二•五〇	二•八六	二•九七	三•〇六	三•三八	三•五八	三•六七	三•七六	四•一二
青森ヨリ 二等賃金	|	一•五五	一•六七	一•九一	一•九八	二•〇四	二•二五	二•三九	二•四五	二•五一	二•七五
青森ヨリ 三等賃金	|	一•〇三	一•一一	一•二七	一•三二	一•三六	一•五〇	一•五九	一•六三	一•六七	一•八三

郡山若松間乘替五十二頁ヲ見ヨ

福島舟形間乘五十三頁ヲ見ヨ

上リ

盛岡發	矢幅發	日詰發	石鳥谷發	花巻發	黒澤尻發	金ケ崎發	水澤發	前澤發	平泉發	一ノ關着	一ノ關發	花泉發	石越發	新田發	瀬峯發	小牛田發	鹿島臺發	松島發	利府發
｜	｜	｜	｜	｜	｜	｜	｜	｜	｜	｜	｜	｜	｜	｜	｜	｜	｜	｜	｜
｜	｜	｜	｜	｜	｜	｜	｜	｜	｜	｜	｜	｜	｜	｜	｜	｜	｜	｜	｜
｜	｜	｜	｜	｜	｜	｜	｜	｜	｜	｜	｜	｜	｜	｜	｜	｜	｜	｜	｜
｜	｜	｜	｜	｜	｜	｜	｜	｜	｜	｜	｜	｜	｜	｜	｜	｜	｜	｜	｜
｜	｜	｜	｜	｜	｜	｜	｜	｜	｜	｜	｜	｜	｜	｜	｜	｜	｜	｜	｜
｜	｜	｜	｜	｜	｜	｜	｜	｜	｜	上野行	前五、三〇	五、五三	六、〇七	六、二一	六、三八	七、〇八	七、二四	七、四六	八、一一
｜	｜	｜	｜	｜	｜	｜	｜	｜	｜	｜	｜	｜	｜	｜	｜	｜	｜	｜	｜
前六、〇〇 宇都宮行	六、一五	六、二八	六、三八	六、五五	七、一九	七、三四	七、五三	八、〇九	八、二一	八、三一	八、四二	九、〇二	九、一七	九、二九	九、四四	一〇、一〇	一〇、三〇	一〇、四六	一一、〇五
｜	｜	｜	｜	｜	｜	｜	｜	｜	｜	｜	｜	｜	｜	｜	｜	｜	｜	｜	｜
前八、二三 白河行	八、四七	九、〇五	九、一六	九、三九	一〇、一〇	一〇、二七	一〇、四六	一一、〇四	一一、一八	一一、三〇	一一、四〇	一二、〇三	一二、一九	一二、三二	一二、四九	一、一八	一、三七	一、五六	二、一八
｜	｜	｜	｜	｜	｜	｜	｜	｜	｜	｜	｜	｜	｜	｜	｜	｜	｜	｜	｜
一一、一五	一一、三二	一一、五一	一二、〇六	一二、二九	一、〇三	一、二二	一、四五	二、〇三	二、一七	二、二九	二、四五	三、一三	三、三三	三、四九	四、〇九	四、四五	五、〇四	五、三一	五、五六
｜	｜	｜	｜	｜	｜	｜	｜	｜	｜	｜	｜	｜	｜	｜	｜	｜	｜	｜	｜
二、三五	二、五二	三、一〇	三、二一	三、四一	四、一一	四、二八	四、四六	五、〇四	五、一八	五、三〇	五、四三	六、〇六	六、二〇	六、三三	六、五〇	七、二一	七、三七	七、五六	八、一八
｜	｜	｜	｜	｜	｜	｜	｜	｜	｜	｜	｜	｜	｜	｜	｜	｜	｜	｜	｜
五、五五	｜	六、一八	六、二七	六、四四	七、〇八	七、二三	七、三三	七、四八	七、五九	八、〇九	八、一七	八、三七	八、五〇	九、〇一	｜	九、三六	九、五〇	一〇、〇六	｜
｜	｜	｜	｜	｜	｜	｜	｜	｜	｜	｜	｜	｜	｜	｜	｜	｜	｜	｜	｜
一、一三	一、二八	一、四〇	｜	二、〇四	二、二七	｜	二、五〇	三、〇五	｜	三、二四	三、三二	｜	四、〇三	｜	四、二七	四、四九	｜	五、一九	｜
｜	一三三・三	一三八・五	一四一・八	一四八・九	一五六・七	一六二・七	一六七・四	一七三・八	一七八・六	一八三・〇	｜	一九〇・七	一九五・六	二〇〇・〇	二〇五・一	二一二・六	二一八・三	二三四・八	二三二・一
｜	四・二八	四・四四	四・五三	四・七一	四・九一	五・〇九	五・二〇	五・三八	五・五二	五・六三	｜	五・八三	五・九七	六・〇八	六・二四	六・四二	六・五七	六・七五	六・九六
｜	二・八五	二・九六	三・〇二	三・一四	三・二七	三・三九	三・四七	三・五九	三・六八	三・七五	｜	三・八九	三・九八	四・〇五	四・一六	四・二八	四・三八	四・五〇	四・六四
｜	一・九〇	一・九七	二・〇一	二・〇九	二・一八	二・二六	二・三一	二・三九	二・四五	二・五〇	｜	二・五九	二・六五	二・七〇	二・七七	二・八五	二・九二	三・〇〇	三・〇九

鹽竈發	岩切發	仙臺着
哩程（鹽竈ヨリ）	四・三	｜
賃金	七	一五
｜	｜	｜
前五、四〇	五、五五	六、〇九
前七、二〇	七、三三	七、四七
｜	前八、二三	八、三六
前一〇、一五	一〇、二八	一〇、四二
｜	前一一、一三	一一、二六
後一、三四	一、四七	二、〇〇
｜	後二、二七	二、四一
後四、五四	五、〇七	五、二〇
｜	後六、一三	六、二七
後八、〇〇	八、一三	八、二七
｜	八、二八	八、四二
後九、五四	一〇、〇七	一〇、二〇
｜	後一〇、三〇	一〇、四二
｜	｜	｜
｜	前五、四三	五、五五
二三九・〇〇	二三四・七	二三九・七
七・一四	七・〇二	七・一八
四・七六	四・六八	四・七七
三・一七	三・一二	三・一八

仙臺發	長町發	増田發	岩沼着	岩沼發	槻木發	大河原發	白石發	越河發	藤田發	桑折發	長岡發	福島着	福島發	松川發	二本松發	本宮發	日和田發	郡山着	郡山發	須賀川發	矢吹發	泉崎發
｜	｜	｜	｜	｜	｜	｜	｜	｜	｜	｜	｜	｜	｜	｜	｜	｜	｜	｜	｜	｜	｜	｜
｜	｜	｜	｜	｜	｜	｜	｜	｜	｜	｜	｜	｜	｜	｜	｜	｜	｜	｜	｜	｜	｜	｜
｜	｜	｜	｜	｜	｜	｜	｜	｜	｜	｜	｜	｜	｜	｜	｜	｜	｜	｜	｜	｜	｜	｜
｜	｜	｜	｜	｜	｜	｜	｜	｜	｜	｜	｜	前 上野行	五、五〇	六、二六	六、四五	七、一〇	七、二九	七、四〇	七、五〇	八、一一	八、三三	八、四五
｜	｜	｜	｜	｜	｜	｜	｜	｜	｜	｜	｜	前 上野行	一〇、三〇	一〇、五三	一一、一三	一一、三四	一一、五三	一二、〇三	一二、一三	一二、三五	一二、五七	一、〇九
八、五四	九、〇四	九、一六	九、二八	九、三五	九、四八	一〇、〇二	一〇、三七	一一、〇〇	一一、二三	一一、三三	一一、四四	一二、〇四	一二、一八	一二、五三	一、一二	一、三五	一、五三	二、〇四	二、一七	二、四二	三、〇六	三、二四
｜	｜	｜	｜	｜	｜	｜	｜	｜	｜	｜	｜	｜	｜	｜	｜	｜	｜	｜	｜	｜	｜	｜
一一、三九	一一、四八	一二、〇一	一二、一三	一二、二五	一二、三八	一二、五二	一、三三	一、五三	二、一四	二、二三	二、三三	二、五〇	三、〇三	三、三八	四、〇〇	四、二三	四、四一	四、五二	五、〇四	五、三三	五、五八	六、一五
｜	｜	｜	｜	｜	｜	｜	｜	｜	｜	｜	｜	｜	｜	｜	｜	｜	｜	｜	｜	｜	｜	｜
二、五五	三、〇五	三、一七	三、二九	三、三四	三、四七	四、〇一	四、三八	四、五八	五、一九	五、二八	五、三八	五、五五	六、〇五	六、四三	七、〇四	七、二九	七、四七	七、五八	八、〇八	八、二九	八、五一	九、〇三
｜	｜	｜	｜	｜	｜	｜	｜	｜	｜	｜	｜	｜	｜	｜	｜	｜	｜	｜	｜	｜	｜	｜
六、四〇	六、四九	七、〇二	七、一四	七、二〇	七、三三	七、五四	八、二八	八、五一	九、一四	九、二四	九、三四	九、五五	｜	｜	｜	｜	｜	｜	｜	｜	｜	｜
｜	｜	｜	｜	｜	｜	｜	｜	｜	｜	｜	｜	｜	｜	｜	｜	｜	｜	｜	｜	｜	｜	｜
｜	｜	｜	｜	｜	｜	｜	｜	｜	｜	｜	｜	｜	｜	｜	｜	｜	｜	｜	｜	｜	｜	｜
｜	｜	｜	｜	｜	｜	｜	｜	｜	｜	｜	｜	｜	｜	｜	｜	｜	｜	｜	｜	｜	｜	｜
一〇、五三	一一、〇一	一一、一一	一一、二一	一一、三三	｜	一一、四二	一二、〇四	｜	一二、三九	一二、四七	｜	一、〇八	一、一七	一、四五	二、〇二	二、二三	二、三八	二、四七	二、五五	三、一二	｜	｜
｜	｜	｜	｜	｜	｜	｜	｜	｜	｜	｜	｜	｜	｜	｜	｜	｜	｜	｜	｜	｜	｜	｜
六、一五	六、二三	六、三四	六、四五	六、四八	六、五八	七、一〇	七、三四	七、五四	八、一五	八、二四	八、三四	八、五一	九、〇五	九、三六	九、五五	一〇、一六	一〇、三四	一〇、四五	一〇、五五	一一、一五	一一、三六	一一、四九
｜	二四二・四	二四六・二	二五〇・六	｜	二五四・七	二五九・五	二六七・七	二七二・八	二七八・六	二八〇・六	二八二・二	二八八・九	｜	二九七・二	三〇二・九	三〇八・八	三一四・〇	三一七・五	｜	三二四・七	三三一・九	三三五・六
｜	七・二三	七・三四	七・四五	｜	七・五六	七・七〇	七・九二	八・〇六	八・二二	八・二六	八・三三	八・四九	｜	八・七一	八・八七	九・〇三	九・一六	九・二五	｜	九・四五	九・六六	九・七五
｜	四・八二	四・八九	四・九七	｜	五・〇四	五・一三	五・二八	五・三七	五・四八	五・五一	五・五五	五・六六	｜	五・八一	五・九一	六・〇二	六・一一	六・一七	｜	六・三〇	六・四四	六・五〇
｜	三・二一	三・二六	三・三一	｜	三・三六	三・四二	三・五二	三・五八	三・六五	三・六七	三・七〇	三・七七	｜	三・八七	三・九四	四・〇一	四・〇七	四・一一	｜	四・二〇	四・二九	四・三三

日光行乘替五十二頁ヲ見ヨ　小山水戸間乘替〇四十八頁ヲ見ヨ　小山前橋間乘替〇五十四頁ヲ見ヨ　〇越名葛生間乘替五十四頁ヲ見ヨ　赤羽新橋間乘替下ノ欄ヲ見ヨ

（五十二）新橋、赤羽間

日本鐵道

上り

白河着　白河發　豊原發　黑田原發　黑磯着　黑磯發　東那須野發　西那須野發　野崎發　矢板發　片岡發　氏家發　寶積寺發　岡本發　宇都宮着　宇都宮發　雀宮發　石橋發　小金井發　小山着　小山發　間々田發　古河發　栗橋發　久喜發　蓮田發　大宮着　大宮發　浦和發　蕨發　赤羽着　赤羽發　王子發　田端發　上野着

前　上野行　四、四〇　| | | | | | | | | | | | | |　四、五二　五、〇三　五、一五　五、二六　五、三五　五、四七　六、〇四　六、一六　六、二九　六、四四　六、五七　七、〇七　七、一七　七、二六　七、三五　七、四〇　七、四七　七、五四　八、〇〇

前　上野行　六、二〇　| | | |　六、三〇　六、四六　七、〇〇　七、一一　七、二三　七、四二　七、五八　八、〇九　八、二〇　八、三五　八、四七　八、五八　九、一〇　九、二一　九、三六　九、五〇　一〇、一〇　一〇、二四　一〇、三九　一〇、五六　一一、一一　一一、三〇　一一、三三　一一、四二　一一、五三　一一、五八　一二、〇六　一二、一三　一二、二〇

前　上野行　七、二〇　七、四一　八、〇四　八、二一　八、三一　八、四〇　八、五〇　八、五九　九、〇九　九、一九　九、三六　九、四七　九、五七　一〇、〇七　一〇、二〇　一〇、三五　一〇、四八　一一、〇三　一一、一五　一一、二五　一一、三九　一一、五九　一二、一四　一二、二九　一二、四六　一、〇一　一、一〇　一、二二　一、三二　一、四三　一、四八　一、五六　二、〇三　二、一〇

九、〇三　九、一七　九、三八　九、五五　[illegible]　一、三五　一、四九　二、〇九　二、二七　二、四三　三、〇〇　三、一五　三、二五　三、三七　三、四七　三、五八　四、〇三　四、一一　四、一八　四、二五

一、二七　一、四二　二、〇三　二、二一　二、三八　二、四八　二、五八　三、一〇　三、二一　三、三二　三、四六　四、〇九　四、二一　四、三二　四、四三　四、五八　五、一三　五、二六　五、四〇　五、五三　六、一〇　六、二四　六、四四　六、五九　七、一九　七、三六　七、五一　八、〇五　八、一七　八、二七　八、三八　八、四三　八、五一　八、五八　九、〇五

三、四二　三、五四　四、一五　四、三二　四、四九　五、〇五　五、一五　五、三一　五、四二　五、五六　六、〇八　六、二七　六、四三　六、五四　七、〇五　七、二〇　七、三二　七、四三　七、五五　八、〇六　八、二〇　八、三四　八、五〇　九、〇九　九、二四　九、四一　九、五六　一〇、〇六　一〇、一六　一〇、二五　一〇、三四　一〇、三八　一〇、四六　一〇、五三　一一、〇〇

| | | | | | | | | | | | | | | | | | | | | | | | | | | | | | | | | | |

六、三三　六、四三　七、〇四　七、二一　七、三八　七、四八　七、五八　八、一〇　八、二二　八、三三　八、四六　九、〇六　九、二三　九、三四　九、四五　| | | | | | | | | | | | | | | | | | | |

| | | | | | | | | | | | | | | | | | | | | | | | | | | | | | | | | | |

九、二〇　| | | | | | | | | | | | | | | | | | | | | | | | | | | | | | | | | |

| | | | | | | | | | | | | | | | | | | | | | | | | | | | | | | | | | |

| | | | | | | | | | | | | | | | | | | | | | | | | | | | | | | | | | |

| | | | | | | | | | | | | | | | | | | | | | | | | | | | | | | | | | |

| | | | | | | | | | | | | | | | | | | | | | | | | | | | | | | | | | |

| | | | | | | | | | | | | | | | | | | | | | | | | | | | | | | | | | |

三、五三　四、〇三 | 四、三五　四、四九　五、〇〇 | 五、一七 | 五、三三 | 五、五二　六、〇三 | 六、一九　六、三五 | 六、五五 | 七、一四　七、二四 | 七、四五 | 八、〇七　八、二一　八、三三　八、四三　八、五三 | 九、〇八　九、一三 | 九、二四　九、三〇

| | | | | | | | | | | | | | | | | | | | | | | | | | | | | | | | | | |

一二、〇六　一二、一五　一二、三六　一二、五二　一、〇九　一、一九 | 一、三六 | 一、五二　二、〇一　二、一三 | | 二、三七　二、四九 | 三、〇九 | 三、二八　三、三八 | 四、〇三 | 四、二六　四、四〇　四、五二　五、〇二　五、一二 | 五、二七　五、三二 | 五、四四　五、五〇

三四一・二 | 三四七・三　三五二・三　三五七・七 | 三六一・二　三六四・八　三六七・八　三七一・一　三七五・〇　三八〇・二　三八三・八　三八七・三　三九一・二 | 三九五・九　三九九・九　四〇四・四　四〇九・〇 | 四一三・六　四一八・九　四二三・四　四二八・七　四三四・七　四四〇・二 | 四四四・一　四四六・九　四五〇・八 | 四五三・〇　四五四・七　四五六・九

九・九〇 | 一〇・〇六　一〇・二〇　一〇・三五 | 一〇・四四　一〇・五三　一〇・六二　一〇・七一　一〇・八〇　一〇・九六　一一・〇[illegible]　一一・一四　一一・二[illegible] | 一一・三七　一一・四八　一一・六一　一一・七三 | 一一・八六　一二・〇〇　一二・一三　一二・二七　一二・四三　一二・五八 | 一二・六七　一二・七六　一二・八五 | 一二・九二　一二・九六　一三・〇三

六・六〇 | 六・七一　六・八〇　六・九〇 | 六・九六　七・〇二　七・〇八　七・一四　七・二〇　七・三一　七・三七　七・四三　七・五〇 | 七・五八　七・六五　七・七四　七・八二 | 七・九一　八・〇〇　八・〇九　八・一八　八・二八　八・三九 | 八・四五　八・五一　八・五七 | 八・六一　八・六四　八・六九

四・四〇 | 四・四七　四・五[illegible]　四・六[illegible] | 四・六四　四・六八　四・七三　四・七六　四・八〇　四・八七　四・九一　四・九五　五・〇〇 | 五・〇五　五・一〇　五・一六　五・二一 | 五・二七　五・三三　五・三九　五・四五　五・五二　五・五九 | 五・六三　五・六七　五・七一 | 五・七四　五・七六　五・七九

下り

	新橋發	品川發	大崎發	目黒發	澁谷發	新宿發	目白發	板橋發	赤羽着
前	五、〇〇	五、一一	五、一七	五、二三	五、三六	五、五〇	五、五八	六、〇八	六、一五
前	六、一五	六、二六	六、三二	六、三八	六、四七	七、〇〇	七、〇八	七、一八	七、二五
前	七、三五	七、四六	七、五二	七、五八	八、〇九	八、二七	八、三五	八、四三	八、五〇
前	八、五五	九、〇七	九、一三	九、一九	九、二七	九、四五	九、五三	一〇、〇二	一〇、一〇
前	九、四〇	九、五一	九、五七	一〇、〇三	一〇、一六	一〇、三四	一〇、四二	一〇、五三	一一、〇〇
前	一一、〇〇	一一、一一	一一、一七	一一、二三	一一、三五	一一、五二	一二、〇二	一二、一五	一二、二三
後	一二、一五	一二、二六	一二、三二	一二、三八	一二、五〇	一、〇五	一、一三	一、二一	一、二八
後	一、五五	二、〇八	二、一四	二、二〇	二、三三	二、五二	三、〇〇	三、〇八	三、一五
後	三、一〇	三、二四	三、三〇	三、三六	三、四四	三、五七	四、〇五	四、一三	四、二〇
後	四、二〇	四、三一	四、三八	四、四五	四、五八	五、一四	五、二三	五、三〇	五、三七
後	五、三五	五、四八	五、五四	六、〇〇	六、一〇	六、二四	六、三二	六、四三	六、五〇
後	六、三八	六、五二	六、五八	七、〇四	七、一二	七、二二	七、三〇	七、三八	七、四五
後	七、三〇	七、四一	七、四七	七、五三	八、〇四	八、一七	八、二四	八、三一	八、三七
後	八、五五	九、〇六	九、一二	九、一八	九、二九	九、四七	九、五五	一〇、〇三	一〇、一〇
哩程		三・一	四・二	五・五	六・七	九・二	一一・二	一三・一	一五・六
一等賃金		一八錢	二三	二七	三四	四三	五〇	五七	一六
二等賃金		一一錢	一四	一七	二三	二八	三二	三七	四三
三等賃金		六錢	八	一〇	一三	一七	二〇	二三	二七

	赤羽發	板橋發	目白發	新宿發	澁谷發	目黑發	大崎發	品川發	新橋着
前	五、〇〇	五、〇八	五、一五	五、二三	五、三一	五、三八	五、四四	五、五〇	六、〇〇
前	六、〇〇	六、一三	六、二一	六、三五	六、四六	六、五五	七、〇一	七、〇七	七、一七
前	七、〇五	七、二〇	七、二九	七、五〇	八、〇五	八、一三	八、一九	八、二五	八、三五
前	八、〇〇	八、一二	八、二〇	八、三五	八、四七	八、五六	九、〇二	九、一〇	九、二〇
前	九、二〇	九、三〇	九、三八	九、五六	一〇、一一	一〇、一九	一〇、二五	一〇、三二	一〇、四二
前	一〇、四〇	一〇、五二	一一、〇一	一一、一八	一一、三〇	一一、三八	一一、四四	一一、五〇	一二、〇〇
後	一二、〇五	一二、一六	一二、二四	一二、[illegible]〇	一二、五二	一、〇一	一、〇八	一、一五	一、二五
後	一、一〇	一、二〇	一、二八	一、四一	一、四九	一、五七	二、〇三	二、一〇	二、二〇
後	二、二八	二、三七	二、四五	二、五七	三、〇五	三、一三	三、一九	三、二八	三、三八
後	三、三五	三、四三	三、五〇	四、〇一	四、一二	四、二〇	四、[illegible]六	四、三二	四、四二
後	四、五〇	四、五九	五、〇七	五、二〇	五、二八	五、三六	五、四二	五、五〇	六、〇〇
後	六、〇〇	六、〇九	六、一七	六、二五	六、三三	六、四一	六、四七	六、五五	七、〇五
後	七、二五	七、三七	七、四五	七、五七	八、〇五	八、一三	八、一九	八、二五	八、三五
後	八、五二	九、〇一	九、〇九	九、二二	九、三〇	九、三八	九、四四	九、五〇	一〇、〇〇
哩程		二・五	四・四	六・四	八・九	一〇・一	一一・四	一二・五	一五・六
一等賃金		九錢	一六	二五	三四	三九	四三	四八	六六
二等賃金		六錢	一一	一七	二三	二六	二九	三二	四三
三等賃金		四錢	七	一一	一五	一七	一九	二一	二七

（五十三）青森、秋田間

官有鐵道

下り

	青森發	新城發	大釋迦發	浪岡發	川部發	弘前着	弘前發	大鰐發	碇ヶ關發	陣場發	白澤發	大館發	早口發	鷹ノ巢發	二ツ井發	能代發	森岳發	鹿渡發	五城目發	大久保發	追分發	土崎發	秋田着
	六、二〇	六、三五	七、〇八	七、二二	七、四一	七、五三	八、〇八	八、三八	九、〇四	九、三四	九、五三	一〇、〇六	｜	｜	｜	｜	｜	｜	｜	｜	｜	｜	｜
	｜	｜	｜	｜	｜	｜	｜	｜	｜	｜	｜	｜	｜	｜	｜	｜	｜	｜	｜	｜	｜	｜	｜
前	｜	｜	｜	｜	｜	｜	｜	｜	｜	｜	｜	八、一〇	八、三〇	八、四九	九、一九	九、五九	一〇、二四	一〇、四五	一一、一六	一一、三七	一一、五八	一二、一七	一二、三二
	｜	｜	｜	｜	｜	｜	｜	｜	｜	｜	｜	｜	｜	｜	｜	｜	｜	｜	｜	｜	｜	｜	｜
	九、二〇	九、三四	一〇、〇四	一〇、一四	一〇、二九	一〇、四〇	一〇、五五	一一、一八	一一、四五	一二、一三	一二、二八	一二、五五	一、一三	一、三四	二、〇一	二、四〇	三、〇三	三、二一	三、五〇	四、〇八	四、二六	四、四四	四、五八
	｜	｜	｜	｜	｜	｜	｜	｜	｜	｜	｜	｜	｜	｜	｜	｜	｜	｜	｜	｜	｜	｜	｜
	一二、四〇	一二、五五	一、三〇	一、四四	二、〇三	二、一五	二、三〇	二、五九	三、二八	三、五八	四、一七	四、四〇	五、〇〇	五、一九	五、四八	六、二八	六、五三	七、一四	七、四五	八、〇六	八、二七	八、四五	九、〇〇
	｜	｜	｜	｜	｜	｜	｜	｜	｜	｜	｜	｜	｜	｜	｜	｜	｜	｜	｜	｜	｜	｜	｜
後	四、二〇	四、三五	五、〇七	五、二七	五、四〇	五、五二	六、〇七	六、三七	七、〇三	七、三三	七、五二	八、〇五	｜	｜	｜	｜	｜	｜	｜	｜	｜	｜	｜
	｜	｜	｜	｜	｜	｜	｜	｜	｜	｜	｜	｜	｜	｜	｜	｜	｜	｜	｜	｜	｜	｜	｜
	｜	｜	｜	｜	｜	｜	｜	｜	｜	｜	｜	｜	｜	｜	｜	｜	｜	｜	｜	｜	｜	｜	｜
	｜	｜	｜	｜	｜	｜	｜	｜	｜	｜	｜	｜	｜	｜	｜	｜	｜	｜	｜	｜	｜	｜	｜
	｜	｜	｜	｜	｜	｜	｜	｜	｜	｜	｜	｜	｜	｜	｜	｜	｜	｜	｜	｜	｜	｜	｜
	｜	｜	｜	｜	｜	｜	｜	｜	｜	｜	｜	｜	｜	｜	｜	｜	｜	｜	｜	｜	｜	｜	｜
	｜	｜	｜	｜	｜	｜	｜	｜	｜	｜	｜	｜	｜	｜	｜	｜	｜	｜	｜	｜	｜	｜	｜
哩程		三・六	一〇・六	一三・七	一九・三	二三・二	｜	三〇・五	三五・六	四二・三	四六・六	五〇・六	五六・五	六二・〇	六九・七	八〇・三	八六・六	九〇・七	九七・五	一〇三・〇	一〇七・四	一一一・一	一一五・六
二等賃金		一二錢	三二	四一	五六	六九	｜	九〇	一・〇四	一・二三	一・三七	一・四七	一・六一	一・七五	一・九五	二・一九	二・三五	二・四五	二・六三	二・七三	二・八二	二・八九	二・九八
三等賃金		六錢	一八	二三	三二	四九	｜	五一	五九	七〇	七八	八四	九二	一・〇〇	一・一一	一・二五	一・三四	一・四〇	一・五〇	一・五六	一・六一	一・六五	一・七〇

上り

	秋田發	土崎發	追分發	大久保發	五城目發	鹿渡發	森岳發	能代發	二ツ井發	鷹ノ巢發	早口發	大館發
前	六、〇〇	六、二三	六、三六	六、五七	七、二一	七、四九	八、一〇	八、四〇	九、一七	九、四四	一〇、〇三	一〇、二九
	｜	｜	｜	｜	｜	｜	｜	｜	｜	｜	｜	｜
前	｜	｜	｜	｜	｜	｜	｜	｜	｜	｜	｜	七、〇五
	｜	｜	｜	｜	｜	｜	｜	｜	｜	｜	｜	｜
前	一〇、〇五	一〇、二七	一〇、三九	一〇、五七	一一、一九	一一、四四	一二、〇二	一二、三一	一、〇七	一、三五	一、五二	二、二四
	｜	｜	｜	｜	｜	｜	｜	｜	｜	｜	｜	｜
後	二、三〇	二、五〇	三、〇四	三、二五	三、四九	四、一七	四、三八	五、〇八	五、四五	六、一二	六、三一	六、四九
	｜	｜	｜	｜	｜	｜	｜	｜	｜	｜	｜	｜
後	｜	｜	｜	｜	｜	｜	｜	｜	｜	｜	｜	五、〇五
	｜	｜	｜	｜	｜	｜	｜	｜	｜	｜	｜	｜
	｜	｜	｜	｜	｜	｜	｜	｜	｜	｜	｜	｜
	｜	｜	｜	｜	｜	｜	｜	｜	｜	｜	｜	｜
	｜	｜	｜	｜	｜	｜	｜	｜	｜	｜	｜	｜
	｜	｜	｜	｜	｜	｜	｜	｜	｜	｜	｜	｜
	｜	｜	｜	｜	｜	｜	｜	｜	｜	｜	｜	｜
哩程		四・四	八・〇	一二・四	一七・七	二四・五	二八・六	三五・一	四五・五	五三・四	五八・七	六四・六
二等賃金		一四錢	二五	三七	五三	七二	八四	一・〇四	一・三三	一・五四	一・六七	一・八二
三等賃金		八錢	一四	二一	三〇	四一	四八	五九	七六	八八	九五	一・〇四

我孫子成田間乘替六十頁ヲ見ヨ
佐貫龍ヶ崎間乘替五十二頁ヲ見ヨ

（五十四）上野、仙臺間　附　小山水戸間　　日本鐵道

下り

	上野發	田端着	田端發	南千住發	北千住發	龜有發	金町發	松戸發	馬橋發	柏發	我孫子着	我孫子發	取手發	藤代發	佐貫發	牛久發	荒川沖發	土浦着	土浦發	神立發	高濱發	石岡發	羽鳥發	岩間發	友部着
	｜	｜	｜	｜	｜	｜	｜	｜	｜	｜	｜	前 八、二〇	八、四三	九、〇〇	九、〇八	九、一九	九、三二	九、四五	｜	｜	｜	｜	｜	｜	｜
	｜	｜	｜	｜	｜	｜	｜	｜	｜	｜	｜	｜	｜	｜	｜	｜	｜	｜	｜	｜	｜	｜	｜	｜	｜
	｜	｜	｜	｜	｜	｜	｜	｜	｜	｜	｜	｜	｜	｜	｜	｜	｜	｜	｜	｜	｜	｜	｜	｜	｜
前 [illegible]行	五、二〇	五、二六	五、三一	五、三八	五、四九	五、五八	六、〇三	六、一五	六、二三	六、三五	六、四二	六、四七	七、〇一	七、一一	七、一六	七、二五	七、三六	七、四五	七、五五	八、〇六	八、一六	八、二三	八、三三	八、四二	八、五二
	｜	｜	｜	｜	｜	｜	｜	｜	｜	｜	｜	｜	｜	｜	｜	｜	｜	｜	｜	｜	｜	｜	｜	｜	｜
前 [illegible]行	七、四〇	七、四六	七、五一	七、五八	八、〇四	八、一三	八、一八	八、三〇	八、三七	八、五〇	八、五七	九、〇二	九、一六	九、二六	九、三一	九、四〇	九、五一	一〇、〇〇	一〇、〇八	一〇、一九	一〇、二九	一〇、三六	一〇、四六	一〇、五五	一一、〇五
[illegible]行（通過）	九、〇〇	九、〇六	九、一一	九、一八	九、二三	｜	九、三五	九、四七	九、五四	｜	一〇、一二	｜	｜	｜	｜	｜	｜	｜	｜	｜	｜	｜	｜	｜	｜
[illegible]行	九、三〇	九、三七	九、四三	九、五一	一〇、〇二	一〇、一一	一〇、一七	一〇、三〇	一〇、三七	一〇、五二	一一、〇〇	一一、〇六	一一、二一	一一、三二	一一、三八	一一、四八	一二、〇〇	一二、一一	一二、二三	一二、三四	一二、四六	一二、五四	一、〇六	一、一六	一、二八
	｜	｜	｜	｜	｜	｜	｜	｜	｜	｜	｜	｜	｜	｜	｜	｜	｜	｜	｜	｜	｜	｜	｜	｜	｜
前 [illegible]行	一一、四〇	一一、四七	一一、五二	一二、〇〇	一二、一三	一二、二四	一二、三〇	一二、四四	一二、五一	一、〇六	一、一四	一、一九	一、三四	一、四五	一、五一	二、〇一	二、一三	二、二四	二、三三	二、四五	二、五七	三、〇五	三、一七	三、二七	三、三九
	｜	｜	｜	｜	｜	｜	｜	｜	｜	｜	｜	｜	｜	｜	｜	｜	｜	｜	｜	｜	｜	｜	｜	｜	｜
後 [illegible]戸行	二、〇〇	二、〇七	二、一四	二、二二	二、三五	二、四四	二、五〇	三、〇四	三、一三	三、二八	三、三六	三、四一	三、五五	四、〇五	四、一〇	四、一九	四、三〇	四、三九	四、四七	四、五八	五、一〇	五、一八	五、三〇	五、四〇	五、五二
	｜	｜	｜	｜	｜	｜	｜	｜	｜	｜	｜	｜	｜	｜	｜	｜	｜	｜	｜	｜	｜	｜	｜	｜	｜
	｜	｜	｜	｜	｜	｜	｜	｜	｜	｜	｜	｜	｜	｜	｜	｜	｜	｜	｜	｜	｜	｜	｜	｜	｜
後 水戸行	四、三〇	四、三七	四、四二	四、五〇	五、〇〇	五、〇九	五、一五	五、三二	五、四一	五、五八	六、〇七	六、一四	六、三二	六、四三	六、四九	六、五九	七、一一	七、二二	七、三六	七、四八	八、〇〇	八、一一	八、二三	八、三三	八、四五
後 [illegible]行（通過）	六、二〇	六、二七	六、三三	六、四一	六、四八	六、五七	七、〇二	七、一四	七、二一	七、三五	七、四三	｜	｜	｜	｜	｜	｜	｜	｜	｜	｜	｜	｜	｜	｜
哩程		二。二	｜	四。五	五。六	八。六	九。六	一二。二	一四。三	一九。二	二一。七	｜	二五。六	二九。三	三〇。五	三三。七	三八。〇	四二。一	｜	四五。七	五〇。〇	五二。二	五六。二	五九。五	六三。七
一等賃金		九錢	｜	一八	二三	三二	三六	四五	五二	七〇	八一	｜	九五	一。〇八	一。二一	一。二四	一。三三	一。五三	｜	一。六七	一。八〇	一。八九	二。〇一	二。一二	二。二五
二等賃金		六錢	｜	一三	一五	二一	二四	三〇	三五	四七	五四	｜	六三	七二	七四	八三	九二	一。〇二	｜	一。一一	一。一九	一。二六	一。三四	一。四一	一。五〇
三等賃金		四錢	｜	八	一〇	一四	一六	二〇	二三	三一	三六	｜	四二	四八	四九	五五	六一	六八	｜	七四	八〇	八八	八九	九四	一。〇〇

下り（小山ヨリ）

	小山發	結城發	川島發	下館發	新治發	岩瀬發	福原發
	｜	｜	｜	｜	｜	｜	｜
	前 六、〇五	六、一二	六、二九	六、四四	六、五五	七、一三	七、三一
	｜	｜	｜	｜	｜	｜	｜
	前 七、五〇	八、〇七	八、一五	八、三二	八、四三	九、〇〇	九、一八
	｜	｜	｜	｜	｜	｜	｜
	前 九、五〇	一〇、〇七	一〇、一五	一〇、三二	一〇、五〇	一一、一一	一一、三一
	｜	｜	｜	｜	｜	｜	｜
	正午 一二、〇〇	一二、一九	一二、二九	一二、四八	一、〇二	一、一七	一、三五
	｜	｜	｜	｜	｜	｜	｜
	後 一、五五	二、〇八	二、一六	二、三一	二、四二	三、〇二	三、二〇
	｜	｜	｜	｜	｜	｜	｜
	後 四、一〇	四、二四	四、三二	四、四八	五、〇二	五、二三	五、四三
	｜	｜	｜	｜	｜	｜	｜
	後 六、二〇	六、三三	六、四一	六、五六	七、〇七	七、二一	七、三九
	｜	｜	｜	｜	｜	｜	｜
	後 八、二五	八、三六	八、四三	八、五三	九、〇三	九、一五	九、三一
	｜	｜	｜	｜	｜	｜	｜
	｜	｜	｜	｜	｜	｜	｜
小山ヨリ 哩程		四。三	六。四	一〇。二	一四。〇	一八。四	二三。一
小山ヨリ 賃金		七錢	一一	一七	二三	三〇	三七

下り

	白澤發	陣場發	碇ヶ關發	大鰐發	弘前着	弘前發	川部發	浪岡發	大釋迦發	新城發	青森着
	一〇、四六	一一、〇五	一一、四〇	一二、〇一	一二、二六	一二、四一	一二、五七	一、一六	一、三三	二、〇二	二、一三
	｜	｜	｜	｜	｜	｜	｜	｜	｜	｜	｜
	七、二三	七、四一	八、一四	八、三五	九、〇〇	九、一五	九、三一	九、五〇	一〇、〇七	一〇、三六	一〇、四七
	｜	｜	｜	｜	｜	｜	｜	｜	｜	｜	｜
	二、三八	二、五七	三、三〇	三、四六	四、〇七	四、二二	四、三三	四、四九	五、〇四	五、三一	五、四〇
	｜	｜	｜	｜	｜	｜	｜	｜	｜	｜	｜
	｜	｜	｜	｜	｜	｜	｜	｜	｜	｜	｜
	｜	｜	｜	｜	｜	｜	｜	｜	｜	｜	｜
	五、二二	五、四一	六、一三	六、三五	七、〇〇	七、一五	七、三一	七、五〇	八、〇五	八、三四	八、四五
	｜	｜	｜	｜	｜	｜	｜	｜	｜	｜	｜
	｜	｜	｜	｜	｜	｜	｜	｜	｜	｜	｜
	｜	｜	｜	｜	｜	｜	｜	｜	｜	｜	｜
	｜	｜	｜	｜	｜	｜	｜	｜	｜	｜	｜
	｜	｜	｜	｜	｜	｜	｜	｜	｜	｜	｜
	｜	｜	｜	｜	｜	｜	｜	｜	｜	｜	｜
	六八。六	七三。一	七九。六	八四。七	九三。二	｜	九六。一	一〇一。五	一〇四。六	一一二。〇	一一五。六
	一。九一	二。〇二	二。一九	二。三一	二。四九	｜	二。五九	二。七二	二。七七	二。九一	二。九八
	一。〇九	一。一五	一。二五	一。三二	一。四二	｜	一。四八	一。五五	一。五八	一。六六	一。七[illegible]

水戸太田間乘替五十一頁ヲ見ヨ

下り

友部發	內原發	赤塚發	水戸着	水戸發	佐和發	石神發	大甕發	下孫發	助川發	川尻發	高萩發	磯原發	關本發	勿來發	植田發	泉發	湯本着	湯本發	綴發	平着	平發	草野發	四ツ倉發	久ノ濱發	廣野發	木戸發	富岡發	長塚發	浪江發	小高發	磐城太田發	原ノ町着	原ノ町發	鹿島發	中村發	新地發	坂元發	吉田發	亘理發	岩沼着
｜	｜	｜	｜	｜	｜	｜	｜	｜	｜	｜	｜	｜	｜	｜	｜	｜	｜	｜	｜	｜	｜	｜	｜	｜	｜	｜	｜	｜	｜	｜	｜	前仙臺行	六〇五	六一九	六四四	七〇〇	七一〇	七三一	七四三	七五七
｜	｜	｜	｜	｜	｜	｜	｜	｜	｜	｜	｜	｜	｜	｜	｜	｜	前仙臺行	六三五	六四七	六五五	七一〇	七二〇	七三二	七四六	八〇四	八一六	八四一	九一三	九二三	九四四	九五四	一〇〇二	一〇一六	一〇三三	一〇五八	一一一四	一一二四	一一四四	一一五六	一二一〇
｜	｜	｜	前	六五〇	七〇七	七一六	七二九	七三九	七五二	八一二	八三二	八四八	九〇一	九一一	九二一	九三四	九四五	九五二	一〇〇七	一〇一五	一〇三〇	一〇四二	一〇五六	一一一二	一一二七	一一四一	一二〇八	一二三六	一二四六	一〇七	一一七	一二五	一三八	一五一	二一六	二三二	二四二	三〇二	三一二	三二六
九〇四	九一三	九二二	九三〇	九四一	九五八	一〇〇七	一〇二〇	一〇三〇	一〇四〇	一〇五七	一一一五	一一三一	一一四四	一一五四	一二〇四	一二一七	一二二八	一二三三	一二四七	一二五五	｜	｜	｜	｜	｜	｜	｜	｜	｜	｜	｜	｜	｜	｜	｜	｜	｜	｜	｜	｜
｜	｜	｜	｜	｜	｜	｜	｜	｜	｜	｜	｜	｜	｜	｜	｜	｜	｜	｜	｜	｜	｜	｜	｜	｜	｜	｜	｜	｜	｜	｜	｜	｜	｜	｜	｜	｜	｜	｜	｜	｜
一一一二	一一二一	一一三〇	一一三八	一一四九	一二〇四	一二一二	一二二三	一二三二	一二四一	一二五六	一一三	一二七	一三八	一四六	一五四	二〇五	二一四	二一五	二二三	二三〇	二四二	二五一	二五九	三〇八	三二一	三三一	三五四	四一八	四二六	四四一	四五〇	四五七	五一〇	五二二	五四一	五五四	六〇三	六二一	六三〇	六四二
｜	｜	｜	｜	｜	｜	｜	｜	｜	｜	｜	｜	｜	｜	｜	｜	｜	｜	｜	｜	｜	｜	｜	｜	｜	｜	｜	｜	｜	｜	｜	｜	｜	｜	｜	｜	｜	｜	｜	｜	｜
一四二	一五二	二〇五	二一五	二三〇	二五一	三〇三	三一六	三二六	三三六	三五三	四一四	四三一	四四七	四五七	五〇八	五二二	五三二	五三七	五五〇	五五八	六一〇	六二〇	六二九	六四〇	六五五	七〇七	七三二	八〇〇	八一〇	八二七	八三七	八四五	｜	｜	｜	｜	｜	｜	｜	｜
｜	｜	｜	｜	｜	｜	｜	｜	｜	｜	｜	｜	｜	｜	｜	｜	｜	｜	｜	｜	｜	｜	｜	｜	｜	｜	｜	｜	｜	｜	｜	｜	｜	｜	｜	｜	｜	｜	｜	｜	｜
三四七	三五七	四一〇	四二二	四三七	四五八	五一一	五二四	五三四	五四四	六〇二	六二〇	六三七	六五〇	七〇〇	七一〇	七二三	七三四	七三九	七五二	八〇〇	｜	｜	｜	｜	｜	｜	｜	｜	｜	｜	｜	｜	｜	｜	｜	｜	｜	｜	｜	｜
｜	｜	｜	｜	｜	｜	｜	｜	｜	｜	｜	｜	｜	｜	｜	｜	｜	後平行	八二五	八三三	八四〇	｜	｜	｜	｜	｜	｜	｜	｜	｜	｜	｜	｜	｜	｜	｜	｜	｜	｜	｜	｜
六〇四	六一四	六二五	六三五	｜	｜	｜	｜	｜	｜	｜	｜	｜	｜	｜	｜	｜	｜	｜	｜	｜	｜	｜	｜	｜	｜	｜	｜	｜	｜	｜	｜	｜	｜	｜	｜	｜	｜	｜	｜	｜
｜	｜	｜	｜	｜	｜	｜	｜	｜	｜	｜	｜	｜	｜	｜	｜	｜	｜	｜	｜	｜	｜	｜	｜	｜	｜	｜	｜	｜	｜	｜	｜	｜	｜	｜	｜	｜	｜	｜	｜	｜
｜	｜	｜	｜	｜	｜	｜	｜	｜	｜	｜	｜	｜	｜	｜	｜	｜	｜	｜	｜	｜	｜	｜	｜	｜	｜	｜	｜	｜	｜	｜	｜	｜	｜	｜	｜	｜	｜	｜	｜	｜
八五五	九〇四	九一五	九二五	｜	｜	｜	｜	｜	｜	｜	｜	｜	｜	｜	｜	｜	｜	｜	｜	｜	｜	｜	｜	｜	｜	｜	｜	｜	｜	｜	｜	｜	｜	｜	｜	｜	｜	｜	｜	｜
｜	｜	｜	｜	｜	｜	｜	｜	｜	｜	｜	｜	｜	｜	｜	｜	｜	｜	｜	｜	｜	｜	｜	｜	｜	｜	｜	｜	｜	｜	｜	｜	｜	｜	｜	｜	｜	｜	｜	｜	｜
	六六.七	七〇.三	七四.一		八〇.三	八三.二	八七.七	九〇.六	九三.六	九九.六	一〇三.四	一〇九.一	一一三.四	一一六.二	一一九.一	一二三.五	一二七.五		一二九.五	一三二.五		一三五.七	一三八.五	一四一.五	一四六.五	一五〇.二	一五六.三	一六六.二	一六九.三	一七四.七	一七八.〇	一八〇.六		一八五.三	一九三.二	一九九.六	二〇二.一	二〇七.三	二一〇.三	二一五.五
	二.三四	二.四六	二.五七		二.七七	二.八六	三.〇〇	三.〇九	三.二〇	三.三八	三.四九	三.六三	三.七六	三.八三	三.九〇	四.〇三	四.一四		四.一九	四.二八		四.三七	四.四四	四.五〇	四.六六	四.七五	四.九一	五.一八	五.二七	五.四〇	五.四九	五.五六		五.七〇	五.九〇	六.〇六	六.一五	六.二八	六.三七	六.二六
	一.五六	一.六四	一.七一		一.八五	一.九一	二.〇〇	二.〇六	二.一三	二.二五	二.三三	二.四二	二.五一	二.五五	二.六〇	二.六九	二.七六		二.七九	二.八五		二.九一	二.九六	三.〇〇	三.一一	三.一七	三.二七	三.四五	三.五一	三.六〇	三.六六	三.七一		三.八〇	三.九三	四.〇四	四.一〇	四.一九	四.二五	四.一七
	一.〇四	一.〇九	一.一四		一.二三	一.二七	一.三三	一.三七	一.四二	一.五〇	一.五五	一.六一	一.六七	一.七〇	一.七三	一.七九	一.八四		一.八六	一.九〇		一.九四	一.九七	二.〇〇	二.〇七	二.一一	二.一八	二.三〇	二.三四	二.四〇	二.四四	二.四七		二.五三	二.六二	二.六九	二.七三	二.七九	二.八三	二.七八

下

稲田發	笠間發	宍戸發	友部着	友部發	內原發	赤塚發	水戸着
｜	｜	｜	｜	｜	｜	｜	｜
七三八	七四九	八〇〇	八〇五	八一四	八二四	八三五	八四五
｜	｜	｜	｜	｜	｜	｜	｜
九二五	九三二	九四三	九四八	九五四	一〇〇三	一〇一三	一〇二五
｜	｜	｜	｜	｜	｜	｜	｜
一一四〇	一一五二	一二〇五	一二一一	一二二二	一二三四	一二四九	一〇〇
｜	｜	｜	｜	｜	｜	｜	｜
一四四	一五七	二〇八	二一三	二二一	二三一	二四二	二五二
｜	｜	｜	｜	｜	｜	｜	｜
三二七	三三八	三五〇	三五五	四一三	四二四	四三七	四四八
｜	｜	｜	｜	｜	｜	｜	｜
五五三	六〇〇	六一一	六一六	六二八	六三八	六四九	七〇〇
｜	｜	｜	｜	｜	｜	｜	｜
七四六	七五六	八〇七	八一二	八二〇	八三〇	八四一	八五二
｜	｜	｜	｜	｜	｜	｜	｜
九三八	九四五	九五四	九五八	一〇〇四	一〇一三	一〇二三	一〇三〇
｜	｜	｜	｜	｜	｜	｜	｜
｜	｜	｜	｜	｜	｜	｜	｜
二五.〇	二七.〇	三〇.二	三一.二		三四.二	三七.六	四一.六
四一	四四	四九	五一		五五	六一	六七

上り

驛名		前		前	前 湯本行	前 上野行		前 上野行		前 上野行		發 上野行		前 水戸行	後 湯本行	後 原ノ町行	哩程	一等賃金	二等賃金	三等賃金
仙臺發	｜	｜	｜	｜	｜	｜	｜	｜	｜	八、〇〇	｜	｜	｜	一一、〇〇	二、〇五	五、三〇				
長町發	｜	｜	｜	｜	｜	｜	｜	｜	｜	八、〇八	｜	｜	｜	一一、〇九	二、一四	五、三九	二・六〇	一二錢	八錢	五錢
增田發	｜	｜	｜	｜	｜	｜	｜	｜	｜	八、一九	｜	｜	｜	一一、二一	二、二六	五、五一	六・三八	二五	一七	一二
岩沼着	｜	｜	｜	｜	｜	｜	｜	｜	｜	八、三〇	｜	｜	｜	一一、三三	二、三八	六、〇三	一〇・七六	四一	二七	一八
岩沼發	｜	｜	｜	｜	｜	｜	｜	｜	｜	八、三五	｜	｜	｜	一一、四二	二、五〇	六、一二	｜	｜	｜	｜
亘理發	｜	｜	｜	｜	｜	｜	｜	｜	｜	八、四八	｜	｜	｜	一二、〇〇	三、一一	六、三二	一六・一六	五九	三九	二六
吉田發	｜	｜	｜	｜	｜	｜	｜	｜	｜	九、〇二	｜	｜	｜	一二、一五	三、二八	六、五〇	一九・二三	七〇	四七	三一
坂元發	｜	｜	｜	｜	｜	｜	｜	｜	｜	九、一四	｜	｜	｜	一二、三〇	三、四三	七、一一	二四・四一	九〇	六〇	四〇
新地發	｜	｜	｜	｜	｜	｜	｜	｜	｜	九、二三	｜	｜	｜	一二、四〇	三、五七	七、二六	二七・六九	一・〇二	六八	四五
中村發	｜	｜	｜	｜	｜	｜	｜	｜	｜	九、三六	｜	｜	｜	一、〇〇	四、一七	七、五〇	三三・三〇	一・二二	八一	五四
鹿島發	｜	｜	｜	｜	｜	｜	｜	｜	｜	九、五四	｜	｜	｜	一、二一	四、三八	八、一九	四一・一七	一・四九	九九	六六
原ノ町着	｜	｜	｜	｜	｜	｜	｜	｜	｜	一〇、〇五	｜	｜	｜	一、三四	四、五一	八、三五	四五・七〇	一・六七	一・二一	七四
原ノ町發	｜	｜	｜	｜	｜	｜	｜	六、一〇	｜	一〇、一五	｜	｜	｜	一、四八	五、〇二	‖	｜	｜	｜	｜
磐城太田發	｜	｜	｜	｜	｜	｜	｜	六、一九	｜	一〇、二三	｜	｜	｜	一、五七	五、一一	｜	四八・五一	一・七六	一・一七	七八
小高發	｜	｜	｜	｜	｜	｜	｜	六、二九	｜	一〇、三二	｜	｜	｜	二、〇七	五、二一	｜	五一・五九	一・八七	一・二五	八三
浪江發	｜	｜	｜	｜	｜	｜	｜	六、四六	｜	一〇、四七	｜	｜	｜	二、二四	五、三八	｜	五七・二一	二・〇五	一・三七	九一
長塚發	｜	｜	｜	｜	｜	｜	｜	六、五六	｜	一〇、五五	｜	｜	｜	二、三四	五、四八	｜	六〇・二五	二・一四	一・四三	九五
富岡發	｜	｜	｜	｜	｜	｜	｜	七、三四	｜	一一、二六	｜	｜	｜	三、一二	六、二四	｜	七〇・一八	二・四六	一・六四	一・〇九
木戸發	｜	｜	｜	｜	｜	｜	｜	七、五二	｜	一一、四二	｜	｜	｜	三、三二	六、四二	｜	七六・二七	二・六四	一・七六	一・一七
廣野發	｜	｜	｜	｜	｜	｜	｜	八、〇五	｜	一一、五二	｜	｜	｜	三、四六	六、五四	｜	七九・七四	二・七五	一・八三	一・二二
久ノ濱發	｜	｜	｜	｜	｜	｜	｜	八、一九	｜	一二、〇五	｜	｜	｜	四、〇八	七、一一	｜	八四・七六	二・九一	一・九四	一・二九
四ツ倉發	｜	｜	｜	｜	｜	｜	｜	八、二九	｜	一二、一四	｜	｜	｜	四、二四	七、二三	｜	八七・七七	三・〇二	二・〇一	一・三四
草野發	｜	｜	｜	｜	｜	｜	｜	八、三八	｜	一二、二二	｜	｜	｜	四、三五	七、三四	｜	九〇・五五	三・〇九	二・〇六	一・三七
平着	｜	｜	｜	｜	｜	｜	｜	八、四七	｜	一二、三〇	｜	｜	｜	四、四六	七、四五	｜	九四・〇〇	三・二〇	二・一三	一・四二
平發	｜	｜	｜	｜	六、〇〇	六、一〇	｜	八、五七	｜	一二、四一	｜	二、二〇	｜	五、〇〇	七、五八	｜	｜	｜	｜	｜
綴發	｜	｜	｜	｜	六、一〇	六、二三	｜	九、一〇	｜	一二、五八	｜	二、三三	｜	五、一七	八、〇七	｜	九六・五七	三・二九	二・一九	一・四六
湯本着	｜	｜	｜	｜	六、一八	六、三一	｜	九、一八	｜	一二、五九	｜	二、四一	｜	五、二五	八、一五	｜	｜	三・三六	二・二四	一・四九
湯本發	｜	｜	｜	｜	‖	六、三六	｜	九、二三	｜	一二、五九	｜	二、四六	｜	五、三三	‖	｜	九九・〇〇	｜	｜	｜
泉發	｜	｜	｜	｜	｜	六、四八	｜	九、三五	｜	一、〇九	｜	二、五八	｜	五、四五	｜	｜	一〇二・七七	三・四七	二・三一	一・五四
植田發	｜	｜	｜	｜	｜	七、〇一	｜	九、四八	｜	一、二〇	｜	三、一二	｜	五、五八	｜	｜	一〇七・三七	三・五八	二・三九	一・五九
勿來發	｜	｜	｜	｜	｜	七、一四	｜	九、五八	｜	一、二八	｜	三、二三	｜	六、〇八	｜	｜	一一〇・二六	三・六七	二・四五	一・六三
關本發	｜	｜	｜	｜	｜	七、二五	｜	一〇、〇八	｜	一、三七	｜	三、三四	｜	六、二〇	｜	｜	一一三・〇八	三・七四	二・四九	一・六六
磯原發	｜	｜	｜	｜	｜	七、三八	｜	一〇、二一	｜	一、四八	｜	三、四七	｜	六、三六	｜	｜	一一七・三九	三・八五	二・五七	一・七一
高萩發	｜	｜	｜	｜	｜	八、〇一	｜	一〇、四四	｜	二、〇九	｜	四、一〇	｜	六、五九	｜	｜	一二三・一三	四・〇一	二・六七	一・七八
川尻發	｜	｜	｜	｜	｜	八、一三	｜	一〇、五六	｜	二、二〇	｜	四、二三	｜	七、一一	｜	｜	一二六・六六	四・一二	二・七五	一・八三
助川發	｜	｜	｜	｜	｜	八、三一	｜	一一、一三	｜	二、三五	｜	四、三九	｜	七、二八	｜	｜	一三二・六九	四・二八	二・八五	一・九〇
下孫發	｜	｜	｜	｜	｜	八、四一	｜	一一、二五	｜	二、四四	｜	四、四九	｜	七、三八	｜	｜	一三五・七三	四・三五	二・九〇	一・九三
[illegible]發	｜	｜	｜	｜	｜	八、五二	｜	一一、三九	｜	二、五三	｜	四、五九	｜	七、四八	｜	｜	一三八・六三	四・四四	二・九八	一・九七
石神發	｜	｜	｜	｜	｜	九、〇八	｜	一一、五三	｜	三、〇四	｜	五、一二	｜	八、〇一	｜	｜	一四三・三一	四・五五	三・〇三	二・〇二
佐和發	｜	｜	｜	｜	｜	九、一九	｜	一二、〇三	｜	三、一二	｜	五、二一	｜	八、一〇	｜	｜	一四六・二二	四・六四	三・〇九	二・〇六
水戸着	｜	｜	｜	｜	｜	九、三五	｜	一二、一九	｜	三、二六	｜	五、三七	｜	八、二五	｜	｜	一五二・四三	四・八〇	三・二〇	二・一三
水戸發	｜	五、五〇	｜	七、四〇	｜	九、五五	｜	一二、三五	｜	三、三六	｜	五、五〇	｜	‖	｜	｜	｜	｜	｜	｜
赤塚發	｜	六、〇三	｜	七、五三	｜	一〇、一二	｜	一二、五一	｜	三、四七	｜	六、〇三	｜	｜	｜	｜	一五六・一九	四・九一	三・二七	二・一八
内原發	｜	六、一四	｜	八、〇四	｜	一〇、二七	｜	一、〇四	｜	三、五六	｜	六、一三	｜	｜	｜	｜	一五九・六三	五・〇〇	三・三三	二・二三
友部着	｜	六、二四	｜	八、一四	｜	一〇、三七	｜	一、一五	｜	四、〇五	｜	六、二三	｜	｜	｜	｜	一六二・六〇	五・〇九	三・三九	二・二六

驛名																	哩程	一等賃金	二等賃金	三等賃金
岩沼發	八、〇五	一二、一六	三、三六	｜	｜	六、四八	｜	｜	｜	｜	｜	｜	｜	｜	｜	｜	｜	｜	｜	｜
增田發	八、一八	一二、二九	三、四九	｜	｜	七、〇一	｜	｜	｜	｜	｜	｜	｜	｜	｜	｜	二三・〇一	六・三七	四・二五	二・八三
長町發	八、三一	一二、四一	四、〇一	｜	｜	七、一二	｜	｜	｜	｜	｜	｜	｜	｜	｜	｜	二三・三七	六・一八	四・三二	二・八八
仙臺着	八、四〇	一二、五〇	四、一〇	｜	｜	七、二〇	｜	｜	｜	｜	｜	｜	｜	｜	｜	｜	二三・六七	六・五五	四・三七	二・九一

佐貫龍ケ崎間乘替五十二頁ヲ見ヨ
我孫子成田間乘替六十頁ヲ見ヨ

上リ

		前(成田ヨリ)		前				後(成田ヨリ)													
友部	發	｜	六三三	｜	八二五	｜	一〇四四	｜	一二八	｜	四一二	｜	六三〇	｜	｜	｜	｜	｜	｜	｜	｜
岩間	發	｜	六四四	｜	八四一	｜	一〇五六	｜	一三八	｜	四二三	｜	六四二	｜	｜	｜	｜	一六七・一	五・二〇	三・四七	二・三一
羽鳥	發	｜	六五四	｜	八五三	｜	一一〇八	｜	一四七	｜	四三一	｜	六五二	｜	｜	｜	｜	一七〇・三	五・二九	三・五三	二・三五
石岡	發	｜	七〇八	｜	九〇九	｜	一一二三	｜	一五七	｜	四四一	｜	七〇四	｜	｜	｜	｜	一七四・三	五・四〇	三・六〇	二・四〇
高濱	發	｜	七一六	｜	九一九	｜	一一三二	｜	二〇四	｜	四四八	｜	七一二	｜	｜	｜	｜	一七六・五	五・四五	三・六三	二・四二
神立	發	｜	七二九	｜	九三四	｜	一一四七	｜	二一五	｜	四五九	｜	七二四	｜	｜	｜	｜	一八〇・五	五・五六	三・七一	二・四七
土浦	着	｜	七三九	｜	九四七	｜	一二〇〇	｜	二二五	｜	五〇八	｜	七三四	｜	｜	｜	｜	一八四・四	五・六七	三・七八	二・五二
土浦	發	｜	七五〇	｜	一〇〇〇	｜	一二一三	｜	二三七	｜	五一五	｜	七四五	｜	｜	｜	｜	｜	｜	｜	｜
荒川沖	發	｜	八〇三	四二五	一〇一三	｜	一二二六	｜	二五〇	｜	五二六	｜	七五六	｜	｜	｜	｜	一八八・四	五・七九	三・八六	二・五七
牛久	發	｜	八一五	四四一	一〇二五	｜	一二三八	｜	三〇一	｜	五三七	｜	八〇七	｜	｜	｜	｜	一九二・五	五・九〇	三・九三	二・六二
佐貫	發	｜	八二五	四五五	一〇三五	｜	一二四八	｜	三一〇	｜	五四六	｜	八一六	｜	｜	｜	｜	｜	五・九九	三・九九	二・六六
藤代	發	｜	八三一	五〇七	一〇四一	｜	一二五四	｜	三一六	｜	五五一	｜	八二一	｜	｜	｜	｜	一九七・五	六・〇一	四・〇一	二・六七
取手	發	｜	八四五	五一三	一〇五六	｜	一〇九	｜	三三一	｜	六〇五	｜	八三五	｜	｜	｜	｜	二〇〇・七	六・一〇	四・〇七	二・七一
我孫子	着	｜	八五五	五三二	一一〇六	｜	一一九	｜	三四一	｜	六一四	｜	八四四	｜	｜	｜	｜	二〇四・五	六・二一	四・一四	二・七六
我孫子	發	六二八	八[illegible]八	五四五	一一一一	｜	一二四	二〇七	三四八	｜	六一九	｜	八四五	｜	｜	｜	｜	｜	｜	｜	｜
柏	發	六三六	九〇七	｜	一一二〇	｜	一三四	二一六	三五八	｜	六二七	｜	八五四	｜	｜	｜	｜	二〇七・三	六・二八	四・一九	二・七九
馬橋	發	六五二	九二〇	｜	一一三四	｜	一四八	二三〇	四一四	｜	六三九	｜	九〇六	｜	｜	｜	｜	二一二・一	六・四三	四・二八	二・八五
松戸	發	七〇二	九二八	｜	一一四一	｜	二〇一	二四一	四二五	｜	六四六	｜	九一三	｜	｜	｜	｜	二一四・二	六・四八	四・三二	二・八八
金町	發	七一〇	九三六	｜	一一四九	｜	二〇九	二四九	四三五	｜	六五三	｜	九二〇	｜	｜	｜	｜	二一六・六	六・五五	四・三七	二・九一
龜有	發	七一六	九四二	｜	一一五五	｜	二一五	｜	四四一	｜	六五八	｜	九二五	｜	｜	｜	｜	二一七・七	六・五七	四・三八	二・九二
北千住	發	七二六	一〇〇一	｜	一二〇八	｜	二三〇	三〇一	四五八	｜	七〇七	｜	九三七	｜	｜	｜	｜	二二〇・七	六・六〇	四・四〇	二・九三
南千住	發	七三一	一〇〇七	｜	一二一四	｜	二三六	三〇六	五〇四	｜	七一二	｜	九四二	｜	｜	｜	｜	二二二・〇	六・五五	四・三七	二・九一
田端	着	七三八	一〇一六	｜	一二二二	｜	二四五	三一三	五一二	｜	七一九	｜	九四九	｜	｜	｜	｜	二二四・四	六・四八	四・三二	二・八八
田端	發	七四三	一〇二三	｜	一二二八	｜	二五二	三一八	五一八	｜	七二四	｜	九五四	｜	｜	｜	｜	｜	｜	｜	｜
上野	着	七五〇	一〇三〇	｜	一二三五	｜	三〇〇	三二五	五二五	｜	七三〇	｜	一〇〇〇	｜	｜	｜	｜	二二六・六	六・五五	四・三七	二・九一

			前	前		前		前	後		後		後		後					哩程（水戸ヨリ）	三等賃金（水戸ヨリ）
水戸	發	｜	五〇〇	六二〇	｜	八二〇	｜	一〇五五	一〇〇	｜	二二八	｜	四五〇	｜	六一〇	｜	｜	｜	｜		錢
赤塚	發	｜	五一一	六三三	｜	八三四	｜	一一〇八	一一三	｜	二四四	｜	五〇三	｜	六二四	｜	｜	｜	｜	三・七	六
内原	發	｜	五二〇	六四四	｜	八四五	｜	一一二〇	一二四	｜	二五八	｜	五一四	｜	六三七	｜	｜	｜	｜	七・一	一三
友部	着	｜	五二九	六五四	｜	八五五	｜	一一三〇	一三四	｜	三〇九	｜	五二四	｜	六四七	｜	｜	｜	｜	｜	｜
友部	發	｜	五三七	七一〇	｜	九一〇	｜	一一三五	一四〇	｜	三一八	｜	五二九	｜	六五七	｜	｜	｜	｜	一〇・一	一七
宍戸	發	｜	五四二	七一六	｜	九一六	｜	一一四一	一四六	｜	三二五	｜	五三五	｜	七〇四	｜	｜	｜	｜	一一・二	一八
笠間	發	｜	五五一	七三〇	｜	九三一	｜	一一五三	一五八	｜	三四四	｜	五四七	｜	七一九	｜	｜	｜	｜	一四・四	二四
稲田	發	｜	五五八	七三七	｜	九三八	｜	一二〇〇	二〇五	｜	三五一	｜	五五四	｜	七二六	｜	｜	｜	｜	一六・三	二七
福原	發	｜	六〇五	七四四	｜	九四五	｜	一二〇七	二一二	｜	三五八	｜	六〇一	｜	七三四	｜	｜	｜	｜	一八・三	三〇
岩瀬	發	｜	六一七	七五八	｜	一〇〇三	｜	一二二二	二二六	｜	四一二	｜	六一九	｜	七四八	｜	｜	｜	｜	二三・〇	三七
新治	發	｜	六三三	八一六	｜	一〇一九	｜	一二三八	二四三	｜	四二九	｜	六三六	｜	八〇四	｜	｜	｜	｜	二七・四	四四
下館	發	｜	六四三	八二九	｜	一〇三四	｜	一二四九	二五四	｜	四四四	｜	六五一	｜	八一八	｜	｜	｜	｜	三一・二	五〇
川島	發	｜	六五三	八四〇	｜	一〇四五	｜	一〇〇	三〇五	｜	四五五	｜	七〇二	｜	八二九	｜	｜	｜	｜	三四・七	五六
結城	發	｜	七〇〇	八四八	｜	一〇五三	｜	一〇八	三一三	｜	五〇八	｜	七一三	｜	八三八	｜	｜	｜	｜	三七・二	六〇
小山	着	｜	七一〇	九〇〇	｜	一一〇五	｜	一二〇	三二五	｜	五二〇	｜	七二五	｜	八五〇	｜	｜	｜	｜	四一・六	六七

（五十五）水戸、太田間

水戸鐵道

下リ

		前		前		前		後		後										哩程	三等賃金
水戸	發	六〇〇	｜	七一〇	｜	一〇〇〇	｜	一二四〇	｜	三三五	｜	｜	｜	｜	｜	｜	｜	｜	｜		錢
青柳	發	六〇六	｜	七一六	｜	一〇〇六	｜	一二四六	｜	三四一	｜	｜	｜	｜	｜	｜	｜	｜	｜	一・二	四
下菅谷	發	六二〇	｜	七三〇	｜	一〇二〇	｜	一〇〇	｜	三五五	｜	｜	｜	｜	｜	｜	｜	｜	｜	四・九	一〇

上野仙臺間乘替下リ四十九頁上リ五十頁ヲ見ヨ

上野青森間乘替下リ四十二頁上リ四十六頁ヲ見ヨ

リ					
上菅谷發	前 七、四〇	一〇、三〇	一一、一〇	後 四、〇五	六、三〇
額田 發	七、四八	一〇、三八	一一、一八	四、一三	六、三八
河合 發	七、五九	一〇、四九	一一、二九	四、二四	六、四九
太田 着	八、〇五	一〇、五五	一一、三五	四、三〇	六、五五
哩程	六.三	八.五	一〇.四	一二.一	
三等賃金	一三	一七	二一	二五	

上リ					
太田 發	前 六、〇〇	前 八、三〇	前 一一、二〇	後 二、二〇	後 四、四五
河合 發	六、〇七	八、三七	一一、二七	二、二七	四、五三
額田 發	六、一八	八、四八	一一、三八	二、三八	五、〇三
上菅谷發	六、三〇	九、〇〇	一一、五〇	二、五〇	五、一五
下菅谷發	六、三六	九、〇六	一一、五六	二、五六	五、二一
青柳 發	六、五〇	九、二〇	一二、一〇	三、一〇	五、三五
水戸 着	六、五五	九、二五	一二、一五	三、一五	五、四〇
哩程	一.七	三.六	五.八	七.二	一〇.九	一二.一
三等賃金（錢）	四	八	一二	一五	二二	二五

（五十六）佐貫、龍ケ崎間

下リ 驛名							
佐貫 發	前 七、二〇	前 九、三五	前 一一、四〇	後 一、五五	後 四、一五	後 六、五五	後 九、一〇
南中島發	七、二四	九、三九	一一、四四	一、五九	四、一九	六、五九	九、一四
入地 發	七、三〇	九、四五	一一、五〇	二、〇五	四、二五	七、〇五	九、二〇
門倉 發	七、三六	九、五一	一一、五六	二、一一	四、三一	七、一一	九、二六
龍ケ崎着	七、四〇	九、五五	一二、〇〇	二、一五	四、三五	七、一五	九、三〇
哩程	七	一.五	二.二	二.八			
二等賃金	四	八	一〇	一三			
三等賃金	二	四	五	六			

上リ 驛名							
龍ケ崎發	前 六、四五	前 七、五〇	前 一〇、〇〇	後 一、一五	後 二、四〇	後 五、一五	後 七、四〇
門倉 發	六、五〇	七、五五	一〇、〇五	一、二〇	二、四五	五、二〇	七、四五
入地 發	六、五六	八、〇一	一〇、一一	一、二六	二、五一	五、二六	七、五一
南中島發	七、〇二	八、〇七	一〇、一七	一、三二	二、五七	五、三二	七、五七
佐貫 着	七、〇五	八、一〇	一〇、二〇	一、三五	三、〇〇	五、三五	八、〇〇
哩程	六	一.三	二.二	二.八			
二等賃金	四	八	一〇	一三			
三等賃金	二	四	五	六			

龍ケ崎鐵道

（五十七）宇都宮、日光間

下リ								
宇都宮發	前 四、五〇	前 六、四〇	前 九、〇〇	前 一〇、四〇	後 一二、五五	後 三、〇〇	後 五、〇〇	後 七、二五
鶴田 發	五、〇一	六、五一	九、一一	一〇、五一	一、〇六	三、一一	五、一一	七、三六
鹿沼 發	五、一九	七、〇九	九、三二	一一、一三	一、二四	三、二九	五、二九	七、五六
文挾 發	五、三六	七、二八	九、四八	一一、三六	一、四二	三、四七	五、四七	八、一三
今市 發	六、〇七	八、〇〇	一〇、二〇	一二、一〇	二、一五	四、二〇	六、二〇	八、四五
日光 着	六、二七	八、二〇	一〇、四〇	一二、三〇	二、三五	四、四〇	六、四〇	九、〇五

上野ヨリ					
哩程	六八.七	七四.七	七九.六	八六.八	九〇.八
一等賃金（圓錢）	二.四二	二.五九	二.七五	二.九七	三.一一
二等賃金（圓錢）	一.六一	一.七三	一.八三	一.九八	二.〇七
三等賃金（圓錢）	一.〇七	一.一五	一.二二	一.三二	一.三八

宇都宮ヨリ					
哩程	一.九	八.九	一三.八	二一.〇	二五.〇
三等賃金（錢）	五	一五	二三	三四	四〇

上リ								
日光 發	前 六、四五	前 八、四〇	前 一〇、五五	後 一二、五五	後 二、五五	後 五、〇〇	後 七、〇〇	後 九、二〇
今市 發	七、〇三	八、五五	一一、一〇	一、一六	三、一六	五、二〇	七、一七	九、三六
文挾 發	七、二七	九、一七	一一、三三	一、四一	三、四六	五、四六	七、四一	一〇、〇〇
鹿沼 發	七、四三	九、三二	一一、四六	一、五七	四、〇二	六、〇三	八、〇三	一〇、一六
鶴田 發	八、〇〇	九、四七	一二、〇二	二、一四	四、一九	六、二〇	八、二〇	一〇、三三
宇都宮着	八、一〇	九、五六	一二、一二	二、二四	四、二九	六、三〇	八、三〇	一〇、四三

上野マテ					
哩程	九〇.八	八六.八	七九.六	七四.七	六八.七
一等賃金（圓錢）	三.一一	二.九七	二.七五	二.五九	二.四二
二等賃金（圓錢）	二.〇七	一.九八	一.八三	一.七三	一.六一
三等賃金（圓錢）	一.三八	一.三二	一.二二	一.一五	一.〇七

日光ヨリ					
哩程	四.〇	一一.二	一六.一	二三.一	二五.〇
三等賃金（錢）	七	一八	二六	三五	四〇

日本鐵道

（五十八）郡山、若松間

郡山發	前 七、五二	―	前 一一、一〇	―	後 一、一五	―	後 五、一〇	―	―	―	―

上野ヨリ	
哩程	
二等賃金（圓錢）	
三等賃金（圓錢）	

郡山ヨリ	
哩程	
三等賃金（錢）	

岩越鐵道

上野青森間乘替下リ四十二頁上リ四十五頁ヲ見ヨ

下リ

驛名																哩程	二等賃金（圓錢）	三等賃金（圓錢）	哩程	三等賃金（錢）
堀ノ内發	八、[illegible]	｜	一一、二七	｜	一、三三	｜	五、二五	｜	｜	｜	｜	｜	｜	｜	｜	一四四・三	三・一二	二・〇八	四・九	一〇
安子ヶ島發	八、一七	｜	一一、三九	｜	一、四二	｜	五、三四	｜	｜	｜	｜	｜	｜	｜	｜	一四六・五	三・二〇	二・一三	七・二	一五
熱海發	八、[illegible]六	｜	一一、四九	｜	一、五三	｜	五、四三	｜	｜	｜	｜	｜	｜	｜	｜	一四八・七	三・二七	二・一八	九・四	二〇
中山宿發	八、四二	｜	一二、〇六	｜	二、一〇	｜	五、五九	｜	｜	｜	｜	｜	｜	｜	｜	一五一・五	三・三五	二・二三	一二・三	二五
山潟發	九、〇五	｜	一二、二八	｜	二、三三	｜	六、二〇	｜	｜	｜	｜	｜	｜	｜	｜	一五六・二	三・四八	二・三二	一六・七	三四
關都發	九、一三	｜	一二、三七	｜	二、四一	｜	六、二九	｜	｜	｜	｜	｜	｜	｜	｜	一五八・五	三・五六	二・三七	一九・二	三九
川桁發	九、一九	｜	一二、四四	｜	二、四八	｜	六、三六	｜	｜	｜	｜	｜	｜	｜	｜	一六〇・〇	三・六〇	二・四〇	二〇・六	四二
猪苗代發	九、三〇	｜	一二、五四	｜	二、五九	｜	六、四七	｜	｜	｜	｜	｜	｜	｜	｜	一六二・一	三・六六	二・四四	二三・六	四六
翁島發	九、三九	｜	[illegible]	｜	三、〇九	｜	六、五七	｜	｜	｜	｜	｜	｜	｜	｜	一六四・六	三・七四	二・四九	二五・四	五一
大寺發	一〇、〇二	｜	一、二七	｜	三、三二	｜	七、二一	｜	｜	｜	｜	｜	｜	｜	｜	一七〇・一	三・九〇	二・六〇	三〇・六	六二
廣田發	一〇、二二	｜	一、四七	｜	三、五二	｜	七、四二	｜	｜	｜	｜	｜	｜	｜	｜	一七五・四	四・〇七	二・七一	三六・一	七三
若松着	一〇、三〇	｜	一、五五	｜	四、〇〇	｜	七、五〇	｜	｜	｜	｜	｜	｜	｜	｜	一七八・五	四・一六	二・七七	三九・一	七九

上リ

驛名	前		前		後		後									青森ヨリ哩程	青森ヨリ二等賃金（圓錢）	青森ヨリ三等賃金（圓錢）	若松ヨリ哩程	若松ヨリ三等賃金（錢）
若松發	七、二〇	｜	九、二〇	｜	一二、五〇	｜	四、五〇	｜	｜	｜	｜	｜	｜	｜	｜					
廣田發	七、三三	｜	九、三一	｜	一、〇二	｜	四、五一	｜	｜	｜	｜	｜	｜	｜	｜	三五六・六	七・三六	四・九〇	二・九	六
大寺發	七、五九	｜	九、五八	｜	一、二九	｜	五、一八	｜	｜	｜	｜	｜	｜	｜	｜	三五三・六	七・二七	四・八四	八・二	一七
翁島發	八、二二	｜	一〇、二〇	｜	一、五二	｜	五、四〇	｜	｜	｜	｜	｜	｜	｜	｜	三四八・二	七・一〇	四・七三	一三・五	二八
猪苗代發	八、三四	｜	一〇、三三	｜	二、〇五	｜	五、五二	｜	｜	｜	｜	｜	｜	｜	｜	三四三・〇	六・九四	四・六二	一六・二	三三
川桁發	八、四三	｜	一〇、三九	｜	二、一三	｜	六、〇〇	｜	｜	｜	｜	｜	｜	｜	｜	三四〇・二	六・八六	四・五七	一八・三	三七
關都發	八、五〇	｜	一〇、四五	｜	二、二〇	｜	六、〇七	｜	｜	｜	｜	｜	｜	｜	｜	三三八・二	六・八〇	四・五三	一九・六	四〇
山潟發	九、〇六	｜	一〇、五六	｜	二、三〇	｜	六、一八	｜	｜	｜	｜	｜	｜	｜	｜	三三六・六	六・七六	四・五〇	二三・一	四五
中山宿發	九、二八	｜	一一、一八	｜	二、五二	｜	六、三九	｜	｜	｜	｜	｜	｜	｜	｜	三三四・四	六・六八	四・四五	二六・六	五四
熱海發	九、三九	｜	一一、二九	｜	三、〇四	｜	六、五〇	｜	｜	｜	｜	｜	｜	｜	｜	三二九・七	六・五五	四・三六	二九・四	五九
安子ヶ島發	九、四七	｜	一一、三八	｜	三、一二	｜	六、五八	｜	｜	｜	｜	｜	｜	｜	｜	三二七・一	六・四七	四・三一	三一・六	六四
堀ノ内發	九、五六	｜	一一、四六	｜	三、二一	｜	七、〇六	｜	｜	｜	｜	｜	｜	｜	｜	三二四・六	六・四〇	四・二六	三四・一	六九
郡山着	一〇、一〇	｜	一二、〇〇	｜	三、三五	｜	七、二〇	｜	｜	｜	｜	｜	｜	｜	｜	三二二・四	六・三二	四・二一	三九・一	七九

（五十九）福島、舟形間

官有鐵道

上野青森間乘替下リ四十三頁上リ四十五頁ヲ見ヨ

下リ

驛名	前	前	前	前	後	後	後				上野ヨリ哩程	上野ヨリ二等賃金（圓錢）	上野ヨリ三等賃金（圓錢）	福島ヨリ哩程	福島ヨリ三等賃金（錢）
福島發	五、一五	｜	｜	九、一〇	一二、二〇	三、三〇	六、二〇	｜	｜	｜					
庭坂發	五、三八	｜	｜	九、三三	一二、四三	三、五三	六、三三	｜	｜	｜	一七二・三	三・六二	二・四〇	四・三	八
板谷發	六、三四	｜	｜	一〇、二九	一、三九	四、四九	‖	｜	｜	｜	一八一・二	三・八九	二・五五	一三・二	二三
峠發	六、五〇	｜	｜	一〇、四五	一、五五	五、〇五	｜	｜	｜	｜	一八三・三	三・九六	二・五九	一五・三	二七
關根發	七、三〇	｜	｜	一一、二五	二、三五	五、四六	｜	｜	｜	｜	一九〇・〇	四・一五	二・七〇	二三・〇	三八
米澤着	七、四〇	｜	｜	一一、三五	二、四五	五、五六	｜	｜	｜	｜	一九三・二	四・二四	二・七五	二五・二	四三
米澤發	七、五〇	｜	五、三五	一一、四三	二、五三	六、一七	｜	｜	｜	｜	｜	｜	｜	｜	｜
糠ノ目發	八、一〇	｜	五、五五	一二、〇二	三、一三	六、三八	｜	｜	｜	｜	一九九・三	四・四三	二・八六	三一・三	五四
赤湯發	八、二六	｜	六、一二	一二、一八	三、二九	六、五五	｜	｜	｜	｜	二〇三・二	四・五三	二・九二	三五・二	六〇
上ノ山發	九、〇四	｜	六、五一	一二、五六	四、〇七	七、三三	｜	｜	｜	｜	二一四・七	四・八七	三・一一	四六・七	七九
山形着	九、二六	｜	七、一三	一、一八	四、二九	七、五五	｜	｜	｜	｜	二二二・三	五・〇六	三・二三	五四・三	九〇
山形發	九、三六	六、二〇	‖	一、四九	四、五三	‖	｜	｜	｜	｜	｜	｜	｜	｜	｜
天童發	一〇、〇〇	六、四六	｜	二、一四	五、二〇	｜	｜	｜	｜	｜	二三〇・六	五・二七	三・三四	六二・六	一・〇〇
神町發	一〇、一三	七、一〇	｜	二、二六	五、三二	｜	｜	｜	｜	｜	二三四・三	五・三六	三・三九	六六・三	一・〇七
楯岡發	一〇、二八	七、一六	｜	二、四一	五、四七	｜	｜	｜	｜	｜	二三八・六	五・四六	三・四五	七〇・六	一・一三
大石田發	一〇、五五	七、四三	｜	三、〇七	六、一三	｜	｜	｜	｜	｜	二四七・一	五・六七	三・五七	七九・一	一・二五
舟形着	一一、二一	八、〇九	｜	三、三三	六、三九	｜	｜	｜	｜	｜	二五六・四	五・九二	三・七一	八八・四	一・三九

上リ

	舟形發	大石田發	楯岡發	神町發	天童發	山形着	山形發	上ノ山發	赤湯發	糠ノ目發	米澤着	米澤發	關根發	峠發	板谷發	庭坂發	福島着
前	｜	｜	｜	｜	｜	｜	｜	｜	｜	｜	｜	五二〇	五三三	六一六	六三〇	七二六	七三九
	｜	｜	｜	｜	｜	｜	｜	｜	｜	｜	｜	｜	｜	｜	｜	｜	｜
前	｜	｜	｜	｜	｜	｜	七二五	七五〇	八二八	八四四	九〇一	九一四	九二五	一〇〇九	一〇二五	一一二一	一一三四
前	八四〇	九〇九	九三五	九四九	一〇〇二	一〇二五	一〇四二	一一〇七	一一四五	一二〇一	一二一八	一二二六	一二三七	一二一	一三五	二三一	二四四
前	一一五〇	一二一八	一二四四	一二五八	一一一	一三四	一五二	二一七	二五五	三一一	三二八	三三六	三四七	四三一	四四五	五三九	五五二
後	四〇〇	四二八	四五四	五〇八	五二一	五四四	五五四	六一九	六五七	七一三	七三〇	｜	｜	｜	｜	｜	｜
後	七一〇	七三九	八〇五	八二〇	八三三	八五六	｜	｜	｜	｜	｜	｜	｜	｜	｜	｜	｜
	｜	｜	｜	｜	｜	｜	｜	｜	｜	｜	｜	｜	｜	｜	｜	｜	｜
	｜	｜	｜	｜	｜	｜	｜	｜	｜	｜	｜	｜	｜	｜	｜	｜	｜
	｜	｜	｜	｜	｜	｜	｜	｜	｜	｜	｜	｜	｜	｜	｜	｜	｜

[illegible]ヨリ	哩程	三七七・三	三六八・一	三五九・六	三五五・二	三五一・五	三四五・二	三三五・六	三二四・一	三二〇・二	三一四・一	三一〇・七	三〇四・二	三〇二・一	二九三・二
	二等賃金（圓錢）	八・一〇	七・八五	七・六四	七・五四	七・四五	七・二四	七・〇五	六・七一	六・六一	六・四二	六・三三	六・二四	六・〇七	五・八〇
	三等賃金（圓錢）	五・二六	五・〇二	四・九〇	四・八四	四・七九	四・六七	四・五六	四・三七	四・三一	四・二〇	四・一五	四・〇四	四・〇〇	三・八五
舟形ヨリ	哩程	八・三	一六・五	二一・一	二四・六	三三・〇	四〇・〇	五二・二	五六・一	六二・二	六五・四	七二・一	七四・二	八三・二	八八・四
	三等賃金（錢）	一四	二八	三六	四二	五五	六八	八七	九三	一〇二	一〇七	一一七	一二〇	一三三	一三九

（六十）小山、前橋間

下リ

	小山發	栃木發	富山發	岩舟發	佐野發	富田發	足利發	山前發	小俣發	桐生着	桐生發	大間々發	國定發	伊勢崎發	駒形發	前橋着
前	｜	｜	｜	｜	｜	｜	｜	｜	｜	｜	六一〇	六二三	六三四	六四七	六五八	七一〇
前	五五〇	六〇八	六一七	六二七	六四一	六五〇	七〇九	七一八	七二七	七三八	七四八	七五八	八一〇	八二二	八三三	八四五
前	八一〇	八二三	八四一	八五五	九一三	九二二	九四三	九五三	一〇〇一	一〇一四	一〇二九	一〇三九	一〇五一	一一〇七	一一一八	一一三〇
前	一〇一〇	一〇二三	一〇三三	一〇四三	一〇五八	一一〇七	一一二六	一一三五	一一四四	一一五五	一二〇五	一二一五	一二二七	一二四二	一二五三	一〇五
前	一一五〇	一二一三	一二二四	一二三四	一二五一	一〇〇	一一七	一二八	一三九	一五二	二一〇	二二三	二三七	二五五	三〇八	三二〇
後	二一〇	二三四	二四八	三〇〇	三二五	三三六	四〇三	四一三	四二三	四三五	四四七	四五七	五〇九	五二三	五三三	五四五
後	四一〇	四三七	四四八	四五八	五二〇	五三一	五五五	六〇六	六一九	六三二	六四五	六五五	七〇七	七二三	七三三	七四五
後	六三〇	六四八	六五七	七〇六	七二〇	七二九	七四八	七五七	八一〇	八二二	八三〇	八四〇	八五二	九〇六	九一七	九三〇
後	八三五	八五三	九〇二	九一六	九二九	九三八	九五六	一〇〇五	一〇一四	一〇二五	｜	｜	｜	｜	｜	｜
哩程		六・八	九・四	一二・〇	一六・四	一九・三	二三・六	二六・五	二九・三	三二・七	｜	三五・三	三九・三	四三・〇	四六・四	五〇・七
三等賃金（錢）		一二	一六	二〇	二七	三一	三六	四三	四七	五三	｜	五七	六三	六九	七五	八二

上リ

	前橋發	駒形發	伊勢崎發	國定發	大間々發	桐生着	桐生發	小俣發	山前發	足利發	富田發	佐野發	岩舟發	富山發	栃木發	小山着
前	｜	｜	｜	｜	｜	｜	五一五	五二六	五三五	五四八	六〇二	六一一	六二六	六三五	六四八	七〇五
前	五三五	五四七	五五八	六一〇	六二三	六三一	六四〇	六五一	七〇〇	七一四	七三〇	七四五	八〇一	八一一	八二八	八四五
前	八〇〇	八一三	八二八	八四〇	八五七	九〇五	九一五	九二六	九三五	九四九	一〇〇三	一〇一一	一〇二五	一〇三四	一〇四三	一一〇〇
前	九五〇	一〇〇三	一〇一五	一〇二七	一〇四〇	一〇四八	一〇五六	一一〇七	一一一六	一一三三	一一四六	一一五九	一二一三	一二二三	一二三八	一二五五
後	一二一〇	一二二三	一二三七	一二四九	一〇二	一一〇	一二五	一三七	一四六	一五九	二一二	二二一	二三五	二四四	二五三	三一〇
後	二三〇	二四二	二五三	三〇五	三一八	三二六	三三四	三四五	三五四	四一〇	四二六	四四三	四五七	五〇七	五一六	五三三
後	四〇五	四一七	四三〇	四四二	四五九	五〇七	五二〇	五三三	五四四	六〇一	六一四	六三〇	六四四	六五六	七〇八	七二五
後	六五〇	七〇二	七一七	七二九	七四二	七五〇	八〇〇	八一一	八二〇	八三三	八四六	八五六	九一〇	九一九	九二八	九四五
後	八四〇	八五二	九一四	九二四	九四三	九五〇	｜	｜	｜	｜	｜	｜	｜	｜	｜	｜
哩程		四・三	七・七	一一・四	一五・四	一八・〇	｜	二一・四	二四・二	二七・一	三一・四	三四・二	三八・七	四一・三	四四・一	五〇・八
三等賃金（錢）		七	一三	一九	二五	二九	｜	三五	三九	四六	五一	五六	六三	六七	七一	八二

（六十一）越名、葛生間

下リ

	越名發	佐野町發	吉水發	田沼發	多田發	葛生着
前	｜	五五〇	六〇三	六一五	六二三	六三一
前	七五九	八一九	八三三	八四六	八五五	九〇三
前	一〇三三	一〇五三	一一〇七	一一二〇	一一二九	一一三七
後	一〇六	一二六	一四〇	一五三	二〇二	二一〇
後	三四一	四〇一	四一五	四二八	四三七	四四五
後	六一六	六三六	六五〇	七〇三	七一三	七二〇
後	八四六	九〇六	九一五	九三一	九三九	九四七
哩程		三・〇	五・四	六・九	八・三	九・七
三等賃金（錢）		六	一一	一四	一七	二〇

上リ

	葛生發	多田發	田沼發	吉水發	佐野町發	越名着
前	五〇五	五一四	五二五	五三四	五四六	｜
前	六四五	六五五	七〇七	七一七	七三四	七四九
前	九一八	九二八	九四〇	九五〇	一〇〇七	一〇二二
前	一一五二	一二〇二	一二一四	一二二四	一二四一	一二五六
後	二二七	二三七	二四九	二五九	三一六	三三一
後	五〇二	五一二	五二四	五三四	五五一	六〇六
後	七三五	七四四	七五五	八〇四	八二一	八三六
哩程		一・四	三・八	四・三	六・七	九・七
三等賃金（錢）		三	六	九	一四	二〇

（六十二）上野、高崎、前橋間

前橋小山間乗替五十四頁ヲ見ヨ

高崎直江津間乗替五十六頁ヲ見ヨ　〇高崎下仁田間乗替五十八頁ヲ見ヨ

上リ

	前橋發	高崎着	高崎發	倉賀野發	新町發	神保原發	本庄發	深谷發	熊谷發	吹上發	鴻ノ巣發	桶川發	上尾發	大宮着	大宮發	浦和發	蕨發	赤羽着	赤羽發	王子發	田端着	田端發	上野着
前	｜	｜	｜	｜	｜	｜	｜	｜	｜	｜	｜	｜	｜	｜	六、〇〇	六、一二	六、二二	六、三三	六、三八	六、四六	六、五二	六、五三	七、〇〇
	｜	｜	五、一〇	五、一九	五、三〇	五、三九	五、四八	六、〇五	六、二八	六、四〇	六、五三	七、〇八	七、一七	七、三〇	七、四五	七、五七	八、〇七	八、一八	八、二三	八、三一	八、三七	八、三八	八、四五
前	六、〇五	六、二一	六、三五	六、四四	六、五九	七、〇八	七、一七	七、三四	八、〇二	八、一五	八、二八	八、四四	八、五三	九、一〇	九、二〇	九、三二	九、四二	九、五三	九、五八	一〇、〇六	一〇、一二	一〇、一三	一〇、二〇
	七、二五	七、四一	七、五五	八、〇四	八、一五	八、二四	八、三四	八、五一	九、二三	九、三五	九、四七	一〇、〇一	一〇、〇九	一〇、二三	一〇、三五	一〇、四七	一〇、五七	一一、〇八	一一、一三	一一、二一	一一、二七	一一、二八	一一、三五
	九、〇〇	九、一六	九、二八	九、三七	九、四八	九、五七	一〇、〇七	一〇、二四	一〇、五〇	一一、〇二	一一、一四	一一、二八	一一、三六	一一、四八	一二、〇〇	一二、一二	一二、二二	一二、三三	一二、三八	一二、四六	一二、五二	一二、五三	一、〇〇
前	一〇、二〇	一〇、三六	一〇、五〇	一〇、五九	一一、一二	一一、二一	一一、三四	一一、五五	一二、二三	一二、三六	一二、五一	一、〇七	一、一五	一、二八	一、四五	一、五七	二、〇七	二、一八	二、二三	二、三一	二、三七	二、三八	二、四五
午	一二、〇〇	一二、一五	一二、三〇	一二、三九	一二、五〇	一二、五九	一、〇四	一、二七	一、四八	一、五九	二、〇九	二、二二	二、二九	二、四〇	二、四八	二、五八	三、〇七	三、一六	三、二〇	三、二七	三、三三	三、三四	三、四〇
後	一、二〇	一、三六	一、五〇	一、五九	二、一〇	二、一九	二、三一	二、四八	三、一二	三、二三	三、三四	三、四七	三、五四	四、〇五	四、一三	四、二三	四、三二	四、四一	四、四六	四、五四	五、〇〇	五、〇一	五、〇八
後	二、五五	三、一一	三、二五	三、三三	三、四三	三、五一	三、五九	四、一六	四、四三	四、五四	五、〇五	五、一八	五、二五	五、三六	五、四五	五、五五	六、〇四	六、一三	六、一八	六、二六	六、三二	六、三三	六、四〇
後	一〇、〇〇	一〇、一六	｜	｜	｜	｜	｜	｜	｜	｜	｜	｜	｜	｜	六、四〇	六、五二	七、〇二	七、一三	七、一八	七、二六	七、三二	七、三三	七、四〇
	四、一五	四、三一	四、四五	四、五四	五、〇五	五、一四	五、二六	五、四七	六、一五	六、二八	六、四一	六、五六	七、〇四	七、一七	七、三〇	七、四二	七、五二	八、〇三	八、〇八	八、一六	八、二二	八、二三	八、三〇
後	五、五五	六、一一	六、二四	六、三四	六、四五	六、五四	七、〇三	七、二〇	七、四八	八、〇五	八、二二	八、四一	八、五三	九、〇六	九、二〇	九、三二	九、四二	九、五三	九、五八	一〇、〇六	一〇、一二	一〇、一三	一〇、二〇
後	七、一〇	七、二六	｜	｜	｜	｜	｜	｜	｜	｜	｜	｜	｜	｜	｜	｜	｜	｜	｜	｜	｜	｜	｜
後	八、三〇	八、四六	｜	｜	｜	｜	｜	｜	｜	｜	｜	｜	｜	｜	｜	｜	｜	｜	｜	｜	｜	｜	｜
後	九、四〇	九、五五	｜	｜	｜	｜	｜	｜	｜	｜	｜	｜	｜	｜	｜	｜	｜	｜	｜	｜	｜	｜	｜

	前橋高崎間																					
哩程	六・二	｜	八・六	一二・四	一五・二	一七・六	二四・〇	三一・〇	三五・四	四〇・〇	四五・一	四七・三	五二・三	｜	五六・二	五九・〇	六二・七	｜	六五・一	｜	六六・七	六九・二
一等賃金	三錢	｜	三四	四八	五七	六六	八八	一・一三	一・二九	一・四四	一・六五	一・七一	一・八九	｜	二・〇一	二・一〇	二・一三	｜	二・三〇	二・三四	｜	二・四一
二等賃金	一五錢	｜	二三	三三	三八	四四	五九	七五	八六	九六	一・一〇	一・一四	一・二六	｜	一・三四	一・四〇	一・四九	｜	一・五三	一・五六	｜	一・六一
三等賃金	一〇錢	｜	一五	二一	二五	二九	三九	五〇	五七	六四	七三	七六	八四	｜	八九	九三	九九	｜	一・〇二	一・〇四	｜	一・〇七

下リ

	上野發	田端着	田端發	王子發	赤羽着	赤羽發	蕨發	浦和發	大宮着	大宮發	上尾發	桶川發	鴻ノ巣發	吹上發	熊谷發	深谷發	本庄發	神保原發	新町發	倉賀野發	高崎着	高崎發	前橋着
前	｜	｜	｜	｜	｜	｜	｜	｜	｜	｜	｜	｜	｜	｜	｜	｜	｜	｜	｜	｜	｜	五、一五	五、三〇
前	｜	｜	｜	｜	｜	｜	｜	｜	｜	｜	｜	｜	｜	｜	｜	｜	｜	｜	｜	｜	｜	六、五〇	七、〇六
前	｜	｜	｜	｜	｜	｜	｜	｜	｜	｜	｜	｜	｜	｜	｜	｜	｜	｜	｜	｜	｜	八、二〇	八、三六
前	六、〇〇	六、〇六	六、〇七	六、一四	六、二〇	六、二五	六、三五	六、四四	六、五三	七、〇三	七、一六	七、二四	七、三七	七、四八	八、〇三	八、二〇	八、三五	八、四三	八、五一	九、〇二	九、〇八	九、二〇	九、四〇
前	七、一〇	七、一七	七、一八	七、二五	七、三二	七、三七	七、四九	七、五九	八、一〇	八、二〇	八、三四	八、四三	八、五八	九、一一	九、三一	九、五〇	一〇、〇八	一〇、一七	一〇、二六	一〇、三七	一〇、四五	一〇、五五	一一、一〇
前	八、〇〇	八、〇七	八、〇八	八、一五	八、二三	八、二七	八、三九	八、四九	九、〇〇		｜	｜	｜	｜	｜	｜	｜	｜	｜	｜	｜	｜	｜
前	八、四〇	八、四七	八、四八	八、五五	九、〇二	九、〇七	九、一九	九、二九	九、四〇	九、五二	一〇、〇八	一〇、一六	一〇、二九	一〇、四〇	一〇、五六	一一、一三	一一、三〇	一一、三九	一一、四八	一一、五八	一二、〇五	一二、二〇	一二、三五
前	一〇、〇〇	一〇、〇七	一〇、〇八	一〇、一五	一〇、二三	一〇、二七	一〇、四二	一〇、五四	一一、〇七	一一、二一	一一、三五	一一、四三	一一、五八	一二、一一	一二、三三	一二、五二	一、一〇	一、一九	一、二八	一、三九	一、四七	二、〇〇	二、一六
前	一一、三〇	一一、三七	一一、三八	一一、四五	一一、五二	一一、五七	一二、〇九	一二、一九	一二、三〇	一二、四〇	一二、五五	一、〇六	一、二一	一、三四	一、五六	二、一五	二、三二	二、四一	二、五〇	三、〇一	三、〇九	三、二〇	三、三六
後	一、一〇	一、一七	一、一八	一、二五	一、三二	一、三六	一、四七	一、五六	二、〇六	二、一六	二、三〇	二、三八	二、五一	三、〇二	三、二〇	三、三九	三、五八	四、〇七	四、二〇	四、三一	四、三九	四、五四	五、一〇
後	二、一五	二、二三	二、二三	二、三〇	二、三七	二、四三	二、五五	三、〇五	三、一六	三、二六	三、四〇	三、五〇	四、〇八	四、二四	四、五〇	五、〇九	五、二九	五、三八	五、五一	六、〇二	六、一〇	六、二〇	六、三六
後	四、〇〇	四、〇七	四、〇八	四、一五	四、二二	四、二七	四、三九	四、四九	五、〇〇	五、一〇	五、二六	五、三四	五、四九	六、〇二	六、二四	六、四三	七、〇四	七、一三	七、二二	七、三三	七、四一	七、五四	八、一〇
後	五、二〇	五、二七	五、二八	五、三五	五、四二	五、四七	五、五九	六、〇九	六、二〇	六、三〇	六、四四	六、五五	七、一〇	七、二三	七、四五	八、〇四	八、二一	八、三〇	八、三九	八、五〇	八、五八	九、一〇	九、二六
後	七、三〇	七、三七	七、三八	七、四五	七、五二	七、五七	八、〇九	八、一九	八、三〇	八、四〇	八、五四	九、〇二	九、一七	九、三〇	九、四九	一〇、〇七	一〇、二三	一〇、三二	一〇、四一	一〇、五二	一一、〇〇	｜	｜
後	一〇、〇〇	一〇、〇七	一〇、〇八	一〇、一五	一〇、二二	一〇、二七	一〇、三九	一〇、四九	一一、〇〇		｜	｜	｜	｜	｜	｜	｜	｜	｜	｜	｜	五、〇〇	五、一五

哩程	二・一	｜	三・七	六・一	｜	一〇・〇	一二・六	｜	一六・五	二一・五	二三・七	二九・〇	三三・四	三八・〇	四五・〇	五一・二	五三・六	五六・四	六〇・二	六三・〇	｜	六九・二
一等賃金	九錢	｜	一六	二三	二六	｜	四八	六一	｜	七九	八八	一・〇六	一・二二	一・三八	一・六五	一・八五	一・九四	二・〇三	二・一四	二・二三	｜	二・四一
二等賃金	六錢	｜	一一	一五	二四	｜	三一	四一	｜	五三	五九	七一	八一	九二	一・一〇	一・二三	一・二九	一・三五	一・四三	一・四九	｜	一・六一
三等賃金	四錢	｜	七	一〇	一六	｜	二一	二七	｜	三五	三九	四七	五四	六一	七三	八二	八六	九〇	九五	九九	｜	一・〇七

（六十三） 高崎、直江津間 附長野松本間

官有鐵道

下り

前後	高崎發	飯塚發	安中發	磯部發	松井田發	横川着	横川發	熊ノ平發	軽井澤着	軽井澤發	御代田發	小諸發	田中發	大屋發	上田發	坂城發	屋代發
	｜	｜	｜	｜	｜	｜	｜	｜	｜	｜	｜	｜	｜	｜	｜	｜	｜
前	｜	｜	｜	｜	｜	｜	｜	｜	｜	六、三〇	六、五七	七、一八	七、三九	七、五〇	八、〇四	八、二四	八、四一
前	六、三〇	六、三六	六、五一	七、〇六	七、二四	七、四〇	七、五〇	｜	九、〇五	九、三〇	九、五七	一〇、一八	一〇、三九	一〇、五〇	一一、〇四	一一、二四	一一、四一
前	九、三〇	九、三六	九、五一	一〇、〇六	一〇、二四	一〇、四〇	一〇、五〇	｜	一二、〇五	一二、三〇	一二、五七	一、一八	一、三九	一、五〇	二、〇四	二、二四	二、四一
後	｜	｜	｜	｜	｜	｜	｜	｜	｜	二、一〇	二、三八	三、〇三	三、二四	三、三六	三、五三	四、一三	四、三〇
後	一二、三〇	一二、三六	一二、五一	一、〇六	一、二四	一、四〇	一、五〇	｜	三、〇五	三、三〇	三、五七	四、一八	四、三九	四、五〇	五、〇四	五、二四	五、五一
後	三、三〇	三、三六	三、五一	四、〇六	四、二四	四、四〇	四、五〇	｜	六、〇五	六、三〇	六、五七	七、一八	七、三九	七、五〇	八、〇四	八、二四	八、四一
後	六、三〇	六、三六	六、五一	七、〇六	七、二四	七、四〇	七、五〇	｜	九、〇五	九、三〇	九、五九	一〇、二一	一〇、四二	一〇、五三	一一、〇七	一一、二七	一一、四四
哩程		一・五	六・四	一〇・七	一四・六	一八・〇	｜	二一・七	二四・七	｜	三二・七	三八・四	四四・三	四六・四	四九・六	五六・二	六二・一
三等賃金		三	一二	一九	二五	三〇	｜	｜	四三	｜	五六	六五	七五	七八	八三	九三	一・〇二

前後	篠ノ井發	長野着	長野發	吉田發	豊野發	牟禮發	柏原發	田口發	關山發	新井發	高田發	直江津着
前	｜	｜	六、二四	六、三一	六、四二	七、〇三	七、三〇	七、五三	八、一三	八、三九	八、五五	九、〇五
	八、五二	九、〇七	九、二四	九、三一	九、四二	一〇、〇三	一〇、三〇	一〇、五三	一一、一三	一一、三九	一一、五五	一二、〇五
	一一、五二	一二、〇七	一二、二四	一二、三一	一二、四二	一、〇三	一、三〇	一、五三	二、一三	二、三九	二、五五	三、〇五
	二、五二	三、〇七	三、二四	三、三一	三、四二	四、〇三	四、三〇	四、五三	五、一三	五、三九	五、五五	六、〇五
	四、三九	四、五四	｜	｜	｜	｜	｜	｜	｜	｜	｜	｜
	五、五二	六、〇七	六、二四	六、三一	六、四二	七、〇三	七、三〇	七、五三	八、一三	八、三九	八、五五	九、〇五
	八、五二	九、〇七	｜	｜	｜	｜	｜	｜	｜	｜	｜	｜
	一一、五五	一二、一〇	｜	｜	｜	｜	｜	｜	｜	五、三四	五、五〇	六、〇〇
哩程	六五・三	七一・一	｜	七三・五	七七・七	八二・六	八九・一	九四・三	九九・一	一〇六・四	一一三・六	一一七・八
三等賃金	一・〇五	一・一三	｜	一・一七	一・二三	一・三〇	一・三九	一・四六	一・五三	一・六二	一・六八	一・七三

前後	松本發	田澤發	明科發	西條發	麻績發	姨捨發	稲荷山發	篠ノ井發	長野着
	｜	｜	｜	｜	｜	｜	｜	｜	｜
前	六、二〇	六、三六	六、五一	七、一九	七、三八	八、〇三	八、二八	八、三五	｜
	｜	｜	｜	｜	｜	｜	｜	｜	｜
前	九、四五	一〇、〇五	一〇、二三	一〇、五三	一一、二三	一一、五三	一二、二二	一二、四六	一、〇一
	｜	｜	｜	｜	｜	｜	｜	｜	｜
後	二、三五	二、五五	三、一四	三、四九	四、一三	四、四三	五、一三	五、二一	｜
	｜	｜	｜	｜	｜	｜	｜	｜	｜
後	七、二五	七、四五	八、〇四	八、三九	九、〇三	九、三三	一〇、〇三	一〇、一一	一〇、二八
哩程		五・一	九・一	一五・二	二〇・〇	二五・五	三〇・五	三三・〇	三九・二
三等賃金	錢	九	一六	二六	三四	四三	五二	五六	六六

上り

前後	直江津發	高田發	新井發	關山發	田口發	柏原發	牟禮發	豊野發	吉田發	長野着	長野發	篠ノ井發
後	九、三〇	九、四二	九、五九	｜	｜	｜	｜	｜	｜	｜	｜	｜
前	｜	｜	｜	｜	｜	｜	｜	｜	｜	｜	六、二八	六、四七
前	六、二〇	六、三三	六、五三	七、二五	七、五一	八、一三	八、三四	八、五四	九、〇五	九、一一	九、二八	九、四七
前	｜	｜	｜	｜	｜	｜	｜	｜	｜	｜	一〇、三七	一〇、五六
前	九、二〇	九、三三	九、五三	一〇、二五	一〇、五一	一一、一三	一一、三四	一一、五四	一二、〇五	一二、一一	一二、二八	一二、四七
後	一二、二〇	一二、三三	一二、五三	一、二五	一、五一	二、一三	二、三四	二、五四	三、〇五	三、一一	三、二八	三、四七
後	三、二〇	三、三三	三、五三	四、二五	四、五一	五、一三	五、三四	五、五四	六、〇五	六、一一	六、二八	六、四七
後	六、二〇	六、三三	六、五三	七、二五	七、五一	八、一三	八、三四	八、五四	九、〇五	九、一一	｜	｜
哩程		四・一	一〇・四	一七・七	二三・五	二七・六	三四・一	三九・〇	四三・三	四五・六	｜	五一・四
三等賃金	錢	七	一八	三〇	三八	四七	五七	六五	七二	七六	｜	八五

前後	屋代發	坂城發	上田發	大屋發	田中發	小諸發	御代田發	軽井澤着	軽井澤發	熊ノ平發	横川着	横川發	松井田發	磯部發	安中發	飯塚發	高崎着
前	｜	｜	｜	｜	｜	｜	｜	｜	六、二〇	｜	七、三五	七、五五	八、一〇	八、二七	八、四〇	八、五五	九、〇〇
	六、五七	七、一四	七、三三	七、四六	七、五三	八、一六	八、四〇	九、一〇	九、二〇	｜	一〇、三五	一〇、五五	一一、一〇	一一、二七	一一、四〇	一一、五五	一二、〇〇
	九、五七	一〇、一四	一〇、三三	一〇、四六	一〇、五三	一一、一六	一一、四〇	一二、一〇	一二、二〇	｜	一、三五	一、五五	二、一〇	二、二七	二、四〇	二、五五	三、〇〇
	一一、〇六	一一、二三	一一、四六	一二、〇三	一二、〇九	一二、三五	一、〇三	一、三〇	｜	｜	｜	｜	｜	｜	｜	｜	｜
	一二、五七	一、一四	一、三三	一、四六	一、五三	二、一六	二、四〇	三、一〇	三、二〇	｜	四、三五	四、五五	五、一〇	五、二七	五、四〇	五、五五	六、〇〇
	三、五七	四、一四	四、三三	四、四六	四、五三	五、一六	五、四〇	六、一〇	六、二〇	｜	七、三五	七、五五	八、一〇	八、二七	八、四〇	八、五五	九、〇〇
	六、五七	七、一四	七、三三	七、四六	七、五三	八、一六	八、四〇	九、一〇	｜	｜	｜	｜	｜	｜	｜	｜	｜
	｜	｜	｜	｜	｜	｜	｜	｜	｜	｜	｜	｜	｜	｜	｜	｜	｜
哩程	五四・六	六〇・六	六七・二	七〇・四	七三・四	七八・三	八四・〇	九二・〇	｜	九五・一	九九・〇	｜	一〇三・一	一〇六・〇	一一〇・三	一一五・四	一一七・八
三等賃金	九〇	九八	一・〇七	一・一二	一・一五	一・二三	一・三三	一・四二	｜	｜	一・五三	｜	一・五六	一・六〇	一・六五	一・七一	一・七三

前後	長野發	篠ノ井發	稲荷山發	姨捨發	麻績發	西條着	明科發	田澤發	松本着
	｜	｜	｜	｜	｜	｜	｜	｜	｜
前	五、四〇	五、五七	六、〇五	六、三〇	六、五五	七、一六	七、四三	七、五七	八、一三
	｜	｜	｜	｜	｜	｜	｜	｜	｜
前	｜	一〇、一〇	一〇、二〇	一〇、五〇	一一、二一	一一、四五	一二、一七	一二、三六	一二、五四
	｜	｜	｜	｜	｜	｜	｜	｜	｜
後	二、三〇	三、〇〇	三、一〇	三、四〇	四、一一	四、三八	五、一〇	五、二九	五、四七
	｜	｜	｜	｜	｜	｜	｜	｜	｜
後	｜	七、〇〇	七、一〇	七、四〇	八、一〇	八、三七	九、〇九	九、二八	九、四四
哩程		五・六	八・一	一三・一	一八・五	二三・四	二九・五	三三・五	三九・二
三等賃金	錢	一〇	一四	二三	三三	四〇	五〇	五七	六六

（六十四） 直江津、沼垂間

北越鐵道

上リ

驛名	前		前		前		後		後	後	哩程	一等賃金	二等賃金	三等賃金
沼垂發	｜	｜	六、三五	｜	九、三五	｜	一二、三五	｜	三、三五	六、三五				
龜田發	｜	｜	六、四九	｜	九、四九	｜	一二、四九	｜	三、四九	六、四九	四・〇	二〇錢	一二錢	八錢
新津發	｜	｜	七、〇八	｜	一〇、〇八	｜	一、〇八	｜	四、〇八	七、〇八	九・三	四八	二九	一九
矢代田發	｜	｜	七、二一	｜	一〇、二一	｜	一、二一	｜	四、二一	七、二一	一三・二	圓六八	四一	二七
加茂發	｜	｜	七、四八	｜	一〇、四八	｜	一、四八	｜	四、四八	七、四八	二〇・一	一・〇三	六二	四一
一ノ木戸發	｜	｜	八、〇二	｜	一一、〇二	｜	二、〇二	｜	五、〇二	八、〇二	二四・七	一・二五	七五	五〇
三條發	｜	｜	八、一一	｜	一一、一一	｜	二、一一	｜	五、一一	八、一一	二五・六	一・三〇	七八	五二
帶織發	｜	｜	八、二五	｜	一一、二五	｜	二、二五	｜	五、二五	八、二五	二九・五	一・五〇	九〇	六〇
見附發	｜	｜	八、三六	｜	一一、三六	｜	二、三六	｜	五、三六	八、三六	三二・一	一・六三	九八	六五
押切發	｜	｜	八、四六	｜	一一、四六	｜	二、四六	｜	五、四六	八、四六	三四・七	一・七五	一・〇五	七〇
長岡着	｜	｜	八、五七	｜	一一、五七	｜	二、五七	｜	五、五七	八、五七	三九・二	一・九八	一・一九	七九
長岡發	六、一五	｜	九、一五	｜	一二、一五	｜	三、一五	｜	六、二八	｜	｜	｜	｜	｜
宮内發	六、二二	｜	九、二二	｜	一二、二二	｜	三、二二	｜	六、三四	｜	四一・一	二・〇八	一・二五	八三
來迎寺發	六、三七	｜	九、三七	｜	一二、三七	｜	三、三七	｜	六、四七	｜	四五・二	二・二八	一・三七	九一
塚山發	六、五四	｜	九、五四	｜	一二、五四	｜	三、五四	｜	七、〇一	｜	四九・七	二・五〇	一・五〇	一・〇〇
北條發	七、一八	｜	一〇、一八	｜	一、一八	｜	四、一八	｜	七、二三	｜	五六・六	二・八五	一・七一	一・一四
安田發	七、二六	｜	一〇、二六	｜	一、二六	｜	四、二六	｜	七、二九	｜	五八・三	二・九三	一・七六	一・一七
柏崎發	七、四五	｜	一〇、四五	｜	一、四五	｜	四、四五	｜	七、五一	｜	六二・〇	三・一三	一・八八	一・二五
鯨波發	七、五二	｜	一〇、五二	｜	一、五二	｜	四、五二	｜	七、五八	｜	六四・四	三・二三	一・九四	一・二九
青海川發	七、五七	｜	一〇、五七	｜	一、五七	｜	四、五七	｜	八、〇三	｜	六六・二	三・三三	二・〇〇	一・三三
鉢崎發	八、一〇	｜	一一、一〇	｜	二、一〇	｜	五、一〇	｜	八、一五	｜	六九・七	三・五〇	二・一〇	一・四〇
柿崎發	八、二三	｜	一一、二三	｜	二、二三	｜	五、二三	｜	八、二六	｜	七三・五	三・七〇	二・二三	一・四八
潟町發	八、三六	｜	一一、三六	｜	二、三六	｜	五、三六	｜	八、三八	｜	七七・五	三・九〇	二・三四	一・五六

下リ

驛名		前		前		前		後	後	後	哩程	一等賃金	二等賃金	三等賃金
直江津發	｜	｜	｜	六、二五	｜	九、二五	｜	一二、二五	三、二五	六、二五				
春日新田發	｜	｜	｜	六、三〇	｜	九、三〇	｜	一二、三〇	三、三〇	六、三三	五	八錢	五錢	三錢
犀潟發	｜	｜	｜	六、四一	｜	九、四一	｜	一二、四一	三、四一	六、四四	四・三	二三	一四	九
潟町發	｜	｜	｜	六、五〇	｜	九、五〇	｜	一二、五〇	三、五〇	六、五二	六・七	三五	二一	一四
柿崎發	｜	｜	｜	七、〇四	｜	一〇、〇四	｜	一、〇四	四、〇四	七、〇五	一〇・七	五五	三三	二三
鉢崎發	｜	｜	｜	七、一六	｜	一〇、一六	｜	一、一六	四、一六	七、一七	一四・五	七五	四五	三〇
青海川發	｜	｜	｜	七、二八	｜	一〇、二八	｜	一、二八	四、二八	七、二九	一八・二	九三	五六	三七
鯨波發	｜	｜	｜	七、三三	｜	一〇、三三	｜	一、三三	四、三五	七、三四	二〇・一	一・〇三	六二	四一
柏崎發	｜	｜	｜	七、四八	｜	一〇、四八	｜	一、四八	四、四八	七、五二	二三・四	一・一五	六九	四六
安田發	｜	｜	｜	八、〇〇	｜	一一、〇〇	｜	二、〇〇	五、〇〇	八、〇四	二六・一	一・三三	八〇	五三
北條發	｜	｜	｜	八、一〇	｜	一一、一〇	｜	二、一〇	五、一〇	八、一二	二七・六	一・四〇	八四	五六
塚山發	｜	｜	｜	八、三四	｜	一一、三四	｜	二、三四	五、三四	八、三四	三四・五	一・七五	一・〇五	七〇
來迎寺發	｜	｜	｜	八、四九	｜	一一、四九	｜	二、四九	五、四九	八、四九	三九・三	一・九八	一・一九	七九
宮内發	｜	｜	｜	九、〇三	｜	一二、〇三	｜	三、〇三	六、〇三	九、〇三	四三・四	二・一八	一・三一	八七
長岡着	｜	｜	｜	九、〇八	｜	一二、〇八	｜	三、〇八	六、〇八	九、〇八	四五・三	二・二八	一・三七	九一
長岡發	｜	六、二〇	｜	九、二〇	｜	一二、二〇	｜	三、二〇	六、二〇	｜	｜	｜	｜	｜
押切發	｜	六、三三	｜	九、三三	｜	一二、三三	｜	三、三三	六、三三	｜	四九・五	二・五〇	一・五〇	一・〇〇
見附發	｜	六、四五	｜	九、四五	｜	一二、四五	｜	三、四五	六、四五	｜	五二・三	二・六三	一・五八	一・〇五
帶織發	｜	六、五五	｜	九、五五	｜	一二、五五	｜	三、五五	六、五五	｜	五五・〇	二・七五	一・六五	一・一〇
三條發	｜	七、一一	｜	一〇、一一	｜	一、一一	｜	四、一一	七、一一	｜	五八・六	二・九五	一・七七	一・一八
一ノ木戸發	｜	七、一七	｜	一〇、一七	｜	一、一七	｜	四、一七	七、一七	｜	五九・六	三・〇〇	一・八〇	一・二〇
加茂發	｜	七、三九	｜	一〇、三九	｜	一、三九	｜	四、四四	七、三九	｜	六四・四	三・二三	一・九四	一・二九
矢代田發	｜	七、五九	｜	一〇、五九	｜	一、五九	｜	五、〇四	七、五九	｜	七一・二	三・五八	二・一五	一・四三
新津發	｜	八、一二	｜	一一、一二	｜	二、一二	｜	五、一七	八、一二	｜	七五・一	三・七八	二・二七	一・五一
龜田發	｜	八、三〇	｜	一一、三〇	｜	二、三〇	｜	五、三五	八、三〇	｜	八〇・五	四・〇五	二・四三	一・六二
沼垂着	｜	八、四一	｜	一一、四一	｜	二、四一	｜	五、四五	八、四一	｜	八四・七	四・二五	二・五五	一・七〇

驛名														
犀潟發	八、四四	｜	一一、四四	｜	二、四四	｜	五、四四	｜	八、四六	｜	八〇・一	四・〇三	二・四二	一・六一
春日新田發	八、五七	｜	一一、五七	｜	二、五七	｜	五、五七	｜	八、五七	｜	八四・一	四・二三	二・五四	一・六九
直江津着	九、〇〇	｜	一二、〇〇	｜	三、〇〇	｜	六、〇〇	｜	九、〇〇	｜	八四・七	四・二五	二・五五	一・七〇

(六十五)熊谷、寄居間

上武鐵道

上り

驛名	前	前	後	後	後	哩程	三等賃金
熊谷發	八、二〇	一一、一〇	二、一〇	五、一〇	八、一〇		錢
石原發	八、二六	一一、一六	二、一六	五、一六	八、一六	一・三	三
大麻生發	八、三六	一一、二六	二、二六	五、二六	八、二六	三・四	七
田中發	八、四八	一一、三八	二、三八	五、三八	八、三八	六・二	一三
小前田發	九、〇三	一一、五三	二、五三	五、五三	八、五三	九・七	二〇
寄居着	九、一一	一二、〇一	三、〇一	六、〇一	九、〇一	一一・七	二四

下り

驛名	前	前	後	後	後	哩程	三等賃金
寄居發	六、五〇	九、四〇	一二、三〇	三、三〇	六、三〇		錢
小前田發	六、五八	九、四八	一二、三八	三、三八	六、三八	二・〇	四
田中發	七、一三	一〇、〇三	一二、五三	三、五三	六、五三	五・五	一一
大麻生發	七、二六	一〇、一六	一、〇六	四、〇六	七、〇六	八・三	一七
石原發	七、三五	一〇、二五	一、一五	四、一五	七、一五	一〇・四	二一
熊谷着	七、四〇	一〇、三〇	一、二〇	四、二〇	七、二〇	一一・七	二四

(六十六)高崎、下仁田間

上野鐵道

下り

驛名		前		前		後		後		後							哩程	二等賃金	三等賃金
高崎發	｜	七、四〇	｜	九、五〇	｜	一、〇〇	｜	三、三〇	｜	六、四〇	｜	｜	｜	｜	｜	｜		錢	錢
山名發	｜	八、〇一	｜	一〇、一一	｜	一、二一	｜	三、五一	｜	七、〇一	｜	｜	｜	｜	｜	｜	三・八	一一	七
吉井發	｜	八、二四	｜	一〇、三四	｜	一、四四	｜	四、一四	｜	七、二四	｜	｜	｜	｜	｜	｜	七・三	二二	一四
福島發	｜	八、四二	｜	一〇、五一	｜	二、〇二	｜	四、三二	｜	七、四二	｜	｜	｜	｜	｜	｜	一〇・四	三〇	二〇
富岡發	｜	九、〇〇	｜	一一、一〇	｜	二、二〇	｜	四、五〇	｜	八、〇〇	｜	｜	｜	｜	｜	｜	一二・六	三六	二四
一ノ宮發	｜	九、一一	｜	一一、二一	｜	二、三一	｜	五、〇一	｜	八、一一	｜	｜	｜	｜	｜	｜	一四・四	四一	二七
南蛇井發	｜	九、三〇	｜	一一、四〇	｜	二、五〇	｜	五、二〇	｜	八、三〇	｜	｜	｜	｜	｜	｜	一七・六	五〇	三三
下仁田着	｜	九、五〇	｜	一二、〇〇	｜	三、一〇	｜	五、四〇	｜	八、五〇	｜	｜	｜	｜	｜	｜	二一・〇	六〇	四〇

上り

驛名		前		後		後		後		後							哩程	二等賃金	三等賃金
下仁田發	｜	七、〇〇	｜	一〇、一〇	｜	一二、五〇	｜	三、五〇	｜	六、〇〇	｜	｜	｜	｜	｜	｜		錢	錢
南蛇井發	｜	七、二五	｜	一〇、三五	｜	一、〇五	｜	四、一五	｜	六、二五	｜	｜	｜	｜	｜	｜	三・四	一〇	七
一ノ宮發	｜	七、四三	｜	一〇、五三	｜	一、三三	｜	四、三三	｜	六、四三	｜	｜	｜	｜	｜	｜	六・六	一九	一三
富岡發	｜	七、五四	｜	一一、〇四	｜	一、四四	｜	四、四五	｜	六、五四	｜	｜	｜	｜	｜	｜	八・四	二四	一六
福島發	｜	八、〇八	｜	一一、一八	｜	二、〇〇	｜	四、五九	｜	七、〇八	｜	｜	｜	｜	｜	｜	一〇・六	三〇	二〇
吉井發	｜	八、二六	｜	一一、三五	｜	二、一八	｜	五、一六	｜	七、二六	｜	｜	｜	｜	｜	｜	一三・七	三九	二六
山名發	｜	八、四五	｜	一一、五四	｜	二、三七	｜	五、三五	｜	七、四五	｜	｜	｜	｜	｜	｜	一七・二	四九	三三
高崎着	｜	九、〇四	｜	一二、一三	｜	二、五六	｜	五、五四	｜	八、〇四	｜	｜	｜	｜	｜	｜	二一・〇	六〇	四〇

(六十七)本所、銚子間

總武鐵道

下

驛名		前	前		前	正午			後	後	後	哩程	三等賃金
本所發	｜	六、〇〇	八、〇〇	｜	一〇、〇〇	一二、〇〇	二、〇〇	｜	四、〇〇	六、〇〇	八、〇〇		錢
平井發	｜	六、〇七	八、〇七	｜	一〇、〇七	一二、〇七	二、〇七	｜	四、〇七	六、〇七	八、〇七	二・四	四
小岩發	｜	六、一四	八、一四	｜	一〇、一四	一二、一四	二、一四	｜	四、一四	六、一四	八、一四	五・〇	九
市川發	｜	六、二一	八、二一	｜	一〇、二一	一二、二一	二、二一	｜	四、二一	六、二一	八、二一	六・六	一二
中山發	｜	六、二八	八、二八	｜	一〇、二八	一二、二八	二、二八	｜	四、二八	六、二八	八、二八	八・九	一五
船橋發	｜	六、三六	八、三六	｜	一〇、三六	一二、三八	二、三六	｜	四、三六	六、三六	八、三六	一一・五	二〇
津田沼發	｜	六、四五	八、四五	｜	一〇、四五	一二、四五	二、四五	｜	四、四五	六、四五	八、四五	一三・七	二三

（六十八）我孫子、成田、及佐倉、佐原間

房總線乗替六十頁ヲ見ヨ　成田線乗替六十頁ヲ見ヨ

上リ

驛名	前	前	前	前		前	後	後		後	後	哩程	三等賃金
銚子發	|	五、〇〇	七、〇〇	九、〇〇	|	一一、〇〇	一、〇〇	三、〇〇	|	五、〇〇	六、三〇		
松岸發	|	五、〇八	七、〇八	九、〇八	|	一一、〇八	一、〇八	三、〇八	|	五、〇八	六、三八	二・一	四錢
猿田發	|	五、一九	七、一九	九、一九	|	一一、一九	一、一九	三、一九	|	五、一九	六、四八	五・五	一〇
飯岡發	|	五、三〇	七、二八	九、二八	|	一一、二八	一、二八	三、二八	|	五、二八	六、五六	九・〇	一五
旭町發	|	五、三八	七、三八	九、三八	|	一一、三八	一、三八	三、三八	|	五、三八	七、〇二	一〇・七	一八
干潟發	|	五、四八	七、四八	九、四八	|	一一、四八	一、四八	三、四八	|	五、四八	七、一一	一三・六	二三
八日市場發	|	六、〇〇	八、〇〇	一〇、〇〇	|	一二、〇〇	二、〇〇	四、〇〇	|	六、〇〇	七、二〇	一六・八	二九
横芝發	|	六、一九	八、一九	一〇、一九	|	一二、一九	二、一九	四、一九	|	六、一九	七、三八	二一・一	三六
松尾發	|	六、二八	八、二八	一〇、二八	|	一二、二八	二、二八	四、二八	|	六、二八	七、四七	二三・七	四一
成東發	|	六、三九	八、三九	一〇、三九	|	一二、三九	二、三九	四、三九	|	六、三九	七、五七	二七・二	四[illegible]
日向發	|	六、五〇	八、五〇	一〇、五〇	|	一二、五〇	二、五〇	四、五〇	|	六、五〇	八、〇七	三〇・五	四九
八街發	|	七、〇一	九、〇一	一一、〇一	|	一、〇一	三、〇一	五、〇一	|	七、〇一	八、一八	三四・〇	五五
佐倉着	|	七、二三	九、二三	一一、二三	|	一、二三	三、二三	五、二三	|	七、二三	八、四〇	四〇・六	六五
佐倉發	五、四五	七、四五	九、四五	一一、四五	|	一、四五	三、四五	五、四五	|	七、四五	八、五〇	|	|
四ツ街道發	五、五九	七、五九	九、五九	一一、五九	|	一、五九	三、五九	五、五九	|	七、五九	九、〇四	四五・八	七三
千葉着	六、〇九	八、〇九	一〇、〇九	一二、〇九	|	二、〇九	四、〇九	六、〇九	|	八、〇九	九、一四	五〇・二	七六
千葉發	六、一九	八、一九	一〇、一九	一二、一九	|	二、一九	四、一九	六、一九	|	八、一九	九、一九	|	|
稲毛發	六、二八	八、二八	一〇、二八	一二、二八	|	二、二八	四、二八	六、二八	|	八、二八	九、二八	五二・七	七九
幕張發	六、三六	八、三六	一〇、三六	一二、三六	|	二、三六	四、三六	六、三六	|	八、三六	九、三六	五五・三	八[illegible]
津田沼發	六、四六	八、四六	一〇、四六	一二、四六	|	二、四六	四、四六	六、四六	|	八、四六	九、四六	五八・三	八八
船橋發	六、五五	八、五五	一〇、五五	一二、五五	|	二、五五	四、五五	六、五五	|	八、五五	九、五五	六〇・五	九一
中山發	七、〇二	九、〇二	一一、〇二	一、〇二	|	三、〇二	五、〇二	七、〇二	|	九、〇二	一〇、〇二	六三・一	九五
市川發	七、一〇	九、一〇	一一、一〇	一、一〇	|	三、一〇	五、一〇	七、一〇	|	九、一〇	一〇、一〇	六五・四	九八
小岩發	七、一七	九、一七	一一、一七	一、一七	|	三、一七	五、一七	七、一七	|	九、一七	一〇、一七	六七・〇	一・〇[illegible]
平井發	七、二四	九、二四	一一、二四	一、二四	|	三、二四	五、二四	七、二四	|	九、二四	一〇、二四	六九・六	一・〇五
本所着	七、三〇	九、三〇	一一、三〇	一、三〇	|	三、三〇	五、三〇	七、三〇	|	九、三〇	一〇、三〇	七二・〇	一・〇八

成田線乗替六十頁ヲ見ヨ　房總線乗替六十頁ヲ見ヨ

リ

驛名	前											哩程	三等賃金
幕張發	|	六、五三	八、五三	|	一〇、五三	一二、五三	二、五三	|	四、五三	六、五三	八、五三	一六・七	二九
稲毛發	|	七、〇二	九、〇二	|	一一、〇二	一、〇二	三、〇二	|	五、〇二	七、〇二	九、〇二	一九・三	三三
千葉着	|	七、〇九	九、〇九	|	一一、〇九	一、〇九	三、〇九	|	五、〇九	七、〇九	九、〇九	二一・八	三七
千葉發	|	七、一五	九、一五	|	一一、一五	一、一五	三、一五	|	五、一五	七、一五	九、一五	|	|
四ツ街道發	|	七、二八	九、二八	|	一一、二八	一、二八	三、二八	|	五、二八	七、二八	九、二八	二六・二	四五
佐倉着	|	七、四〇	九、四〇	|	一一、四〇	一、四〇	三、四〇	|	五、四〇	七、四〇	九、四〇	三一・四	五〇
佐倉發	五、五五	七、五五	九、五五	|	一一、五五	一、五五	三、五五	|	五、五五	七、五五	|	|	|
八街發	六、一七	八、一七	一〇、一七	|	一二、一七	二、一七	四、一七	|	六、一七	八、一七	|	三八・〇	六一
日向發	六、二九	八、二九	一〇、二九	|	一二、二九	二、二九	四、二九	|	六、二九	八、二九	|	四一・五	六七
成東發	六、四〇	八、四〇	一〇、四〇	|	一二、四〇	二、四〇	四、四〇	|	六、四〇	八、四〇	|	四四・八	七二
松尾發	六、五〇	八、五〇	一〇、五〇	|	一二、五〇	二、五〇	四、五〇	|	六、五〇	八、五〇	|	四八・三	七五
横芝發	七、〇三	九、〇三	一一、〇三	|	一、〇三	三、〇三	五、〇三	|	七、〇三	九、〇三	|	五〇・九	七六
八日市場發	七、一八	九、一八	一一、一八	|	一、一八	三、一八	五、一八	|	七、一八	九、一八	|	五五・二	八三
干潟發	七、二九	九、二九	一一、二九	|	一、二九	三、二九	五、二九	|	七、二九	九、二九	|	五八・四	八[illegible]
旭町發	七、四〇	九、四〇	一一、四〇	|	一、四〇	三、四〇	五、四〇	|	七、四〇	九、四〇	|	六一・三	九二
飯岡發	七、四七	九、四七	一一、四七	|	一、四七	三、四七	五、四七	|	七、四七	九、四七	|	六三・〇	九五
猿田發	七、五六	九、五六	一一、五六	|	一、五六	三、五六	五、五六	|	七、五六	九、五六	|	六六・五	一・〇〇
松岸發	八、〇八	一〇、〇八	一二、〇八	|	二、〇八	四、〇八	六、〇八	|	八、〇八	一〇、〇八	|	六九・九	一・〇五
銚子着	八、一五	一〇、一五	一二、一五	|	二、一五	四、一五	六、一五	|	八、一五	一〇、一五	|	七二・〇	一・〇八

成田鐵道

下リ

	我孫子發	湖北發	布佐發	木下發	小林發	安食發	松崎發	成田着
前	七、一五	七、二七	七、三八	七、四三	七、五一	八、〇一	八、一一	八、二〇
	｜	｜	｜	｜	｜	｜	｜	｜
前	九、〇五	九、一七	九、二八	九、三三	九、四一	九、五〇	一〇、〇二	一〇、一三
	｜	｜	｜	｜	｜	｜	｜	｜
前	一〇、一五	一〇、二三	一〇、三三	一〇、三八	一〇、四六	一〇、五五	一一、〇三	一一、一一
	｜	｜	｜	｜	｜	｜	｜	｜
前	一一、二〇	一一、三四	一一、四七	一一、五四	一二、〇三	一二、一五	一二、二五	一二、三五
	｜	｜	｜	｜	｜	｜	｜	｜
後	一、四五	一、五八	二、〇九	二、一四	二、二三	二、三五	二、四八	三、〇〇
	｜	｜	｜	｜	｜	｜	｜	｜
後	四、〇〇	四、一五	四、二九	四、三五	四、四五	四、五五	五、〇五	五、一五
	｜	｜	｜	｜	｜	｜	｜	｜
後	六、二五	六、三七	六、四八	六、五三	七、〇一	七、一一	七、二〇	七、三〇
	｜	｜	｜	｜	｜	｜	｜	｜
後	七、四五	七、五三	八、〇三	八、〇八	八、一六	八、二五	八、三三	八、四一
	｜	｜	｜	｜	｜	｜	｜	｜
	｜	｜	｜	｜	｜	｜	｜	｜
	｜	｜	｜	｜	｜	｜	｜	｜
我孫子ヨリ 哩程		三・九	七・五	八・六	一一・三	一四・四	一七・三	二〇・四
我孫子ヨリ 三等賃金		六錢	一二	一三	一七	二三	二六	三一

	佐倉發	酒々井發	成田着
前	七、五二	八、〇三	八、一五
	｜	｜	｜
前	九、四八	九、五九	一〇、一〇
	｜	｜	｜
正	一二、〇〇	一二、一三	一二、二五
	｜	｜	｜
後	二、〇〇	二、一一	二、二三
	｜	｜	｜
後	三、五二	四、〇三	四、一五
	｜	｜	｜
後	六、〇〇	六、一三	六、二五
	｜	｜	｜
後	八、〇〇	八、一三	八、二五
	｜	｜	｜
	｜	｜	｜
	｜	｜	｜
	｜	｜	｜
	｜	｜	｜
哩程		三・六	七・七
三等賃金		六錢	一二

	成田發	久住發	滑川發	郡發	佐原着
前	八、二五	八、三六	八、四六	八、五八	九、一三
	｜	｜	｜	｜	｜
前	一〇、二五	一〇、四一	一〇、五四	一一、〇七	一一、二五
	｜	｜	｜	｜	｜
	｜	｜	｜	｜	｜
	｜	｜	｜	｜	｜
後	一二、四五	一、〇〇	一、一三	一、二七	一、四五
	｜	｜	｜	｜	｜
後	三、〇五	三、二〇	三、三一	三、四三	四、〇〇
	｜	｜	｜	｜	｜
後	五、二五	五、四〇	五、五一	六、〇四	六、二〇
	｜	｜	｜	｜	｜
後	七、四〇	七、五三	八、〇三	八、一四	八、三〇
	｜	｜	｜	｜	｜
	｜	｜	｜	｜	｜
	｜	｜	｜	｜	｜
	｜	｜	｜	｜	｜
	｜	｜	｜	｜	｜
哩程		二四・五	二八・一	三一・九	三七・一
三等賃金		三七	四三	四八	五六

上リ

	佐原發	郡發	滑川發	久住發	成田着
	｜	｜	｜	｜	｜
前	六、四〇	六、五七	七、〇八	七、一八	七、三〇
	｜	｜	｜	｜	｜
前	八、四〇	八、五六	九、〇七	九、一六	九、二八
	｜	｜	｜	｜	｜
前	一〇、五〇	一一、〇六	一一、一七	一一、二八	一一、四〇
	｜	｜	｜	｜	｜
	｜	｜	｜	｜	｜
	｜	｜	｜	｜	｜
後	一、〇五	一、二五	一、三九	一、五一	二、〇五
後	五、四五	六、〇二	六、一五	六、二七	六、四〇
	｜	｜	｜	｜	｜
後	三、二五	三、四五	三、五八	四、一一	四、二五
	｜	｜	｜	｜	｜
	｜	｜	｜	｜	｜
	｜	｜	｜	｜	｜
	｜	｜	｜	｜	｜
	｜	｜	｜	｜	｜
佐原ヨリ 哩程		五・二	九・〇	一二・六	一六・七
佐原ヨリ 三等賃金		八錢	一四	一九	二五

	成田發	酒々井發	佐倉着
前	六、五五	七、一〇	七、二〇
	｜	｜	｜
前	九、一〇	九、二三	九、三三
	｜	｜	｜
前	一一、一五	一一、二八	一一、三八
	｜	｜	｜
後	一二、五五	一、一〇	一、二〇
	｜	｜	｜
後	三、〇五	三、二〇	三、三〇
	｜	｜	｜
後	四、五五	五、一〇	五、二〇
	｜	｜	｜
後	六、五五	七、一〇	七、二〇
	｜	｜	｜
	｜	｜	｜
	｜	｜	｜
	｜	｜	｜
	｜	｜	｜
哩程		四・一	七・七
三等賃金		六錢	一二

	成田發	松崎發	安食發	小林發	木下發	布佐發	湖北發	我孫子着
前 上野行	五、三〇	五、三九	五、四七	五、五六	六、〇四	六、〇九	六、一九	六、二六
前	七、四〇	七、五一	八、〇二	八、一二	八、二二	八、二七	八、三八	八、四九
	｜	｜	｜	｜	｜	｜	｜	｜
前	九、三三	九、四三	九、五一	一〇、〇〇	一〇、〇八	一〇、一三	一〇、二四	一〇、三五
	｜	｜	｜	｜	｜	｜	｜	｜
前	一一、五〇	一二、七二	一二、一二	一二、二四	一二、三四	一二、四〇	一二、五三	一、〇五
	｜	｜	｜	｜	｜	｜	｜	｜
	｜	｜	｜	｜	｜	｜	｜	｜
後 上野行	一、一〇	一、一九	一、二七	一、三六	一、四四	一、四九	一、五九	二、〇六
後	二、一〇	二、二三	二、三三	二、四五	二、五八	三、〇三	三、一八	三、三二
	｜	｜	｜	｜	｜	｜	｜	｜
	｜	｜	｜	｜	｜	｜	｜	｜
後	四、三〇	四、四二	四、五四	五、〇七	五、一九	五、二五	五、四〇	五、五四
	｜	｜	｜	｜	｜	｜	｜	｜
後 上野行	六、五〇	七、〇一	七、一三	七、二五	七、三五	七、四〇	七、五四	八、〇七
	｜	｜	｜	｜	｜	｜	｜	｜
	｜	｜	｜	｜	｜	｜	｜	｜
	｜	｜	｜	｜	｜	｜	｜	｜
哩程		一九・八	二三・七	二五・八	二八・五	二九・六	三三・二	三七・一
三等賃金		三〇	三四	三九	四三	四五	五〇	五六

(六十九)千葉、大原間

房總鐵道

	千葉發	本千葉發	蘇我發	野田發
前	七、一六	七、二四	七、三四	七、五一
前	九、一六	九、二三	九、二九	九、四七
前	一一、一六	一一、二三	一一、二九	一一、四七
後	一、一六	一、二三	一、二九	一、四七
後	三、一六	三、二三	三、二九	三、四七
後	五、一六	五、二三	五、二九	五、四七
後	七、四〇	七、四八	八、〇〇	八、一九
哩程		・七	三・〇	八・〇
三等賃金		二錢	六	一七

下リ

	大網發	土氣着
	八、〇二	八、一四
	九、五八	一〇、一〇
	一一、五八	一二、一〇
	一、五八	二、一〇
	三、五八	四、一〇
	五、五八	六、一〇
	八、三〇	八、四二
哩程	一一・三	一四・四
三等賃金	二三	二九

	大網發	東金着
	八、二五	八、三七
	一〇、二〇	一〇、三二
	一二、二〇	一二、三二
	二、二〇	二、三二
	四、二〇	四、三二
	六、二〇	六、三二
	八、五五	九、〇七
哩程	|	一八・〇
三等賃金	|	三七

	大網發	本納發	茂原發	岩沼發	一ノ宮發	大東發	長者町發	大原着
	八、二四	八、三四	八、四九	八、五七	九、〇五	九、一八	九、二五	九、三五
	一〇、一七	一〇、二九	一〇、四五	一〇、五三	一一、〇五	一一、一八	一一、二五	一一、三五
	一二、一七	一二、二九	一二、四五	一二、五三	一、〇五	一、一八	一、二五	一、三五
	二、一七	二、二九	二、四五	二、五三	三、〇五	三、一八	三、二五	三、三五
	四、一七	四、二九	四、四五	四、五三	五、〇五	五、一八	五、二五	五、三五
	六、一七	六、二九	六、四五	六、五三	七、〇五	七、一八	七、二五	七、三五
	八、五〇	九、〇三	九、一一	九、二〇	九、三三	九、四三	九、五〇	一〇、〇〇
哩程	|	一七・三	二一・四	二四・三	二六・七	三〇・六	三二・四	三五・八
三等賃金	|	三五	四四	四九	五四	六二	六六	七二

上リ

	大原發	長者町發	大東發	一ノ宮發	岩沼發	茂原發	本納發	大網着
前	五、三五	五、四六	五、五三	六、〇七	六、一五	六、二五	六、三七	六、四六
前	七、四五	七、五八	八、〇七	八、二四	八、三二	八、四五	九、〇一	九、一〇
前	九、五五	一〇、〇六	一〇、一三	一〇、二八	一〇、三六	一〇、四七	一一、〇一	一一、一〇
前	一一、五五	一二、〇六	一二、一三	一二、二八	一二、三六	一二、四七	一、〇一	一、一〇
後	一、五五	二、〇六	二、一三	二、二八	二、三六	二、四七	三、〇一	三、一〇
後	三、五五	四、〇六	四、一三	四、二八	四、三六	四、四七	五、〇一	五、一〇
後	六、二〇	六、三三	六、四二	七、〇〇	七、〇九	七、二一	七、三五	七、四四
哩程		三・二	四・七	八・六	一一・三	一四・一	一八・二	二一・二
三等賃金		七錢	一〇	一八	二三	二九	三七	四三

	東金發	大網着
	六、三〇	六、四二
	八、五五	九、〇七
	一〇、五〇	一一、〇二
	一二、五〇	一、〇二
	二、五〇	三、〇二
	四、五〇	五、〇二
	七、二〇	七、三二
哩程	二五・〇	|
三等賃金	五〇	|

	大網發	土氣發	野田發	蘇我發	本千葉發	千葉着
	六、五三	七、〇六	七、一七	七、三五	七、四七	七、五〇
	九、一七	九、三〇	九、四四	一〇、〇〇	一〇、〇七	一〇、一〇
	一一、一七	一一、三〇	一一、四四	一二、〇〇	一二、〇七	一二、一〇
	一、一七	一、三〇	一、四四	二、〇〇	二、〇七	二、一〇
	三、一七	三、三〇	三、四四	四、〇〇	四、〇七	四、一〇
	五、一七	五、三〇	五、四四	六、〇〇	六、〇七	六、一〇
	七、五四	八、〇九	八、二二	八、四三	八、五六	九、〇〇
哩程	|	二四・二	二七・五	三二・六	三五・〇	三五・八
三等賃金	|	四九	五六	六六	七一	七二

(七十) 飯田町、八王子間

△ハ新宿中野間不定期延長運轉ス

甲武鐵道

下リ

驛名	飯田町發	牛込發	市ケ谷發	四ツ谷發	信濃町發	新宿着	新宿發	大久保發	中野發
午前	五、〇〇	五、〇三	五、〇七	五、一〇	五、一四	五、一九	五、二八	五、三三	五、三九
	五、二〇	五、二三	五、二七	五、三〇	五、三四	五、四〇		|	|
	五、五〇	五、五三	五、五七	六、〇〇	六、〇四	六、一〇		|	|
	六、二五	六、二八	六、三二	六、三五	六、三九	六、四五	六、四六	六、五一	六、五六
	七、一〇	七、一三	七、一七	七、二〇	七、二四	七、三〇		|	|
	七、三〇	七、三四	七、三八	七、四二	七、四六	七、五二	八、〇〇	八、〇五	八、一一
	八、〇〇	八、〇三	八、〇七	八、一〇	八、一四	八、二〇		|	|
△	八、二〇	八、二三	八、二七	八、三〇	八、三四	八、四〇	八、四一	八、四六	八、五二
	九、〇〇	九、〇三	九、〇七	九、一〇	九、一四	九、二〇		|	|
	九、一五	九、一九	九、二三	九、二七	九、三一	九、三七	九、五〇	九、五五	一〇、〇一
	九、三五	九、三八	九、四二	九、四五	九、四九	九、五五		|	|
△	一〇、〇〇	一〇、〇三	一〇、〇七	一〇、一〇	一〇、一四	一〇、二〇	一〇、二一	一〇、二六	一〇、三一
	一〇、四〇	一〇、四三	一〇、四七	一〇、五〇	一〇、五四	一一、〇〇		|	|
	一〇、五〇	一〇、五四	一〇、五八	一一、〇二	一一、〇八	一一、一四	一一、二六	一一、三一	一一、四〇
	一一、二五	一一、二八	一一、三二	一一、三五	一一、三九	一一、四五		|	|
	一一、五五	一一、五八	一二、〇二	一二、〇五	一二、一二	一二、一八	一二、二一	一二、二六	一二、三二
哩程	〇	・五	一・一	一・五	二・四	四・〇	|	四・六	六・六
賃金 一等賃金		三錢	六	九	一〇	一五	|	一八	二六
賃金 二等賃金		二錢	四	六	七	一〇	|	一三	一六
賃金 三等賃金		一錢	二	三	四	六	|	七	一〇

◉飯田町八王子間

川越線乘替ハ六十三頁ヲ見ヨ。青梅線乘替ハ六十四頁ヲ見ヨ

上リ

驛名	八王子發	豐田發	日野發	立川着	立川發	國分寺着	國分寺發	境發	吉祥寺發	荻窪發	中野發	大久保發	新宿着	新宿發	信濃町發	四ツ谷發	市ケ谷發
午前	五、〇五	五、一三	五、一八	五、二四	五、三三	五、四四	五、四九	五、五九	六、〇五	六、一二	六、二〇	六、二六	六、三〇	六、三八	六、四五	六、四九	六、五三
	｜	｜	｜	｜	｜	｜	｜	｜	｜	｜	｜	｜	｜	五、五〇	五、五七	六、〇一	六、〇四
	｜	｜	｜	｜	｜	｜	｜	｜	｜	｜	｜	｜	｜	六、二〇	六、二七	六、三一	六、三四
	｜	｜	｜	｜	｜	｜	｜	｜	｜	｜	七、〇三	七、〇八	七、一二	七、一五	七、二三	七、二六	七、二九
	｜	｜	｜	｜	｜	｜	｜	｜	｜	｜	｜	｜	｜	七、四五	七、五二	七、五六	七、五九
	七、五〇	七、五九	八、〇七	八、一三	八、二一	八、三三	八、四二	八、五七	九、〇四	九、一五	九、二八	九、三五	九、三九	九、四九	一〇、〇〇	一〇、〇四	一〇、〇八
	｜	｜	｜	｜	｜	｜	｜	｜	｜	｜	｜	｜	｜	八、三一	八、三七	八、四一	八、四四
	｜	｜	｜	｜	｜	｜	｜	｜	｜	｜	△八、五八	九、〇五	九、〇九	九、一〇	九、一七	九、二一	九、二四
	｜	｜	｜	｜	｜	｜	｜	｜	｜	｜	｜	｜	｜	九、三〇	九、三七	九、四一	九、四四
	｜	｜	｜	｜	｜	｜	｜	｜	｜	｜	｜	｜	｜	一〇、一〇	一〇、一七	一〇、二一	一〇、二四
	一〇、二五	一〇、三三	一〇、三八	一〇、四四	一〇、五〇	一一、〇一	一一、〇六	一一、一六	一一、二二	一一、二九	一一、三七	一一、四三	一一、四七	一一、五三	一二、〇〇	一二、〇四	一二、〇八
	｜	｜	｜	｜	｜	｜	｜	｜	｜	｜	△一〇、三六	一〇、四二	一〇、四六	一〇、四七	一〇、五四	一〇、五八	一一、〇一
	｜	｜	｜	｜	｜	｜	｜	｜	｜	｜	｜	｜	｜	一一、二五	一一、三二	一一、三六	一一、三九
	一一、五五	一二、〇四	一二、一〇	一二、一六	一二、二二	一二、三四	一二、四〇	一二、五五	一、〇二	一、一三	一、二五	一、三二	一、三六	一、四八	二、〇〇	二、〇四	二、〇八
	｜	｜	｜	｜	｜	｜	｜	｜	｜	｜	｜	｜	｜	一二、一〇	一二、一七	一二、二一	一二、二四
	｜	｜	｜	｜	｜	｜	｜	｜	｜	｜	一二、三八	一二、四五	一二、四九	一二、五二	一、〇二	一、〇六	一、〇九
哩程	〇	二.六	四.〇	六.一	｜	九.七	｜	一三.三	一五.三	一七.五	二〇.一	二二.一	二三.〇	｜	二四.三	二五.二	二五.六
賃金 一等		一〇錢	一六	二四	｜	四〇	｜	五一	五八	六七	七七	八五	八八	｜	九三	九六	九八
二等		六錢	一〇	一五	｜	二五	｜	三二	三六	四二	四八	五三	五五	｜	五八	六〇	六一
三等		四錢	六	九	｜	一五	｜	二〇	二三	二六	三〇	三三	三四	｜	三六	三七	三八

下リ

驛名	飯田町發	牛込發	市ケ谷發	四ツ谷發	信濃町發	新宿着	新宿發	大久保發	中野發	荻窪發	吉祥寺發	境發	國分寺着	國分寺發	立川着	立川發	日野發	豐田發	八王子着
午後	一二、四〇	一二、四三	一二、四七	一二、五〇	一二、五四	一、〇〇	｜	｜	｜	｜	｜	｜	｜	｜	｜	｜	｜	｜	｜
	一、一〇	一、一四	一、一八	一、二二	一、二九	一、三五	一、四五	一、五〇	二、〇〇	二、一二	二、二二	二、三三	二、四四	二、五四	三、〇六	三、一六	三、二六	三、三二	三、四〇
	一、五五	一、五八	二、〇二	二、〇五	二、〇九	二、一五	｜	｜	｜	｜	｜	｜	｜	｜	｜	｜	｜	｜	｜
	二、二〇	二、二三	二、二七	二、三〇	二、三四	二、四〇	｜	｜	｜	｜	｜	｜	｜	｜	｜	｜	｜	｜	｜
	△二、五五	二、五八	三、〇二	三、〇五	三、一二	三、一八	三、二六	三、三一	三、三七	｜	｜	｜	｜	｜	｜	｜	｜	｜	｜
	三、三〇	三、三四	三、三八	三、四二	三、四六	三、五二	四、〇〇	四、〇五	四、一一	四、一九	四、二六	四、三二	四、四一	四、四八	四、五九	五、〇四	五、一一	五、一七	五、二五
	四、〇〇	四、〇三	四、〇七	四、一〇	四、一四	四、二〇	｜	｜	｜	｜	｜	｜	｜	｜	｜	｜	｜	｜	｜
	四、三〇	四、三三	四、三七	四、四〇	四、四七	四、五三	四、五七	五、〇二	五、〇八	｜	｜	｜	｜	｜	｜	｜	｜	｜	｜
	四、五五	四、五九	五、〇三	五、〇七	五、一六	五、二二	五、三三	五、三八	五、四八	六、〇〇	六、一〇	六、二〇	六、三一	六、四二	六、五四	六、五九	七、〇六	七、一二	七、二〇
	五、二〇	五、二三	五、二七	五、三〇	五、三四	五、四〇	｜	｜	｜	｜	｜	｜	｜	｜	｜	｜	｜	｜	｜
	△六、〇〇	六、〇三	六、〇七	六、一〇	六、一四	六、二〇	六、二七	六、三二	六、三八	｜	｜	｜	｜	｜	｜	｜	｜	｜	｜
	六、四〇	六、四三	六、四七	六、五〇	六、五四	七、〇〇	｜	｜	｜	｜	｜	｜	｜	｜	｜	｜	｜	｜	｜
	七、一〇	七、一四	七、一八	七、二二	七、二六	七、三二	七、四三	七、四八	七、五四	八、〇二	八、〇九	八、一五	八、二四	八、三三	八、四四	八、四九	八、五六	九、〇二	九、一〇
	七、三〇	七、三三	七、三七	七、四〇	七、四四	七、五〇	｜	｜	｜	｜	｜	｜	｜	｜	｜	｜	｜	｜	｜
	八、〇〇	八、〇三	八、〇七	八、一〇	八、一四	八、二〇	｜	｜	｜	｜	｜	｜	｜	｜	｜	｜	｜	｜	｜
	八、三五	八、三八	八、四二	八、四五	八、四九	八、五五	｜	｜	｜	｜	｜	｜	｜	｜	｜	｜	｜	｜	｜
	九、一〇	九、一三	九、一七	九、二〇	九、二四	九、三〇	｜	｜	｜	｜	｜	｜	｜	｜	｜	｜	｜	｜	｜
哩程	〇	.五	一.一	一.五	二.四	四.〇	｜	四.六	六.六	九.二	一一.四	一三.四	一七.一	｜	二〇.七	｜	二三.〇	二四.三	二七.〇
賃金 一等		三錢	六	九	一〇	一五	｜	一八	二六	三六	四六	五三	六四	｜	八〇	｜	八六	九二	一〇二
二等		二錢	四	六	七	一〇	｜	一二	一六	二三	二九	三二	四〇	｜	五〇	｜	五四	五八	六四
三等		一錢	二	三	四	六	｜	七	一〇	一四	一八	二〇	二五	｜	三一	｜	三四	三六	四〇

驛名	荻窪發	吉祥寺發	境發	國分寺着	國分寺發	立川着	立川發	日野發	豐田發	八王子着
午後	五、四七	五、五四	六、〇〇	六、〇九	六、一八	六、二九	六、三四	六、四一	六、四七	六、五五
	｜	｜	｜	｜	｜	｜	｜	｜	｜	｜
	｜	｜	｜	｜	｜	｜	｜	｜	｜	｜
	｜	｜	｜	｜	｜	｜	｜	｜	｜	｜
	｜	｜	｜	｜	｜	｜	｜	｜	｜	｜
	八、一九	八、二六	八、三二	八、四一	八、四八	八、五九	九、〇四	九、一一	九、一七	九、二五
	｜	｜	｜	｜	｜	｜	｜	｜	｜	｜
	｜	｜	｜	｜	｜	｜	｜	｜	｜	｜
	｜	｜	｜	｜	｜	｜	｜	｜	｜	｜
	一〇、〇九	一〇、一六	一〇、二三	一〇、三一	一〇、三九	一〇、五〇	一〇、五四	一一、〇一	一一、〇七	一一、一五
	｜	｜	｜	｜	｜	｜	｜	｜	｜	｜
	｜	｜	｜	｜	｜	｜	｜	｜	｜	｜
	｜	｜	｜	｜	｜	｜	｜	｜	｜	｜
	一一、五二	一二、〇二	一二、一二	一二、二三	一二、三四	一二、四六	一二、五一	一、〇一	一、〇七	一、一五
	｜	｜	｜	｜	｜	｜	｜	｜	｜	｜
	｜	｜	｜	｜	｜	｜	｜	｜	｜	｜
哩程	九.二	一一.四	一三.四	一七.一	｜	二〇.七	｜	二三.〇	二四.三	二七.〇
賃金 一等	三六	四六	五三	六四	｜	八〇	｜	八六	九二	一〇二
二等	二三	二九	三二	四〇	｜	五〇	｜	五四	五八	六四
三等	一四	一八	二〇	二五	｜	三一	｜	三四	三六	四〇

青梅線乘替ハ六十四頁ヲ見ヨ〇川越線乘替ハ下ノ欄ヲ見ヨ

牛込發	飯田町着
六、五七	七、〇〇
六、〇八	六、一〇
六、三八	六、四〇
七、三三	七、三五
八、〇三	八、〇五
一〇、一二	一〇、一五
八、四八	八、五〇
九、二八	九、三〇
九、四八	九、五〇
一〇、二八	一〇、三〇
一二、一三	一二、一五
一一、〇五	一一、〇七
一一、四三	一一、四五
二、一三	二、一五
一二、二八	一二、三〇
一、一三	一、一五
二六.四	二七.〇
九九	一.〇二
六三	六四
三九	四〇

リ

驛名	八王子發	豐田發	日野發	立川着	立川發	國分寺着	國分寺發	境發	吉祥寺發	荻窪發	中野發	大久保發	新宿着	新宿發	信濃町發	四ツ谷發	市ケ谷發	牛込發	飯田町着
	｜	｜	｜	｜	｜	｜	｜	｜	｜	｜	｜	｜	｜	一、二〇	一、二七	一、三一	一、三四	一、三八	一、四〇
	｜	｜	｜	｜	｜	｜	｜	｜	｜	｜	｜	｜	｜	二、二五	二、三二	二、三六	二、三九	二、四三	二、四五
午	｜	｜	｜	｜	｜	｜	｜	｜	｜	｜	｜	｜	｜	三、〇〇	三、〇七	三、一一	三、一四	三、一八	三、二〇
	二、〇〇	二、〇八	二、一三	二、一九	二、二六	二、三七	二、四五	二、五五	三、〇一	三、〇八	三、一六	三、二二	三、二六	三、三三	三、四〇	三、四四	三、四八	三、五二	三、五五
	｜	｜	｜	｜	｜	｜	｜	｜	｜	｜	△三、四二	三、四九	三、五三	四、〇一	四、〇七	四、一一	四、一四	四、一八	四、二〇
	｜	｜	｜	｜	｜	｜	｜	｜	｜	｜	｜	｜	｜	四、四〇	四、四七	四、五一	四、五四	四、五八	五、〇〇
	｜	｜	｜	｜	｜	｜	｜	｜	｜	｜	五、一三	五、二〇	五、二四	五、二五	五、三二	五、三六	五、三九	五、四三	五、四五
	｜	｜	｜	｜	｜	｜	｜	｜	｜	｜	｜	｜	｜	五、五〇	六、〇〇	六、〇四	六、〇七	六、一一	六、一三
	四、三五	四、四三	四、四八	四、五四	五、〇〇	五、一一	五、一八	五、二八	五、三四	五、四一	五、四九	五、五五	五、五九	六、〇八	六、一五	六、一九	六、二三	六、二七	六、三〇
	｜	｜	｜	｜	｜	｜	｜	｜	｜	｜	△六、四三	六、五〇	六、五四	六、五七	七、〇七	七、一一	七、一四	七、一八	七、二〇
	｜	｜	｜	｜	｜	｜	｜	｜	｜	｜	｜	｜	｜	七、三〇	七、三七	七、四一	七、四四	七、四八	七、五〇
	六、〇五	六、一四	六、二〇	六、二六	六、三〇	六、四二	六、四七	七、〇二	七、〇九	七、二〇	七、三二	七、三九	七、四三	七、五一	八、〇〇	八、〇四	八、〇八	八、一二	八、一五
	｜	｜	｜	｜	｜	｜	｜	｜	｜	｜	｜	｜	｜	八、〇五	八、一二	八、一六	八、一九	八、二三	八、二五
	｜	｜	｜	｜	｜	｜	｜	｜	｜	｜	｜	｜	｜	八、三〇	八、三七	八、四一	八、四四	八、四八	八、五〇
	｜	｜	｜	｜	｜	｜	｜	｜	｜	｜	｜	｜	｜	九、〇五	九、一二	九、一六	九、一九	九、二三	九、二五
後	七、五五	八、〇三	八、〇八	八、一四	八、一八	八、二九	八、三四	八、四四	八、五〇	八、五七	九、〇五	九、一一	九、一五	九、二三	九、三〇	九、三四	九、三八	九、四二	九、四五
	｜	｜	｜	｜	｜	｜	｜	｜	｜	｜	｜	｜	｜	九、四一	九、四七	九、五一	九、五四	九、五八	一〇、〇〇
哩程		二.八	四.〇	六.二		九.七		一三.三	一五.三	一七.五	二〇.一	二二.一	二三.〇		二四.三	二五.二	二五.六	二六.四	二七.〇
賃金 一等		一〇錢	一六	二四		四〇		五一	五八	六七	七七	八五	八八		九三	九六	九八	九九	一.〇二
賃金 二等		六錢	一〇	一五		二五		三二	三六	四二	四八	五三	五五		五八	六〇	六一	六三	六四
賃金 三等		四錢	六	九		一五		二〇	二三	二六	三〇	三三	三四		三六	三七	三八	三九	四〇

(七十一) 國分寺、川越間

下リ

	國分寺發	小川發	東村山發	所澤發	入曾發	入間川發	南大塚發	川越着
前	六、二五	六、四〇	六、四九	七、〇〇	七、一六	七、三〇	七、四三	七、五〇
	｜	｜	｜	｜	｜	｜	｜	｜
前	八、五五	九、〇八	九、一四	九、二三	九、三五	九、四七	九、五八	一〇、〇五
	｜	｜	｜	｜	｜	｜	｜	｜
前	一一、一五	一一、三一	一一、四一	一一、五四	一二、一〇	一二、二一	一二、三三	一二、四〇
	｜	｜	｜	｜	｜	｜	｜	｜
後	一二、四五	一二、五八	一、〇七	一、一八	一、三〇	一、四二	一、五三	二、〇〇
	｜	｜	｜	｜	｜	｜	｜	｜
後	三、〇五	三、二一	三、三一	三、四五	四、〇一	四、一五	四、二八	四、三五
	｜	｜	｜	｜	｜	｜	｜	｜
後	五、二〇	五、三三	五、四二	五、五二	六、〇三	六、一二	六、二三	六、三〇
	｜	｜	｜	｜	｜	｜	｜	｜
後	七、〇〇	七、一五	七、二四	七、三七	七、五三	八、〇五	八、一八	八、二五
	｜	｜	｜	｜	｜	｜	｜	｜
後	八、四〇	八、五三	九、〇二	九、一四	九、二九	九、四二	九、五三	一〇、〇〇
	｜	｜	｜	｜	｜	｜	｜	｜
哩程		三.二	四.七	六.五	一〇.七	一二.六	一六.〇	一八.五
一等賃金		一三錢	一八	二六	四二	五〇	六三	七三
二等賃金		八錢	一一	一六	二六	三一	三九	四五
三等賃金		五錢	七	一〇	一六	一九	二四	二八

上リ

	川越發	南大塚發	入間川發	入曾發	所澤發	東村山發	小川發	國分寺着
前	四、四五	四、五二	五、〇二	五、〇八	五、二〇	五、二六	五、三一	五、四〇
	｜	｜	｜	｜	｜	｜	｜	｜
前	七、一〇	七、二〇	七、三四	七、四四	八、〇〇	八、〇七	八、一三	八、二五
	｜	｜	｜	｜	｜	｜	｜	｜
前	九、一五	九、二三	九、四一	九、四八	一〇、〇三	一〇、一〇	一〇、一八	一〇、三〇
	｜	｜	｜	｜	｜	｜	｜	｜
前	一一、〇〇	一一、一〇	一一、二五	一一、三五	一一、五一	一二、〇一	一二、〇八	一二、二〇
	｜	｜	｜	｜	｜	｜	｜	｜
後	一、一五	一、二三	一、三七	一、四四	二、〇〇	二、〇七	二、一三	二、二五
	｜	｜	｜	｜	｜	｜	｜	｜
後	三、〇〇	三、一〇	三、二五	三、三四	三、五三	四、〇四	四、一三	四、二五
	｜	｜	｜	｜	｜	｜	｜	｜
後	五、一〇	五、一八	五、三四	五、四一	五、五七	六、〇七	六、一三	六、二五
	｜	｜	｜	｜	｜	｜	｜	｜
後	六、五五	七、〇五	七、一九	七、二六	七、四〇	七、四七	七、五三	八、〇五
	｜	｜	｜	｜	｜	｜	｜	｜
哩程		二.四	五.五	七.四	一一.六	一三.四	一五.一	一八.五
一等賃金		一〇錢	二三	三一	四七	五五	六〇	七三
二等賃金		六錢	一四	一九	二九	三四	三七	四五
三等賃金		四錢	九	一二	一八	二一	二三	二八

川越鐵道

(七十二) 立川、日向和田間

青梅鐵道

下り

	立川發	拜島發	福生發	羽村發	小作發	青梅着	青梅發	日向和田着
前	|	|	|	|	|	|	六、〇〇	六、〇八
	|	|	|	|	|	|	|	|
前	六、四七	七、一一	七、二六	七、三六	七、四六	八、〇一	八、〇六	八、一四
	|	|	|	|	|	|	|	|
前	九、〇八	九、三一	九、四五	九、五四	一〇、〇三	一〇、一七	一〇、二二	一〇、三〇
	|	|	|	|	|	|	|	|
前	一一、〇〇	一一、二四	一一、三九	一一、四九	一一、五九	一二、一四	一二、一九	一二、二七
	|	|	|	|	|	|	|	|
後	一、〇〇	一、二四	一、三九	一、四九	一、五九	二、一四	二、一九	二、二七
	|	|	|	|	|	|	|	|
後	三、一七	三、四一	三、五四	四、〇四	四、一四	四、二九	四、三四	四、四二
	|	|	|	|	|	|	|	|
後	五、一七	五、四一	五、五六	六、〇六	六、一六	六、三一	六、三三	六、四一
	|	|	|	|	|	|	|	|
後	七、〇五	七、二八	七、四一	七、五〇	七、五九	八、一四	|	|
	|	|	|	|	|	|	|	|
	|	|	|	|	|	|	|	|
哩程		四.三〇	五.七六	七.二〇	八.五八	一一.三七	|	一三.〇〇
二等賃金		一一錢	一四	一七	二〇	二七	|	三〇
三等賃金		七錢	九	一一	一三	一八	|	二〇

上り

	日向和田發	青梅着	青梅發	小作發	羽村發	福生發	拜島發	立川着
前	|	|	五、一〇	五、二六	五、三五	五、四四	五、五三	六、一五
	|	|	|	|	|	|	|	|
前	六、二九	六、三七	六、四二	六、五九	七、〇九	七、一九	七、二九	七、五一
	|	|	|	|	|	|	|	|
前	八、四九	八、五七	九、〇二	九、一九	九、二九	九、三九	九、四九	一〇、一一
	|	|	|	|	|	|	|	|
前	一〇、五七	一一、〇五	一一、〇七	一一、二二	一一、三一	一一、四一	一一、五〇	一二、一二
	|	|	|	|	|	|	|	|
後	一二、五三	一、〇〇	一、〇五	一、二一	一、三一	一、四一	一、五一	二、一三
	|	|	|	|	|	|	|	|
後	二、五九	三、〇七	三、一二	三、二九	三、三九	三、四九	三、五九	四、二一
	|	|	|	|	|	|	|	|
後	五、〇五	五、一三	五、一五	五、三一	五、四〇	五、四九	五、五九	六、二〇
	|	|	|	|	|	|	|	|
後	七、〇二	七、一〇	|	|	|	|	|	|
	|	|	|	|	|	|	|	|
	|	|	|	|	|	|	|	|
哩程		一.五三	|	四.二三	五.六〇	七.〇四	八.六〇	一三.〇〇
二等賃金		五錢	|	一一	一四	一七	二一	三〇
三等賃金		三錢	|	七	九	一一	一四	二〇

（七十三）八王子、大月間

官有鐵道

下り

	八王子發	淺川發	與瀬發	上野原發	鳥澤發	猿橋發	大月着
前	七、一〇	七、二五	七、五三	八、一三	八、四三	八、五八	九、〇五
前	一〇、三〇	一〇、四五	一一、一三	一一、三三	一二、〇三	一二、一八	一二、二五
後	二、〇五	二、二〇	二、四八	三、〇八	三、三八	三、五三	四、〇〇
後	五、四〇	五、五五	六、二三	六、四三	七、一三	七、二八	七、三五
哩程		三.六	九.四	一四.〇	二一.〇	二三.五	二五.二
二等賃金		一一錢	二八	四二	六二	六九	七四
三等賃金		六錢	一六	二四	三五	三九	四二

上り

	大月發	猿橋發	鳥澤發	上野原發	與瀬發	淺川發	八王子着
前	八、二〇	八、三〇	八、四二	九、一〇	九、三〇	九、五七	一〇、一〇
前	一〇、四五	一〇、五四	一一、〇六	一一、三五	一一、五五	一二、二二	一二、三五
後	二、二〇	二、二九	二、四一	三、一〇	三、三〇	三、五七	四、一〇
後	五、五〇	六、〇二	六、一四	六、四二	七、〇一	七、二七	七、四〇
哩程		一.六	四.一	一一.一	一五.五	二一.四	二五.二
二等賃金		六錢	一三	三四	四六	六三	七四
三等賃金		三錢	七	一九	二六	三六	四二

（七十四）吾妻橋、加須間

東武鐵道

下り

	吾妻橋發	曳舟發	白鬚發	鐘淵發	堀切發	北千住着	北千住發	西新井發	竹ノ塚發	草加發	新田發	蒲生發	越ケ谷發	武里發
前	五、二五	五、二八	五、三一	五、三四	五、三七	五、四二	五、四七	五、五六	六、〇一	六、一〇	六、一六	六、二三	六、二九	六、三九
前	七、三〇	七、三三	七、三六	七、三九	七、四二	七、四七	七、四九	七、五八	八、〇三	八、一三	八、一八	八、二四	八、三一	八、四二
前	九、三五	九、三八	九、四一	九、四四	九、四七	九、五二	一〇、〇二	一〇、一一	一〇、一六	一〇、二五	一〇、三一	一〇、三七	一〇、四五	一〇、五六
前	一一、四五	一一、四八	一一、五一	一一、五四	一一、五七	一二、〇二	一二、一二	一二、二一	一二、二六	一二、三六	一二、四二	一二、四八	一二、五六	一、〇七
後	二、〇五	二、〇八	二、一一	二、一四	二、一七	二、二二	二、三三	二、四二	二、四七	二、五七	三、〇三	三、〇九	三、一九	三、三〇
後	四、三五	四、三八	四、四一	四、四四	四、四七	四、五二	五、〇〇	五、〇九	五、一四	五、二三	五、二九	五、三五	五、四二	五、五二
後	六、四五	六、四八	六、五一	六、五四	六、五七	七、〇二	七、一二	七、二一	七、二六	七、三五	七、四一	七、四七	七、五四	八、〇五
後	七、三五	七、三八	七、四一	七、四四	七、四七	七、五二		|	|	|	|	|	|	|
後	九、四三	九、四六	九、四九	九、五二	九、五五	一〇、〇〇		|	|	|	|	|	|	|
哩程		.七	一.一	一.六	三.二	|	六.〇	七.三	九.七	一一.五	一三.二	一五.一	一八.三	二一.〇
二等賃金		三錢	五	八	八	一二	|	一八	二一	二七	三三	三六	四四	五三
三等賃金		一錢	二	三	三	五	|	八	九	一二	一四	一六	一九	二三

下リ（續）	前	前	前	前	前	後	後	後	後	哩程	一等賃金	二等賃金	三等賃金
粕壁發	六、四九	八、五三	一一、一〇	一、二一	三、四三	六、〇三	八、一八	|	|	二一.〇	五九	三九	二六
杉戸發	七、〇一	九、〇六	一一、二三	一、三四	三、五七	六、一六	八、三一	|	|	二四.四	六八	四三	三〇
和戸發	七、〇九	九、一四	一一、三一	一、四二	四、〇五	六、二四	八、三九	|	|	二六.四	七二	四八	三三
久喜着	七、一六	九、二一	一一、三八	一、四九	四、一二	六、三一	八、四六	|	|	二八.五	八〇	五三	三五
久喜發	七、一七	九、二四	一一、四一	一、五二	四、一五	六、三三	八、五六	|	|	|	|	|	|
鷲ノ宮發	七、二六	九、三三	一一、五〇	二、〇一	四、二四	六、四二	九、〇五	|	|	三一.三	八六	五七	三八
加須發	七、三八	九、四五	一二、〇二	二、一三	四、三六	六、五四	九、一七	|	|	三五.四	九八	六五	四三

上リ

驛名	前	前	前	前	前	後	後	後	後	哩程	一等賃金	二等賃金	三等賃金
加須發	|	|	五、五〇	八、〇一	一〇、一〇	一二、二五	二、五〇	五、〇五	七、二五				
鷲ノ宮發	|	|	六、〇三	八、一三	一〇、二三	一二、三八	三、〇三	五、一八	七、三八	三.九	一二錢	八錢	五錢
久喜着	|	|	六、一一	八、二一	一〇、三一	一二、四六	三、一一	五、二六	七、四六	六.五	一八	一三	八
久喜發	|	|	六、一四	八、二三	一〇、四三	一二、四九	三、一四	五、二八	七、四八	|	|	|	|
和戸發	|	|	六、二二	八、三一	一〇、五〇	一二、五七	三、二二	五、三六	七、五六	八.六	二六	一七	一一
杉戸發	|	|	六、三一	八、四〇	一〇、五七	一、〇六	三、三一	五、四五	八、〇五	一〇.六	三〇	二〇	一三
粕壁發	|	|	六、四七	八、五四	一一、〇八	一、二〇	三、四七	五、五九	八、一九	一四.二	四一	二七	一八
武里發	|	|	六、五六	九、〇三	一一、一六	一、二九	三、五六	六、〇八	八、二八	一六.七	四八	三三	二一
越ヶ谷發	|	|	七、〇八	九、一四	一一、二五	一、四一	四、〇八	六、一九	八、三九	二〇.一	五七	三八	二五
蒲生發	|	|	七、一五	九、二一	一一、三一	一、四八	四、一五	六、二六	八、四六	二二.〇	六二	四一	二七
新田發	|	|	七、二一	九、二七	一一、三七	一、五四	四、二一	六、三三	八、五二	二三.五	六六	四四	二九
草加發	|	|	七、二七	九、三三	一一、四三	二、〇一	四、二八	六、三八	八、五八	二五.三	七一	四七	三一
竹ノ塚發	|	|	七、三六	九、四二	一一、五一	二、一〇	四、三七	六、四七	九、〇七	二七.七	七七	五一	三四
西新井發	|	|	七、四一	九、四七	一一、五六	二、一五	四、四二	六、五二	九、一二	二九.二	八一	五四	三六
北千住着	|	|	七、四九	九、五五	一二、〇三	二、二三	四、五〇	七、〇〇	九、二〇	三一.四	八六	五七	三八
北千住發	五、〇〇	七、〇〇	七、五二	一〇、〇三	一二、一〇	二、三二	五、〇一	七、一三	九、二一	|	|	|	|
堀切發	五、〇六	七、〇六	七、五八	一〇、〇九	一二、一六	二、三八	五、〇七	七、一九	九、二七	三三.〇	九〇	六〇	四〇
鐘淵發	五、〇九	七、〇九	八、〇一	一〇、一二	一二、一九	二、四一	五、一〇	七、二三	九、三〇	三三.四	九三	六二	四一
白鬚發	五、一二	七、一二	八、〇四	一〇、一五	一二、二三	二、四四	五、一三	七、二五	九、三三	三四.一	九三	六二	四一
曳舟發	五、一五	七、一五	八、〇七	一〇、一八	一二、二五	二、四七	五、一六	七、二八	九、三六	三四.五	九五	六三	四二
吾妻橋着	五、一七	七、一七	八、〇九	一〇、二〇	一二、二七	二、四九	五、一八	七、三〇	九、三八	三五.四	九八	六五	四三

（七十五）室蘭、手宮間

炭礦鐵道

下リ

驛名			前	前		前	後	哩程	三等賃金
室蘭發	|	|	|	七、一〇	|	一一、三〇	三、五〇		
輪西發	|	|	|	七、二五	|	一一、四五	四、〇五	二.六	五錢
鷲別發	|	|	|	七、三三	|	一一、五三	四、一五	四.六	一〇
幌別發	|	|	|	七、五二	|	一二、一二	四、三五	一〇.〇	二〇
登別發	|	|	|	八、〇六	|	一二、二六	四、五五	一四.七	二九
敷生發	|	|	|	八、二一	|	一二、四二	五、一四	二〇.〇	三八
白老發	|	|	|	八、四七	|	一、〇八	六、一五	二六.五	五一
錦多峰發	|	|	|	九、〇八	|	一、三三	六、四一	三三.七	六五
苫小牧發	|	|	|	九、二七	|	一、五〇	七、〇三	四〇.〇	七七
沼ノ端發	|	|	|	九、四三	|	二、〇八	七、二三	四五.四	八七
遠淺發	|	|	|	九、五九	|	二、二四	七、四一	五一.〇	九二
早來發	|	|	|	一〇、一一	|	二、三七	七、五四	五四.三	九八
安平發	|	|	|	一〇、二二	|	二、四八	八、〇七	五八.〇	一〇五
追分發	|	|	九、〇〇	一〇、四九	|	三、一〇	|	六二.一	一一二

上リ

驛名		前	前	前	後	後	後	哩程	三等賃金
手宮發	|	七、〇〇	八、三〇	一〇、五〇	一二、三〇	三、一五	六、〇五		錢
小樽着	|	七、一〇	八、四〇	一一、〇〇	一二、四〇	三、二五	六、一五	|	|
小樽發	|	七、二〇	八、五〇	一一、一〇	一二、五〇	三、三五	六、三〇	一.八	四
朝里發	|	七、三四	九、〇七	一一、二四	一、〇七	三、五一	六、四八	四.七	一〇
錢函發	|	七、五六	九、三三	一一、四六	一、三三	四、一六	七、一九	一〇.四	二〇
輕川發	|	八、一二	九、五三	一二、〇三	一、五一	四、三四	七、三九	一五.一	二五
琴似發	|	八、二七	一〇、一一	一二、一七	二、〇六	四、五一	七、五六	一九.三	三五
札幌着	|	八、三五	一〇、二〇	一二、二五	二、一五	五、〇〇	八、〇五	二一.六	四二
札幌發	|	八、五〇	一〇、四五	一二、四〇	二、[illegible]	五、三五	|	|	|
厚別發	|	九、一一	一一、〇七	一、〇〇	三、〇七	六、〇二	|	二八.一	五四
野幌發	|	九、三三	一一、二八	一、二三	三、三〇	六、二三	|	三三.七	六三
江別發	|	九、四三	一一、四〇	一、三二	三、四三	六、三五	|	三四.七	六七
幌向發	|	一〇、〇一	一一、五九	一、五一	四、〇四	六、五四	|	四〇.五	七八
岩見澤發	|	一〇、三五	|	二、二五	四、四五	|	|	四七.〇	九〇

三川 發	|	|	九・一九	一一・〇六	|	三・二九	|	六・七一	一・二一
由仁 發	|	|	九・三五	一一・二三	|	三・四五	|	七一・七	一・三〇
栗山 發	|	|	九・四七	一一・三四	|	三・五六	|	七五・〇	一・三六
清眞布 發	|	|	一〇・〇六	一一・五二	|	三・一四	|	八〇・一	一・四五
岩見澤 發	|	前七・五〇	一〇・五〇	一二・三〇	後二・三〇	四・五〇	|	八六・一	一・五五
幌向 發	|	八・一二	一一・一二	一二・五〇	二・五三	五・一〇	|	九二・四	一・六七
江別 發	|	八・三五	一一・三八	一・一〇	三・一五	五・三〇	|	九八・二	一・七三
野幌 發	|	八・四六	一一・四九	一・二〇	三・二九	五・四〇	|	一〇〇・二	一・七五
厚別 發	|	九・一〇	一二・一〇	一・四一	三・五〇	六・〇一	|	一〇五・〇	一・七九
札幌 着	|	九・三〇	一二・三〇	二・〇〇	四・一〇	六・二〇	|	一一一・三	一・九〇
札幌 發	前七・一〇	一〇・〇〇	一二・五〇	二・二〇	四・四〇	六・四〇	|	|	|
琴似 發	七・二〇	一〇・一二	一・〇〇	二・二九	四・五〇	六・四九	|	一一三・六	一・九四
輕川 發	七・三五	一〇・二八	一・一五	二・四三	五・〇六	七・〇三	|	一一八・〇	二・〇一
錢函 發	七・五七	一一・〇〇	一・三七	三・〇一	五・二八	七・二一	|	一二三・六	二・〇九
朝里 發	八・二〇	一一・二五	二・〇〇	三・二二	五・五〇	七・四二	|	一二八・二	二・一八
小樽 着	八・三五	一一・四〇	二・一五	三・三五	六・〇五	七・五五	|	一三一・四	二・二四
小樽 發	八・四五	一一・五〇	二・二五	三・四五	六・一五	八・〇五	|	|	|
手宮 着	八・五五	一二・〇〇	二・三五	三・五五	六・二五	八・一五	|	一三三・三	二・二七

清眞布 發	|	一〇・五四	|	二・四四	五・〇五	|	|	五二・〇	九六
栗山 發	|	一一・一二	|	三・〇二	五・二四	|	|	五八・一	一・〇五
由仁 發	|	一一・二四	|	三・一三	五・三六	|	|	六一・二	一・一一
三川 發	|	一一・四〇	|	三・三〇	五・五二	|	|	六六・〇	一・一九
追分 發	前六・三〇	一二・〇六	|	四・〇〇	|	|	|	七一・〇	一・二八
安平 發	六・四四	一二・一九	|	四・一三	|	|	|	七五・三	一・三六
早來 發	六・五八	一二・三〇	|	四・二四	|	|	|	七八・六	一・四二
遠淺 發	七・二〇	一二・四一	|	四・三五	|	|	|	八二・一	一・四八
沼ノ端 發	七・三〇	一二・五七	|	四・五一	|	|	|	八七・五	一・五八
苫小牧 發	七・五〇	一・一三	|	五・〇八	|	|	|	九三・一	一・六八
錦多峰 發	八・一二	一・三〇	|	五・二五	|	|	|	九九・二	一・七九
白老 發	九・一〇	一・五八	|	五・五三	|	|	|	一〇六・四	一・八二
敷生 發	九・三三	二・一七	|	六・一二	|	|	|	一一三・一	一・九三
登別 發	九・五二	二・三二	|	六・二七	|	|	|	一一八・二	二・〇一
幌別 發	一〇・一三	二・四六	|	六・四一	|	|	|	一二二・五	二・〇九
鷲別 發	一〇・三一	三・〇三	|	六・五八	|	|	|	|	二・二〇
輪西 發	一〇・四五	三・一五	|	七・一〇	|	|	|	一三〇・五	二・二三
室蘭 着	一〇・五五	三・二五	|	七・二〇	|	|	|	一三三・八	二・二七

（七十六）追分、夕張間

炭礦鐵道

下リ

					哩程	三等賃金
追分 發	前一二・二〇	|	後四・一〇	|		發
川端 發	一二・四五	|	四・三五	|	五・八	一一
瀧ノ上 發	一・〇七	|	四・五七	|	一〇・六	二三
紅葉山 發	一・二八	|	五・一八	|	一五・一	三〇
清水澤 發	一・五四	|	五・四四	|	二〇・二	四〇
鹿ノ谷 發	二・一五	|	六・〇五	|	二四・四	四八
夕張 着	二・二五	|	六・一五	|	二七・三	五二

上リ

					哩程	三等賃金
夕張 發	前八・一〇	|	後一二・三〇	|		發
鹿ノ谷 發	八・二一	|	一二・四一	|	二・一	四
清水澤 發	八・三三	|	一・〇二	|	六・二	一二
紅葉山 發	八・五八	|	一・二九	|	一一・三	二二
瀧ノ上 發	九・一九	|	一・五〇	|	一五・六	三〇
川端 發	九・四八	|	二・一八	|	二〇・六	四一
追分 着	一〇・一〇	|	二・四〇	|	二七・二	五二

（七十七）岩見澤、歌志內間

炭礦鐵道

下リ

					哩程	三等賃金
岩見澤 發	|	前一〇・五五	後一二・五〇	後五・〇〇		發
峯延 發	|	一一・一二	一・〇七	五・一七	五・二	一〇
美唄 發	|	一一・三一	一・三〇	五・三六	一〇・二	二〇
奈井江 發	|	一一・五三	一・五三	五・五八	一六・七	三三
砂川 着	|	一二・一〇	二・一〇	六・一五	二一・七	四二
砂川 發	前八・四〇	一二・四〇	二・四〇	六・四〇	|	|
神威 發	九・一三	一・一三	三・一三	七・一三	二九・一	五六
歌志內 着	九・二〇	一・二〇	三・二〇	七・二〇	三〇・九	五九

上リ

					哩程	三等賃金
歌志內 發	前七・五〇	前一一・四〇	前一・五〇	後五・三〇		發
神威 發	八・〇〇	一一・五〇	二・〇〇	五・四〇	一・七	四
砂川 着	八・三〇	一二・二〇	二・三〇	六・一〇	八・七	一七
砂川 發	九・〇〇	一二・五〇	三・〇五	|	|	|
奈井江 發	九・一八	一・〇八	三・二三	|	一三・七	二七
美唄 發	九・四一	一・三一	三・四五	|	二〇・四	三九
峯延 發	一〇・〇〇	一・五〇	四・〇四	|	二五・五	四九
岩見澤 着	一〇・一六	二・〇六	四・二一	|	三〇・九	五九

（七十八）岩見澤、幌內、幾春別間

炭礦鐵道

下り

驛名	前	前	後	後	哩程	三等賃金
岩見澤發	|	一〇、四五	|	二、四〇		
幌内太着	|	一一、〇八	|	三、〇三	六・八	三錢
幌内太發	八、三五	一一、一五	一二、三〇	三、一〇	|	|
幾春別着	八、五五	一一、三五	一二、五〇	三、三〇	一一・三	三

驛名					哩程	三等賃金
幌内太發	八、四〇	一一、二〇	一二、三五	三、一五		
幌内着	八、五〇	一一、三〇	一二、四五	三、二五	一・七	四

上り

驛名	前	前	後	後	哩程	三等賃金
幾春別發	九、一〇	一一、五〇	一、〇五	三、四五		
幌内太着	九、三〇	一二、一〇	一、二五	四、〇五	四・五	九錢
幌内太發	九、四〇	|	一、四〇	|	|	|
岩見澤着	一〇、三〇	|	二、〇三	|	一一・三	三

驛名					哩程	三等賃金
幌内發	九、一五	一一、五五	一、一〇	三、五〇		
幌内太着	九、二五	一二、〇五	一、二〇	四、〇〇	一・七	四

(七十九) 砂川(旭川落合)及士別間

官有鐵道

下り

驛名	前	後	後	後	後	哩程	三等賃金
砂川發	六、五〇	一、〇〇	三、〇〇	六、四〇	八、四五		
瀧川着	七、〇四	一、一四	三、一四	六、五四	九、〇〇	四・六	九錢
瀧川發	七、一〇	一、二四	三、二〇	六、五九	|	|	|
江部乙發	七、二九	一、四三	三、三九	七、一六	|	九・七	一九
妹背牛發	七、四六	二、〇〇	三、五八	七、三一	|	一四・四	二八
深川發	八、一〇	二、二〇	四、二〇	七、五一	|	一九・〇	三七
納内發	八、三〇	二、三六	四、三九	八、〇六	|	二三・五	四五
神居古潭發	八、四二	二、四八	四、五一	八、一八	|	三三・六	五二
伊納發	九、〇五	三、一〇	五、一五	八、四〇	|	三六・四	六三
旭川着	九、二五	三、三〇	五、三五	九、〇〇	|	三九・二	七五

驛名						哩程	三等賃金
旭川發	六、三〇	三、五〇	|	|	|	|	|
邊別發	六、五三	四、一〇	|	|	|	六・二	一三
美瑛發	七、三三	四、五二	|	|	|	一四・六	二八
上富良野發	八、一四	五、三四	|	|	|	二四・五	四七
中富良野發	八、三二	五、五二	|	|	|	二九・二	五六
下富良野發	九、〇六	六、一五	|	|	|	三三・七	六五
山部發	九、三五	六、四三	|	|	|	四一・四	七九
金山發	一〇、一二	七、二〇	|	|	|	五〇・六	九二
鹿越發	一〇、三八	七、四三	|	|	|	五六・六	一・〇三
落合着	一一、二〇	八、二五	|	|	|	六七・三	一・二三

驛名						哩程	三等賃金
旭川發	九、五五	|	五、五〇	|	|	|	|
永山發	一〇、一七	|	六、一二	|	|	四四・七	八六
比布發	一〇、三五	|	六、三二	|	|	四九・六	九五
蘭留發	一〇、五四	|	六、五二	|	|	五三・二	九六
和寒發	一一、三五	|	七、三三	|	|	六一・五	一・一一
劒淵發	一一、五七	|	七、五七	|	|	六七・一	一・二一
士別着	一二、一五	|	八、一五	|	|	七二・六	一・三一

上り

驛名			前		後	哩程	三等賃金
士別發	|	|	七、〇〇	|	二、五〇		
劒淵發	|	|	七、二一	|	三、一三	五・四	一一錢
和寒發	|	|	七、四六	|	三、四〇	一〇・七	二一
蘭留發	|	|	八、二六	|	四、二三	一九・二	三七
比布發	|	|	八、四三	|	四、三八	二三・六	四四
永山發	|	|	九、〇三	|	四、五八	二七・五	五三
旭川着	|	|	九、二〇	|	五、一五	三三・三	六四

驛名				前	後	哩程	三等賃金
落合發	|	|	|	六、四〇	一、〇五	|	|
鹿越發	|	|	|	七、二七	一、五〇	一〇・五	二〇
金山發	|	|	|	七、五四	二、一七	一六・三	三二
山部發	|	|	|	八、二七	二、五二	二五・六	四九
下富良野發	|	|	|	九、〇一	三、二六	三三・三	六四
中富良野發	|	|	|	九、二一	三、四四	三七・七	七二
上富良野發	|	|	|	九、四一	四、〇二	四二・五	八一
美瑛發	|	|	|	一〇、二七	四、四八	五二・四	九五
邊別發	|	|	|	一一、〇二	五、二三	六一・二	一・一〇
旭川着	|	|	|	一一、二〇	五、四〇	六七・三	一・二三

驛名		前	前	後	後	哩程	三等賃金
旭川發	|	六、一〇	一〇、〇〇	一一、四五	六、〇〇	|	|
伊納發	|	六、三一	一〇、二三	一二、〇八	六、二一	三五・七	七六
神居古潭發	|	六、五三	一〇、四四	一二、三〇	六、四三	三九・五	八七
納内發	|	七、〇五	一〇、五七	一二、四七	六、五五	四八・六	九三
深川發	|	七、二九	一一、一八	一、〇九	七、一六	五三・四	九七
妹背牛發	|	七、四四	一一、三六	一、二四	七、三六	五七・七	一・〇五
江部乙發	|	七、五九	一一、五五	一、四一	七、五五	六二・四	一・一三
瀧川着	|	八、一五	一二、一一	一、五七	八、一一	六七・七	一・二三
瀧川發	前 六、二〇	八、二一	一二、一六	二、〇六	八、一六	|	|
砂川着	六、三五	八、三五	一二、三〇	二、二〇	八、三〇	七二・六	一・三一

(八十) 釧路、白糠間

官有鐵道

下り

驛名	前	後	哩程	三等賃金
白糠發	九、五〇	四、三〇		
庶路發	一〇、一四	四、五四	六・一	九錢
大樂毛發	一〇、四二	五、二二	一二・六	二三
釧路着	一一、〇七	五、四七	一七・三	三三

上り

驛名	前	後	哩程	三等賃金
釧路發	七、〇〇	一、三〇		
大樂毛發	七、二七	一、五七	四・七	一二錢
庶路發	七、五八	二、二八	一一・二	二四
白糠着	八、一七	二、四七	一七・三	三三

東京 遺失物月報

九月ゟ十月迄

取扱ひ 麹町區鍛冶橋内 警視廳遺失物掛

品物

番付	場所	月日	品物
大關	京橋木挽町	九月九日	金側時計 龍頭まき
關脇	小石川水道町	九月七日	金時計一個
小結	麹町有樂町	九月廿日	金側時計
前頭	荏原郡羽田	十月五日	金側時計 龍頭まき
前頭	上野公園	九月八日	金色指環
前頭	日本橋濱町川岸	九月十七日	金の指環
前頭	日本橋濱町	十月二日	純子女煙草入 金色煙草入
前頭	京橋新富町	九月九日	鼈甲の簪
前頭	深川西森下町	九月十七日	珊瑚珠一れん
前頭	京橋仲町	十月一日	銀煙管一本
前頭	神田鍋町	九月十七日	時計鎖蟇口
前頭	芝片門前	九月卅日	八角銀煙管
同	麹町郵便局内	九月三日	銀側時計
同	神田鍋町	九月七日	銀側無双時計
同	日本橋人形町	九月三日	金ぎせ時計 龍頭まき
同	芝金杉町	九月七日	金ぎせ懐中時計
同	四谷市ケ谷片町	九月十二日	銀側時計
同	日本橋蠣売町	九月五日	銀色時計
同	芝公園郵便電信局内	九月十日	銀時計一個
同	下谷車坂	九月廿五日	銀時計一個
同	神田柳原川岸	十月五日	銀側カギ巻時計
同	京橋銀座通	十月四日	銀側時計
前頭	本所清水町	九月廿七日	銀側煙管一本
同	新橋鐵道馬車	九月三日	銀時計一個
同	下谷徒町	十月三日	大砲の彈丸一個
同	日本橋呉服町	十月四日	投網一ッ
同	神田區役所	九月十七日	銀時計一個
同	芝三田	九月廿日	銀時計一個
同	青山墓地	九月廿五日	銀時計一個
同	新橋ステーション	九月卅日	白銅時計
同	麹町永田町華族女學校ッキ	九月卅日	白銅時計
同	上野池ノ端	十月一日	認印錢入 三圓四十五錢入
同	日本橋蠣売町	九月十八日	風呂敷包一個 柱時計一個

金子

番付	場所	月日	金額
大關	芝口二丁目	九月卅日	金六拾圓 鞄入
關脇	成城學校內	十月三日	金拾圓
小結	遞信省內	九月六日	金拾圓
前頭	裏神保町	九月十三日	金拾圓
前頭	南葛飾郡	九月廿五日	金拾圓
前頭	淺草橋場	十月二日	金七圓十八錢 蟇口入
前頭	麻布材木町	九月一日	金六圓
前頭	芝神谷町	九月卅日	金六圓 蟇口入
前頭	日本橋室町	十月二日	金五圓
前頭	仝葭町	十月三日	金五圓
前頭	本所米澤町	九月十日	金五圓
前頭	深川富岡門前	九月十五日	金五圓
同	芝三田四國町	九月十六日	金五圓
同	本所緑町	九月七日	金五圓
同	神田連雀町	九月五日	金五圓
同	仝猿樂町	九月三日	金五圓
同	仝須田町	九月三日	金五圓
同	牛込肴町	四月五日	金五圓
同	赤坂青山南町	九月日	金五圓
同	神田猿樂町	十月二日	金五圓
同	四谷簞笥町	九月四日	金五圓
同	淺草山の宿	九月卅日	金五圓
前頭	日本橋人形町通カヤ町角	十月五日	金五圓
同	赤坂北町	九月一日	金五圓
同	板橋赤羽間鐵道	九月十七日	金五圓
同	日本橋本石町	九月七日	金三圓五十錢
同	仝蠣売町	九月十二日	金三圓三十四錢五厘
同	淺草駒形町	九月卅日	金參圓
同	仝明治病院内	九月廿日	金參圓
同	下谷廣小路	九月十日	金參圓
同	淺草西三筋町	九月廿一日	二分金
同	京橋茅場町	九月卅日	金參圓

澤山ある場所

新橋鐵道局

東京電車鐵道會社

日本鐵道會社

南明館勸工場營業案内

東京神田
小川町通り
五十稲荷前

南明館 木村貞出張 人形店

南明館 松本彦八第一第二 漆器店 和小間物商

南明館 飯田大吉出張 銅鐵物商

南明館 生雲堂片桐出張 製圖器械体操運動器械 内外文房具

南明館 金晶堂出張 眼鏡店

南明館 中村久太郎出張 和洋化粧品

南明館 津金録四郎出張 陶磁器店

南明館 月尾元次郎第一第二出張 帽子店 化粧品店

南明館 月尾清之助出張 西洋小間物店

南明館 成田信吉出張 袋物煙管店

南明館 小松崎文次郎出張 鞄類商

南明館 山口貞八郎出張 組糸商店

南明館
井上洋品店

南明館
東條新太郎出張
第一袋物店
第二半襟店

南明館
濱田茂八出張
靴商店

南明館
日の出屋出張店
合金、象牙細工
唐木細工、鏡臺
針箱鏡商

南明館
中金出張店
和洋玩具各種
幻燈器及寫眞器

南明館
小平春木堂出張
石版錦畫店
筆墨硯文具

南明館
小山龜藏出張
御履物店

南明館
内田房次郎出張
呉服太物店
銅鐵物店

南明館
渡邊出張店
寫眞商

南明館
泉屋野崎出張
洋傘洋杖商店
毛糸編物各種

南明館
土田洋品店

南明館
靑雲堂清原出張店
小間紙文房具
和洋食料品食器

明治卅六年度懐中當用日記販賣

南明館
眼鏡及時計附屬品
戸田時計店

ノジヤン印インキ、

石版各色インキ

寫眞銅版各色インキ

登録

商標

製造元 諸星商店

横濱尾上町

特電話五九〇番

寫眞版 アートタイプインキ

錻力版 金色ワニス各インキ

最新完備ナル機械ニテ製撰

東京 大阪 名古屋 仙臺 福島

宇都宮 各地ニ特約店アリ

東京ビール
登録商標
TOKIO BEER
本社
神奈川縣程ヶ谷町
横濱出張店
(仝市尾上町六丁目)
東京出張店
京橋區丗間堀二丁目
大阪出張店
大阪北區東梅田町

寫眞器械
活動寫眞撮影
及ヒ幻燈器械
一式販賣す
特に日本製
フイルムは
弊店の專賣物なり
本店は寫眞及石版器具材料の製造及販賣に從事すること茲に三十餘年、兼ては歐米に於て有名なる同品製造會社の代理店として確實廉價に良品を販賣仕候
本店の商品代價表は御仰越有之次第即時郵送可仕候
電話｛本店特本局八三四番 陳列場本局二六四七番
東京市本町貳丁目
小西六右衛門

陸軍省特別指定品
東京市淺草區南元町拾六番地
明珍塗製
藏前馬車道 井菱屋

呉服廣告

御婚禮衣裳

一切優美調進仕候地方御得意樣御用の節は郵書往復にて御便利相達し候

謹告

秋冬兩季一切の呉服類着荷仕新奇の品々取揃一層安價に販賣仕候間彌御愛求の程奉願候

直輸入品新着

洋服及男女外套地の嶄新高雅なる流行品多數整備仕居候間何卒多少共御注文の程奉希候

東京市日本橋區通壹丁目

白木屋 呉服店 洋服店

電話本局特七五、六三〇、二六八〇

御正月衣裳

意匠嶄新流行に魁け候當世高尚の模樣物澤山織元より取揃申し候御一覽を乞ふ

洋服廣告

美術
印刷
彫刻
銅版
活版
石版
弊堂は大に事業の擴張を圖り精巧なる印刷機を裝置し嶄新なる技術と既往の經驗とに依り熱心誠意を以て切磋琢磨倍々各位の信用に背かさらんことを期す仰き冀くば陸續大命を垂れ賜はんことを
東京市京橋區
銀座三丁目十七番地
電話新橋八百卅七番
慶雲堂三間石版印刷所

新式器械巻髙尚精美
日本純良紙巻煙草
天狗煙草
天狗煙草製造元
東京銀座三丁目
岩谷商會
國益天狗
國益天狗
金五銭
KINTENG
IWAYA
TIUTENG
IWAYA
DAITENG
IWAYA

東京名所名物鏡

東

- 大關　春の發生　向島の櫻花
- 關脇　夏の最中　上野の納涼
- 小結　毎月五の日　蠣殼町水天宮
- 前頭　麴町　山王の祭禮
- 前頭　同　招魂社の梅
- 前頭　魚市場　日本橋魚川岸
- 前頭　京橋　築地の本願寺
- 前頭　大建物　日本銀行
- 前頭　五月中　堀切の菖蒲
- 前頭　御靈屋　芝増上寺
- 前頭　名代の橋　兩國橋
- 前頭　賑かな所　淺草公園の六區
- 前頭　官立　上野圖書館
- 前頭　大旅館 麴町山下　帝國ホテル

- 前頭　五月中　大久保つゝじ
- 同　呉服店　日本通一白木屋
- 同　芝公園　紅葉館
- 同　昔の形身　上野東叡山の鐘
- 同　名物　京橋佃の白魚
- 同　古着　芝日蔭町通
- 同　辨天　深川洲崎の辨天
- 同　天神　龜井戸天神
- 同　いなり　本郷妻戀いなり
- 同　名所　根岸御行の松
- 同　柄商　大傳馬町巴屋
- 同　だんご　同言問だんご
- 同　うなぎ　淺草山谷の重箱
- 同　料理店　新橋の花月
- 同　ソバ　麻布永阪の更科
- 同　モチ　芝神明の大々餅
- 同　蠟問屋 日本橋　松田喜右衞門
- 同　寄席　神田眼鏡の白梅
- 同　洋酒食品店　淺草の山屋

- 前頭　時計店　銀座の服部
- 同　手輕料理　室町の花村
- 同　料理店　赤阪の八百勘
- 同　西洋料理　麴町富士見軒
- 同　施療　大學病院
- 同　丸ノ内　氣象台
- 同　名物　赤羽根の粟餅
- 同　縁結び　乘の平內
- 同　けしき　大森八景園
- 同　タキ　王子の瀧
- 同　ツリ　品川の釣遊
- 同　菓子　榮太樓の羊甘
- 同　神明　めつかちの薑
- 同　辨當料理　辨松のさくら煮
- 同　名物　玉木屋の煮豆
- 同　菓子　川崎の梨
- 同　名物　根岸の笹の雪
- 同　昔ながら　万世橋迷子知らせ
- 同　縱覽勝手　芝勸工場
- 同　紙店　日本橋はいばら

- 前頭　慈善　大塚東京市養育院
- 同　寫眞　芝孝橋外丸木
- 同　見物　吉原の夜櫻
- 同　宿屋　日本橋馬喰町
- 同　しるこ　根岸の岡埜
- 同　駄菓子　神田大和町
- 同　諸式ヤス　四谷鹽町
- 同　藥屋　兩國大木口哲
- 同　鉄物屋　日本橋大門通
- 同　てんぷら　京橋銀座天金
- 同　竈川岸　けぬきずし
- 同　うなぎ　芝の松金
- 同　鐵砲　日本橋金丸銃砲店
- 同　菓子　上野岡埜の最中
- 同　病院　愛宕下腦病院
- 同　貧境　四谷鮫ヶ橋
- 同　名物　雜司ヶ谷小島燒
- 同　寺　向島長命寺
- 同　高輪　泉岳寺
- 同　牛肉　いろは
- 同　芝　神明の矢場

- 前頭　高い者　セメント會社烟突
- 同　料理　向島の八百松
- 同　閣　淺草凌雲閣
- 同　名物　瀬戸物町の鰹節
- 同　日本橋　高木の鋪
- 同　料理　京橋の松田
- 同　藝妓　新橋の金春
- 同　タキ　角筈十二社の瀧
- 同　日參　深川の不動
- 同　名花　本所四ツ目牡丹
- 同　同　龜井戸のふじ
- 同　日本橋　三井呉服店
- 同　縁日　下谷摩利支天縁日
- 同　上野　西郷の銅像
- 同　木貨宿　本所の花町
- 同　邪教　神田蓮門教會
- 同　烟火　横山町鍵屋
- 同　淺草　年の市
- 同　神馬　淺草觀音の白馬
- 同　人出　淺草四万六千日
- 同　無常　青山神葬地

東京名所名物鏡

- 九段遊就館
- 龜井戸臥龍梅
- 上野の動物園
- 蒲田梅園
- 上野博物館

- 池上御會式
- 雜司ケ谷鬼子母神
- 柴又たいしやく
- 川崎の大師
- 新井の藥師
- 堀內御祖師樣
- 穴守いなり

- 麴町九段の日の出
- 御殿山の櫻樹
- 廣尾のつみ草
- 麴町宮城二重橋
- 向島の枯野
- 本郷忍ケ岡の夕日
- 待乳山の明月

- 木挽町歌舞伎座
- 上野のパノラマ
- 隅田ボートレース
- 麴町招魂社の競馬
- 不忍の自轉車競爭
- 回向院兩國の角力
- 淺草水族館

西

- 大關　八月中　兩國の花火
- 關脇　芝　愛宕の雪見
- 小結　毎月十日　虎の門の琴平
- 前頭　九月中　神田の祭禮
- 前頭　本郷　湯島天神の梅
- 前頭　青物市場　京橋の大根河岸
- 前頭　神田　駿河臺ニコライ
- 前頭　新建築　三井銀行
- 前頭　夏の朝　入谷の朝顔
- 前頭　小石川　音羽護國寺
- 前頭　名代の橋　吾妻橋
- 前頭　淋しい所　芝公園御靈屋裏
- 前頭　私立麴町　大橋圖書館
- 前頭　西洋料理　上野精養軒

- 前頭　十一月中　駒込團子阪菊
- 同　呉服店　通旅籠町大丸
- 同　山谷　八百善
- 同　昔の形身　淺草金龍山の鐘
- 同　名物　芝浦のえび
- 同　古着　神田柳原通り
- 同　辨天　上野不忍の辨天
- 同　天神　向島丑の御前
- 同　いなり　王子いなり
- 同　名所　大川首尾の松
- 同　靴專門　築地の櫻組
- 同　だんご　藏前桃太郎團子
- 同　うなぎ　新富町の竹葉
- 同　料理店　芝烏森の湖月
- 同　ソバ　駒込團子阪の藪
- 同　モチ　淺草金龍山汁粉
- 同　油問屋　大門通井筒屋
- 同　寄席　本郷の若竹
- 同　洋酒喰品店　銀座の龜屋

- 前頭　時計店　銀座伊勢伊
- 同　手輕料理　木原店赤行燈
- 同　料理店　芝公園の福住
- 同　西洋料理　芝の三緣亭
- 同　病院　赤十字病院
- 同　飯倉　天文台
- 同　名物　三田の助惣燒
- 同　紛失物　縛り地藏
- 同　けしき　向島百花園
- 同　タキ　目黑の瀧
- 同　樂しみ　玉川の鮎狩
- 同　菓子　青柳の新菓
- 同　本郷　お富士樣の蛇
- 同　カマボコ　神茂のかま鉾
- 同　名物　蓬萊屋の煮豆
- 同　イモ　川越の芋
- 同　名物　忍川の豆腐
- 同　昔ながら　兩國の迷子知らせ
- 同　縱覽勝手　新橋博品館
- 同　紙店　京橋[illegible]刀いせや

- 同　慈善　麻布廣尾福田會
- 同　寫眞　淺草の江崎
- 同　見物　洲崎の燈籠
- 同　宿屋　芝口
- 同　しるこ　日本橋梅ぞの
- 同　佛具　淺草永久町
- 同　諸式ヤス　芝の金杉町
- 同　藥屋　銀座岸田吟香
- 同　石屋　本所竪川通
- 同　てんぷら　芝口の橋善
- 同　土橋　芝大黑すし
- 同　うなぎ　人形町の和田平
- 同　鐵砲　日本橋川口の鉄砲店
- 同　菓子　本郷藤村の最中
- 同　病院　駒込病院
- 同　貧境　淺草松葉町
- 同　名物　柳原のすゝめ
- 同　寺　祐天寺
- 同　本所　五百羅漢
- 同　牛肉　淺草さきわ
- 同　日本橋　[illegible]代の矢場

- 前頭　高い者　藏前電燈の烟突
- 同　料理　芝浦の見晴
- 同　塔　芝愛宕の塔
- 同　名物　日本橋山本の茶
- 同　銀座　㊇の懸
- 同　料理　下谷山下の雁鍋
- 同　藝妓　日本橋柳橋
- 同　タキ　桐ヶ谷の瀧
- 同　日參　赤阪の豊川
- 同　名花　染井のつゝじ
- 同　名所　鴻の台の紅葉
- 同　下谷　松阪屋
- 同　縁日　神田五十の縁日
- 同　九段　麴町大村の銅像
- 同　木貨宿　淺草の淺草町
- 同　邪教　天理教會
- 同　風船　柳原の大野
- 同　淺草　酉の市
- 同　神馬　芝神明の白馬
- 同　人出　大傳馬町ベッタラ市
- 同　無常　谷中の墓地

名所名物鏡（[illegible]の特色に毎號かへていろ／＼の番附を出します）

めぐりあい

「イヨこれはお久振り、當時はどちらに御住ゐで、ハハア大層御遠方です、チョット扣へて置きませう、舊友は實にお懐かしい」

住所	姓名

「日記の材料や今度の要事を忘れては大變……これへ記しておけば見て思ひ出される……ありがたい〳〵」

月日	摘要
月　日	
月　日	
月　日	
月　日	
月　日	
月　日	

○象印齒

本品は我邦に於ける洋製齒磨の鼻祖にして其品質の善良無比なると齒牙に特効顯著なるとは江湖需用者諸君の夙に熟知せらるゝ所の如く而も陸海軍の御用を辱ふし又貴顯紳士の御愛用を蒙ること茲に年あり是れ弊店の最も名譽とする所なり

● シカゴみやげ 象印はみがき

定價（金三錢 金六錢 金十五錢 金三十五錢）正味壹封 金六十錢

● 新製象印煉はみがき

● 定價 一個 金二十錢 金十六錢 金十二錢 金八錢

東京蠣殼町水天宮前 安藤井筒堂 （特電話浪花 二千九百四十九番）

占例

明治卅一年五月十九日或公顯ノ君命ニ依リ衆議院十二期會ヲ占筮シテ地風升ノ五爻變ヲ起卦セリ

地風升

六五貞吉升レ階

升ノ卦ハ柔時ヲ得テ升登ノ卦ニシテ樹木地上ニ盛長大木ニ至ル世運膨脹ノ象地租増加ノ必要ハ梯子段ヲ登ルガ如シ是レヲ爻辭ニ升階ト云フ若シ増税ヲ否決スル時ハ停會休會遂ニ解散ノ御命ナラント占斷シテ總理**伊藤侯衆議院片岡**殿議長ヘ熱心ニ述ベテ奉呈スルモ此ノ神妙ヲ用ヘズシテ否決セシニ十五日マデ延長又三日間停會遂ニ六月十日解散ノ御命トナル而シテ山縣侯内閣ニ於テ二錢ノ郵便スラ三錢ニ八百圓ノ衆議員ハ二千圓ト増登ス

卅一年五月十九日伊藤内閣ノ氣運ヲ占筮シテ井ノ初爻變ヲ得タリ

水風井

井改レ邑不レ改レ井无レ喪无レ得往來井レ井汔至亦未レ繘レ井羸ニ其瓶一凶初六井泥不レ食舊井无レ禽

舊井トハ壞レ埋モレテ治メズ癈井ノ象井泥不レ食トハ十二期會ハ増税ニ至ラズ羸ニ其瓶一トハ衆議院ハ解散内閣ハ御退職ノ象ナレバ凶ヲ避ケ吉ニ行ン事ヲ感涙切望ニ堪ヘズト國家ノ爲メ占斷奉呈セシニ六月廿五日御辭職トナリ山縣殿内閣トナル心配ノ諸君大ハ國家ニ小ハ一身ニ余ガ易占ニ問ヘ勿レ誤至誠如レ神

占例

明治三拾一年十月廿六日或顯君ノ大命ニ依リ**農商務大臣伊東巳代治**殿閣下ノ身上ヲ占筮シテ火山旅ノ上九變ヲ起卦セリ

上九鳥焚ニ其巢一旅人先笑後號咷喪ニ牛于易一凶

火山旅ノ卦ニ就テ言ハ始ハ宜シク后チニ悲ミトナル意ナリ（上九）ハ陽ニシテ陰位ニ居ル是レ陽ハ今ヤ太陽輝クノ形ナルモ變シテ陰トナル陰ハ月ノ形ナルヲ以テ光明ヲ失フノ意アリ箒木ハ背キ別ル丶形ナレバ恐レ多モ現職ノ御官ヲ離ナルノ形アリ右ノ災ヲ逃レ度感涙切望ニ堪ヘズト判斷セシニ同年四月廿六日ヲ以テ伊藤殿ニハ退職後任ハ金子堅太郎殿ヲ以テ農商務大臣トセリ

易理ノ妙要ハ皆ナ如此天命ヲ知ル五經ノ蘊奥ヲ知ラザル人ハ國家ノ爲メニ悲歎ニ堪ス

明治卅三年十月廿六日**遞信大臣星亨**殿の身上を占ふて澤火革の九三變を起卦せり

九三征凶貞厲革言三就有レ孚　象傳革言三就又何之矣

此の卦離を下にし兌を上にす兌は澤なり離は火なり夫れ火熾んなれば水を燥かし水盛なれば火を滅す水火本然の性情にして表裏反覆激動止まず是水を受くるの澤と火となれば相尅殺して已ず此大凶を避くるの方退去謹愼の外道無と占斷奉呈熱心に述るも疑ふ者の如く就任ありしが果して同年十二月廿一日退職し後任は原敬殿を以て大臣とす又伊庭に刄に斃る等未來を前知する易理の妙要皆如レ此天命を知らずして心配の諸君勿レ誤大は國家の爲小は一身に**立證以て天下に告ぐ**

予が如き未來の成敗を前知するは易理の蘊奥を審にし天命を受くるの至誠易術無んば非ず聊か茲に如此類百日一載爲も終らず宅は五十錢以上筆答は一圓以上五圓以下多寡に應じ相當の占斷書を送る

易學教授
吉凶占斷

從五位高嶋嘉右衛門先生門人

易學講習所長　**松本常之丈**

淺草公園辨天山下馬道三ノ八

瓦斯
石油 發動機

瓦斯機關車

輕便鐵道用馬車代用

瀛罐、瀛機

精米機 特許出願中

喞筒、製粉

石鹼冷製機

礦山、木工、

鐵工製紙

製藥製菓

製絲割麥

岸機械製造所

東京芝區本芝三丁目十八番地

電話新橋三三二四　電信署號（キシ）

專賣特許　光力强大

二十世紀夜ノ太陽　アセトランプ

出願中　安全無害

商店、座敷、工場、

馬車、自轉車、鐵道、

鑛山、街燈、除虫用、

（郵券貳錢呈說明書）

●日本郵船會社（十二月歸朝船客）

十二月二日倫敦ヨリ横濱着ノ豫定（神戸着ハ十一月廿六日）
河内丸船客 長尾三十郎氏、足立通衛氏、梅浦精一氏、湯河元臣氏
十二月八日神戸着 十二月十四日横濱着 孟買ヨリ復航廣島丸 福島中將
十二月廿四日倫敦ヨリ神戸着（十二月廿日横濱着）
佐渡丸船客 牧野伸顯氏、木村駿吉氏、須本元貞氏、戸波陸軍中佐

●中央東線遊獵案内

△淺川驛（東京府下南多摩郡）
（獲物）雉、山鳥、鶉、鴫、兎、其他ノ小鳥類（本年ハ兎ノ生育頗ル多シ）
（獵場）停車場ヲ中心トシ約方二里以内行路困難ナラス
（附記）狩獵ノ傍ラ高尾山（停車場ヨリ僅カニ十六丁）ノ紅葉ヲ賞シ又瀧山ノ城趾（北條氏照ノ居城）ニ古英雄ヲ弔フモ亦興味多カルベシ
（旅店）淺川村字小奈路花屋、角屋、橋本屋、宿料一泊金五十錢以上（但晝食ヲ除ク以下各驛同シ）
（案内者）南多摩郡淺川村字小佛青木幸作 仝村字小奈路大塚茂三郎
（案内料）金五十錢以上一圓以下（道案内ニ止マル）金一圓以上一圓五十錢以下銃及獵犬附隨

△與瀬驛（神奈川縣津久井郡）
（獲物）雉、山鳥、鳩、其他ノ小鳥類
（獵場）停車場ヲ中心トシ凡ソ二里以内ニシテ與瀬山、小原山鼠坂、日連山、底澤千木良等ヲ尤モ適當ノ獵場トナス日連山ノ方面ヲ除キ他ハ困難ナラス日連山嶮峻ヲ攀登シ約三里モ跋渉セハ猿猪棲息スト云フ
（旅店）角屋 宿料金五十錢以上 角屋ニ於テ案内者ノ周旋ノ勞ヲ取ル
（案内者）津久井郡與瀬驛小林又藏 仝澤井村石井林藏 案内料（五十錢以上七十錢）銃及獵犬附隨

△上野原驛（山梨縣北都留郡）
（獲物）雉、山鳥、鳩、兎其他ノ小鳥類
（獵場）停車場ヲ中心トシ約四里以内ニシテ棚原及西原附近ハ山鳥、兎、鵯ノ生育尤モ多ク佐野川村附近ハ雉、兎、豬等ノ生育繁殖ナリ行路概子險惡（二三泊ニテ出獵ヲ可トス）
（旅店）喜久住若松屋嘉樂亭 宿料金五十錢以上
（案内者）上野原町山口淺太郎 小淵村大野弘三郎（他ニ被雇者多數アリ出獵以前旅店又ハ前記ノモノニ交渉スルヲ可トス）
（案内料）金一圓道案内ニ止マル銃犬ヲ携帶セシムルトキハ獵犬ノ飼糧ト又彈丸消費ノ實費ヲ備主ノ負擔トス
（附記）甲斐絹ハ當地方ノ名産ニシテ價格極メテ廉ナリ毎月一、六ノ定日ニ市場ヲ開催ス

△鳥澤驛（山梨縣北都留郡富濱村）
（獲物）雉、山鳥、鳩、兎其他ノ小鳥稀ニ猪、鹿、狐、狸ヲ得
（獵場）停車場ヲ中心トナシ約方一里半以内ニシテ甲東犬目梁川、秋山七保ノ諸村落一帶ノ山脈ニ跨ル行路敢テ困難ナラス猶三里餘ニシテ黃金澤ト稱フ方十里ニ違スル山野アリ好獵場ナレドモ行路頗ル險惡
（旅店）住吉屋 宿料金四十錢以上當店ニテ案内者ノ周旋ヲナス
（案内者）富濱村字鳥澤石井万平 同小越淺藏外八名
（案内料）金八拾錢乃至一圓二十錢銃犬附隨

△猿橋驛（山梨縣北都留郡）
（獲物）雉、山鳥、鵯、兎其他ノ小鳥類
（獵場）停車場ヲ中心トシ約方二里以内ニシテ小澤山、下畑山、畑野山、藤崎山、小篠山、下和田山、七保山等ヲ好獵場トナス就中小澤、下畑、畑野、藤崎、小篠ノ諸山脈ハ鳥類及兎ノ生育最モ可ナリ行路ハ下和田七保ノ兩山脈ヲ除キ他ハ敢テ困苦ヲ感セスト云フ
（旅店）久保田、大慶、大黒屋 宿料金四十錢以上
（案内者）大原村字猿橋藤本儀太郎 仝村字殿ノ上宮ノ前佐藤重太郎
（案内料）金五十錢道案内ニ止マル金八十錢獵犬ノミ附隨金一圓五十錢銃犬附隨
（附記）日本三奇橋ノ一ナル猿橋ハ停車場ヲ隔ル僅カニ八丁又甲斐絹ノ産地市日毎月三、七

△大月驛（山梨縣北都留郡）
（獲物）雉、山鳥（以上生育尤多ク）鳩、兎、稀ニ猪鹿ヲ得
（獵場）停車場ノ東南ニ當ル山脈ヲ鱗峰山ト稱ス仝山（停車場ヨリ十三丁）ヨリ田ノ倉（十五丁）澤井山（半里）ヲ經過シ谷村町方面ニ出テ寶村及桂村ニ屬スル一帶ノ山脈ヲ尤モ有望ノ好獵場トナス之ヨリ富士ノ裾野ヨリ遠ク吉田御殿場方面ヲ跋渉スルモ趣味アラン行路險惡ナラス
（旅店）東屋、富士見館（所在大月村）甲州屋（所在花咲村）宿料金三十錢以上
（案内者）仝郡賑岡村字西奥山小俣長作 仝伊吹豊次郎 仝河野金吉
（案内料）金五十錢乃至金六十錢道案内ニ止マル獵犬一匹ノ報酬ハ畧案内者一人分ニ同シ又携銃スルトキハ獲物ノ多少ニ應シ謝禮ヲ受クルト云フ

●鐵道規則（御注意）

△何人に不限賃金を拂はず列車にて旅行せんと計り或は遂に旅行し又は其拂ひし賃金高相當の車に乘らずして更に上等の車に乘り組又は既に車より下るべき場所を過ぎ增賃金を拂はすして遠き場所に至り遂に其賃金を免れんと計り又は既に拂ひたる賃金にて到るべき場所に到りながら車より下ることを肯せず其外如何なる仕方にても賃金拂方を逃れんとする者（此不法を爲す者は廿五圓以内の罰金或は三十日以内の禁獄に處せらる）

△總じて列車の運轉中に出入すること又に車内旅客の居るべき場所の外に乘ることを禁ず（犯す者は十圓以内の罰金）

△瘋癲及諸傳染病を煩ふ者は乘車を禁ず若し此等の病人車中に在らば見當次第鐵道掛の者より車外並に鐵道構外に退去せしむべし（犯す者は賃金を沒し廿五圓以内の罰金）

△ステーション構内吸煙を禁ぜし場所並に吸煙を禁ぜし車内にて吸煙することを許さず且婦人の爲に設ある車及部屋等に男子妄りに立入るを許さず若し右等の禁を犯し掛の者の戒を用ひざる者は車外並に鐵道構外に直に退去せしむべし（犯す者は拂たる賃金を沒し十圓以内の罰金）

△總じて列車乘組中又はステーション並に鐵道構内にて醉に乘じ妄狀を現す者又は不良の行狀を爲す者は鐵道掛の者より車外及鐵道構外へ直に退去せしむ（犯す者は拂たる賃金を沒し廿五圓以内の罰金或は三十日以内の禁獄に處せらる）

△妄りにステーション其他鐵道構内に標識掲示せる書附等を剝し或は破り又は列車の番號札を取除き或は車燈を消し又は各車の諸器械金庫家牆柵其他鐵道一切の附屬品を毀損する者は都て法に隨て處置すべし（犯す者は三十圓以内の罰金又は六週間以内の懲役或は禁獄に處す）

△機關方並火夫の外は其筋の許を得ずして機關車又は炭水車に乘り或は乘らんと爲す可らず且車長及車掛の者の外其筋の許を得ずして荷物車又は旅客の爲めに設けざる車に乘り又は乘らんと爲す可らず若し此禁を犯し鐵道掛の者の制止を用ひざる者は直に其場より退去せしむべし（犯す者は廿五圓以内の罰金に處せらる）

△ステーション又は鐵道構内に妄りに立入者は鐵道掛の者より即刻構外へ立去らしむべし（犯す者は廿五圓以内の罰金或は三十日以内の禁獄）

遊獵と紅葉…（三）

◎小島鴫類（日本鐵道）

板橋、赤羽、浦和、大宮、高崎、古河、伊勢崎、桐生、岩舟、栃木、小金井、今市、岩沼、増田、藤代、柏、高濱、土浦、内原、新治、下孫、磯、富岡、西島、白井、坂元。（各驛附近）

◎兎類

新町、高崎、桐生、日光、西那須野、須賀川、木戸、小高、花巻、（各驛附近山野）

◎雁鴨類

金町、藤代、土浦、高濱、古河、伊勢崎、小金井、仙臺、鹿島臺、瀬峰、新田、石越、四ツ倉、木戸、富岡、浪江、小高、中村、亘理、（各驛附近）

◎雉子山鳥類

新田、高崎、岩舟、栃木、日光、西那須野、豊原、白河、須賀川、藤田、沼宮内、柏、助川、湯本、浪江、（各驛附近）

◎瀧の川　王子驛より十丁
◎布施辨天　我孫子驛より卅丁
◎神鳴山　浪江驛より二里
◎日光　中禪寺湖遊絶佳
◎鹽原　西那須野驛より四里

◎上野公園　△東京帝室博物館△日清戰爭のパノラマ△動物園牝牡の獅子
◎淺草公園　△日本パノラマ館天津總攻擊△水族館新嫁夫婦の大海嘯△電氣館の電氣作用△珍世界岸上博士命名のヤスリザメ、日本古來の貨幣見本六百餘種△花屋敷の大象△十二階百美人△住吉一座の茶番狂言、其の他舞踊男女書生劍舞等
◎九段靖國神社　△遊就館△牛ヶ淵國光館北京攻擊パノラマ

定價（毎月一回）

冊數	定價	郵稅
一冊	金十錢	壹錢
十二冊（一年分）	前金壹圓〇八錢	拾貳錢

摘要　◎注文は總て前金の事◎外國郵稅は一冊六錢の事◎賣捌店にて品切れの節は直接本社へ御注文あるべし◎郵便爲替拂渡局は瀧山町郵便受取所◎郵劵代用は壹錢又は五厘切手一割増の事

廣告料

等級價格	一頁	半頁	四分の一頁
特等	參拾圓	本等は一頁以下謝絶す	
一等	貳拾圓	本等は一頁以下謝絶す	
二等	拾五圓	八圓五十錢	五圓
三等	拾貳圓	七圓	四圓

摘要　廣告面字詰は五號活字一行廿七字詰半頁廿八行一頁七十六行◎木版を要するものは別に實費を申受くる事◎廣告料は總て前金の事◎郵便爲替拂渡局は瀧山町郵便受取所◎郵劵代用は壹錢又は五厘切手にて一割増の事

明治三十五年十一月廿九日印刷
明治三十五年十二月二日發行

不許轉載

發行兼編輯人　赤阪區中ノ町六番地　篠田鑛造
印刷人　東京市京橋區卅間堀三丁目十番地　中村政吉
印刷所　東京市京橋區卅間堀三丁目十番地　報文社

發行所　東京京橋區卅間堀三丁目十番地　報知社

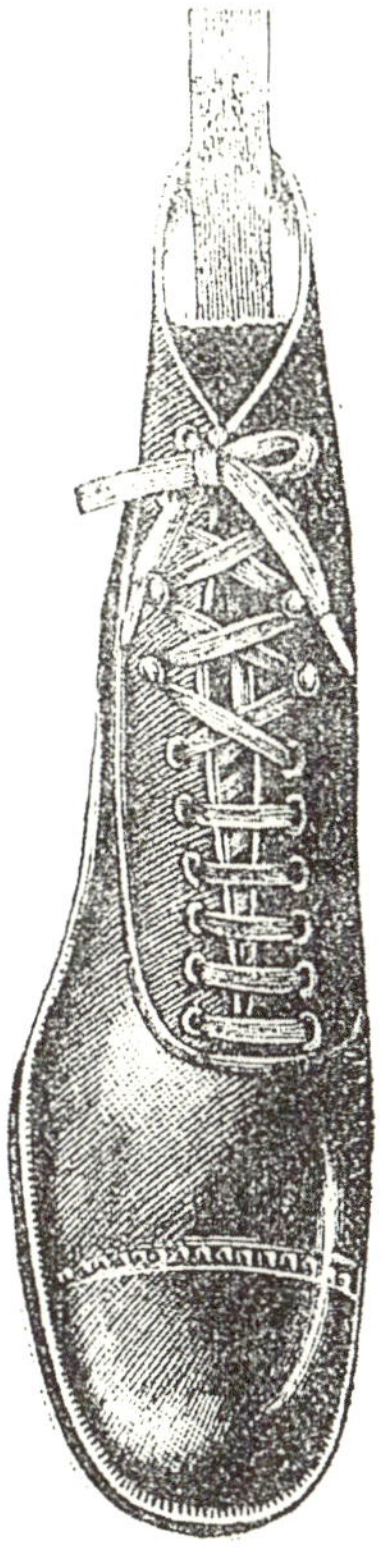

謹告

當店ハ創業以來既ニ三十有餘年ノ老舖其製品ハ高尚優美堅牢ニシテ克ク實用ニ適シ價格ハ頗ル廉也當店ノ特色ハ製品ニ悉ク正札ヲ附シ一切掛引ナク販賣スルニアリ

當店ノ製品ハ原料ヲ直輸シ製造ニ注意シ常ニ流行ニ後レズ嶄新ナル物ヲ陳列ス

地方御注文叮嚀迅速ニ取計ヒ候也

……(販賣品目錄御入用の方は郵券二錢御封入ヲ乞フ)……

東京市京橋區南傳馬町壹丁目

電話本局 十一番

新橋屋靴鞄商店

京橋

銀座鞄大陳列所

電話新橋五十六番

旅第一號明治三十五年十二月二日發行毎月一回發行
治三十五年十二月一日第三種郵便物認可

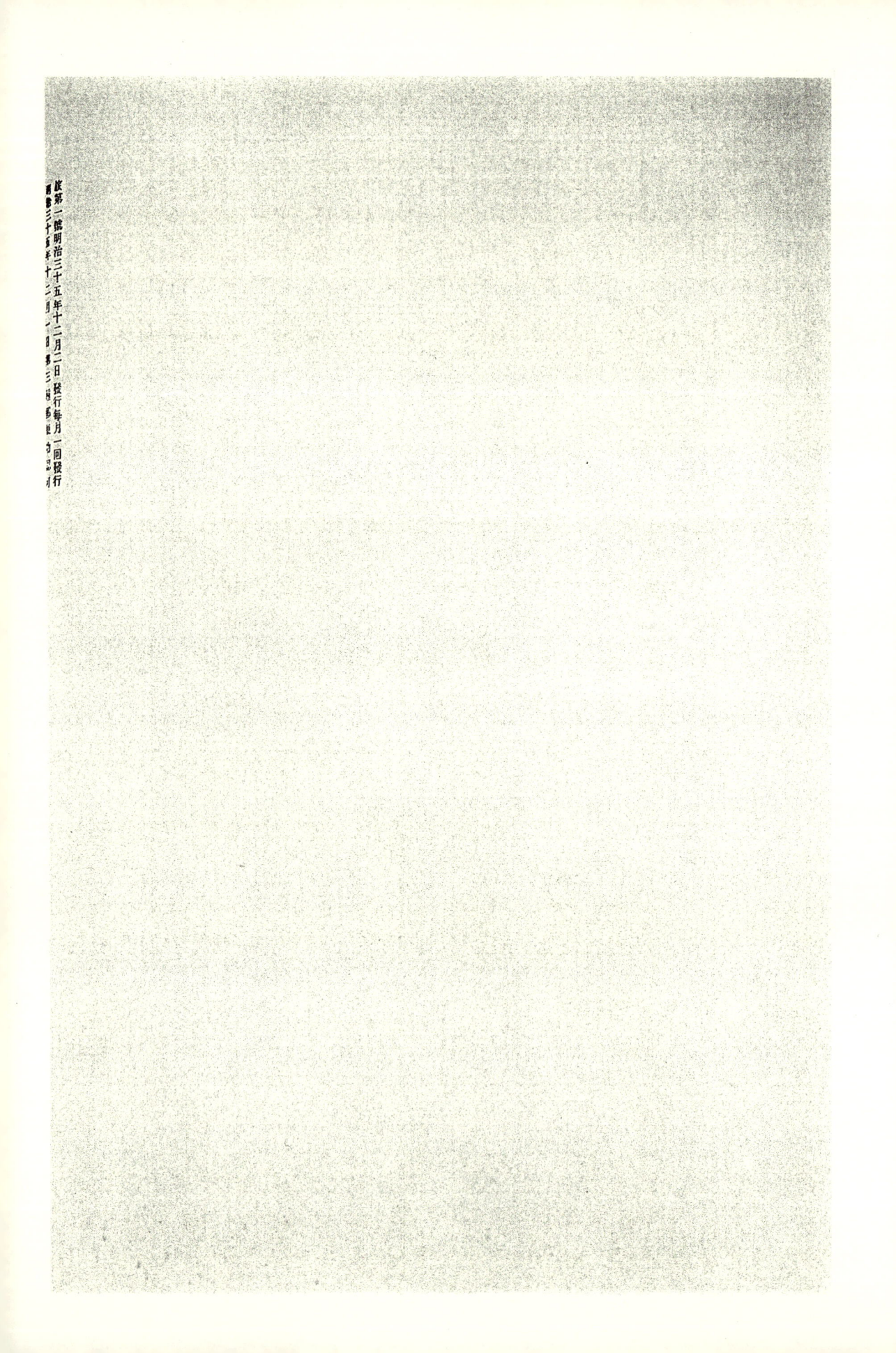

『旅(たび)』附(ふ) 全国汽車汽船発着表(ぜんこくきしゃきせんはっちゃくひょう)　**第1巻**

第一号　明治三五(一九〇二)年一二月

2014年10月15日　印刷
2014年10月24日　発行

監　修　前坊(まえのぼう) 洋(よう)
発行者　荒井秀夫
発行所　株式会社ゆまに書房
〒101-0047　東京都千代田区内神田2-7-6
電 話　03(5296)0491（営業部）／03(5296)0492（編集部）
FAX　03(5296)0493

組　版　有限会社ぷりんてぃあ第二
印　刷　株式会社平河工業社
製　本　東和製本株式会社

定価：本体7,000円＋税　ISBN978-4-8433-4619-8 C3326
Published by Yumani Shobou, Publisher, Inc.
2014 Printed in Japan
落丁・乱丁本はお取替えいたします。